Colette Laberge
Stéphane Vallée
Patrick Kinch
Karine Glorieux

Toute ma 6e année

Enfin tout pour se préparer et réussir !

Toute ma 6ᵉ année

Auteure de la section français: Karine Glorieux
Auteur des sections Mathématique
et Univers social: Stéphane Vallée
Auteure des sections Science et test final: Colette Laberge
Auteur de la section Anglais: Patrick Kinch

© 2017 Les Éditions Caractère inc.

Correction d'épreuves: Maryse Froment-Lebeau,
Sabine Cerboni
Conception graphique: Geneviève Laforest
Conception de la couverture: Geneviève Laforest
Mise en page et infographie: Diane Marquette

Sources iconographiques
Illustrations: Shutterstock.com

5800, rue Saint-Denis, bureau 900
Montréal (Québec) H2S 3L5 Canada
Téléphone: 514 273-1066
Télécopieur: 514 276-0324 ou 1 800 814-0324
caractere@tc.tc

TOUS DROITS RÉSERVÉS.
Toute reproduction du présent ouvrage, en totalité ou
en partie, par tous les moyens présentement connus ou
à être découverts, est interdite sans l'autorisation préalable
des Éditions Caractère inc.
Toute utilisation non expressément autorisée constitue
une contrefaçon pouvant donner lieu à une poursuite en
justice contre l'individu ou l'établissement qui effectue
la reproduction non autorisée.

ISBN: 978-2-89742-164-9

Dépôt légal: 1ᵉʳ trimestre 2017
Bibliothèque et Archives nationales du Québec
Bibliothèque et Archives Canada

Imprimé au Canada
1 2 3 4 5 M 21 20 19 18 17

Nous reconnaissons l'aide financière du gouvernement du
Canada par l'entremise du Fonds du livre du Canada (FLC)
pour nos activités d'édition.

Gouvernement du Québec – Programme de crédit d'impôt pour
l'édition de livres – Gestion SODEC.

Table des matières

Mot aux parents   5

Français   7
    Le nom   8
    Les déterminants   10
    Le groupe du nom   12
    Le noyau du groupe du nom   13
    Verbe :
       Reconnaître le verbe   14
       Conjugaison au présent   15
       Conjugaison au passé composé   17
       Conjugaison à l'imparfait   19
       Conjugaison au futur simple   21
       Conjugaison au conditionnel présent   23
       Conjugaison au subjonctif présent   25
       Conjugaison à l'impératif présent et au participe présent   27
       Le conditionnel présent, le subjonctif présent, l'impératif présent   28
    Les pronoms   29
    Pronom ou déterminant   31
    Le groupe du verbe   32
    Le groupe sujet   33
    Classes des mots   35
    Classes des mots : nature et fonction   37
    Les compléments direct et indirect   38
    Le complément de phrase   40
    L'accord du participe passé : auxiliaire *être*   41
    L'accord du participe passé : auxiliaire *avoir*   42
    L'attribut du sujet   43
    Les adjectifs   44
    La ponctuation   47
    Les majuscules   49
    Le genre et le nombre   51
    La phrase   56
    L'analyse de phrase   62
    Les mots invariables   63
    L'ordre alphabétique   67
    Le dictionnaire   68
    Dictées   71
    Les synonymes   77
    Les antonymes   80
    Les homophones   83
    Les onomatopées et les interjections   86
    Les rimes et la poésie   87
    Les rimes   89
    Les chiffres et les nombres   90
    Les nombres   91
    Les préfixes   92
    Le sens des mots   93
    Les familles de mots   94
    Mot générique/mot spécifique   95
    Le sens propre et le sens figuré   96
    Les proverbes   99
    Le vocabulaire   100
    Communication orale   105
    Situation d'écriture   110
    Jeux de mots   118
    Compréhension de lecture   120

Mathématique   131
    Le sens et l'écriture des nombres naturels inférieurs à 1 000 000   132
    Le additions sur les nombres naturels   139
    Les soustractions sur les nombres naturels   141
    Les multiplications sur les nombres naturels   142
    Les divisions sur les nombres naturels   144
    Les opérations sur les nombres naturels   146
    La distributivité sur les nombres naturels   149
    La priorité des opérations sur les nombres naturels   150
    La décomposition en facteurs premiers   151
    Le sens et l'écriture des fractions   153
    Les fractions équivalentes et la réduction de fractions   155
    Les additions sur les fractions   157
    Les soustractions sur les fractions   159
    La multiplication des fractions par des nombres naturels   161
    Les opérations sur les fractions   163
    Le sens et l'écriture des nombres décimaux jusqu'à l'ordre des millièmes   165
    Les additions sur les nombres décimaux   173
    Les soustractions sur les nombres décimaux   175
    Les multiplications sur les nombres décimaux   177
    Les divisions sur les nombres décimaux   180

Les opérations sur les nombres décimaux	183
Le passage d'une écriture à une autre	186
Le sens et l'écriture des nombres entiers	188
L'espace : l'axe et le plan cartésien	191
Les solides	196
Les figures planes	203
Les frises et les dallages	210
La mesure des longueurs	214
La mesure des angles	218
La mesure des surfaces	222
La mesure des volumes	225
La mesure des capacités	228
La mesure des masses	230
La mesure du temps	232
La mesure des températures	233
Les statistiques	234
Les probabilités	240
La résolution de problèmes	245

Anglais 255
The Secret of Success	256
To Be (Present Tense)	257
Present Tense: Action Verbs and the Verb *to Have*	258
Is / Are / Do / Does	259
Reading	260
To Be (Simple Past Tense)	261
Action Verbs / *To Have* (Simple Past Tense)	262
Future Tense	264
Verb Tenses	265
Whose or Who's?	266
Question Words	267
Routines	268
Money	269
Simon's Family	270
Feelings	271
Opposites	272
Mistakes	273
Jobs	274
Clothes	275
Reading	276
Category Game	280

Science 281
Le mouvement chez les animaux	282
Expo-science	283
Le développement de l'embryon et du fœtus	284
Le comportement des plantes	285
Mot mystère scientifique	286
Les séismes ou tremblements de terre	287
La fabrication de papier	288
La fabrication d'un anémomètre	289
L'alimentation	290
Le jeu écolo	294
Expérience : liquides étagés	299
Expérience : un arc-en-ciel dans un verre	300
Expérience : écume colorée	301
La fabrication d'un hygromètre	302
Expérience : la corrosion	303
Purificateur d'eau	304
Expérience : de l'encre noire et de l'encre sympathique	305
Les océans	306
L'Univers	307
La faune du Québec	308

Univers social 309
La société québécoise entre 1900 et 1980	310
La société québécoise vers 1980	317
La société québécoise et une société non démocratique vers 1980	324
La société des Micmacs et la société inuite vers 1980	329

Test final 333

Corrigé 345

Mot aux parents

Toute ma 6ᵉ année est un ouvrage qui s'adresse aux parents qui veulent aider leur enfant à progresser dans son cheminement scolaire. Son but n'est pas de faire de vous un professeur à la maison, mais de permettre à votre enfant de revoir les notions apprises en classe et de le préparer à la première secondaire.

Les exercices variés et stimulants couvrent l'essentiel du Programme de formation de l'école québécoise du ministère de l'Éducation, et favorisent une démarche active de la part de votre enfant dans son processus d'apprentissage.

La sixième année représente tout un défi ! Votre enfant consolidera les apprentissages de sa cinquième année tels la lecture, l'écriture, la mathématique, l'anglais, l'univers social et la science. Encouragez-le à lire régulièrement, il n'en deviendra que meilleur. Utilisez les situations de la vie quotidienne pour l'aider à cheminer plus efficacement : faites-lui lire les panneaux sur l'autoroute, demandez-lui de réciter ses tables d'addition et de multiplication, de vous raconter une histoire, de résumer un livre qu'il a lu ou une émission de télé qu'il a vue, etc. Soyez présent et attentif, c'est un cadeau inestimable que vous lui ferez.

Votre enfant n'est pas obligé de faire les exercices dans l'ordre : il peut faire un peu d'anglais, quelques pages de mathématique, s'amuser à réaliser les expériences dans la section *Science* ou encore ne compléter que la section *Français* en premier. Libre à lui de choisir. Vous pourrez toujours l'inciter à faire certaines sections plus tard. L'important est qu'il prenne plaisir à apprendre.

Nous avons intégré dans le corrigé les différentes graphies dictées par la nouvelle orthographe. Ces mots sont entre parenthèses et suivis d'un astérisque. Exemple : (ou chaine*).

Nous espérons que ce cahier d'exercices vous permettra de vous familiariser avec les notions que votre enfant apprend en classe et qu'il lui permettra de mieux réussir.

Français

Le nom

1. **Dans le texte suivant, souligne les noms communs, encadre les noms propres et ajoute les majuscules au bon endroit.**

   Cet hiver, lili et sa famille sont allées skier dans les alpes, en france. La sœur de lili, alice, descendait sans crainte les pentes escarpées des montagnes. lili, par contre, aimait surtout visiter avec sa mère les boutiques de jouets colorés et les boulangeries alléchantes du village de chamonix. Entre le ski et les brioches, la fillette n'hésitait pas : à l'air des montagnes, elle préférait, et de loin, le sucre des pâtisseries !

2. **Trouve les noms communs qui découlent des verbes suivants.**

   a) aimer : _____   b) jouer : _____

   c) regarder : _____   d) marcher : _____

   e) courir : _____   f) manier : _____

   g) nourrir : _____   h) peindre : _____

   i) photographier : _____   j) colorier : _____

3. **Complète chaque phrase en ajoutant les noms manquants.**

forêts	banque	ami	but
oiseaux	télévision	prison	printemps
rondelle	grand-mère	bêtes	

   a) Tous les jours, Loïc va chez sa _____.

   b) Le joueur des Canadiens a lancé la _____ dans le _____ de l'équipe adverse.

   c) Le _____ arrive, les _____ reviennent d'une longue migration.

   d) Les _____ sont peuplées de _____ sauvages.

   e) J'aime tellement regarder la _____ avec mon _____ Étienne !

   f) Il est allé en _____ après avoir cambriolé une _____.

4. **Remplace les pronoms en caractères gras par des noms.**

   a) **Elles** sont d'une belle couleur jaune, mais **elle** ne les aime pas.

   _____

   b) **Ils** ne **les** comprennent jamais.

   _____

Français

Le nom

5. Transforme les phrases suivantes en remplaçant le verbe souligné par un groupe du verbe incluant un nom de la même famille.

a) Tous les matins, je <u>cours</u> dans le parc.
___

b) De nos jours, les agriculteurs ne <u>traient</u> plus les vaches manuellement.
___

c) Il ne faut pas avoir le vertige pour <u>construire</u> de si hauts édifices.
___

d) Mon oncle s'est fait arrêter par les policiers parce qu'il <u>conduisait</u> trop rapidement.
___

e) Le cuisinier <u>sale</u> les pommes de terre pour leur donner bon goût.
___

6. Dans le texte suivant, souligne les noms communs.

Le Rat de ville et le Rat des champs (1668)
Jean de La Fontaine

Autrefois le Rat de ville
Invita le Rat des champs,
D'une façon fort civile,
À des reliefs d'Ortolans.
Sur un tapis de Turquie
Le couvert se trouva mis.
Je laisse à penser la vie
Que firent ces deux amis.
Le régal fut fort honnête,
Rien ne manquait au festin ;
Mais quelqu'un troubla la fête
Pendant qu'ils étaient en train.
À la porte de la salle
Ils entendirent du bruit :

Le Rat de ville détale ;
Son camarade le suit.
Le bruit cesse, on se retire :
Rats en campagne aussitôt ;
Et le citadin de dire :
Achevons tout notre rôt.
— C'est assez, dit le rustique ;
Demain vous viendrez chez moi :
Ce n'est pas que je me pique
De tous vos festins de Roi ;
Mais rien ne vient m'interrompre :
Je mange tout à loisir.
Adieu donc ; fi du plaisir
Que la crainte peut corrompre.

7. As-tu trouvé certains noms communs écrits avec une majuscule ? Pourquoi ?
___
___

Français 9

Les déterminants

1. Souligne les déterminants.

Depuis le début de la sixième année, Matis est un garçon très occupé. Ses parents se plaisent même parfois à dire que son agenda est plus chargé que le leur. En effet, Matis a plusieurs passions et les sept jours de la semaine ne lui suffisent pas toujours pour développer ses champs d'intérêt. Ses après-midi sont bien remplis. Le lundi, Matis suit des cours de natation; le mardi et le mercredi, il dispute des parties de hockey animées avec ses amis; le jeudi, il essaie tant bien que mal d'apprendre à jouer de la guitare électrique; le vendredi, il bricole avec son père, un menuisier hors pair; et quand la fin de semaine arrive, il retrouve son meilleur ami Julien, avec qui il invente toutes sortes de jeux. Vraiment, Matis ne s'ennuie jamais! Son seul problème: les journées passent tellement vite qu'il n'a plus le temps d'écouter la télévision!

2. Souligne les déterminants et relie-les au mot qu'ils accompagnent.

a) Mon frère et moi allons au cinéma ce soir.

b) La rue restera fermée à la circulation pendant que les employés municipaux répareront l'égout brisé.

c) Sandrine s'exerce à faire des tours de magie.

d) J'ai aperçu un gros chat noir dans la ruelle.

e) Les écureuils ne sont pas des animaux frileux.

f) Ma maîtresse d'école a de jolis cheveux châtains.

g) Maxime aimerait visiter des contrées lointaines.

h) Tu as plusieurs devoirs à terminer.

i) Je viens de lire une bande dessinée très divertissante.

j) Arno et Victor adorent regarder les courses automobiles à la télévision.

k) Le soleil brille et réchauffe mon visage.

l) Un moustique t'a piqué le bras.

m) J'ai fait un cauchemar la nuit dernière.

n) Crois-tu que nous pourrons aller nager aujourd'hui?

o) Mon petit frère fait de la fièvre.

p) Les parachutistes ont formé une gigantesque étoile dans le ciel bleu.

q) Quand j'étais petit, je croyais que le bonhomme Sept-Heures pouvait se faufiler sous ma couverture pour venir me grignoter les orteils.

r) La coiffeuse de ma mère s'appelle Sandra.

Les déterminants

3. Précise la nuance apportée par l'emploi des déterminants.

a) Va chercher le pain / du pain.
___

b) Il est directeur / il est le directeur.
___

c) Il dort devant l'arbre de la cour / un arbre de la cour.
___

d) Il a pêché un poisson / le poisson.
___

4. Souligne les déterminants et recopie-les ensuite dans la colonne appropriée.

Les Petites Filles modèles (1857)
La comtesse de Ségur

Mme de Fleurville était la mère de deux petites filles, bonnes, gentilles, aimables, et qui avaient l'une pour l'autre le plus tendre attachement. On voit souvent des frères et des sœurs se quereller, se contredire et venir se plaindre à leurs parents après s'être disputés de manière qu'il soit impossible de démêler de quel côté vient le premier tort. Jamais on n'entendait une discussion entre Camille et Madeleine. Tantôt l'une, tantôt l'autre cédait au désir exprimé par sa sœur. […] Elles étaient parfaitement heureuses, ces bonnes petites sœurs, et leur maman les aimait tendrement; toutes les personnes qui les connaissaient les aimaient aussi et cherchaient à leur faire plaisir.

Déterminant défini	Déterminant indéfini	Déterminant démonstratif	Déterminant possessif	Déterminant numéral	Déterminant exclamatif ou interrogatif

Le groupe du nom

1. **Dans les phrases suivantes, souligne le groupe du nom sujet.**

   a) Un chien énorme, à la gueule grande ouverte, aux yeux brillants, est apparu à l'entrée du parc.

   b) Les grognements ont fait peur à tous les passants.

   c) Une petite fille qui jouait tranquillement s'est mise à crier.

   d) Un grand homme barbu a essayé de la calmer.

   e) Heureusement, le maître du chien est arrivé.

   f) Il a ordonné à la bête de s'asseoir.

   g) Le chien désobéissant s'est transformé en animal bien dressé.

   h) L'homme peut être fier de la façon dont il a dressé son chien.

2. **Dans les phrases suivantes, souligne les groupes du nom et encadre leur noyau.**

   a) Mathilde a envoyé une carte d'anniversaire colorée.

   b) Les enfants de mes voisins ont les cheveux roux.

   c) Le plus haut sommet de la chaîne de montagnes atteint 2000 mètres.

   d) Le premier matin de ton arrivée, nous sommes allés manger dans un excellent restaurant.

   e) Ce scénariste inconnu a gagné un prix bien mérité.

   f) Par beau temps, les enfants de la garderie sortent jouer dans la cour.

   g) Nicolas et Nestor ont rencontré une diseuse de bonne aventure.

3. **Invente le noyau du groupe du nom dans les phrases suivantes.**

   a) Ce grand _____ a détruit le _____.

   b) La gentille _____ a accepté mon _____ bleu.

Français

Le noyau du groupe du nom

1. Dans les phrases suivantes, encercle les groupes du nom et souligne leur noyau.

Ex. : Julia et Charlotte ont mangé un sandwich.

a) Le cuisinier a préparé une bonne soupe aux carottes.

b) Je n'ai jamais vu la mer.

c) Tu aimerais aller visiter tes cousins en Allemagne.

d) Romain et Marieke passent la journée à la patinoire.

e) Crois-tu que les pommes seront bientôt mûres ?

f) La neige s'accumule à l'arrière de ma maison.

g) Hier, nous avons vu une éclipse lunaire.

h) Nous ne pouvons pas t'accompagner à la campagne.

i) Justin est allergique aux arachides et aux kiwis.

j) Des troupeaux de bisons peuplaient autrefois les prairies canadiennes.

k) Mon frère et moi avons construit une cabane dans un arbre.

l) J'adore jouer au football avec Paul et Olivier.

m) Juliette a mis une longue robe rose pour fêter la Saint-Valentin.

n) Ma matière préférée est le français.

o) Mes parents ont beaucoup voyagé quand ils étaient plus jeunes.

p) Lorsqu'il y a une panne d'électricité, j'allume ma lampe de poche.

q) Le bébé pleure parce qu'il a faim.

r) Le soleil s'est levé à 8 h 32 ce matin.

s) Élisa et Mathieu creusent un trou dans le jardin pour planter de petites graines de haricots.

Verbe : reconnaître le verbe

1. Souligne le verbe et coche la bonne case.

	Verbe	Passé composé	Futur simple	Imparfait	Indicatif présent
a)	Nous mangerons du poisson et du riz.				
b)	Les hippopotames aiment l'eau fraîche des rivières.				
c)	La voiture de mon oncle est brisée.				
d)	Ma grand-mère fait des crêpes succulentes.				
e)	Tu as couru pour arriver à l'heure à l'école.				
f)	Je rejoindrai mon amie dans le parc.				
g)	J'ai vu un vieil homme nourrir des pigeons.				
h)	Tu dîneras avant de venir à la maison.				
i)	J'ai oublié de me brosser les dents.				
j)	Nous rapporterons nos livres à la bibliothèque.				
k)	Les enfants dansaient dans le gymnase.				
l)	Ton père a fait des études en médecine.				
m)	Le prix du pétrole a encore augmenté.				
n)	Ma mère veut que je range ma chambre.				
o)	J'irai au défilé de la Saint-Jean-Baptiste.				
p)	Nous passerons nos vacances au Nouveau-Mexique.				
q)	Il s'est cassé la jambe en tombant de l'escabeau.				
r)	Les papillons monarques migrent deux fois par an.				
s)	Ma mère a acheté de la crème glacée.				
t)	Le facteur apportera bientôt le courrier attendu.				
u)	Justin et Léo riaient comme des fous.				
v)	Léo boit un verre de lait au chocolat.				

Français

Verbe : conjugaison au présent

1. Conjugue les verbes suivants au présent de l'indicatif.

a) **être**

Je _____
Tu _____
Il/elle/on _____
Nous _____
Vous _____
Ils/elles _____

b) **avoir**

J' _____
Tu _____
Il/elle/on _____
Nous _____
Vous _____
Ils/elles _____

c) **créer**

Je _____
Tu _____
Il/elle/on _____
Nous _____
Vous _____
Ils/elles _____

d) **lire**

Je _____
Tu _____
Il/elle/on _____
Nous _____
Vous _____
Ils/elles _____

e) **connaître**

Je _____
Tu _____
Il/elle/on _____
Nous _____
Vous _____
Ils/elles _____

f) **sentir**

Je _____
Tu _____
Il/elle/on _____
Nous _____
Vous _____
Ils/elles _____

g) **recevoir**

Je _____
Tu _____
Il/elle/on _____
Nous _____
Vous _____
Ils/elles _____

h) **voir**

Je _____
Tu _____
Il/elle/on _____
Nous _____
Vous _____
Ils/elles _____

i) **dire**

Je _____
Tu _____
Il/elle/on _____
Nous _____
Vous _____
Ils/elles _____

Français 15

Verbe : conjugaison au présent

2. Conjugue les verbes entre parenthèses au présent de l'indicatif.

Le soleil (percer) _____ à travers les rideaux de ma chambre. J'(ouvrir) _____ les yeux, je (regarder) _____ mon réveil. Zut, déjà 8 h 30 ! Je (sortir) _____ de mon lit en maugréant. Dans la maison, un silence anormal (régner) _____. Je (crier) _____ : « Maman ! Papa ! Vous (être) _____ là ? » Personne ne me (répondre) _____. Je (demander) _____ à nouveau : « Maman ! Tu (être) _____ là ? » Comme seule réponse, j' (entendre) _____ des bruits étranges, qui (sembler) _____ venir de la cuisine. Je (mettre) _____ mes pantoufles pour me réchauffer les pieds, et je me (diriger) _____ lentement vers la cuisine. Ces bruits (être) _____ anormaux. Ils me (faire) _____ penser à des bruits de mastication. En fait, c'(être) _____ comme si on avait placé un micro dans la bouche de quelqu'un qui mangerait des carottes et qu'on avait mis le son au maximum. J'(imaginer) _____ un instant qu'un monstre géant se (trouver) _____ dans ma cuisine et qu'il (venir) _____ d'avaler mes parents. À cette pensée, je (réussir) _____ difficilement à retenir un petit frisson de frayeur. Je (traverser) _____ lentement le corridor qui (mener) _____ à la cuisine. Arrivé au bout du couloir, je (voir) _____ une ombre bouger. Craintivement, je (continuer) _____ mon avancée, malgré les bruits qui (persister) _____. Je (retenir) _____ mon souffle et (pénétrer) _____ dans la cuisine. Mon cœur se (mettre) _____ à battre à deux cents coups la minute quand j'(apercevoir) _____ une horrible créature dont je ne (pouvoir) _____ voir que le dos voûté. Elle (avoir) _____ des cheveux gris et de gigantesques mains poilues et tordues. Je (reculer) _____ d'un pas. « C' (être) _____ toi, Bastien ? » (articuler) _____ le monstre d'une voix rauque. L'être qui a pris la place de mes parents se (retourner) _____ alors. « Eh bien, tu en (faire) _____ une tête, mon garçon ! » s'(exclamer) _____-t-il. Je (reconnaître) _____ alors mon voisin, monsieur Léveillée, et (découvrir) _____ qu'il (être) _____ occupé à classer les morceaux d'une énorme boîte de Lego. « Puisque je (devoir) _____ te garder aujourd'hui, j'ai pensé que mes vieux Lego t'amuseraient ! Tu (venir) _____ construire un monstre avec moi ? Je (être) _____ capable de faire d'immondes créatures ! » Tout à coup soulagé, je me (mettre) _____ à rire et monsieur Léveillée, même s'il ne (comprendre) _____ pas ce qu'il y a (avoir) _____ de drôle à la situation, (rire) _____ avec moi.

Français

Verbe : conjugaison au passé composé

1. Conjugue les verbes suivants au passé composé.

a) être

J' _____
Tu _____
Il/elle/on _____
Nous _____
Vous _____
Ils/elles _____

b) avoir

J' _____
Tu _____
Il/elle/on _____
Nous _____
Vous _____
Ils/elles _____

c) acheter

J' _____
Tu _____
Il/elle/on _____
Nous _____
Vous _____
Ils/elles _____

d) courir

J' _____
Tu _____
Il/elle/on _____
Nous _____
Vous _____
Ils/elles _____

e) créer

J' _____
Tu _____
Il/elle/on _____
Nous _____
Vous _____
Ils/elles _____

f) rendre

J' _____
Tu _____
Il/elle/on _____
Nous _____
Vous _____
Ils/elles _____

g) prendre

J' _____
Tu _____
Il/elle/on _____
Nous _____
Vous _____
Ils/elles _____

h) devoir

J' _____
Tu _____
Il/elle/on _____
Nous _____
Vous _____
Ils/elles _____

i) rester

Je _____
Tu _____
Il/elle/on _____
Nous _____
Vous _____
Ils/elles _____

Français

Verbe : conjugaison au passé composé

2. Conjugue les verbes entre parenthèses au passé composé.

a) J' (aimer) _____ le dernier roman que j' (lire) _____.

b) Nous (brancher) _____ le nouveau grille-pain.

c) Mon petit frère (mouiller) _____ sa couche.

d) Pour te faire pardonner, tu (improviser) _____ une excuse.

e) Après la récréation, les enfants (continuer) _____ à bavarder.

f) Pendant l'été, Jeanne (jouer) _____ dans le parc tous les jours.

g) Le boulanger (cuire) _____ les biscuits au chocolat.

h) Ce manteau t'(plaire) _____ dès le premier coup d'œil.

i) Les pommes (mûrir) _____ rapidement cette année.

j) J' (vouloir) _____ t'avertir, mais tu ne m'écoutais pas.

k) Dès qu'ils (entendre) _____ le cri du loup, les moutons (fuir) _____.

l) Après avoir parlé pendant près d'une heure, le professeur (conclure) _____ qu'il était temps d'apprécier le silence.

m) Pour le mariage de ta cousine, tu (mettre) _____ une robe bleue et un chapeau jaune.

n) Les pompiers (recevoir) _____ les félicitations du maire de la ville.

o) Grâce à sa persévérance, Marion (vaincre) _____ tous les obstacles.

p) Louis et toi n'(pouvoir) _____ pas _____ venir chez moi aujourd'hui.

q) La chatte (avoir) _____ ses petits pendant la nuit.

r) Johanne et son mari (chasser) _____ l'orignal.

s) J'(recevoir) _____ la lettre tant attendue.

Français

Verbe : conjugaison à l'imparfait

1. Conjugue les verbes suivants à l'imparfait.

a) **être**

J' _____
Tu _____
Il/elle/on _____
Nous _____
Vous _____
Ils/elles _____

b) **avoir**

J' _____
Tu _____
Il/elle/on _____
Nous _____
Vous _____
Ils/elles _____

c) **chanter**

Je _____
Tu _____
Il/elle/on _____
Nous _____
Vous _____
Ils/elles _____

d) **rire**

Je _____
Tu _____
Il/elle/on _____
Nous _____
Vous _____
Ils/elles _____

e) **appeler**

J' _____
Tu _____
Il/elle/on _____
Nous _____
Vous _____
Ils/elles _____

f) **devenir**

Je _____
Tu _____
Il/elle/on _____
Nous _____
Vous _____
Ils/elles _____

g) **faire**

Je _____
Tu _____
Il/elle/on _____
Nous _____
Vous _____
Ils/elles _____

h) **recevoir**

Je _____
Tu _____
Il/elle/on _____
Nous _____
Vous _____
Ils/elles _____

i) **apprendre**

J' _____
Tu _____
Il/elle/on _____
Nous _____
Vous _____
Ils/elles _____

Français

Verbe : conjugaison à l'imparfait

2. Souligne les verbes à l'imparfait dans le texte suivant.

Candide (1759)
Voltaire

Comment Candide fut élevé dans un beau château, et comment il fut chassé d'icelui.

Il y avait en Westphalie, dans le château de monsieur le baron de Thunder-ten-tronckh, un jeune garçon à qui la nature avait donné les mœurs les plus douces. Sa physionomie annonçait son âme. Il avait le jugement assez droit, avec l'esprit le plus simple ; c'est, je crois, pour cette raison qu'on le nommait Candide. Les anciens domestiques de la maison soupçonnaient qu'il était fils de la sœur de monsieur le baron et d'un bon et honnête gentilhomme du voisinage, que cette demoiselle ne voulut jamais épouser parce qu'il n'avait pu prouver que soixante et onze quartiers, et que le reste de son arbre généalogique avait été perdu par l'injure du temps.

Monsieur le baron était un des plus puissants seigneurs de la Westphalie, car son château avait une porte et des fenêtres. Sa grande salle même était ornée d'une tapisserie. Tous les chiens de ses basses-cours composaient une meute dans le besoin ; ses palefreniers étaient ses piqueurs ; le vicaire du village était son grand-aumônier. Ils l'appelaient tous monseigneur, et ils riaient quand il faisait des contes.

Madame la baronne, qui pesait environ trois cent cinquante livres, s'attirait par là une très grande considération, et faisait les honneurs de la maison avec une dignité qui la rendait encore plus respectable. Sa fille Cunégonde, âgée de dix-sept ans, était haute en couleur, fraîche, grasse, appétissante. Le fils du baron paraissait en tout digne de son père. Le précepteur Pangloss était l'oracle de la maison, et le petit Candide écoutait ses leçons avec toute la bonne foi de son âge et de son caractère.

Pangloss enseignait la métaphysico-théologo-cosmolonigologie. Il prouvait admirablement qu'il n'y a point d'effet sans cause, et que, dans ce meilleur des mondes possibles, le château de monseigneur le baron était le plus beau des châteaux, et madame, la meilleure des baronnes possibles.

« Il est démontré, disait-il, que les choses ne peuvent être autrement ; car tout étant fait pour une fin, tout est nécessairement pour la meilleure fin. Remarquez bien que les nez ont été faits pour porter des lunettes ; aussi avons-nous des lunettes. Les jambes sont visiblement instituées pour être chaussées, et nous avons des chausses. Les pierres ont été formées pour être taillées et pour en faire des châteaux ; aussi monseigneur a un très beau château : le plus grand baron de la province doit être le mieux logé ; et les cochons étant faits pour être mangés, nous mangeons du porc toute l'année : par conséquent, ceux qui ont avancé que tout est bien ont dit une sottise ; il fallait dire que tout est au mieux. »

Candide écoutait attentivement, et croyait innocemment ; car il trouvait mademoiselle Cunégonde extrêmement belle, quoiqu'il ne prît jamais la hardiesse de le lui dire. Il concluait qu'après le bonheur d'être né baron de Thunder-ten-tronckh, le second degré de bonheur était d'être mademoiselle Cunégonde ; le troisième, de la voir tous les jours ; et le quatrième, d'entendre maître Pangloss, le plus grand philosophe de la province, et par conséquent de toute la terre.

Verbe : conjugaison au futur simple

1. Conjugue les verbes suivants au futur simple.

a) être

Je _____
Tu _____
Il/elle/on _____
Nous _____
Vous _____
Ils/elles _____

b) avoir

J' _____
Tu _____
Il/elle/on _____
Nous _____
Vous _____
Ils/elles _____

c) broyer

Je _____
Tu _____
Il/elle/on _____
Nous _____
Vous _____
Ils/elles _____

d) partir

Je _____
Tu _____
Il/elle/on _____
Nous _____
Vous _____
Ils/elles _____

e) naître

Je _____
Tu _____
Il/elle/on _____
Nous _____
Vous _____
Ils/elles _____

f) envoyer

J' _____
Tu _____
Il/elle/on _____
Nous _____
Vous _____
Ils/elles _____

g) sentir

Je _____
Tu _____
Il/elle/on _____
Nous _____
Vous _____
Ils/elles _____

h) acquérir

J' _____
Tu _____
Il/elle/on _____
Nous _____
Vous _____
Ils/elles _____

i) joindre

Je _____
Tu _____
Il/elle/on _____
Nous _____
Vous _____
Ils/elles _____

Français

Verbe : conjugaison au futur simple

2. Conjugue les verbes entre parenthèses au futur simple.

L'année prochaine, Léa (commencer) _____ le secondaire, mais elle ne sait pas encore quelle école elle (choisir) _____. Ses amies Alix et Éden (aller) _____ dans une école privée, tandis que Lena, sa voisine, (suivre) _____ son frère et (prendre) _____ le chemin de l'école internationale. Qui Léa (accompagner) _____-t-elle? Il ne lui reste que deux semaines pour se décider. Après, il (être) _____ trop tard, puisque les inscriptions (être) _____ terminées. Elle n'(avoir) _____ alors plus le choix : elle (devoir) _____ aller à la polyvalente. Il est si difficile de se décider! Cependant, Léa a une certitude : quelle que soit la décision qu'elle (prendre) _____, elle (devenir) _____ pompière quand elle (atteindre) _____ l'âge adulte.

3. Réécris le texte suivant au futur simple. Fais bien attention de changer les marqueurs temporels quand il est nécessaire de le faire.

Hier matin, je suis allée au zoo avec mes grands-parents. Il y avait beaucoup de monde, puisque c'était le début des vacances et qu'il faisait très beau. Mon grand-père a voulu visiter le coin des animaux d'Amérique du Sud et il a longtemps observé le paresseux, son animal préféré. Comme à chaque visite, ma grand-mère s'est gentiment moquée de lui en laissant entendre que les paresseux et Papi se ressemblent beaucoup. Mon grand-père n'est pas susceptible et il a ri un bon coup. Quand nous sommes arrivés dans la zone africaine, cependant, il m'a dit en regardant les lionnes : « Et voilà les cousines de ta Mamie ! » Ma grand-mère a alors imité le rugissement de la lionne avec tant de réalisme qu'un petit garçon s'est mis à pleurer.

_____ matin, j'_____ au zoo avec mes grands-parents. Il y _____ beaucoup de monde, puisque ce _____ le début des vacances et qu'il _____ très beau. Mon grand-père _____ visiter le coin des animaux d'Amérique du Sud et il _____ longtemps le paresseux, son animal préféré. Comme à chaque visite, ma grand-mère se _____ gentiment de lui en laissant entendre que les paresseux et Papi se ressemblent beaucoup. Mon grand-père n'est pas susceptible et il _____ un bon coup. Quand nous _____ dans la zone africaine, cependant, il me _____ en regardant les lionnes : « Et voilà les cousines de ta Mamie ! » Ma grand-mère _____ alors le rugissement de la lionne avec tant de réalisme qu'un petit garçon se _____ à pleurer.

Quelle partie du texte ne peut pas être prédite ?

_____

Français

Verbe : conjugaison au conditionnel présent

1. Conjugue les verbes suivants au conditionnel présent.

a) être

Je _____
Tu _____
Il/elle/on _____
Nous _____
Vous _____
Ils/elles _____

b) avoir

J' _____
Tu _____
Il/elle/on _____
Nous _____
Vous _____
Ils/elles _____

c) pleurer

Je _____
Tu _____
Il/elle/on _____
Nous _____
Vous _____
Ils/elles _____

d) valoir

Je _____
Tu _____
Il/elle/on _____
Nous _____
Vous _____
Ils/elles _____

e) appeler

J' _____
Tu _____
Il/elle/on _____
Nous _____
Vous _____
Ils/elles _____

f) vouloir

Je _____
Tu _____
Il/elle/on _____
Nous _____
Vous _____
Ils/elles _____

g) apprécier

J' _____
Tu _____
Il/elle/on _____
Nous _____
Vous _____
Ils/elles _____

h) recevoir

Je _____
Tu _____
Il/elle/on _____
Nous _____
Vous _____
Ils/elles _____

i) voir

Je _____
Tu _____
Il/elle/on _____
Nous _____
Vous _____
Ils/elles _____

Verbe : conjugaison au conditionnel présent

2. Dans le texte suivant, souligne les verbes au conditionnel présent.

Souvent, je rêve que je suis un superhéros.

Si j'avais des pouvoirs surnaturels, je pourrais sans doute soulever des objets très lourds et je serais capable de courir aussi vite qu'un couguar. Je volerais dans les airs et partirais faire le tour du monde. Le matin, je me lèverais au Québec, je déjeunerais à Paris, je prendrais un casse-croûte le midi à côté de la muraille de Chine et je souperais au milieu des kangourous australiens. Et puisque j'aurais des pouvoirs surhumains, je ne serais même pas fatigué après tous ces voyages ! Au lieu de dormir, je construirais des puits et des écoles pour aider les enfants des pays en développement. Je me servirais de mes pouvoirs pour aider tous ceux qui en auraient besoin.

Hélas, puisque je ne suis pas un superhéros, je dois arrêter de rêver… et finir mes devoirs, comme dirait ma mère.

3. Conjugue les verbes entre parenthèses au conditionnel présent.

a) J'(aimer) _____ que tu viennes avec nous au cinéma.

b) Cet après-midi, Émilie et Florence (vouloir) _____ aller patiner.

c) Alex (assister) _____ au spectacle si son père voulait l'amener au théâtre.

d) Nous (être) _____ heureux de venir à ton anniversaire si tu nous indiquais le chemin.

e) S'il y avait des bancs, les promeneurs s'(asseoir) _____ quelques minutes pour se reposer.

f) Je (vouloir) _____ qu'on soit déjà demain !

g) Jacob et Vincent ont tellement faim qu'ils (manger) _____ n'importe quoi.

h) Si tu n'étais pas mon ami, je ne t'(appeler) _____ pas si souvent.

4. Complète les phrases suivantes en utilisant des verbes au conditionnel présent.

a) Si tu étais une fourmi, tu _____.

b) Si l'école prenait feu, les élèves _____.

c) La sœur de ton amie est si petite qu'elle _____.

d) Nous _____ que _____.

e) Si le soleil ne se levait plus, _____.

Verbe : conjugaison au subjonctif présent

1. Conjugue les verbes suivants au subjonctif présent.

a) **être**

Que je _____
Que tu _____
Qu'il/elle/on _____
Que nous _____
Que vous _____
Qu'ils/elles _____

b) **avoir**

Que j' _____
Que tu _____
Qu'il/elle/on _____
Que nous _____
Que vous _____
Qu'ils/elles _____

c) **aider**

Que j' _____
Que tu _____
Qu'il/elle/on _____
Que nous _____
Que vous _____
Qu'ils/elles _____

d) **asseoir**

Que j' _____
Que tu _____
Qu'il/elle/on _____
Que nous _____
Que vous _____
Qu'ils/elles _____

e) **raccrocher**

Que je _____
Que tu _____
Qu'il/elle/on _____
Que nous _____
Que vous _____
Qu'ils/elles _____

f) **émouvoir**

Que j' _____
Que tu _____
Qu'il/elle/on _____
Que nous _____
Que vous _____
Qu'ils/elles _____

g) **juger**

Que je _____
Que tu _____
Qu'il/elle/on _____
Que nous _____
Que vous _____
Qu'ils/elles _____

h) **enlever**

Que j' _____
Que tu _____
Qu'il/elle/on _____
Que nous _____
Que vous _____
Qu'ils/elles _____

i) **fuir**

Que je _____
Que tu _____
Qu'il/elle/on _____
Que nous _____
Que vous _____
Qu'ils/elles _____

Français

Verbe : conjugaison au subjonctif présent

2. Compose une phrase au subjonctif présent avec le verbe indiqué.

   a) Vouloir

   _____

   b) Obéir

   _____

   c) Arrêter

   _____

3. Complète les verbes en ajoutant leur terminaison. Ces verbes sont au subjonctif présent.

   a) Qu'il pleuv_____ ou qu'il neig_____, nous irons marcher en montagne.

   b) Si tu ne veux pas que nous manquions d'essence, il faut que tu localis_____ une station-service.

   c) Que Simon et Isaac refus_____ de jouer à la poupée ne t'étonne pas.

   d) Il faut que nous all_____ à la boucherie.

   e) Le dentiste veut que je pass_____ la soie dentaire tous les jours.

   f) Pour éviter les crampes, il ne faut pas que les chevaux mang_____ beaucoup avant la course.

4. Conjugue les verbes entre parenthèses au subjonctif présent.

   a) Que tu le (vouloir) _____ ou non, il va falloir assister au cours d'éducation physique.

   b) Il faut que vous (être) _____ un peu plus compréhensives.

   c) Peu m'importe que Maude et Anaïs (être) _____ des amies et qu'elles (jouer) _____ ensemble, mais je ne veux pas qu'elles (déranger) _____ les autres.

5. Souligne les verbes au subjonctif présent dans le texte suivant.

Si nous voulons éviter les conflits, il faut vraiment que nous apprenions à mieux nous écouter, que nous ne parlions pas en même temps et que nous cessions de chercher constamment des sujets de discorde. De toute manière, à quoi bon les querelles, puisque, que nous le voulions ou non, nous allons nous voir tous les jours pendant encore bien des années, cher frère.

Verbe : conjugaison à l'impératif présent et au participe présent

1. **Conjugue les verbes suivants à l'impératif présent. Comme les pronoms sujets de ces verbes sont sous-entendus, ils sont écrits entre parenthèses.**

   a) être

   (Tu) _____

   (Nous) _____

   (Vous) _____

   b) avoir

   (Tu) _____

   (Nous) _____

   (Vous) _____

   c) apporter

   (Tu) _____

   (Nous) _____

   (Vous) _____

   d) voir

   (Tu) _____

   (Nous) _____

   (Vous) _____

   e) prendre

   (Tu) _____

   (Nous) _____

   (Vous) _____

   f) aller

   (Tu) _____

   (Nous) _____

   (Vous) _____

2. **Écris les verbes suivants au participe présent.**

   a) être _____   b) avoir _____   c) s'envoler _____

   d) reconnaître _____   e) patiner _____   f) chérir _____

   g) graisser _____   h) ternir _____   i) tousser _____

3. **Souligne les verbes à l'impératif présent et encadre les verbes au participe présent.**

   En allant à la pharmacie tout à l'heure, j'ai croisé une vieille dame qui criait à son chien : « Allez, vilaine bête ! Reste calme ! Ne bouge plus ! » Distrait par cette femme colérique, ne prenant pas garde à l'endroit où je mettais les pieds, je me suis alors enfargé sur le trottoir et j'ai bousculé un passant. « Fais attention, jeune homme ! Regarde où tu vas », a-t-il rouspété. Je suis entré dans la pharmacie en balbutiant des excuses. En sortant, j'ai recroisé la vieille dame, qui disait maintenant à son pauvre molosse : « Avance, espèce de tête de mule ! Bouge ! Partons d'ici, rentrons chez nous ! » Tirant le chien par la laisse, le forçant à la suivre malgré lui, la femme a réussi à obtenir de peine et de misère ce qu'elle aurait sans doute eu facilement avec un peu de tendresse.

Verbe : le conditionnel présent, le subjonctif présent, l'impératif présent

1. Inscris le verbe à l'infinitif dans la bonne case.

	Verbe	Conditionnel présent	Subjonctif présent	Impératif présent
a)	que tu cuises			
b)	je rendrais			
c)	écoutez			
d)	nous lâcherions			
e)	sens			
f)	qu'ils rendent			
g)	que nous fuyions			
h)	elles assiégeraient			
i)	vous magasineriez			
j)	que nous aimions			
k)	vous voudriez			
l)	qu'il soit			
m)	dormons			
n)	criez			
o)	ils penseraient			
p)	que je finisse			

2. Comment peux-tu facilement faire la différence entre les verbes au conditionnel présent, au subjonctif présent et à l'impératif présent ?

_____

_____

_____

Français

Les pronoms

1. **Dans le texte suivant, encercle les pronoms possessifs, personnels et démonstratifs. Indique à quelle catégorie ils appartiennent : pronom possessif (PPO), pronom personnel (PPE) ou pronom démonstratif (PD).**

Dans la boutique de jouets, une grande fille observe avec beaucoup d'attention une petite poupée toute rose. Elle regarde à droite, à gauche, s'assurant que personne ne se trouve autour. Puis, elle s'empare de la poupée comme si elle était la sienne et se met à la bercer. Pendant quelques secondes, la jeune fille rêve d'avoir encore cinq ans, d'être encore celle à qui l'on offrait des poupées, et non ces épais livres de français ou de mathématiques qu'on lui demande d'étudier tous les soirs. Ses parents sont impitoyables : après le souper, ils l'empêchent de jouer, sous prétexte qu'elle n'obtient pas d'assez bons résultats scolaires. Ils lui répètent soir après soir : « Tu joueras quand tu auras fini tes devoirs. » Mais ceux-ci sont si difficiles, et si longs ! Elle ne parvient jamais à les finir. Oh, si elle pouvait encore avoir cinq ans et jouer avec une poupée comme celle-ci ! La grande fille dépose en soupirant le jouet. « Bah, se dit-elle, au moins maintenant, je sais lire ! » Elle attrape le roman qu'elle avait choisi plus tôt et se dirige joyeusement vers la caisse.

2. **Dans les phrases suivantes, remplace les mots en caractères gras par un pronom personnel.**

   a) **(Les adultes)** _____ passent beaucoup de temps au travail.

   b) **(Ta sœur, ton père et toi)** _____ avez acheté des billets pour assister à la partie de hockey.

   c) **(Coralie et Sarah)** _____ iront un jour escalader le mont Everest.

   d) **(Les bananes, les pommes et les raisins)** _____ sont mes fruits préférés.

   e) **(Mélodie et moi)** _____ pensons que la collecte de fonds est une grande réussite.

   f) **(Béatrice et Nathan)** _____ ont commencé une collection de timbres.

Les pronoms

3. **Ajoute le pronom possessif approprié.**

   a) J'ai déjà mangé du bon pâté chinois, mais _____ est le meilleur, maman!

   b) Mathias et moi avons construit un bolide dont nous sommes très fiers : c'est _____.

   c) « Ce sont _____ ! » s'écrie mon petit frère quand j'essaie de lui voler ses jouets.

   d) Ton épée est superbe! _____ ressemble plus à un rouleau à pâtisserie qu'à une arme de chevalier.

4. **Remplace le mot entre parenthèses par le pronom démonstratif approprié.**

   a) Victor est bien différent de Louis. (Louis) _____ préfère les jeux calmes,

   alors que (Victor) _____ adore les sports et les jeux animés.

   b) Philippe tire sur la barbe du père Noël, mais (le père Noël) _____ ne bronche pas.

   c) Les bonbons verts sont (les bonbons) _____ que je préfère.

   d) Marie-Pierre dit toujours que les seules filles qu'elle fréquente sont (les filles) _____ qui aiment rigoler.

   e) Le professeur de musique donne les consignes : « Les élèves doivent choisir un instrument.

   Que (les élèves) _____ qui veulent la flûte se placent à droite et que

   (les élèves) _____ qui prennent les xylophones s'installent à gauche. »

5. **Indique si le pronom en caractères gras est un pronom personnel, possessif ou démonstratif.**

   Marion déteste aller chez le glacier du coin, qui fait pourtant les meilleures crèmes glacées

   qu'**elle** (_____) ait mangées au cours de sa longue vie de fillette de douze ans.

   Celles-ci (_____) sont si bonnes qu'à chaque visite, Marion souhaite que le commerce

   devienne un jour **le sien** (_____). Alors, pourquoi n'aime-t-**elle** (_____) pas

   visiter cet endroit? C'est simple : chaque fois qu'elle y met les pieds, sa mère **lui** (_____)

   dit de se dépêcher. « Allez, Marion, **nous** (_____) n'allons pas traîner ici toute la journée.

   Choisis une saveur et prends ton cornet. **Le mien** (_____) a déjà commencé à fondre »,

   ronchonne-t-**elle** (_____). Quand Marion finit par se décider, elle regrette aussitôt

   son choix en regardant les cornets des autres clients : **les leurs** (_____) semblent

   toujours plus gros et meilleurs que **le sien** (_____). Décidément, les sorties chez

   le glacier sont toujours un peu frustrantes !

Pronom ou déterminant

1. **Dans les phrases suivantes, indique si le mot en caractères gras est un pronom ou un déterminant. S'il s'agit d'un pronom, indique par une flèche le nom qu'il remplace.**

Les malheurs de Sophie : La poupée de cire
La comtesse de Ségur

Le lendemain, Sophie peigna et habilla sa poupée, parce que ses amies devaient venir.

En l' (_____) habillant, **elle** (_____) **la** (_____) trouva pâle.

« Peut-être, dit-**elle** (_____), a-t-**elle** (_____) froid, ses pieds sont glacés.

Je vais **la** (_____) mettre un peu au soleil pour que mes amies voient que

j'en ai bien soin et que je **la** (_____) tiens bien chaudement. » Sophie alla porter

la (_____) poupée au soleil sur **la** (_____) fenêtre du salon. « Que fais-tu

à la fenêtre, Sophie ? » lui demanda sa maman.

   SOPHIE — Je veux réchauffer ma poupée, maman ; **elle** (_____) a très froid.

LA MAMAN — Prends garde, tu vas **la** (_____) faire fondre.

   SOPHIE — Oh non ! maman, il n'y a pas de danger : **elle** (_____) est dure

      comme du bois.

LA MAMAN — Mais **la** (_____) chaleur **la** (_____) rendra molle.

2. **Classe les mots en caractères gras dans la bonne colonne.**

		Déterminant	Pronom
a)	Regarde, **les** voilà qui arrivent !		
b)	Ce n'est pas **la** personne que j'attendais.		
c)	Cette balle, Pierre **l'**a attrapée facilement.		
d)	**Les** as-tu enfin trouvées, tes chaussettes ?		
e)	Nathan n'aime vraiment pas **les** mets chinois.		
f)	Les nouvelles voisines, Juliette **les** adore.		
g)	Geneviève **le** comprend très bien, ton chagrin.		
h)	**Les** enfants du quartier fêtent l'Halloween.		

Français 31

Le groupe du verbe

1. Souligne le verbe. Relie-le à son sujet.

a) Le guitariste joue un air langoureux.

b) Le gros casque du joueur de football lui donne un air de dur à cuire.

c) Le coq zélé a chanté toute la nuit.

d) Les roses du fleuriste ont de belles teintes variées.

2. Souligne le groupe du verbe et encadre le verbe.

a) La poupée de porcelaine de la petite fille s'est brutalement écrasée contre le sol.

b) Patrice et moi, nous avons rencontré plusieurs habitants du village.

c) À la maison, tout le monde mange avec des fourchettes bleues.

d) De l'espace, la Terre ressemble à une grosse bille bleue.

3. Souligne le groupe du verbe. Encadre le complément et indique s'il est direct ou indirect.

a) Je ne crois pas aux sorcières.

b) Peux-tu apporter le calendrier ?

c) Marie a besoin de son frère pour transporter l'échelle.

d) Le jeune homme se réveille avec un mal de tête insupportable.

4. Dans le texte suivant, encadre les verbes et souligne les groupes du verbe.

Casse-noisette
Hoffmann (1816)

Les enfants devaient avoir été bien gentils et bien sages pendant l'année entière, car jamais leurs cadeaux n'avaient été aussi magnifiques que cette fois. Le grand pin au milieu de la table portait une foule de pommes d'or et d'argent ; des pralines et des bonbons de toutes sortes en représentaient les boutons et les fleurs, et de beaux et nombreux jouets étaient suspendus à toutes les branches. Mais ce qu'il y avait de plus beau dans l'arbre merveilleux, c'était une centaine de petites bougies, qui brillaient comme des étoiles dans son sombre feuillage, et tandis qu'il semblait avec ses lumières, au-dedans et au-dehors, inviter les enfants à cueillir ses fleurs et ses fruits. [...] Que de belles choses se trouvaient là, et qui pourrait essayer de les décrire ?

Le groupe sujet

1. **Souligne le verbe. Pose-toi la question *qui est-ce qui?* ou *qu'est-ce qui?* pour trouver le groupe sujet puis encadre-le. Indique la classe ou les classes de mots qui composent le groupe sujet.**

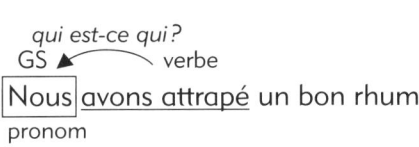

Voici deux exemples : Les panthères sont des animaux féroces.
 dét.   nom

Nous avons attrapé un bon rhume.
pronom

a) Je vais acheter du bois pour le feu.

b) Le soleil chatouille ma peau et me fait sourire.

c) Annick et Jules ont construit une cabane avec des boîtes.

d) Je te souhaite un joyeux anniversaire.

e) Pensez-vous aller au chalet durant la semaine de relâche?

f) Les oiseaux saluent le printemps de leurs gazouillis joyeux.

g) Jamais tu n'aurais cru possible qu'un troupeau d'éléphants se déplace sans bruit.

h) Raphaël adore les concombres, mais sa sœur Cassandre préfère les haricots verts.

i) Le soir, à la maison, tous les membres de la famille se retrouvent autour d'un bon repas.

j) Malgré la tempête de neige, Mélanie et Jason sont arrivés à temps pour le spectacle.

2. **Souligne le groupe sujet et relie-le à son attribut.**

Voici un exemple : Nathalie est énervée.

a) Juliette paraît plus vieille avec ce chandail noir.

b) L'enfant n'est plus malade.

c) Cette gigantesque villa semble prétentieuse à côté des autres maisons.

Le groupe sujet

3. **Sépare le groupe sujet du groupe verbal comme dans les exemples ci-dessous. Précise quelles classes de mots composent le groupe sujet.**

 GS GV
[Le cheval noir] a gagné une médaille au concours.
dét. nom adj.

 GS GV
[Nous] évitons les bouchons de circulation.
pronom

a) Samuel a acheté un cartable bleu.

b) Laetitia adore les boucles d'oreille en coquillage.

c) Plusieurs élèves de la classe ont des intolérances alimentaires.

d) Il n'y aura pas d'élections cet automne.

e) Vanessa enfile son manteau.

f) Ils étaient très fatigués après la partie de soccer.

g) Le concierge a nettoyé tout l'immeuble.

h) Les parents d'Olivier sont dans les Caraïbes.

i) Le camion de pompiers est passé à toute vitesse.

j) La brebis a mis au monde cinq jolis petits agneaux.

k) Croyez-vous vraiment qu'il pleuvra demain ?

l) Après une heure d'attente, Lise a rencontré le médecin.

Classes des mots

1. **Classe les mots suivants dans la bonne colonne. N'oublie pas d'ajouter une majuscule aux noms propres.**

acquitter, âcre, adoption, aisé, amsterdam, aux, bénéfice, bercer, brouillonne, ces, communisme, compréhensive, cuba, coucher, dans, dénouer, de, dépanneur, divertir, embarras, ensorcelé, foie, grasse, gratter, guinée-bissau, guitare, heurter, hier, hilarant, hindouisme, histoire, infiniment, infirmerie, infliger, irréel, isolation, la, le, lessiveuse, lourdement, luire, maigrir, main, majestueux, martyr, nasiller, narquois, nationalité, nos, passage, persuader, pérou, piège, planétaire, prévenir, quand, ramper, remboursement, remercier, rétrospectivement, réveil, sacha, seuil, si, sic, sourire, sulfureux, tes, travailler, très, vider, vieil, vietnam, volatiliser

Nom commun	Nom propre	Verbe	Adjectif	Déterminant	Mot invariable

Français

Classes des mots

2. Dans le texte suivant, classe les mots en caractères gras dans la bonne catégorie.

Le Sénégal est situé en Afrique **subsaharienne**, dans une **région** qu'on **appelle** aussi l'Afrique noire. **Au** nord de ce pays se trouve la **Mauritanie,** au sud, la Guinée, à l'est, le Mali et **à** l'ouest, l'océan Atlantique. Si la langue **officielle** est le français, c'est **surtout** le wolof que parle **la** population du Sénégal. Cependant, un bon pourcentage des habitants parle **aussi**, entre autres, le hassaniya et le balante, si bien qu'**il** n'est pas rare de rencontrer là-bas **des** polyglottes, des gens capables de parler deux, trois, voire quatre langues différentes.

Dakar, la capitale du Sénégal, est une ville **très** animée qui **longe** l'océan. Le **marché** du centre-ville, où l'**on** vend autant des vêtements **traditionnels** que des appareils électroniques à la fine pointe de la technologie, est **une** véritable fête de sons, de couleurs et d'odeurs. Du port de Dakar, on **peut** monter **à** bord d'un traversier et faire une intéressante visite de l'île de **Gorée**. **Pendant** des siècles, **celle-ci** servit au **transit** des esclaves noirs **vers** l'Amérique. On peut **y** visiter certaines maisons datant de l'époque **de** l'esclavagisme et découvrir les misères passées de **ces** hommes et **de** ces femmes **qui** furent vendus comme des marchandises.

C'est aussi du port de la capitale qu'on prend le gros traversier qui **voyage** chaque jour vers la région sud du pays, appelée Casamance. **Cette** partie du Sénégal, séparée du nord **par** un petit **pays anglophone** appelé la Gambie, a la particularité d'être **majoritairement** catholique, alors que le reste de la population est à 90 % musulmane. Au fil des années, cette différence, liée à la situation **géographique** de la Casamance, **a** d'ailleurs **occasionné** plusieurs **tensions**. La Casamance est malgré tout un coin reconnu pour **sa** beauté et a été rendue populaire, entre autres, par un gigantesque parc **naturel**, où se **déroulent** les aventures du **célèbre Spirou** dans la bande dessinée *Le gri-gri du Niokolo-Koba*.

Nom	Déterminant	Adjectif	Verbe	Adverbe	Préposition	Pronom

Classes des mots : nature et fonction

1. Indique à quelle classe de mots appartiennent les mots en caractères gras : nom propre, nom commun, verbe, déterminant, adjectif, adverbe ou préposition.

   a) **Votre** (_____) chien est sorti de la voiture et **a couru** (_____) jusqu'à la forêt longeant l'autoroute.

   b) Quand je pense que j'ai mis **tant** (_____) de temps à faire cette **robe** (_____) qui est complètement ratée, je suis vraiment découragée !

   c) Nous avons organisé une **somptueuse** (_____) réception pour son **anniversaire** (_____).

   d) Ma grande sœur Cécilia prépare **avec** (_____) **enthousiasme** (_____) son bal de finissants.

   e) **Un** (_____) véhicule blindé s'est dirigé **lentement** (_____) vers le stationnement de la banque.

2. Fais une phrase en suivant la structure proposée.

   Exemple : déterminant, nom commun, adjectif, verbe, adverbe = Le chat gris mange lentement.

   a) pronom personnel, verbe, adjectif
   _____

   b) déterminant, adjectif, nom propre, verbe, déterminant, nom commun
   _____

   c) nom propre, préposition, nom propre, verbe, déterminant, nom commun
   _____

3. Indique la nature des mots soulignés et dis quelle est leur fonction dans la phrase.

   a) Je mange <u>des arachides</u>.

   Nature : _____ Fonction : _____

   b) <u>Le feu</u> a commencé vers minuit ; au matin, il ne restait plus rien de la maison.

   Nature : _____ Fonction : _____

   c) L'homme a oublié de passer une laisse <u>à son chien</u>.

   Nature : _____ Fonction : _____

   d) Nous avons mangé une fondue chinoise <u>avec Paul et Judith</u>.

   Nature : _____ Fonction : _____

Français

Les compléments direct et indirect

1. **Souligne le groupe du verbe. Ensuite, encadre le complément et indique s'il s'agit d'un complément direct ou indirect.**

    a) Florence aime le café au lait.

    b) De la fenêtre de l'aéroport, les visiteurs voient les avions.

    c) Émilie a deux cousins et une seule cousine.

    d) Le jeune Brésilien cherche son habit de carnaval.

    e) Miranda veut encore des épis de maïs.

    f) La pâtissière mélange les ingrédients du gâteau.

    g) Julien aime les voitures sport.

    h) Rosalie et sa famille écoutent un film.

    i) La pharmacie contient des centaines de médicaments.

    j) Des écureuils se joignent aux pigeons affamés pour manger les miettes de pain.

2. **Ajoute un complément direct pour compléter les phrases. Pose-toi la question *quoi* ou *qui* après le verbe pour t'assurer qu'il s'agit bien d'un CD.**

    a) Au travail, cette famille d'anglophones parle _____.

    b) Marie-Pierre prend _____.

    c) Le facteur a livré _____.

    d) Maman me souhaite _____.

3. **Ajoute un complément indirect pour compléter les phrases. Pose-toi la question *de qui*, *de quoi*, *par qui*, *par quoi*, *avec qui*, *avec quoi*, etc., après le verbe pour t'assurer qu'il s'agit bien d'un CI.**

    a) L'arbre a été frappé par _____.

    b) Les lionnes se chargent de _____.

    c) Le vieil homme se plaint de _____.

    d) Le loup approche lentement de _____.

Les compléments direct et indirect

4. Souligne le groupe du verbe. Ensuite, encadre le complément et indique s'il s'agit d'un complément direct ou indirect.

   a) Les ratons laveurs trempent leur nourriture dans la rivière.

   b) Le train émet un grand bruit avant d'arriver.

   c) Les enfants sortent par la porte arrière.

   d) Les chevaliers faisaient d'impressionnants mouvements d'épée.

   e) Joël part en vacances avec ses grands-parents.

5. Dans le texte suivant, souligne tous les verbes conjugués et encadre les compléments en indiquant par une flèche le verbe auxquels ils se rapportent.

Dimanche dernier, en allant visiter son amie Mia en Estrie, Violaine a découvert un ruisseau rempli de têtards. Son amie lui a expliqué qu'ils venaient tout juste de naître et qu'ils allaient bientôt devenir de jolies petites grenouilles. Les deux filles ont passé une partie de l'après-midi à attraper des têtards, qu'elles ont ensuite placés dans un aquarium pour mieux les observer. Quand la mère de Mia a découvert ce qui gardait les enfants si tranquilles, elle s'est écriée : « Ah non ! Pas de têtards dans ma maison ! Vous imaginez ce qui arrivera quand ils deviendront adultes ? La maison se remplira de grenouilles visqueuses qui sauteront partout sur le plancher. » Avec regret, Mia et Violaine ont rapporté leurs bébés dans le ruisseau. À la prochaine visite, cependant, elles se sont promis de capturer quelques grenouilles.

6. Dans les phrases suivantes, fais la distinction entre le complément direct (essentiel et fixe) et le complément de phrase (facultatif et déplaçable).

   a) Hugues met ses bottes de caoutchouc les jours de pluie.

   b) Avant de partir, j'ai éteint la lumière.

   c) Ce matin, Charlotte a mangé des céréales.

Français 39

Le complément de phrase

1. **Dans les phrases suivantes, repère les compléments de phrases, puis transforme les phrases selon les consignes.**

    Marianne se lève tôt ce matin.

    a) Place le complément de phrase en début de phrase.
    _____

    b) Supprime le complément de phrase.
    _____

    c) Remplace le complément de phrase par un autre complément de phrase.
    _____

    Tous les soirs, mon petit frère prend un verre de lait avant d'aller dormir.

    a) Déplace le premier complément de phrase.
    _____

    b) Place le deuxième complément de phrase en début de phrase.
    _____

    c) Supprime les compléments de phrase.
    _____

2. **Complète maintenant la phrase suivante.**

    Les compléments de phrase sont _____, _____.

3. **Dans les phrases suivantes, ajoute un complément de phrase.**

    a) Cédric a mangé beaucoup de chocolat _____.

    b) _____, Juliette et Zoé iront cueillir des pommes.

    c) Nous conduisons notre voiture _____.

    d) _____, le pompier brave les dangers.

    e) _____, les camions de livraison parcourent le pays.

    f) _____, je vais danser _____.

Français

L'accord du participe passé : auxiliaire *être*

1. **Accorde les participes passés employés avec *être*.**

   a) Jasmine et Mélodie sont bien trop (occuper) _____ pour regarder l'heure.

   b) À notre arrivée à la piscine, des enfants turbulents se sont (chamailler) _____.

   c) Tu ne vois plus rien parce que tes lunettes sont (embuer) _____.

   d) Ma mère et ma sœur se sont (laver) _____ les dents au même moment.

   e) Ma mère et ma sœur se sont (laver) _____ avant d'aller dormir.

   f) Marilou est (venir) _____ rencontrer son oncle maternel.

   g) Ce soir, tes amis sont (rentrer) _____ vraiment très tard.

   h) L'épicière du coin est (aller) _____ livrer elle-même les provisions de madame Lemieux.

   i) Les hirondelles se sont (sauver) _____ à l'approche du chat.

   j) Laure et Mégane sont (choyer) _____, puisqu'elles sont (entourer) _____ de gens qui les aiment.

2. **Souligne les phrases dans lesquelles le participe passé employé avec *être* est bien accordé.**

   a) Elles sont arrivés en retard à leur rendez-vous.

   b) Nous sommes attaqués par des abeilles affolées.

   c) Les chats de mes amies Léa et Jade sont toujours soulagées de voir arriver leur repas.

   d) Nathan et Amélie sont gênées de ne pas connaître la réponse.

   e) Ils se sont grattés le dos.

   f) Ils avaient des démangeaisons dans le dos et ils se sont grattés.

   g) Mia est obligé de laver son visage barbouillé de chocolat.

3. **Complète chaque phrase en accordant correctement le participe passé.**

   a) Layla et Claude se sont (rencontrer) _____ au parc Lafontaine.

   b) Vous êtes (venir) _____ nous voir, mais nous n'étions pas là.

   c) Tu étais si (absorber) _____ dans tes devoirs que tu ne m'as pas vu venir.

   d) Vous êtes (chasser) _____ de notre chambre, messieurs.

   e) Quand ta tricherie a été découverte, ils se sont (éloigner) _____ de toi.

Français

L'accord du participe passé : auxiliaire *avoir*

1. **Choisis la bonne façon d'écrire le participe passé employé avec *avoir*. N'oublie pas que le participe passé employé avec *avoir* s'accorde en genre et en nombre avec le complément direct du verbe si celui-ci est placé devant le verbe.**

    a) Toutes les choses que j'ai (*appris, apprise, apprises*) _____ au primaire me seront bien utiles quand j'arriverai au secondaire. (Pose-toi la question : « J'ai appris quoi ? » _____ Est-ce que le mot est placé avant ou après le verbe ?)

    b) Les journées que Mathias a (*passé, passés, passées*) _____ au camp de vacances ont été les meilleures de son été. (Pose-toi la question : « Mathias a passé quoi ? » _____ Est-ce que le mot est placé avant ou après le verbe ?)

    c) Les pompiers que tu as (*vu, vus*) _____ à la caserne semblaient tous passionnés par leur métier. (Pose-toi la question : « Tu as vu qui ? » _____ Est-ce que le mot est placé avant ou après le verbe ?)

2. **Souligne les phrases dans lesquelles le participe passé est bien accordé. S'il y a lieu, corrige l'erreur.**

    a) Jasmine a bien accordée ses participes passés.

    Correction : _____

    b) Les fleurs que Pascal et Michael ont acheté pour leur mère sentent très bon.

    Correction : _____

    c) Les gerboises de mes cousins ont fait des dégâts dans le sous-sol de leur maison.

    Correction : _____

    d) Les éclats de rire qu'elles ont entendus leur ont donnés envie d'aller à la fête.

    Correction : _____

    e) Les médailles d'or que l'Association professionnelle des magiciens a reçues prouvent qu'on a enfin reconnu l'importance de la magie dans notre société.

    Correction : _____

3. **Complète les phrases.**

    a) Les lézards que tu as (regarder) _____ ressemblent à des dinosaures.

    b) Voici les pommiers dont le petit frère de ton amie Béatrice t'a (parler) _____.

L'attribut du sujet

1. **Souligne le groupe sujet et relie-le à son attribut.**

   Voici un exemple : <u>Mon père</u> est un excellent cuisinier.

   a) Ce garçon est bien plus grand que les autres.

   b) Ton manteau semble encore un peu humide.

   c) La nuit est parfaite pour voir les étoiles.

2. **Remplis le tableau.**

		Attribut	Participe passé
a)	Pascal est parti.		
b)	Gisèle est le nom de ta mère.		
c)	Le ballon bleu s'est envolé.		
d)	Murielle est allée à son rendez-vous chez le dentiste.		
e)	Ce chaton est noir et blanc.		
f)	Raphaël a semblé perplexe après tes déclarations.		
g)	Le printemps est arrivé.		

3. **Ajoute un attribut pour compléter la phrase.**

   a) Il fait chaud, mais le fond de l'air est _____.

   b) Cette grosse mangue rouge semble _____.

   c) L'équipe de football de l'école est _____.

4. **Ajoute un sujet pour compléter la phrase.**

   a) _____ sont très sympathiques.

   b) _____ paraît content du résultat.

   c) _____ semblent un peu malades.

Français 43

Les adjectifs

1. **Dans le texte suivant, souligne les adjectifs.**

   L'homme à l'oreille cassée
   Edmond About (1862)

   Le fils tant désiré rentra dans la maison paternelle. M. et Mme Renault, qui vinrent le chercher à la gare, le trouvèrent grandi, grossi et embelli de tout point. À dire vrai, ce n'était pas un garçon remarquable, mais une bonne et sympathique figure. Léon Renault représentait un homme moyen, blond, rondelet et bien pris. Ses grands yeux bleus, sa voix douce et sa barbe soyeuse indiquaient une nature plus délicate que puissante. Un cou très blanc, très rond et presque féminin tranchait singulièrement avec son visage roussi par le hâle. Ses dents étaient belles, très mignonnes, un peu rentrantes, nullement aiguës. Lorsqu'il ôta ses gants, il découvrit deux petites mains carrées, assez fermes, assez douces, ni chaudes, ni froides, ni sèches ni humides, mais agréables au toucher et soignées dans la perfection. Tel qu'il était, son père et sa mère ne l'auraient pas échangé contre l'Apollon du Belvédère. On l'embrassa, Dieu sait! en l'accablant de mille questions auxquelles il oubliait de répondre. Quelques vieux amis de la maison, un médecin, un architecte, un notaire étaient accourus à la gare avec les bons parents : chacun d'eux eut son tour, chacun lui donna l'accolade, chacun lui demanda s'il se portait bien, s'il avait fait bon voyage. Il écouta patiemment et même avec joie cette mélodie banale dont les paroles ne signifiaient pas grand-chose, mais dont la musique allait au cœur, parce qu'elle venait du cœur.

2. **Enrichis ces phrases avec les adjectifs proposés. N'oublie pas d'accorder les adjectifs avec le nom auquel ils se rapportent.**

   a) La renarde a fui à l'approche des chasseurs. (*attentif, roux*)

   _____

   b) La fillette avait soudain très faim quand elle admirait les brioches. (*appétissant, gourmand*)

   _____

   c) Ces moules goûtent la mer. (*frais, salé*)

   _____

   d) Les chandails de laine sont en solde, mais les tenues d'été sont au prix régulier. (*chaud, léger*)

   _____

Français

Les adjectifs

3. **Forme des adjectifs à partir des adverbes suivants.**

   a) rapidement : masculin : _____ féminin : _____

   b) bellement : masculin : _____ féminin : _____

   c) nouvellement : masculin : _____ féminin : _____

   d) gracieusement : masculin : _____ féminin : _____

   e) habituellement : masculin : _____ féminin : _____

   f) spontanément : masculin : _____ féminin : _____

   g) subtilement : masculin : _____ féminin : _____

4. **Accorde correctement les adjectifs qualificatifs mis entre parenthèses.**

   a) C'est de l'histoire (ancien) _____.

   b) Nous pensions acheter une (nouveau) _____ télévision.

   c) Il porte toujours le même (vieux) _____ habit et la même (vieux) _____ casquette.

   d) Je trouve ta question (indiscret) _____.

   e) Ses réponses étaient un peu (naïf) _____.

   f) J'adore la salade (grec) _____ !

   g) La pâte était un peu trop (épais) _____, mais elle était tout de même (léger) _____.

   h) Venez voir nos (nouveau) _____ ballons.

   i) Nathan fait toujours des gestes très (théâtral) _____.

   j) Le policier fera une enquête plus (complet) _____.

   k) Les élèves (affamé) _____ sont partis manger à la cafétéria.

   l) Ne trouvez-vous pas qu'elles sont un peu (cher) _____.

   m) Tes parents sont (satisfait) _____ de tes résultats scolaires.

   n) Je me suis acheté des chaussettes (vert foncé) _____.

   o) Ma grand-mère vient d'acheter des draps de coton (brodé) _____ à la main.

   p) Le bas de ses robes était recouvert de perles (blanc) _____.

   q) Les rues étaient presque (désert) _____ hier soir.

Les adjectifs

5. Dans le texte suivant, accorde, s'il y a lieu, les adjectifs placés entre parenthèses. Ensuite, souligne tous les autres adjectifs.

La femme au collier de velours (1850)
Alexandre Dumas

Antonia avait dix-sept ans à peine ; elle était de taille (moyen) _____, plutôt (grand) _____ que (petit) _____, mais si mince sans maigreur, si flexible sans faiblesse, que toutes les comparaisons de lis se balançant sur leur tige, de palmier se courbant au vent, eussent été (insuffisant) _____ pour peindre cette morbidezza (italien) _____, seul mot de la langue exprimant à peu près l'idée de (doux) _____ langueur qui s'éveillait à son aspect. Sa mère était, comme Juliette, une des plus (beau) _____ fleurs du printemps de Vérone, et l'on retrouvait dans Antonia, non pas fondues, mais heurtées, et c'est ce qui faisait le charme de cette jeune fille, les beautés des deux races qui se disputent la palme de la beauté.

Ainsi, avec la finesse de peau des femmes du Nord, elle avait la matité de peaux des femmes du Midi ; ainsi ses cheveux (blond) _____, épais et (léger) _____ à la fois, flottant au moindre vent, comme une vapeur (doré) _____, ombrageaient des yeux et des sourcils de velours (noir) _____. Puis, chose singulière encore, c'était dans sa voix surtout que le mélange harmonieux des deux langues était (sensible) _____.

Aussi, lorsque Antonia parlait allemand, la douceur de la (beau) _____ langue où, comme dit Dante, résonne le si, venait adoucir la rudesse de l'accent germanique, tandis qu'au contraire, quand elle parlait italien, la langue un peu trop (mou) _____ de Métastase et de Goldoni prenait une fermeté qui lui donnait la (puissant) _____ accentuation de la langue de Schiller et de Goethe.

6. Transforme ces phrases au féminin pluriel.

a) Cet homme a invité son frère à manger une crêpe.

_____

b) Le voleur a attaqué le propriétaire de la maison.

_____

La ponctuation

1. Indique la phrase qui est ponctuée correctement.

a) 1) Aujourd'hui Catherine, et ses sœurs Maude et Rosalie sont allées, aux glissades d'eau.

   2) Aujourd'hui, Catherine et ses sœurs, Maude et Rosalie, sont allées aux glissades d'eau.

   3) Aujourd'hui Catherine, et ses sœurs Maude et Rosalie, sont allées aux glissades d'eau.

b) 1) Au fond de ton sac à dos, il y a un cahier froissé des crayons multicolores une paire de ciseaux et une vieille pomme toute ratatinée.

   2) Au fond de ton sac à dos, il y a, un cahier froissé, des crayons multicolores, une paire de ciseaux, et une vieille pomme toute ratatinée.

   3) Au fond de ton sac à dos, il y a un cahier froissé, des crayons multicolores, une paire de ciseaux et une vieille pomme toute ratatinée.

c) 1) Christopher m'a avoué : C'est moi qui ai barbouillé dans ton cahier neuf.

   2) Christopher m'a avoué : « C'est moi qui ai barbouillé dans ton cahier neuf. »

   3) Christopher m'a avoué : « C'est moi, qui ai barbouillé dans ton cahier neuf. »

2. Dis à quoi servent les signes de ponctuation suivants.

a) la virgule : _____

b) le point : _____

c) le point d'exclamation : _____

d) le point d'interrogation : _____

e) les parenthèses : _____

f) le deux-points : _____

g) les points de suspension : _____

3. Ponctue le texte suivant.

Quoi Que me racontes-tu là Tu dis que tu as vu un vaisseau spatial dans le ciel Voyons c'est impossible Si les extraterrestres existaient nous le saurions depuis bien longtemps Non vraiment je crois que tu te moques de moi ou que tu as vraiment besoin d'une bonne paire de lunettes

Français

La ponctuation

4. Identifie les erreurs dans les phrases suivantes.

a) Le squash est un sport d'intérieur, on le pratique en toute saison.

b) J'ai acheté : des ballons, des chandelles et des fleurs.

c) Je me demande comment tu vas ?

d) Pendant le tournage, le metteur en scène exige : le silence et l'attention.

e) Eh bien. Comme c'est curieux.

f) Je crois que tu as raison m'a-t-elle dit.

g) J'ai vu, en allant au marché, des fleurs, des fruits, etc…

h) Je veux assister à ce concert car le chanteur est mon ami.

i) Le souper est prêt et Julien n'est pas encore là.

j) Le groupe nous sensibilise à l'usage du vélo, par diverses manifestations.

k) Moi je trouve qu'elle a bien fait.

l) La fille celle que j'ai vue hier est absente aujourd'hui.

m) Thomas m'écoutes-tu !

n) Les bananes que j'ai achetées hier, sont mauvaises.

o) Le chat, est un animal indépendant.

5. Ponctue le texte suivant. N'oublie pas d'ajouter les majuscules manquantes.

Ce matin pour l'anniversaire de ma mère j'ai voulu faire des profiteroles profitant du moment où maman allait prendre sa douche j'ai appelé ma petite sœur Daphnée viens vite nous allons faire des profiteroles des quoi a demandé ma sœur laisse faire suis mes instructions ai-je ordonné impatiente nous avons mélangé les ingrédients et avons déposé la pâte un peu trop molle à mon goût dans le four ça sent bon s'est exclamée maman en sortant de la salle de bain qu'est-ce que vous avez préparé j'ai voulu lui montrer ce qui cuisait dans le four catastrophe il n'y avait qu'une pâte plate à la place des profiteroles oh non me suis-je écriée je voulais faire des profiteroles devant mon air consterné maman a dit tant pis j'adore les crêpes

Les majuscules

1. **Ajoute un *L* majuscule si c'est un nom propre et un *l* minuscule s'il s'agit d'un nom commun.**

   a) ____arme   b) ____esage   c) ____isbonne   d) ____ustre

   e) ____ouisiane   f) ____afontaine   g) ____exique   h) ____ézard

   i) ____ithographie   j) ____uciole   k) ____udovic   l) ____aboratoire

2. **Recopie le texte suivant en ajoutant les majuscules aux endroits appropriés.**

   Le bal de Sceaux (1829)
   Honoré de Balzac

   le comte de fontaine, chef de l'une des plus anciennes familles du poitou, avait servi la cause des bourbons avec intelligence et courage pendant la guerre que les vendéens firent à la république. après avoir échappé à tous les dangers qui menacèrent les chefs royalistes durant cette orageuse époque de l'histoire contemporaine, il disait gaiement : « je suis un de ceux qui se sont fait tuer sur les marches du trône ! » cette plaisanterie n'était pas sans quelque vérité pour un homme laissé parmi les morts à la sanglante journée des quatre-chemins. quoique ruiné par des confiscations, ce fidèle vendéen refusa constamment les places lucratives que lui fit offrir l'empereur napoléon. invariable dans sa religion aristocratique, il en avait aveuglément suivi les maximes quand il jugea convenable de se choisir une compagne. malgré les séductions d'un riche parvenu révolutionnaire qui mettait cette alliance à haut prix, il épousa une demoiselle de kergarouët sans fortune, mais dont la famille est une des plus vieilles de la bretagne.

Les majuscules

3. Ajoute la lettre manquante en majuscule ou en minuscule.

a) Le (p)____ère de mon ami (h)____ussein est (p)____akistanais.

b) Dans cette ville cosmopolite, (j)____onathan a croisé des (i)____taliens, des (g)____recs, des (t)____urcs et des (m)____arocains qui parlaient couramment l'(a)____nglais ou le (f)____rançais.

c) Cet immigrant (m)____exicain a dû apprendre le français et parle maintenant comme un (m)____ontréalais.

d) Tu es (a)____nglaise, mais tu n'as plus d'accent (a)____nglais.

e) Mon (c)____hien (c)____léo croque des os.

4. Lis la liste de mots et complète la phrase.

a) Jean-Louis, Natasha, Anabelle, Vincent, Emy, Boubacar, Rémi, Mathilde.

Les _____ prennent une majuscule.

b) Paris, Berlin, Espagne, Mali, Chine, Uruguay, Buenos Aires, Washington.

Les _____ prennent une majuscule.

c) Lemieux, Grandpré, Signoret, Tremblay, Campion, Lalonde, Côté.

Les _____ prennent une majuscule.

d) Les Québécois, les Algériens, les Belges, les Russes, les Africains, les Gaspésiens.

Les _____ prennent une majuscule.

e) La planète Mars, Jupiter, la Terre, le pôle Sud, l'Afrique de l'Ouest.

Les _____ prennent une majuscule.

5. Explique la présence ou l'absence de majuscule dans les mots en caractères gras.

a) Les **Québécois** sont les principaux lecteurs des romans **québécois**.

_____

b) Depuis qu'il a vu la **Terre** de l'espace, cet astronaute ne tolère plus de rester sur la **terre** ferme.

_____

Français

Le genre et le nombre

1. **Indique si le mot est féminin ou masculin. Utilise les abréviations *fém.* et *masc.***

    a) achat : _____   b) aéroport : _____   c) avion : _____

    d) hélicoptère : _____   e) été : _____   f) après-midi : _____

    g) moustiquaire : _____   h) élastique : _____   i) algue : _____

    j) encyclopédie : _____   k) hôpital : _____   l) orteil : _____

    m) solde : _____   n) autobus : _____   o) épaule : _____

2. **Trouve le féminin des mots suivants**

    a) benjamin : _____   b) politicien : _____   c) réceptionniste : _____

    d) prince : _____   e) homme : _____   f) roux : _____

    g) vieux : _____   h) Grec : _____   i) captif : _____

3. **Trouve le féminin des mots suivants.**

    a) bélier : _____   b) coq : _____   c) taureau : _____

    d) monsieur : _____   e) singe : _____   f) sanglier : _____

    g) étalon : _____   h) bouc : _____   i) frère : _____

    Que remarques-tu ?

    _____

4. **Mets les mots suivants au pluriel et complète la phrase.**

    a) hibou_____   b) trou_____   c) chou_____

    d) genou_____   e) coucou_____   f) caillou_____

    g) bijou_____   h) bisou_____   i) joujou_____

    j) kangourou_____   k) clou_____   l) pou_____

    Tous les mots en *ou* prennent un _____ au pluriel, à part les exceptions suivantes :

    _____

5. **Écris la phrase suivante au féminin.**

    Mon oncle possède trois coqs et deux moutons.

    _____

Français 51

Le genre et le nombre

6. Trouve le féminin des mots suivants. Ensuite, complète les phrases.

a) candidat : _____   marchand : _____   étudiant : _____

   gamin : _____   intéressant : _____   inconnu : _____

   voisin : _____   ami : _____   content : _____

   En règle générale, pour former le féminin des mots, on ajoute un _____ à la fin.

b) muet : _____   violet : _____   discret : _____

   Pour former le féminin des mots se terminant en *et*, on remplace *et* par _____ ou par _____.

c) acteur : _____   facteur : _____   directeur : _____

   chasseur : _____   chanteur : _____   médiateur : _____

   Pour former le féminin des mots se terminant en *eur*, on remplace *eur* par _____ ou _____.

   Attention, il y a quelques exceptions : empereur/impératrice, ambassadeur/ambassadrice, serviteur/servante, rédacteur/rédactrice, etc.

d) électricien : _____   mécanicien : _____   musicien : _____

   canadien : _____   européen : _____

   Pour former le féminin des mots se terminant en *en*, on _____ la consonne finale et on ajoute un _____.

e) champion : _____   patron : _____   lion : _____

   luron : _____   vigneron : _____   bûcheron : _____

   Pour former le féminin des mots se terminant en *on*, on _____ la consonne finale et on ajoute un _____.

   Attention, il y a quelques exceptions : compagnon/compagne, dindon/dinde, etc.

f) criminel : _____   habituel : _____   actuel : _____

   Pour former le féminin des mots se terminant en *el*, on _____ la consonne finale et on ajoute un _____.

g) boulanger : _____   berger : _____   policier : _____

   fermier : _____   boucher : _____   étranger : _____

   Pour former le féminin des mots se terminant en *er*, on remplace *er* par _____.

Français

Le genre et le nombre

7. Trouve le pluriel des mots suivants. Ensuite, complète les phrases.

a) moine : _____   orange : _____   achat : _____

étranger : _____   barrière : _____   passion : _____

En règle générale, pour former le pluriel, on ajoute un _____ à la fin.

b) tapis : _____   croix : _____   gaz : _____

choix : _____   corps : _____   nez : _____

Les mots qui se terminent par _____, _____ ou _____ ne changent pas de forme au pluriel.

c) journal : _____   orignal : _____   animal : _____

amiral : _____   hôpital : _____   traîneau : _____

eau : _____   manteau : _____   gâteau : _____

Pour former le pluriel des mots se terminant en *al*, on remplace le *al* par _____.

Pour former le pluriel des mots se terminant en *au*, *eau* et *eu*, on ajoute un _____.

Attention, il y a des exceptions : bal, cal, carnaval, cérémonial, chacal, festival, récital, régal, landau, sarrau, bleu, pneu, émeu.

8. Mets au pluriel les mots composés suivants.

a) un porte-clés _____

b) un coupe-papier _____

c) un grille-pain _____

d) un enfant nouveau-né _____

e) un mot sous-entendu _____

f) l'avant-dernier voyage _____

g) un pare-brise _____

h) un chef tout-puissant _____

i) un amuse-gueule _____

j) un casse-croûte _____

k) un gratte-ciel _____

Complète maintenant la phrase

Pour mettre au pluriel les noms composés, il faut d'abord faire appel à la **logique** et au **sens des mots**, et seuls les _____ et les _____ prennent parfois la marque du pluriel.

Français

Le genre et le nombre

9. Classe les mots suivants dans la bonne colonne.

allure, ananas, apparence, appel, aréna, arène, arrêt, arête, auberge, automne, avant-midi, cantaloup, écurie, édifice, enseigne, épice, équation, équilibre, escompte, été, étrenne, extase, hache, hamac, herbe, héron, histoire, hiver, odeur, odorat, offrande, oreille, pétale

Féminin		Masculin	

10. Trouve le nom du mâle et de la femelle des animaux suivants.

a) Mâle : _____

Femelle : _____

b) Mâle : _____

Femelle : _____

c) Mâle : _____

Femelle : _____

d) Mâle : _____

Femelle : _____

a)

b)

c)

d)

11. Trouve le pluriel des mots suivants.

a) Chauve-souris : _____

b) Barbe à papa : _____

c) Melon d'eau : _____

a)

b)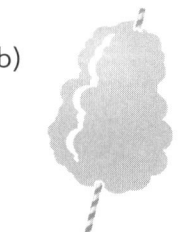

c)

Français

Le genre et le nombre

12. Mets les mots suivants au pluriel.

a) aspect : _____   b) feu : _____   c) ciel : _____

d) festival : _____   e) carrosse : _____   f) chou-fleur : _____

g) journal : _____   h) sarrau : _____   i) vitrail : _____

j) portefeuille : _____   k) lingot : _____   l) arc-en-ciel : _____

m) cheval : _____   n) pneu : _____   o) héros : _____

p) pommier : _____   q) œil : _____   r) gâteau : _____

s) bal : _____   t) tabou : _____   u) pou : _____

13. Encercle et corrige les fautes dans le texte suivant.

Hier, mes grand-parents et moi avons consulté les journals, où l'on dressait quelques listes des principales événements de l'été. Nous avons encerclé tout ce qui nous intéressait. Cette été, j'irai dans plusieurs festivaux avec mes parents. Je voudrais aussi suivre des cours d'équitation, car j'adore les chevals. Il faut prendre une autobus pour se rendre à l'écurie, située à Saint-Hubert, près d'une petite aéroport où j'ai déjà vu une avion rose s'envoler et traverser deux jolis arc-en-ciel. C'était si beau ! Mais ce que je préfère, ce sont les casse-croûte du coin, où l'on trouve des bocals remplis d'œufs dans le vinaigre. Évidemment, il faut bien se protéger derrière le moustiquaire, car toute cette nourriture attire les insectes.

Corrections :

1) _____   2) _____

3) _____   4) _____

5) _____   6) _____

7) _____   8) _____

9) _____   10) _____

11) _____   12) _____

14. Accorde les mots entre parenthèses.

a) (Cet) _____ automne, Catherine et Marc ont assisté à d'excellents (récital) _____.

b) Jamais ces (matou) _____ n'auraient pu te donner des (pou) _____.

c) Nous sommes à des (année-lumière) _____ de ces (galaxie) _____.

La phrase

1. **Réponds aux questions par une phrase négative et une phrase positive.**

   a) Connais-tu le nom de famille de tous les élèves de ta classe ?

   Phrase positive : _____

   Phrase négative : _____

   b) Julie a-t-elle une sœur ?

   Phrase positive : _____

   Phrase négative : _____

   c) Le petit chien blanc est-il le vôtre ?

   Phrase positive : _____

   Phrase négative : _____

   d) Le parc aquatique sera-t-il ouvert cet été ?

   Phrase positive : _____

   Phrase négative : _____

   e) Est-ce que les hippopotames sont des animaux en voie d'extinction ?

   Phrase positive : _____

   Phrase négative : _____

   f) Savais-tu que plusieurs Argentins sont de descendance européenne ?

   Phrase positive : _____

   Phrase négative : _____

2. **Indique de quel type de phrase il s'agit : négative, positive, interrogative, exclamative, déclarative, impérative.**

   Attention : la phrase est toujours positive ou négative en plus d'être interrogative, exclamative, impérative ou déclarative.

   a) Il a neigé pendant des jours et des jours. _____

   b) Surtout, ne bouge pas de là ! _____

   c) Je ne viendrai certainement pas te chercher à l'école. _____

   d) Saviez-vous que l'origine du lapin de Pâques date de l'Antiquité ? _____

   e) Ah non, ne viens pas me dire qu'il n'y a plus de lait ! _____

   f) Penses-tu que j'ai assez d'argent pour acheter un ordinateur ? _____

Français

La phrase

3. Remplis le tableau.

	Type de phrase	Forme positive	Forme négative
a)	Déclarative		Je n'ai pas réussi mon examen.
b)	Déclarative	Pascal suspend des décorations de Noël.	
c)	Déclarative	Vous aimez le ski nautique.	
d)	Interrogative		Ne pensez-vous pas qu'il a raison ?
e)	Interrogative	Maude est-elle absente ?	
f)	Interrogative		N'avons-nous pas toujours tenu parole ?
g)	Exclamative		Quelle tristesse de ne pas le rencontrer !
h)	Exclamative	Comme j'aime ce petit chien !	
i)	Exclamative	Que cet homme est étonnant !	
j)	Impérative	Prends ton bain.	
k)	Impérative		N'allons pas dans le bois.
l)	Impérative	Parle plus fort.	

4. Souligne les phrases négatives.

a) Les monstres n'ont jamais existé.

b) Les mantes religieuses ressemblent à des monstres.

c) Un écureuil saute sur les branches d'arbres.

d) Les chats ne savent pas descendre des arbres.

5. Fais un X dans la bonne colonne pour indiquer si la phrase est positive ou négative.

		Forme positive	Forme négative
a)	Le capitaine du bateau n'a pas voulu sombrer avec son navire.		
b)	J'ai toujours trouvé que tu ressemblais un peu au président des États-Unis.		
c)	Anne-Marie n'a pas accepté de s'excuser.		
d)	C'est la nuit des étoiles filantes.		
e)	Plusieurs oiseaux ne sont jamais partis vers les pays chauds.		
f)	Ce n'est pas de ta faute, Octave.		

La phrase

6. Transforme les phrases interrogatives en phrases déclaratives.

a) Pensez-vous pouvoir être à l'heure au rendez-vous ?

b) Est-ce que tu as vraiment réussi à faire seul ce délicieux souper ?

c) Irons-nous ensemble à la cabane à sucre samedi prochain ?

d) Saviez-vous qu'on fabriquait du tissu avec des fibres de bambou ?

e) Est-ce qu'ils ont vraiment compris ce que tu leur demandais ?

f) Les fleurs donnent-elles toutes des fruits ?

g) Les voitures hybrides remplaceront-elles un jour les voitures à essence ?

h) Es-tu toujours dans la lune ?

i) Ai-je encore oublié mes clés à la maison ?

j) Est-ce que le Mexique fait partie de l'Amérique du Nord ?

La phrase

7. Transforme les phrases déclaratives en phrases impératives.

a) Tu ne touches pas au four quand il est ouvert. _____

b) Lucas, tu arrêtes de faire le clown. _____

c) Vous allez à la piscine cet après-midi. _____

d) Nous mangeons ces pâtes avec appétit. _____

e) Nous nous pressons pour attraper l'autobus à temps. _____

f) Tu partages les biscuits avec ton frère. _____

g) Vous ne courez pas dans la rue. _____

h) Tu ne bavardes pas quand je parle. _____

i) Tu vas dans ta chambre. _____

8. Souligne les phrases exclamatives. Ajoute, à la fin de toutes les phrases, le signe de ponctuation qui convient.

a) Comme tu es beau

b) Laetitia est contente

c) Est-ce que tu vas mieux

d) Quelle chance nous avons d'être ici

e) C'est extraordinaire

f) Que fais-tu ici

g) Maman est fâchée

9. Transforme les phrases impératives en phrases déclaratives.

a) Va prendre ton bain tout de suite. _____

b) Soyons à l'écoute des autres. _____

c) N'ayez pas peur de ce chien. _____

Français

La phrase

10. Indique si la phrase est impérative, déclarative ou interrogative, et ponctue-la convenablement.

a) Place-les dans le réfrigérateur, s'il te plaît

b) Croyez-vous vraiment que je n'ai pas compris votre petit jeu

c) Quel temps maussade

d) Prends-le plus lentement

e) J'ai tellement hâte de revoir Alix

11. Transforme les phrases suivantes en phrases négatives en utilisant l'adverbe placé entre parenthèses.

a) Catherine a mis sa plante devant la fenêtre du salon. (jamais)

b) Les camionneurs conduisent rapidement sur les routes cahoteuses. (pas)

c) J'ai l'intention de visiter mon oncle Arthur. (aucunement)

12. Transforme les phrases suivantes en phrases interrogatives.

a) Vous jouez chaque semaine au bingo.

b) Tu es mauvais perdant.

c) Il a arrêté de croire au père Noël depuis longtemps.

13. Transforme les phrases suivantes en phrases impératives.

a) Tu nettoies la litière du chat.

b) Vous dormez sur le divan du salon.

c) Nous allons cueillir des morilles dans le verger.

Français

La phrase

14. Compose une phrase pour chaque type de phrase demandé.

a) Phrase négative exclamative

_____

b) Phrase positive interrogative

_____

c) Phrase positive impérative

_____

d) Phrase négative déclarative

_____

15. Souligne le verbe et relie-le à son sujet. Encadre le complément direct ou indirect. Dis de quel type de phrase il s'agit.

a) As-tu croisé un monstre sur ton chemin ? _____

b) Ma mère et mon père nourrissent les chats à la maison. _____

c) Je n'aime pas les épinards frits. _____

d) Marion raconte toujours des histoires abracadabrantes. _____

e) Tous les matins, les poules pondent un œuf. _____

f) Malheureusement, ma mère n'a pas apporté ma boîte à lunch. _____

g) Depuis toujours, Érika est ma meilleure amie. _____

h) Les voleurs ont même emporté le vieux vase du salon. _____

i) Mon équipe n'a pas gagné cette partie de hockey. _____

j) Prends tes affaires et disparais ! _____

k) Léa et Mathilde passeront de belles vacances. _____

l) Ce matin, Agathe a-t-elle vraiment perdu sa barrette rouge ? _____

m) Ce mauvais film m'a fait perdre un temps fou ! _____

Français 61

L'analyse de phrase

Analyse les phrases comme dans les exemples ci-dessous.

```
  dét.    nom      v     dét.    nom    adj.
 Les enfants mangent des pommes rouges.
     GS              GV
```

```
 pronom    v      dét.   nom
  Elles répondent au téléphone.
   GS            GV
```

```
  dét.   nom    v
 Cet homme est malade.
    GS     GV attribut du sujet
```

a) Au Moyen Âge, les conditions sanitaires étaient souvent précaires.

b) Anthony ne veut plus se séparer de sa flûte à bec.

c) Le film racontait l'histoire d'un méchant androïde.

d) Je n'irai pas jouer dehors avec Ariane.

e) Ces spaghettis sentent vraiment très bon !

f) Le chasseur a attrapé un énorme chevreuil.

g) Le frère de Vincent a les cheveux roux.

h) L'écho résonne longtemps.

i) Pensez-vous souvent aux vacances ?

Les mots invariables

1. **Utilise le bon mot invariable.**

   a) Oncle Julien a encore oublié de laisser ses clés _____ le paillasson de l'entrée.

   b) Les économies des clients de la banque sont soigneusement rangées _____ un énorme coffre-fort.

   c) Fanny a laissé la trace de ses doigts sales _____ le miroir de la salle de bain.

   d) Ma mère est fâchée _____ elle dit que je ne porte _____ ma tuque quand il fait froid.

   e) Je vais _____ New York _____ les vacances de Pâques.

   f) Mon frère est vraiment _____ petit pour jouer avec mes amis et moi.

   g) Nous avons signé une pétition _____ la pollution.

   h) Irez-vous _____ Jean-Sébastien _____ le cours de natation ?

   i) Octave et Alix ont trouvé un chat, _____ ils n'ont pas demandé à leurs parents s'ils pouvaient le garder.

   j) Il y a un nid d'hirondelles _____ le lampadaire en face de ma maison.

2. **Choisis l'adverbe qui convient le mieux.**

   doucement, tranquillement, joyeusement, heureusement, incontestablement, étrangement

   a) Après avoir conduit mon chien malade chez le vétérinaire, j'ai appris qu'il était _____ hors de danger.

   b) Aujourd'hui, _____, Luc parlait tout seul et portait la robe de sa sœur.

   c) Les voleurs sont entrés _____ dans la maison, si bien que personne ne les a entendus.

   d) Calmez-vous, les enfants ! Installez-vous _____ devant l'ordinateur et ne faites pas de bruit.

   e) Cette voiture de course est _____ la meilleure.

   f) Heureux d'avoir à manger, les chats se sont mis à ronronner _____.

Les mots invariables

3. **Choisis, parmi la liste de conjonctions, de prépositions et d'adverbes, le bon mot invariable pour compléter chaque phrase.**

> Conjonctions : *ou, et, ni, ni, parce que, car*
> Prépositions : *à, à, de, par, dans, pour, pour, sans, avec*
> Adverbes : *ensuite, comment, tellement, rapidement, jamais*

a) Aujourd'hui, il ventait _____ que j'ai eu peur de m'envoler.

b) Amélie ne peut pas nager _____ elle fait une otite.

c) Alexia a mis son sandwich _____ sa nouvelle boîte à lunch.

d) William se rendra d'abord à l'anniversaire d'Étienne. _____, il finira la journée au cinéma.

e) Veux-tu une crème glacée à la pistache, à la fraise _____ au chocolat ?

f) Léo n'aime _____ les endives _____ le fromage bleu.

g) Layla va déménager _____ Saint-Hilaire.

h) Je suis fâché contre toi _____ tu n'écoutes pas ce que je dis.

i) Même s'il fait très froid, Marie est allée jouer dehors _____ son foulard.

j) Luc n'a _____ fini son assiette, mais il a eu du dessert.

k) _____ avez-vous réussi à finir si _____ ?

l) Lilian ouvre son parapluie _____ éviter de mouiller sa chemise blanche.

m) Je vais essayer de passer te voir _____ l'école.

n) Je prendrais encore un peu _____ cette bonne soupe.

o) Parler l'anglais peut être pratique _____ voyager à l'étranger.

p) Nous sommes entrés _____ la porte principale.

q) Coralie _____ Isabelle portent le même chandail rouge.

r) _____ un bouton, ton manteau se fermera beaucoup mieux.

Français

Les mots invariables

4. Transforme les noms ou les adjectifs suivants en adverbes.

a) heureux : _____

b) constant : _____

c) faux : _____

d) ardent : _____

e) conscient : _____

f) réel : _____

g) force : _____

h) décidé : _____

i) brave : _____

j) présent : _____

5. Lis le texte suivant et classe les mots en caractères gras dans la bonne catégorie (*adverbe, conjonction, préposition*).

Lorsque Paula **et** Louis sont allés visiter l'écurie de leur tante Esther, ils ont découvert **plusieurs** choses étonnantes. **D'abord**, ils se sont rendu compte qu'ils en savaient beaucoup moins qu'ils ne le croyaient sur les chevaux. Ils n'avaient **jamais** pensé qu'il puisse être **si** difficile de dompter l'un de ces splendides mammifères. **En effet**, leur tante leur montra avec quelle autorité il fallait s'adresser aux chevaux, **particulièrement** aux étalons fougueux qui n'en font qu'**à** leur tête. Quand Paula vit sa tante tirer vigoureusement **sur** le mors d'un joli destrier noir, elle eut envie de la supplier d'être plus douce. Croisant son regard, Esther se mit à rire **joyeusement** : « Ne t'inquiète **pas**, je ne lui fais pas mal. Je lui indique tout **simplement** qui est le maître, **entre** lui et moi. Si tu veux que je te laisse grimper sur son dos, je dois m'assurer **de** sa complète obéissance. » Quelques minutes plus **tard**, une fois juchée sur la grande bête, Paula fut cette fois **plutôt** rassurée par la poigne ferme de sa tante, surtout **quand** le cheval indocile tenta de la renverser en hennissant.

Adverbe	Conjonction	Préposition

Les mots invariables

6. Compose des phrases en te servant de la liste de prépositions et d'adverbes.

> Prépositions : *vers, afin de, malgré, depuis, avant, après, chez, grâce à, pour, en vue de, au-dessus de, sur, de, pendant, à, par, à travers, près de.*
>
> Adverbes : *bien, très, trop, facilement, mieux, vite, beaucoup, autant, tellement, énormément, maintenant, longtemps, tard, dehors, partout, probablement, sûrement, précisément, habilement.*

a) _____
b) _____
c) _____
d) _____
e) _____
f) _____
g) _____
h) _____
i) _____
j) _____
k) _____
l) _____
m) _____
n) _____
o) _____
p) _____
q) _____

L'ordre alphabétique

1. **Ajoute la lettre manquante. Ensuite, place les mots en ordre alphabétique.**

____ézayer	____arrure	____ragédie	____olontiers
____pprobre	____ccrochage	____échaud	____raqueler
____ulgurant	____ramophone	____pogée	____iolent
____ouquiner	____rbitraire	____acherin	____sphalte
____ttaché-case	____ertinent	____oîtier	____leuvoir
____allonge	____ohair	____achemire	____espect
____anular	____ucré	____omplimenter	____ouk
____éborder	____sar	____épité	____essert
____iluvien	____estern	____istillerie	____puisement
____xtase	____eignant	____ioriture	____ispanique
____nanimé	____nsulaire	____ardin	____argeur
____âliner	____ointain	____acédoine	____onasse
____éthode	____ouvelliste	____ppression	____apillote
____rompt	____uiconque	____émiologie	____enace
____nijambiste	____oologie	____angourou	

_____
_____
_____
_____

2. **Deux lettres de l'alphabet ont été oubliées. Lesquelles ? Trouve un mot qui commence par chacune de ces lettres.**

_____

3. **Cherche dans le dictionnaire le sens des mots que tu ne connais pas.**

_____
_____
_____
_____

Français

Le dictionnaire

Cherche dans le dictionnaire la définition des mots en caractères gras.

Eugénie Grandet
Honoré de Balzac

Il se trouve dans certaines villes de province des maisons dont la vue inspire une **mélancolie** égale à celle que provoquent les **cloîtres** les plus sombres, les **landes** les plus ternes ou les ruines les plus tristes. Peut-être y a-t-il à la fois dans ces maisons et le silence du cloître et l'**aridité** des landes et les ossements des ruines. La vie et le mouvement y sont si tranquilles qu'un étranger les croirait inhabitées, s'il ne rencontrait tout à coup le regard pâle et froid d'une personne immobile dont la figure à demi **monastique** dépasse l'appui de la croisée, au bruit d'un pas inconnu. Ces principes de mélancolie existent dans la physionomie d'un logis situé à Saumur, au bout de la rue montueuse qui mène au château, par le haut de la ville. Cette rue, maintenant peu fréquentée, chaude en été, froide en hiver, obscure en quelques endroits, est remarquable par la sonorité de son petit pavé caillouteux, toujours propre et sec, par l'étroitesse de sa voie **tortueuse**, par la paix de ses maisons qui appartiennent à la vieille ville, et que dominent les **remparts**. Des habitations trois fois **séculaires** y sont encore solides quoique construites en bois, et leurs divers aspects contribuent à l'originalité qui recommande cette partie de Saumur à l'attention des antiquaires et des artistes. Il est difficile de passer devant ces maisons, sans admirer les énormes **madriers** dont les bouts sont taillés en figures bizarres et qui couronnent d'un **bas-relief** noir le rez-de-chaussée de la plupart d'entre elles. Ici, des pièces de bois transversales sont couvertes en **ardoises** et dessinent des lignes bleues sur les **frêles** murailles d'un logis terminé par un toit en **colombage** que les ans ont fait plier, dont les **bardeaux** pourris ont été tordus par l'action alternative de la pluie et du soleil.

mélancolie : _____

cloître : _____

lande : _____

aridité : _____

monastique : _____

tortueuse : _____

rempart : _____

séculaire : _____

madrier : _____

bas-relief : _____

ardoise : _____

frêle : _____

colombage : _____

bardeau : _____

Français

Le dictionnaire

1. **Cherche dans le dictionnaire les mots suivants. Écris les mêmes informations que dans l'exemple ci-dessous, tiré du *Petit Robert*. Utilise le dictionnaire de ton choix.**

   Ranch : n. m. mot anglo-américain, « hutte de pionnier ». Ferme de la Prairie, aux États-Unis ; exploitation d'élevage qui en dépend.

   a) immangeable : _____

   b) ovation : _____

   c) donjon : _____

   d) archives : _____

   e) dévitrifier : _____

   f) repartie : _____

2. **Essaie de trouver le sens des mots suivants. Ensuite, vérifie ta réponse dans le dictionnaire.**

   a) *succédané* : ta définition : _____

   La définition du dictionnaire : _____

   b) *membrure* : ta définition : _____

   La définition du dictionnaire : _____

   c) *foisonnement* : ta définition : _____

   La définition du dictionnaire : _____

   d) *carrelet* : ta définition : _____

   La définition du dictionnaire : _____

   e) *alchimie* : ta définition : _____

   La définition du dictionnaire : _____

   f) *visqueux* : ta définition : _____

   La définition du dictionnaire : _____

Le dictionnaire

3. Voici une définition du mot *larcin*, tirée du *Petit Robert*. Dis quelle information contient chaque partie.

LARCIN [laRsɛ̃]. n. m. (1246); *larrecin*, fin xɪᵉ; lat. *latrocinium*; de *latro*. V. **Larron**. 1ᵉ Littér. Petit vol commis furtivement et sans violence. V. **Vol**. *Faire, commettre un larcin.* Vieilli. Objet volé. *Cacher son larcin.* 2ᵉ *Fig.* et *vx.* Emprunt à un auteur, plagiat. – Vx ou plaisant. *Doux larcin*, faveur, baiser dérobé à une femme.

a) [laRsɛ̃] : _____

b) *n. m.* : _____

c) (1246); *larrecin*, fin xɪᵉ; lat. *latrocinium*; de *latro* : _____

d) V. **Larron** : _____

e) Littér. : _____

f) Petit vol commis furtivement et sans violence : _____

g) *Faire, commettre un larcin* : _____

h) Objet volé : _____

i) *Cacher son larcin* : _____

j) *Fig.* et *vx.* : _____

k) Emprunt à un auteur, plagiat : _____

l) Vx ou plaisant : _____

m) *Doux larcin* : _____

n) faveur, baiser dérobé à une femme : _____

4. Cherche les mots suivants dans le dictionnaire. Écris-en la définition. N'oublie pas d'indiquer de quelle classe de mots il s'agit. S'il y a plus d'une définition, n'écris que la première.

a) hôpital : _____

b) hospitaliser : _____

c) hospitalité : _____

d) hôte : _____

e) hôtel : _____

Que remarques-tu à propos de ces cinq mots ?

_____

Français

Dictées

1. Écris les mots qu'un adulte te dictera. Ils sont à la page 353 du corrigé.

1) _____ 2) _____ 3) _____
4) _____ 5) _____ 6) _____
7) _____ 8) _____ 9) _____
10) _____ 11) _____ 12) _____
13) _____ 14) _____ 15) _____
16) _____ 17) _____ 18) _____
19) _____ 20) _____ 21) _____
22) _____ 23) _____ 24) _____
25) _____ 26) _____ 27) _____
28) _____ 29) _____ 30) _____
31) _____ 32) _____ 33) _____
34) _____ 35) _____ 36) _____
37) _____ 38) _____ 39) _____
40) _____ 41) _____ 42) _____

2. Recopie trois fois les mots que tu as mal orthographiés.

Français

Dictées

3. Demande à quelqu'un de te dicter les mots manquants. Ils sont à la page 354 du corrigé.

Zadig
Voltaire

Du temps du roi Moabdar il y avait à _____ un jeune homme nommé Zadig, né avec un beau naturel _____ par l'éducation. Quoique riche et jeune, il savait modérer ses _____ ; il n'affectait rien ; il ne voulait point toujours avoir raison, et savait respecter la _____ des hommes. On était étonné de voir qu'avec beaucoup d'esprit il n'insultât jamais par des _____ à ces propos si vagues, si _____, si tumultueux, à ces _____ _____, à ces décisions ignorantes, à ces _____ grossières, à ce vain bruit de paroles, qu'on appelait *conversation* dans Babylone. Il avait appris, dans le premier livre de Zoroastre, que l'amour-propre est un ballon _____ de vent, dont il sort des tempêtes quand on lui a fait une _____. Zadig [...] était généreux ; il ne craignait point d'obliger des _____, suivant ce grand précepte de Zoroastre, *Quand tu manges, donne à manger aux chiens, dussent-ils te mordre.* Il était aussi sage qu'on peut l'être ; car il cherchait à vivre avec des sages. Instruit dans les _____ des anciens Chaldéens, il n'ignorait pas les principes physiques de la nature, tels qu'on les connaissait alors, et savait de la _____ ce qu'on en a su dans _____ les âges, c'est-à-dire fort peu de chose. Il était fermement persuadé que l'année était de _____ et cinq jours et un quart, malgré la nouvelle philosophie de son temps, et que le soleil était au centre du monde ; et quand les principaux mages lui disaient, avec une hauteur _____, qu'il avait de mauvais sentiments, et que c'était être ennemi de l'État que de croire que le soleil tournait sur lui-même, et que l'année avait douze mois, il se taisait sans colère et sans _____.

4. Recopie trois fois les mots que tu as mal orthographiés.

_____
_____
_____
_____

Dictées

5. Demande à quelqu'un de te dicter les mots manquants. Ils sont à la page 354 du corrigé.

Le Rat et l'Huître (1678)
Jean de La Fontaine

Un Rat _____ d'un champ.

Rat de peu de _____,

Des Lares paternels un jour se trouva soû.

Il laisse là le _____, le _____, et la javelle,

Va courir le _____, abandonne son trou.

Sitôt qu'il fut _____ de la case,

Que le monde, dit-il, est grand et _____ !

Voilà les Apennins, et voici le Caucase :

La moindre taupinée était mont à ses yeux.

Au bout de _____ jours le voyageur arrive

En un _____ canton où Téthys sur la rive

Avait laissé mainte _____ ; et notre Rat d'abord

Crut voir en les voyant des _____ de haut bord. […]

Parmi tant d'Huîtres toutes _____,

Une s'était ouverte, et _____ au Soleil,

Par un doux Zéphir réjouie,

Humait l'air, respirait, était _____,

Blanche, _____, et d'un goût, à la voir, nompareil.

D'aussi loin que le Rat voit cette Huître qui bâille :

Qu'_____-je ? dit-il, c'est quelque victuaille ;

Et, si je ne me trompe à la couleur du _____,

Je dois faire _____ bonne chère, ou jamais.

Là-dessus maître Rat plein de belle espérance,

Approche de l'_____, allonge un peu le _____,

Se sent pris comme aux lacs ; car l'Huître tout d'un _____

Se referme, et voilà ce que fait l'_____.

Dictées

6. Demande à quelqu'un de te dicter les mots manquants. Ils sont à la page 354 du corrigé.

La fin du monde (1894)
Camille Flammarion

Le magnifique pont de marbre qui relie la rue de Rennes à la rue du Louvre et qui, _____ par les _____ des savants et des philosophes célèbres, dessine une avenue _____ conduisant au nouveau portique de l'Institut, était absolument noir de monde. Une foule _____ roulait, plutôt qu'elle ne marchait, le long des _____, débordant de toutes les rues et se pressant vers le portique _____ depuis longtemps par un flot _____. Jamais, autrefois, avant la constitution des États-Unis d'Europe, à l'époque barbare où la force primait le droit, où le _____ gouvernait l'humanité et où l'_____ de la guerre _____ sans arrêt l'immense bêtise humaine, jamais, dans les grandes émeutes _____ ou dans les jours de fièvre qui _____ les déclarations de guerre, jamais les _____ de la Chambre des représentants du peuple ni la place de la Concorde n'_____ présenté _____ spectacle. Ce n'étaient plus des groupes de fanatiques _____ autour d'un drapeau, marchant à quelque conquête du _____, suivis de bandes de curieux et de _____ « allant voir ce qui se passerait » ; c'était la population _____ entière, _____, agitée, _____, indistinctement _____ de _____ les classes de la société, _____ à la décision d'un oracle, attendant _____ le résultat du calcul qu'un astronome célèbre devait faire connaître ce lundi-là, à trois heures, à la séance de l'Académie des sciences. À travers la transformation politique et sociale des hommes et des choses, l'Institut de France durait toujours, tenant encore en Europe la palme des sciences, des lettres et des arts. Le centre de la civilisation s'était _____ déplacé, et le foyer du _____ brillait alors dans l'Amérique du Nord, sur les bords du lac _____.

Nous sommes au _____ siècle.

7. Recopie trois fois les mots que tu as mal orthographiés.

_____

_____

_____

Français

Dictées

8. Corrige les mots en caractères gras.

Les arts **marciaux** (_____) sont des sports qui, **quoi que** (_____) violents en apparence, **repose** (_____) sur une philosophie **plus tôt** (_____) pacifique. Par exemple, chacun des mouvements du **thaï kwan do** (_____) **sont basés** (_____) sur l'**auto-défense** (_____), et non sur la violence gratuite. Rien à voir avec la violence qu'on peut voir dans les ligues de hockey **juniors** (_____), **ou** (_____) les batailles paraissent parfois être non pas **accidentèles** (_____), mais plutôt essentielles à la **parti** (_____). Les joueurs ne **ce** (_____) frappent pas alors pour **ce** (_____) défendre, mais pour faire un spectacle des plus **ahuriçant** (_____) : celui de **jeune** (_____) **homme** (_____) **orgeuilleux** (_____) qui **cherche** (_____) à s'affirmer par les **cous** (_____) de poing.

9. Corrige les mots suivants.

a) dislexie : _____ b) cauchemard : _____

c) mirtille : _____ d) lutier : _____

e) jagar : _____ f) évidament : _____

g) jacuzi : _____ h) attrapper : _____

i) terorisme : _____ j) incésament : _____

k) térébentine : _____ l) carembolage : _____

10. Corrige les phrases suivantes.

a) Les voitures à moteurs puissants produisent en général plus de monoxide de carbone que les petits véicules.

_____

_____

b) Les stratéges politique savent élaboré des stratègemes d'une compléxité éfarante.

_____

_____

Français

Dictées

11. Corrige les mots en caractères gras.

Vingt mille lieues sous les mers (1870)
Jules Verne

L'année 1866 fut **marqué** (_____) par un événement **bizzarre** (_____), un phénomène inexpliqué et **inexpliquable** (_____) que personne n'a sans doute **oubliée** (_____). Sans parler des rumeurs qui **agitait** (_____) les populations des **pores** (_____) et **surexitaient** (_____) l'esprit public, à l'intérieur des continents, les gens de mer **fûrent** (_____) particulièrement émus. Les **négossiants** (_____), armateurs, capitaines de navires, skippers et masters de l'Europe et de l'Amérique, officiers des marines militaires de tous pays, et, après eux, les gouvernements des divers États des deux continents, se **préocupèrent** (_____) de ce fait au plus haut point.

En effet, depuis **quelques** (_____) temps, plusieurs navires **c'était** (_____) **rencontré** (_____) sur mer avec « une chose énorme », un objet long, fusiforme, parfois **fosphorecent** (_____), **infiniement** (_____) plus vaste et plus rapide qu'une baleine.

Les faits relatifs à cette apparition, **consigné** (_____) **au** (_____) divers **livre** (_____) de bord, **s'accordait** (_____) **assé** (_____) exactement sur la structure de l'objet **où** (_____) de l'être en question, la vitesse **inouie** (_____) de ses mouvements, la puissance surprenante de sa locomotion, la vie particulière dont il semblait **douée** (_____). Si c'était un **cétasé** (_____), il surpassait en volume **tout** (_____) ceux que la science avait **classé** (_____) jusqu'alors. Ni Cuvier, ni Lacépède, ni M. Dumeril, ni M. de Quatrefages n'eussent admis l'existence d'un **telle** (_____) monstre — à moins de l'avoir vu, ce qui s'appelle vu de **leur** (_____) propres yeux de savants.

À prendre la moyenne des observations faites à **divers** (_____) reprises — en **rejettant** (_____) les évaluations timides qui **assignait** (_____) à cet objet une longueur de deux **cent** (_____) pieds et en repoussant les opinions **exagérés** (_____) qui le **disait** (_____) large d'un mille et long de trois —, on pouvait affirmer, cependant, que cet être phénoménal dépassait de beaucoup toutes les **dimentions** (_____) admises jusqu'à ce jour par les ichtyologistes — **si il** (_____) existait toutefois.

Hors (_____), il existait, le fait en lui-même n'était plus niable, et, avec **se** (_____) penchant qui pousse au merveilleux la cervelle humaine, **ont** (_____) comprendra l'émotion produite dans le monde entier par **cet** (_____) surnaturelle apparition. **Quand** (_____) à la rejeter au rang des fables, il fallait y renoncer.

Les synonymes

1. Surligne de la même couleur les mots qui sont synonymes.

a)	brillant	radieux	mat	b)	drastique	sympathique	draconien
c)	rougir	blêmir	pâlir	d)	scène	décor	acteur
e)	donner	extorquer	soutirer	f)	bohémien	peuple	gitan
g)	déduction	addition	complément	h)	tenace	éclatant	lumineux
i)	ration	portion	aliments	j)	palpable	immatériel	spirituel
k)	splendeur	impression	somptuosité	l)	ennui	spleen	idéal
m)	vaste	exigu	spacieux	n)	indemne	sain	endommagé
o)	adroit	empoté	débrouillard	p)	geignard	larmoyant	fainéant
q)	vainqueur	palmarès	lauréat	r)	réprimande	correction	compliment

2. Associe les mots suivants par paires de synonymes.

candide   chétif   indifférent   bouleversant   insensible   frêle   émouvant   naïf

a) _____ et _____

b) _____ et _____

c) _____ et _____

d) _____ et _____

3. Associe les mots suivants par paires de synonymes.

zigzaguer   gronder   guetter   accompagner   surveiller   réprimander   escorter   tituber

a) _____ et _____

b) _____ et _____

c) _____ et _____

d) _____ et _____

4. Trouve un synonyme aux mots suivants.

a) incarcérer : _____   b) hypothétique : _____

c) se reposer : _____   d) rassasié : _____

Les synonymes

5. Remplace le mot entre parenthèses par un synonyme.

a) Ce restaurant est sympathique mais (exigu) _____.

b) Mon professeur est vraiment très (pointilleux) _____.

c) Cet enfant est plus (rusé) _____ qu'il n'y paraît.

d) Sans que personne ne puisse l'arrêter, le chien s'est (jeté) _____ sur le gâteau.

e) L'électricien a terminé (sa besogne) _____ et la maison est enfin éclairée.

f) Le musicien a (composé) _____ une nouvelle chanson.

g) Malgré (sa corpulence) _____, l'homme marche à bonne vitesse.

h) L'architecte a fait un plan (conforme) _____ aux normes en vigueur.

i) Murielle est vraiment (entêtée) _____.

j) Nous marchions dans cette rue quand nous avons fait une rencontre (imprévue) _____.

k) La maison de Lucie et Jean a été (cambriolée) _____ pendant leur absence.

l) J'ai eu une idée complètement (folle) _____.

m) Tu dois te montrer (raisonnable) _____ : tu ne peux pas aller dehors avec cette tempête.

n) Mon grand-père Paul aime les (railleries) _____.

o) Vous transmettrez mes (amitiés) _____ à vos parents.

p) Jonathan est (drôle) _____, mais il est tellement (timide) _____ !

q) Franchement, je trouve ton idée (géniale) _____.

r) Ma mère ne tolère pas que je vive dans une chambre (malpropre) _____.

s) Quand Jules va dans les montagnes russes, il a toujours peur que la barre de (protection) _____ (se rompe) _____.

t) Pour avancer rapidement en canot, il faut avoir de (bons avirons) _____.

6. En replaçant les lettres dans le bon ordre, trouve le synonyme des mots suivants.

a) cambrioler : V A L S E R É D I   d _____

b) dangereux : L É R E U I P L X   p _____

Français

Les synonymes

7. Trouve un synonyme pour les mots suivants.

a) domicile : _____   b) chagrin : _____   c) chaleureux : _____

d) époux : _____   e) éreintant : _____   f) gêner : _____

g) geôlier : _____   h) joyeux : _____   i) anticiper : _____

j) analogue : _____   k) sensé : _____   l) triompher : _____

m) crainte : _____   n) acquiescer : _____   o) concis : _____

p) dédale : _____   q) divorcer : _____   r) dodu : _____

s) pulluler : _____   t) agréable : _____   u) troublant : _____

v) zélé : _____   w) bizarre : _____   x) désir : _____

8. Encercle, sur chaque ligne, le mot qui ne fait pas partie de la même famille que les autres.

a) change — changement — chanson — changeant

b) important — importun — importuner — importunité

c) oculaire — occulte — œil — œillère

d) sauterelle — sursauter — saut — sauvage

e) commode — commun — incommoder — accommodement

9. Relie les synonymes par un trait en passant par chaque colonne.

gloire   ○   ○ potin   ○   ○ malice

détérioration   ○   ○ amoindrir   ○   ○ sang-froid

réduire   ○   ○ astuce   ○   ○ difficile

remède   ○   ○ popularité   ○   ○ accroître

augmenter   ○   ○ concurrent   ○   ○ endommagement

compliqué   ○   ○ antidote   ○   ○ célébrité

maîtrise   ○   ○ amplifier   ○   ○ adversaire

rumeur   ○   ○ contrôle   ○   ○ restreindre

rival   ○   ○ ardu   ○   ○ médicament

ruse   ○   ○ dégradation ○   ○ ragot

Les antonymes

1. **Trouve un antonyme pour les mots suivants.**

   a) paresse : _____   b) unir : _____   c) repos : _____

   d) détestable : _____   e) mince : _____   f) ouvert : _____

   g) courageux : _____   h) aucun : _____   i) exact : _____

2. **Choisis le mot qui correspond à la définition donnée. Puis, cherche son antonyme et donne sa définition.**

   | désordre | désaveu | déstructurer | desserrer | désavantage |
   | désapprendre | désennuyer | déséquilibre | désinfection | déshabiller |

   a) Faire cesser l'ennui : _____

   Antonyme : _____   Définition : _____

   b) Absence d'équilibre : _____

   Antonyme : _____   Définition : _____

   c) Oublier : _____

   Antonyme : _____   Définition : _____

   d) Parole ou acte par lequel on désavoue ce qu'on a dit en public : _____

   Antonyme : _____   Définition : _____

   e) Condition d'infériorité : _____

   Antonyme : _____   Définition : _____

   f) Dépouiller quelqu'un de ses vêtements : _____

   Antonyme : _____   Définition : _____

   g) Relâcher : _____

   Antonyme : _____   Définition : _____

   h) Absence d'organisation : _____

   Antonyme : _____   Définition : _____

   i) Faire disparaître la structure de quelque chose : _____

   Antonyme : _____   Définition : _____

   j) Destruction de germes infectieux se trouvant à la surface du corps : _____

   Antonyme : _____   Définition : _____

Français

Les antonymes

3. Remplace le mot entre parenthèses par un antonyme.

a) Florence a répondu (poliment) _____ à sa maîtresse d'école.

b) Alexia et Cédric (aiment) _____ aller manger au restaurant.

c) Avec l'arrivée de Philippe, (la zizanie) _____ a commencé.

d) Ce casse-tête n'est pas aussi (facile) _____ que je le croyais.

e) Anaïs et Victor ont (réussi) _____ leur examen de biologie.

f) Votre château, nous allons le (détruire) _____.

g) Tommy a (facilement) _____ appris les mouvements de gymnastique.

h) À la fin de la journée, les parents de Loïc étaient vraiment (fâchés) _____.

i) En cette journée de (tempête) _____, les enfants étaient tous très (excités) _____.

j) (Sa naissance) _____ prématurée a pris tout le monde par surprise.

k) Vous irez au musée (sans) _____ nous.

4. Relie les mots de la colonne de gauche à leur antonyme placé dans celle de droite.

amorphe	○	○	réprimandes
tirer	○	○	cajoleur
félicitations	○	○	pousser
succinct	○	○	détaillé
bourru	○	○	navré
ravi	○	○	dynamique

femme	○	○	attraper
évidence	○	○	vider
remplir	○	○	jamais
toujours	○	○	incertitude
envoyer	○	○	simplicité
complexité	○	○	homme

5. Donne deux synonymes et un antonyme pour chaque mot en caractères gras.

a) **laconique** : syn. : _____, _____ ant. : _____

b) **élégance** : syn. : _____, _____ ant. : _____

c) **observer** : syn. : _____, _____ ant. : _____

d) **arranger** : syn. : _____, _____ ant. : _____

e) **effrayant** : syn. : _____, _____ ant. : _____

Les antonymes

6. Remplis la grille suivante en inscrivant les antonymes des mots donnés.

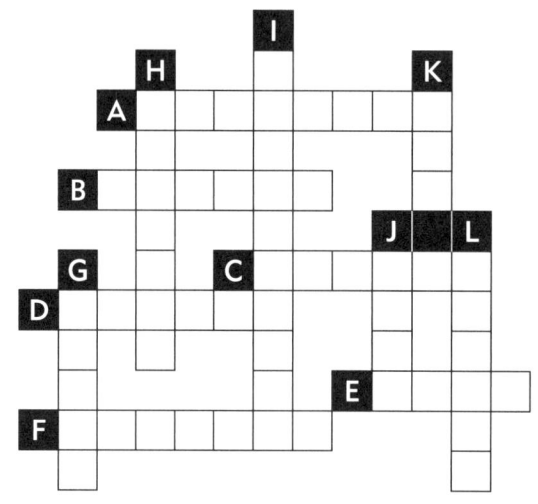

a) réveiller
b) clair
c) petite
d) caresser
e) pleurer
f) mépriser
g) original
h) altruiste
i) peureuse
j) blanc
k) valet
l) retrouver

7. Surligne de la même couleur les mots d'une même ligne qui sont antonymes.

a) hautain	modeste	effrayant
b) désastreux	avantageux	heureux
c) denrée	manque	abondance
d) bleuir	rougir	blêmir
e) cajoler	alerter	rudoyer

Français

Les homophones

1. **Complète les phrases suivantes en choisissant le bon homophone.**

   a) Lucas a trouvé un (*verre, vert, ver*) _____ de terre dans son jardin et l'a mis dans un (*verre, vert, ver*) _____ (*verre, vert, ver*) _____.

   b) David se perd dans le (*bois, boit*) _____ et, à force de crier «À l'aide!», il perd la (*voix, voie, vois*) _____. Heureusement, il retrouve sa (*voix, voie, voit*) _____ quand il (*voix, voie, voit*) _____ un chevreuil qui (*bois, boit*) _____ dans un ruisseau près du chemin.

   c) Le (*sang, cent, sans, sens*) _____ de cet homme est très vieux, puisqu'il aura (*sang, cent, sans, sens*) _____ ans cette année. Malgré son âge avancé, tous ses (*sang, cent, sans, sens*) _____ fonctionnent bien et il réussit à se débrouiller (*sang, cent, sans, sens*) _____ l'aide de personne.

   d) Ce n'est certainement pas un (*pécher, pêcher, péché*) _____ de (*pécher, pêcher, péché*) _____ près de ce beau (*pécher, pêcher, péché*) _____ rempli de fruits mûrs.

   e) Ces (*mûres, mûrs, murs*) _____ qui poussent près du (*mûre, mûr, mur*) _____ sont-elles bien (*mûres, mûrs, murs*) _____ ?

   f) Le bras et le (*sein, sain, saint*) _____ droit de ce petit (*sein, sain, saint*) _____ de plâtre ne sont pas (*seins, sains, saints*) _____ : ils ont été endommagés par les pluies abondantes.

   g) J'ai parfois l'impression que ma (*souris, sourit*) _____ s'amuse tant qu'elle (*souris, sourit*) _____.

   h) (*La, Là*) _____ clé n'est plus (*la, là*) _____ !

   i) Mathieu n'a pas retrouvé (*son, sont*) _____ cousin et sa cousine à l'heure prévue et ces derniers (*son, sont*) _____ donc partis sans lui.

   j) La (*chair, cher*) _____ de crabe coûte très (*chair, cher*) _____.

   k) Tu (*à, a, as*) _____ décidé de te rendre seul (*à, a, as*) _____ la maison.

   l) (*C'est, S'est*) _____ à cause de son imprudence qu'il (*c'est, s'est*) _____ cassé la jambe, puisqu'il (*c'est, s'est*) _____ bêtement placé sur la trajectoire d'une voiture.

Les homophones

2. Utilise *mes*, *mais*, *m'est* ou *mets* pour compléter les phrases.

a) La lasagne est mon _____ préféré.

b) Tu peux utiliser _____ crayons si tu le veux, _____ prends-en bien soin.

c) Que tu décides de ne pas jouer au football _____ égal.

d) Pour faire _____ muffins favoris, tu _____ beaucoup de beurre, _____ pas trop de sucre.

3. Utilise *ou* ou *où* pour compléter les phrases.

a) Préfères-tu prendre de la crème glacée aux fraises _____ au chocolat ?

b) Mais _____ ai-je bien pu mettre cette fourchette ?

c) Je ne sais pas _____ tu vas, mais j'aimerais que tu rapportes du sucre _____ de la cassonade.

4. Utilise *mon*, *m'ont* ou *mont* pour compléter les phrases.

a) Je trouve ce _____ si petit que je serais plutôt porté à l'appeler *colline*.

b) Les commis d'épicerie _____ recommandé d'acheter leur nouveau produit.

c) J'aime bien que _____ père vienne me chercher à l'école.

d) Les gardiens _____ dit que _____ chien n'avait pas le droit de grimper ce _____.

5. Utilise *son* ou *sont* pour compléter les phrases.

a) Luc sait que le _____ est bon pour _____ système digestif.

b) Martin et Édouard _____ mes amis.

c) Tristan est fâché parce que _____ frère et _____ cousin _____ partis jouer au hockey sans lui.

6. Utilise *ça* ou *sa* pour compléter les phrases.

a) _____ ne se passera pas comme _____ !

b) Une fois par semaine, ma mère aime avoir _____ soirée pour aller à la piscine.

Les homophones

7. Complète les phrases et justifie tes réponses.

a) *a, à*

Nadia ___ eu douze ans hier. ___ son anniversaire, nous avons mangé un succulent gâteau.

Justification 1. _____
2. _____

b) *près, prêt*

Je suis _____ à aller jouer _____ de chez mon ami Octave.

Justification 1. _____
2. _____

c) *sa, ça*

Mégane m'a dit que _____ mère n'aimait pas _____, le café.

Justification 1. _____
2. _____

d) *qu'en, quand, quant*

Je ne sais pas ce _____ pensent les autres. _____ à moi, je ne vois pas

de raison d'écouter la télévision n'importe _____.

Justification 1. _____
2. _____
3. _____

8. Dans les phrases suivantes, détermine s'il faut utiliser le nom ou le verbe.

a) *emploi, emploie*

L'homme qui _____ Camille lui a suggéré de se trouver un autre _____.

b) *ennui, ennuie*

L'_____, c'est qu'Hugo s'_____ de toi.

c) *travail, travailles*

Si tu ne _____ pas, je te garantis que tu vas perdre ton _____.

d) *entretien, entretient*

Durant l'_____ que nous avons eu, j'ai compris qu'il _____ une bonne relation avec toi.

Les onomatopées et les interjections

1. Dis ce qu'exprime chacune des interjections suivantes.

a) Aïe ! : _____   b) Zut ! : _____

c) Snif ! : _____   d) Hourra ! : _____

e) Euh : _____   f) Miam : _____

g) Oh là là : _____   h) Splatch ! : _____

i) Fichtre ! : _____   j) Oups : _____

k) Ohé ! : _____   l) Pssit ! : _____

2. Trouve une onomatopée qui imite :

a) le cri du canard : _____   b) un éternuement : _____

c) le son d'une horloge : _____   d) un ronflement : _____

e) le meuglement d'une vache : _____   f) le moteur d'une voiture : _____

g) le miaulement d'un chat : _____   h) le cri du coq : _____

i) le son d'une branche se cassant : _____   j) le grognement d'un chien : _____

3. Trouve l'onomatopée qui va avec les images suivantes.

Les rimes et la poésie

1. **Replace les mots au bon endroit pour que le poème ait du sens et qu'il rime.**

   marcher   brûle-gueule   mers   honteux   laid   voyage   nuées   l'archer   planches

   L'albatros
   Charles Baudelaire

   Souvent, pour s'amuser, les hommes d'équipage

   Prennent des albatros, vastes oiseaux des _____,

   Qui suivent, indolents compagnons de _____

   Le navire glissant sur les gouffres amers.

   À peine les ont-ils déposés sur les _____,

   Que ces rois de l'azur, maladroits et _____,

   Laissent piteusement leurs grandes ailes blanches

   Comme des avirons traîner à côté d'eux.

   Ce voyageur ailé, comme il est gauche et veule !

   Lui, naguère si beau, qu'il est comique et _____ !

   L'un agace son bec avec un _____,

   L'autre mime, en boitant, l'infirme qui volait !

   Le Poète est semblable au prince des _____

   Qui hante la tempête et se rit de _____ ;

   Exilé sur le sol au milieu des huées,

   Ses ailes de géant l'empêchent de _____.

2. **Le haïku est un poème très court dont le but est d'exprimer l'essentiel de l'existence, du temps qui passe, de la vie. Il est composé d'un seul tercet (trois vers ou trois lignes). À l'exemple des poèmes suivants, compose ton propre haïku.**

   Sur une branche morte
   Les corbeaux se sont perchés
   Soir d'automne

   Un vieil étang,
   Une grenouille saute,
   Le bruit de l'eau

   _____

   _____

   _____

Français   87

Les rimes et la poésie

Écris un sonnet en te servant des mots suivants. Un sonnet est composé de deux quatrains (quatre lignes) et de deux tercets (trois lignes).

aquarelle	elle	rituelle	immédiate
artificielle	émotionnelle	rondelle	indélicate
bagatelle	essentielle	ruelle	ingrate
belle	éternelle	sauterelle	lauréate
bretelle	étincelle	acrobate	omoplate
cannelle	exceptionnelle	adéquate	ouate
cervelle	gazelle	aristocrate	patate
chamelle	hirondelle	aromate	pirate
chandelle	irrationnelle	automate	plate
citadelle	irréelle	avocate	primate
coccinelle	jumelle	bicarbonate	rate
confidentielle	mademoiselle	candidate	scélérate
criminelle	poubelle	cravate	sonate
cruelle	prunelle	date	stigmate
culturelle	querelle	délicate	technocrate
dentelle	rebelle	hydrate	tomate
échelle	ribambelle		

Les rimes

1. **Trouve la réponse aux devinettes suivantes.**

   a) Rime avec *copain* : le métier de ceux qui naviguent sur la mer : _____

   b) Rime avec *terre* : le nom de ce qui a un caractère incompréhensible : _____

   c) Rime avec *hibou* : le nom d'un pays montagneux d'Amérique du Sud : _____

   d) Rime avec *fripouille* : petites caresses qui provoquent le rire : _____

2. **Trouve six mots qui riment avec *courir*.**

   a) _____   b) _____   c) _____
   d) _____   e) _____   f) _____

3. **Trouve six mots qui riment avec *demain*.**

   a) _____   b) _____   c) _____
   d) _____   e) _____   f) _____

4. **Trouve six mots qui riment avec *logique*.**

   a) _____   b) _____   c) _____
   d) _____   e) _____   f) _____

5. **Replace les mots en italique au bon endroit pour que le poème rime et ait du sens.**

   peur, douceurs, dépanneur, sœur

   L'autre jour au _____

   Les bras chargés de _____

   Je suis tombé sur ma _____

   Et j'ai eu soudain très _____

   chocolat, caramels, moi, belles

   Mais moi j'aime les _____

   Les jujubes, le _____

   Ils ont des couleurs si _____

   Qu'ils soient bons ou pas pour _____

   garçon, repas, bonbons, pas

   Car mes parents ne veulent _____

   Que je m'empiffre de _____

   Ils disent toujours : « Mon _____

   Mange plutôt un bon _____. »

   enfuis, histoire, brocoli, poires

   Ma sœur, c'est une autre _____

   Elle raffole des pommes, des _____

   Elle aime même le _____

   M'a-t-elle vu ? Vite, je m'_____ !

Les chiffres et les nombres

1. **Écris les nombres suivants en chiffres.**

   a) quarante-huit : _____   b) trente-sept : _____   c) cinquante et un : _____

   d) trois cents : _____   e) trois cent trois : _____   f) mille deux : _____

   g) huit cent quarante : _____   h) vingt mille : _____   i) cent quatre-vingts : _____

2. **Écris en lettres les nombres suivants.**

   a) 47 : _____   b) 23 : _____   c) 62 : _____

   d) 33 : _____   e) 58 : _____   f) 73 : _____

   g) 132 : _____   h) 243 : _____   i) 345 : _____

   j) 100 480 : _____

3. **Dis à quel chiffre correspond chaque préfixe.**

   a) octo : _____   b) hexa : _____   c) bi : _____

   d) tri : _____   e) hepta : _____   f) penta : _____

   g) quadri : _____   h) déca : _____   i) ennéa : _____

4. **Dans le texte suivant, écris les nombres en lettres.**

   Loïc, champion de marathon, a 19 (_____) ans. Il est né le 22 (_____)

   mars 1989 (_____) à 8 h 31 (_____ heures _____).

   Il a fait son premier marathon à l'âge de 12 (_____) ans. Hélas, le jeune garçon

   était mal entraîné, et il a dû arrêter de courir après 29 (_____) kilomètres seulement.

   La fois suivante, cependant, il s'était bien préparé et a parcouru sans grande difficulté

   les 42 (_____) kilomètres qui l'ont mené à la première d'une longue série de victoires.

   Pour se maintenir en forme, Loïc s'entraîne de façon quotidienne. L'été, il court au moins

   14 (_____) kilomètres dans la clairière près de chez lui. L'hiver, il fait six fois le tour d'une

   piste intérieure de deux kilomètres. Chaque semaine, Loïc parcourt donc de 84 (_____)

   à 98 (_____) kilomètres, selon la saison. Si sa moyenne hebdomadaire est

   de 91 (_____) kilomètres, il aura couru 4732 (_____)

   kilomètres en une année ! Tout un exploit !

Les nombres

1. **Corrige et explique les fautes suivantes.**

   a) Mon grand-père a quatre-vingt ans.
   _____

   b) Le roman que je viens d'achever comptait trois cents deux pages.
   _____

   c) Mon cousin Léandre a vingt six ans.
   _____

   d) Tu devrais arrêter de faire les cents pas.
   _____

   e) Tu as quatre-vingts-neuf dollars dans ton compte bancaire.
   _____

2. **Les Belges ne comptent pas exactement comme nous. Devine quel est, au Québec et en France, l'équivalent des nombres suivants.**

   a) octante : _____

   b) nonante : _____

   c) septante : _____

3. **Écris en lettres les nombres suivants.**

   a) 834 : _____   b) 654 : _____

   c) 923 : _____   d) 217 : _____

   e) 1078 : _____   f) 2377 : _____

   g) 24 023 : _____   h) 13 000 : _____

4. **Trouve trois mots qui commencent avec *mille*, où *mille* garde une valeur numérale.**
   _____

5. **Trouve trois mots qui commencent avec *cent*, où *cent* garde une valeur numérale.**
   _____ _____ _____

Français   91

Les préfixes

1. **Forme deux mots avec chacun des préfixes suivants. Le sens du préfixe est entre parenthèses.**

   a) méga- (grand) : _____, _____

   b) pan- (tout) : _____, _____

   c) maxi- (grand) : _____, _____

   d) in- (négation) : _____, _____

   e) sur- (excès) : _____, _____

   f) ex- (en dehors) : _____, _____

   g) rétro- (en arrière) : _____, _____

   h) uni- (un seul élément) : _____, _____

   i) sur- (au-dessus de) : _____, _____

   j) pré- (avant) : _____, _____

   k) dis- (séparation) : _____, _____

   l) inter- (entre) : _____, _____

   m) contr- (contre) : _____, _____

2. **Dans le texte suivant, trouve le sens du préfixe des mots en caractères gras.**

changement	gentil	vie	nombre	cœur
livre	sommeil	champ	loin de	au-dedans de

   Depuis que mon cousin a commencé ses cours de médecine à l'université, il est complètement **métamorphosé** (_____) et n'est plus du tout le **sympathique** (_____) jeune homme qui jouait avec moi. Quand il vient à la maison, il semble **absent** (_____), **intraverti** (_____), et il ne parle que de ses cours, toujours le nez dans les manuels scolaires qu'il trimballe avec lui. **Biologie** (_____), **cardiologie** (_____), **arithmétique** (_____), voilà tout ce qui l'intéresse. Un vrai rat de **bibliothèque** (_____) **hypnotisé** (_____) par le savoir. Moi, je dis qu'il aurait dû devenir **agronome** (_____). Comme ça, au moins, nous jouerions encore ensemble dehors !

Français

Le sens des mots

1. **Regroupe les mots suivants en trois groupes selon leur signification et trouve les deux intrus.**

sottise	populaire	minutieux	enragé
ardent	bêtise	calculé	balourdise
maladresse	fervent	fanatique	méticuleux
réfléchi	ânerie	bouillant	systématique
bévue	exalté	câlin	méthodique

enragé ardent		

Les intrus : _____ et _____.

2. **Regroupe les mots suivants en trois groupes selon leur signification et trouve les deux intrus.**

hurler	accéder	lamentation	se recueillir
parvenir	soupçon	atteindre	penser
beugler	approcher	ruminer	méditer
songer	vociférer	arriver	clamer
tonitruer	réfléchir	crier	aborder

Les intrus : _____ et _____.

Français 93

Les familles de mots

1. Remplis le tableau en utilisant un verbe de la même famille que le nom donné.

	Nom	Verbe			Nom	Verbe
a)	achat		m)	arme	
b)	protection		n)	travail	
c)	restaurant		o)	troupe	
d)	balançoire		p)	soulagement	
e)	balbutiement		q)	souscription	
f)	rhume		r)	gâchis	
g)	béton		s)	ouïe	
h)	tricot		t)	vue	
i)	compensation		u)	couture	
j)	miroir		v)	fréquence	
k)	accès		w)	tristesse	
l)	paix		x)	climat	

2. Remplis le tableau avec des mots de la même famille.

Nom	Verbe	Adjectif
	embellir	
ridicule		ridicule
	interroger	
		piquant
minceur		
		lourd
blague		
	rafraîchir	
fragilité		
		spirituel
convenance		
coût		

94 Français

Mot générique/mot spécifique

1. **Trouve un mot générique pour les mots spécifiques suivants.**

   Exemple : Mots spécifiques : *pompier, policier, ambulancier, secouriste*
   Mot générique : métier d'urgence

   a) printemps, été, automne, hiver _____

   b) panais, carotte, pomme de terre, navet _____

   c) guitare, violon, violoncelle, banjo _____

   d) poulet, dinde, oie, pintade _____

   e) voiture, bicyclette, métro, autobus _____

   f) cappuccino, décaféiné, espresso, allongé _____

   g) rhume, cancer, varicelle, otite _____

   h) poésie, roman, essai, pièce de théâtre _____

2. **Trouve trois mots spécifiques pour chacun des mots génériques suivants.**

   Exemple : Mot générique : art martial
   Mots spécifiques : *karaté, taekwondo, aïkido*

   a) pâtes _____ _____ _____

   b) planète _____ _____ _____

   c) instrument à vent _____ _____ _____

   d) discipline olympique _____ _____ _____

   e) film _____ _____ _____

   f) bétail _____ _____ _____

   g) reptile _____ _____ _____

Le sens propre et le sens figuré

1. Trouve le sens des expressions suivantes et explique leur origine.

Exemple : *Rougir comme un homard* : rougir beaucoup. Les homards deviennent tout rouges quand on les cuit.

a) Être fort comme un cheval : _____

b) Vendre la peau de l'ours avant de l'avoir tué : _____

c) Avoir un caractère de chien : _____

d) Passer du coq à l'âne : _____

e) Manger de la vache enragée : _____

f) Avoir la chair de poule : _____

g) Être serrés comme des sardines : _____

h) Avoir une tête de linotte : _____

i) Être comme chien et chat : _____

j) Être un chien de poche : _____

k) Se jeter dans la gueule du loup : _____

l) Avoir une faim de loup : _____

m) Pleurer comme un veau : _____

Le sens propre et le sens figuré

2. **Complète les expressions suivantes et relie-les à la partie du corps correspondante. Trouve ensuite le sens de chaque expression en indiquant la lettre qui lui correspond.**

   a) Avoir une tête sur les _____

   b) Avoir une _____ contre quelqu'un

   c) Avoir l'estomac dans les _____

   d) _____, dent pour dent

   e) Avoir des _____ de fée

   f) Se mordre les _____

   g) Avoir bon _____

   h) Faire froid dans le _____

   i) Avoir un visage à deux _____

   j) Coûter la peau des _____

   k) Avoir le couteau sous la _____

   l) Prendre ses jambes à son _____

   m) Verser des _____ de crocodile

   n) Avoir un poil dans la _____

   o) Avoir la puce à l'_____

   Regretter quelque chose ____   En vouloir à quelqu'un ____

   Avoir très faim ____   Être tolérant, supporter les critiques ____

   Faire peur ____   Vouloir se venger ____

   Coûter très cher ____   Être très mal pris ____

   Être paresseux, ne rien faire ____   Avoir un faux chagrin, manipuler par les sentiments ____

   Être très habile ____   S'enfuir ____

   Être hypocrite ____   Se douter de quelque chose ____

   Savoir ce que l'on fait ____

Le sens propre et le sens figuré

3. Encercle l'expression qui est au sens figuré.

a) Je fais la récolte des oignons.
   Occupe-toi de tes oignons.

b) Elias a un troupeau d'ânes.
   Elias passe du coq à l'âne.

c) Maman peint une pièce de couleurs variées.
   Maman en a vu de toutes les couleurs.

d) Tu es dans la lune.
   Neil Armstrong a marché sur la Lune.

e) Jean n'a pas froid aux yeux.
   Jean a les yeux secs.

f) Je donne ma langue au chat.
   Je caresse un chat.

g) Tu te fais du mauvais sang.
   Tu as une tache de sang sur le pantalon.

h) L'enseignante s'arrache les cheveux.
   L'enseignante se coiffe les cheveux.

i) Mon frère est dans de beaux draps.
   Mon frère s'est acheté de beaux draps.

j) Il pleut abondamment.
   Il pleut des cordes.

k) Je mets les plats à réchauffer.
   Je me suis mis les pieds dans les plats.

l) Papi a des faiblesses au cœur.
   Papi a le cœur sur la main.

m) Jonathan chasse le loup.
   Jonathan se jette dans la gueule du loup.

n) Ces gamins ont du plomb dans la tête.
   Ces gamins utilisent des fusils à plomb.

o) Regarde les nuages dans le ciel.
   Tu as la tête dans les nuages.

p) J'ai l'eau à la bouche.
   Je bois un verre d'eau.

q) Il met des pâtes dans son assiette.
   Il n'est pas dans son assiette.

r) Tu vois la vie en rose.
   Tu sens la rose.

s) Elle est têtue comme une mule.
   Elle a acheté une mule têtue.

Les proverbes

1. **Explique le sens des proverbes suivants.**

   a) Miel sur la bouche, fiel sur le cœur.
   _____

   b) Ne remets pas au lendemain ce que tu peux faire le jour même.
   _____

   c) Loin des yeux, loin du cœur.
   _____

   d) Il n'y a pas de fumée sans feu.
   _____

   e) Jamais deux sans trois.
   _____

   f) La nuit, tous les chats sont gris.
   _____

   g) Si jeunesse savait, si vieillesse pouvait.
   _____

   h) Le temps, c'est de l'argent.
   _____

   i) Toute vérité n'est pas bonne à dire.
   _____

2. **Écris à côté de chaque proverbe le numéro correspondant à la définition.**

   1. Une période malheureuse est souvent suivie d'une période plus joyeuse.
   2. La vengeance doit être identique à l'offense.
   3. Plus les problèmes sont importants, plus la façon de les régler doit être drastique.
   4. Notre entourage nous juge plus sévèrement que ceux qui ne nous connaissent pas.
   5. Quelle que soit la façon dont il a été gagné, l'argent garde toujours la même valeur.
   6. Chacun a sa spécialité, et vaut mieux laisser aux experts ce qui leur revient.
   7. Il vaut mieux prendre le temps de réfléchir avant de prendre une décision.

   a) L'argent n'a pas d'odeur. ____   b) La nuit porte conseil. ____

   c) Aux grands maux les grands remèdes. ____   d) Œil pour œil, dent pour dent. ____

   e) Après la pluie, le beau temps. ____   f) Nul n'est prophète en son pays. ____

   g) Chacun son métier, et les vaches seront bien gardées. ____

Le vocabulaire

1. **Trouve le mot qui correspond à la définition donnée.**

saroual	rictus	pollinisation	provisoire	olfactif	décorum	hippisme
satyre	bonze	sérénade	trémolo	fricassée	secours	décortiquer

a) Tout ce qui sert à quelqu'un pour sortir d'une situation difficile, pressante (danger, besoin) et qui vient d'un concours extérieur. _____

b) Qui existe, qui se fait en attendant autre chose, qui est destiné à être remplacé (opposé à *définitif*). _____

c) Divinité champêtre mythologique, à corps humain, à cornes et à pieds de chèvre, de bouc. _____

d) Pantalon bouffant à entrejambe bas, porté traditionnellement en Afrique du Nord. _____

e) Ragoût fait de morceaux de viande blanche ou de volaille (ou d'agneau, de poisson), sautés au beurre, puis mijotés dans une sauce. _____

f) Dépouiller (une tige, une racine) de son écorce ; séparer (un fruit, une graine) de son enveloppe. Par extension : Dépouiller (un crustacé) de sa carapace. _____

g) Ensemble des règles qu'il convient d'observer pour tenir son rang en société. _____

h) Prêtre de la religion bouddhique. _____

i) Ensemble des sports pratiqués à cheval ou avec un cheval. _____

j) Relatif à l'odorat, à la perception des odeurs. _____

k) Sourire grimaçant exprimant des sentiments négatifs. _____

l) Concert, chant exécuté la nuit sous les fenêtres de quelqu'un qu'on voulait honorer ou divertir. _____

m) Processus par lequel le pollen est transporté des anthères jusqu'aux stigmates du pistil de la même fleur. _____

n) Tremblement d'émotion dans la voix, souvent affecté et outré. _____

Le vocabulaire

2. Trouve les mots qui correspondent aux définitions données. Un indice : ils ont en commun les trois premières lettres.

a) Mammifère (*bovidé*) à cornes annelées, à longues pattes fines, très répandu dans les déserts d'Afrique et d'Asie. _____

Herbe fine entretenue pour qu'elle reste courte et dense. _____

Produire un bruit modulé, léger et doux « tel que celui d'un petit ruisseau sur des cailloux, ou celui des petits oiseaux ». _____

Un liquide rendu pétillant par addition de gaz carbonique. _____

Vapeur invisible, émanation. Corps gazeux naturel ou manufacturé utilisé comme matière première ou source d'énergie. _____

b) Catégorie grammaticale (<u>nombre</u>) comprenant les mots (noms, pronoms) qui désignent une collection d'objets, lorsqu'ils peuvent être envisagés un à un, et les mots qui s'accordent avec eux. _____

Chacun des appendices qui recouvrent la peau des oiseaux, formé d'un axe (tuyau) et de filaments serrés. _____

Outil de ménage formé d'un manche court auquel sont fixées des plumes ou une matière souple analogue, et qui sert à épousseter. _____

Eau qui tombe en gouttes des nuages sur la terre. _____

c) Fête annuelle à l'occasion de laquelle les enfants masqués et déguisés viennent présenter des sacs ou des paniers pour qu'on y dépose des friandises. _____

Se dit de la viande d'un animal tué selon le rite musulman. _____

Instrument de gymnastique fait de deux boules ou disques de métal réunis par une tige. _____

Couleur plus ou moins brune que prend la peau exposée à l'air et au soleil. _____

Français 101

Le vocabulaire

3. Corrige les anglicismes dans les phrases suivantes.

a) La fin de semaine dernière, je suis allée à la cabane à sucre, et j'ai mangé de succulentes binnes au sirop d'érable.

b) Patrick a appliqué pour un nouvel emploi.

c) Nathalie a cancellé son rendez-vous chez le dentiste.

d) Je n'ai pas de change pour le parcomètre.

e) Johanne demande à Lucia quelle est la location de son nouveau chalet.

f) Mon père est parti maller une lettre pour son frère.

g) Nous avons un appointement chez le médecin le même jour.

h) Quand j'étais petite, ma toune préférée était *Frère Jacques*.

i) La van rouge est passée à toute allure devant l'école.

j) Je crois que le zip de ton chandail est brisé.

k) Il serait grand temps que mon frère se trouve une job.

l) Le bureau de l'ostéopathe se trouve au quatrième plancher.

m) Pendant la conférence, l'animateur a mis l'emphase sur les mesures de sécurité à suivre.

Le vocabulaire

4. Identifie les mots dérivés de la langue parlée et remplace-les par des termes convenables.

a) Après qu'il a neigé, il s'est mis à mouiller. _____

b) Dans ma classe, il y a des garçons très baveux. _____

c) Simone est vraiment tannée de faire ses devoirs. _____

d) Nicolas et Philippe ont pogné des poux en échangeant leur tuque avec Raphaël. _____

e) J'aime beaucoup les chars sport. _____

f) C'est vraiment plate qu'Alexia n'ait pas gagné la médaille d'or en nage synchronisée. _____

g) Ma sœur m'a dit que Camille tripe sur Christopher. _____

h) Ton nouveau jeu de course automobile est écœurant. _____

i) Je suis énervé parce que mon petit frère n'arrête pas de chialer. _____

j) Jasmine et moi avons full hâte que l'été arrive. _____

k) Le chandail de Kevin est franchement kétaine. _____

5. Dans les phrases suivantes, choisis le mot adéquat.

a) *captivé* ou *capturé*

J'ai toujours été _____ par les pirates.

Ce gentil vieillard a _____ une souris.

b) *éminent* ou *imminent*

Le jour où certaines îles du Pacifique disparaîtront semble _____.

Le premier ministre a rencontré un _____ représentant de la diaspora haïtienne.

c) *habilité* ou *habileté*

Quoi qu'il en dise, Thomas n'est pas _____ à conduire une mobylette.

Sarah a une _____ remarquable pour la peinture à numéros.

d) *thème* ou *terme*

Je voulais dire *habilité* et non *habileté* : je n'ai pas utilisé le bon _____.

Le _____ principal de ce film est l'amour.

Le vocabulaire

6. Trouve un adjectif pour remplacer la partie de phrase en caractères gras.

a) Des paroles **qui réchauffent le cœur**. _____

b) Des livres **qui divertissent**. _____

c) Un article de journal **qui est plein d'anecdotes**. _____

d) Un fossile **qui date de quelques milliers d'années**. _____

e) Une personne **qui exprime de la colère**. _____

f) Un film **qui fait peur**. _____

g) Un timbre **qui se colle tout seul**. _____

7. Dans les phrases suivantes, remplace le passage en caractères gras par un verbe.

a) Mathias a **fait du ski** avec ses parents. _____

b) À l'école, nous **faisons l'apprentissage de** l'anglais. _____

c) L'automne dernier, Benjamin a **fait la cueillette** des pommes. _____

d) Mélodie **fait** toujours **un drame** avec rien. _____

e) Je **fais de la natation** tous les samedis. _____

8. Dans les phrases suivantes, remplace le verbe *avoir* par un verbe plus précis.

a) Si je veux entrer au collège privé, je dois avoir de bonnes notes. _____

b) Les parents de Gabrielle ont un chalet dans les Laurentides. _____

c) Il faut avoir la majorité pour acheter de l'alcool. _____

d) Justin a un manteau rouge. _____

e) Mon père a un baccalauréat en ingénierie civile. _____

f) J'ai une douleur à l'épaule gauche. _____

9. Souligne et corrige les fautes dans les phrases suivantes.

a) Zachary se rencontre qu'il est trop petit pour devenir hockeyeur professionnel.

_____

b) En ce qui attrait à l'école, je trouve qu'il faudrait revoir les cours de français.

_____

c) Nous nous faisons croire qu'on se voit pour la première fois.

_____

Communication orale

L'art du débat

Première étape : choisis l'un des sujets proposés et adopte un point de vue (pour ou contre).

a) Que penses-tu du port de l'uniforme dans certaines écoles ?

b) De plus en plus d'athlètes consomment des produits (entre autres, des drogues plus ou moins fortes) qui les aident à développer leurs capacités physiques. Qu'en penses-tu ?

c) On dit souvent que les jeux informatiques violents incitent à la violence. Quelle est ton opinion ?

d) Es-tu pour les écoles privées ou pour les écoles publiques ? Pourquoi ?

Sujet choisi : _____

Deuxième étape : rédige les arguments qui te permettront de défendre ton point de vue de façon convaincante.

_____
_____
_____
_____
_____
_____

Troisième étape : entreprends la joute orale.

Confronte maintenant ton opinion à celle de quelqu'un d'autre (une amie ou un ami, ton frère ou ta sœur, ton père ou ta mère) en demandant à cette personne d'adopter un point de vue opposé au tien.

Quatrième étape : rédige les arguments opposés aux tiens qui t'ont le plus convaincu(e).

_____
_____
_____

Qui, selon toi, a été le plus convaincant ? _____

Pourquoi ? _____
_____
_____

Français 105

Communication orale

Lis le texte suivant. Ensuite, choisis une personne de ton entourage et fais-lui-en un résumé oral et une critique. Demande-lui si ce que tu as exprimé était assez clair pour qu'elle comprenne bien l'histoire dont tu lui as parlé.

Le miroir déformant
Anton Tchekhov

Nous entrâmes dans le salon, ma femme et moi. Il y régnait une odeur de mousse et d'humidité. Dès que nous fîmes de la lumière sur les murs qui n'en avaient pas vu depuis un siècle, des millions de souris et de rats se sauvèrent de tous les côtés. La porte refermée derrière nous, nous sentîmes un souffle de vent agiter les papiers entassés dans les coins. La lumière nous permit de discerner des caractères anciens et des dessins datant du Moyen Âge. Les portraits de mes ancêtres tapissaient les murs verdis par le temps. Ils nous regardaient d'un air sévère et dédaigneux comme s'ils avaient voulu dire : « Tu mérites une correction, mon petit ! »

Nos pas résonnaient dans toute la maison. Le même écho qui répondait jadis à mes aïeux renvoyait le bruit de ma toux.

Le vent gémissait et hurlait. Un bruit de sanglots sortait de la cheminée, et l'on discernait une sorte de désespoir. De grosses gouttes de pluie frappaient les vitres opaques et sombres et leur éveillaient la tristesse.

« Ô ancêtres ! dis-je avec un soupir entendu. Si j'étais écrivain, j'écrirais un long roman rien qu'en regardant vos portraits. Chacun de ces vieillards a été jeune, tous ces hommes et ces femmes ont vécu leur roman d'amour... et quel roman ! Regarde par exemple cette vieille, ma bisaïeule. Cette femme laide et disgracieuse a son histoire, une histoire fort intéressante. Vois-tu ce miroir accroché dans le coin ? » demandai-je à ma femme en lui montrant un grand miroir encadré de bronze noirci, près du portrait de ma bisaïeule.

— Ce miroir a des propriétés magiques : il a causé la perte de mon arrière-grand-mère. Elle l'avait payé très cher et elle ne s'en sépara pas jusqu'à sa mort. Elle s'y regardait nuit et jour, sans arrêt, même pendant les repas, et l'emportait le soir dans son lit. En mourant, elle avait demandé qu'on le mette dans son cercueil. Et si sa prière n'a pas été exaucée, c'est que le miroir était trop grand et n'entrait pas dans la bière.

— C'était une coquette ? dit ma femme.

— Admettons. Mais n'avait-elle pas d'autres miroirs ? Pourquoi aimait-elle précisément celui-ci ? Elle en avait de bien plus beaux, il me semble ? Non, chérie, il y a là un effroyable mystère. Il ne peut en être autrement. D'après la légende, ce miroir abritait le Diable et ma bisaïeule avait un faible pour le Malin. Ce sont évidemment des bavardages, mais il n'y a pas de doute, cette glace encadrée de bronze possède un pouvoir mystérieux.

J'enlevai la poussière qui recouvrait le miroir et partis d'un éclat de rire. L'écho en renvoya le son assourdi. C'était un miroir déformant ; les traits de mon visage étaient tordus en tous sens : j'avais le nez sur la joue, le menton était coupé en deux et s'étirait de biais. « Elle avait des goûts étranges, ma bisaïeule ! » dis-je.

Ma femme s'approcha du miroir d'un pas hésitant et y jeta un regard ; et aussitôt, il se passa quelque chose d'effroyable. Elle blêmit, se mit à trembler de tous ses membres et poussa un cri. Le chandelier glissa de sa main, tomba sur le sol, la bougie s'éteignit et nous nous trouvâmes dans les ténèbres. J'entendis le bruit d'un corps qui tombait : c'était ma femme qui venait de s'évanouir.

Les gémissements du vent s'étaient faits encore plus plaintifs, les rats s'étaient remis à courir, les souris faisaient bruire le papier. Mes cheveux se dressaient sur ma tête. À ce moment, un volet fut arraché et tomba à terre. La Lune apparut par la fenêtre…

Je pris ma femme dans mes bras et l'emportai hors de la demeure de mes ancêtres. Elle ne reprit connaissance que le lendemain soir. « Le miroir ! Donne-moi le miroir ! dit-elle en revenant à elle. Où est-il ? »

Pendant une semaine entière, ma femme resta sans boire, sans manger ni dormir, réclamant sans cesse qu'on lui apportât le miroir. Elle sanglotait, s'arrachait les cheveux, en proie à une agitation fébrile. Quand finalement le docteur déclara qu'elle pouvait mourir d'inanition et que son état était très grave, je surmontai ma terreur, et descendis chercher le miroir de ma bisaïeule. Quand elle l'aperçut, elle éclata d'un rire heureux, le saisit, y posa ses lèvres et y plongea avidement les yeux.

Plus de dix ans ont passé et ma femme regarde toujours dans le miroir sans le quitter des yeux un seul instant. « Est-ce bien moi ? murmure-t-elle, et son visage coloré s'illumine de béatitude et de ravissement. Oui, c'est bien moi. Tout le monde ment, sauf le miroir ! Les gens mentent, mon mari ment. Si je m'étais vue plus tôt, si j'avais su ce que j'étais en réalité, jamais je n'aurais épousé cet homme ! Il n'est pas digne de moi ! Je devrais avoir à mes pieds les chevaliers les plus beaux et les plus nobles ! »

Un jour que je me trouvais derrière ma femme, je jetai, par hasard, un regard sur le miroir, et découvris un terrible secret. J'y voyais une femme d'une éblouissante beauté, comme je n'en avais vu de ma vie. C'était une merveille de la nature, un mélange harmonieux de beauté, d'élégance et d'amour. Mais qu'était-ce donc ? Que s'était-il passé ? Pourquoi ma femme laide et sans grâce paraissait-elle si belle dans le miroir ? Pourquoi ?

Tout simplement parce que le miroir déformant tordait le visage laid de ma femme en tous sens, et que ce visage aux traits déplacés était doué par le hasard d'une grande beauté. Moins et moins donnaient plus.

Et maintenant, ma femme et moi, nous restons tous deux assis devant le miroir, et nous le regardons sans le quitter une seule minute : mon nez mange ma joue gauche, mon menton coupé est tordu, mais le visage de ma femme est ensorceleur ; et une passion folle, sauvage, m'envahit.

J'éclate d'un rire inhumain, et ma femme, d'une voix à peine perceptible, murmure : « Comme je suis belle ! »

Communication orale

1. Va voir un adulte que tu connais bien. Demande-lui de te parler du quotidien de son enfance. Ensemble, faites la comparaison entre ton époque et la sienne en vous attardant, par exemple, aux points suivants : les sports, l'informatique, les divertissements, la culture, la vie de famille, l'école, les relations amicales ou amoureuses, etc.

   Qu'as-tu appris ?
   _____
   _____

2. Imagine que tu es journaliste et que tu dois faire le portrait d'une personne de ton entourage pour ton journal.

   a) Prépare les questions que tu vas poser à cette personne. Ensuite, va l'interviewer.

   Questions à poser à _____

   Dans le cadre d'une entrevue pour le journal _____ (invente un nom)

   1) _____
   2) _____
   3) _____
   4) _____
   5) _____
   6) _____
   7) _____
   8) _____

   b) Fais maintenant un retour sur le déroulement de l'entrevue.

   Tes questions ont-elles permis de faire un portrait complet de la personne choisie ? _____

   Si non, quelles questions aurais-tu pu ajouter ?
   _____
   _____

   Certaines questions t'ont-elles semblé moins adéquates ? _____

   Si oui, pourquoi ?
   _____
   _____

Communication orale

Imagine que tu es serveur (serveuse) dans un restaurant huppé nommé À la fleur de sel.

a) Lis attentivement le menu proposé par ton chef.

b) Cherche dans le dictionnaire les mots que tu ne connais pas.

c) Ensuite, va présenter le menu à un ou plusieurs convives.

d) Réponds aux questions de tes clients.

e) Prends les commandes et laisse passer une minute. Essaie ensuite de te rappeler ce que tes convives avaient commandé.

À la fleur de sel

Menu du jour

Entrées

Salade tiède de confit de canard, roquette et vinaigrette aux myrtilles
Terrine de foie gras, gelée de sirop d'érable, salade de fenouil et laitues
Pétoncles et crevettes rôtis aux épices indiennes, bouillon au vin blanc
   et mousse aérienne de légumes verts

Plats principaux

Raviolis aux trois fromages, et poêlée de morilles et crème
Onglet de bœuf poêlé, fleur d'ail, sauce au foie gras, servi avec purée de pommes de terre
   et légumes de saison
Filet de porc aux canneberges et au sirop d'érable, pommes de terre fondantes et haricots
Suprême de volaille, ratatouille, petites rabioles et jus de poule au vin blanc
Thon rouge et épinards au parmesan, mousse de topinambour, huile de truffe, chou-fleur

Desserts

Crème brûlée à la lavande
Glace à la fleur de sel et au chocolat noir
Mousse fondante au chocolat, coulis de petits fruits

N'oublie pas de demander à tes clients quelle cuisson ils désirent s'ils prennent l'onglet de bœuf, le filet de porc ou le thon rouge !

Et pourquoi ne pas leur proposer un vin pour agrémenter le repas ? Bordeaux, syrah, cabernet sauvignon, merlot : le restaurant a de tout.

Voilà ! Avec un peu de pratique, tu seras bientôt serveur ou serveuse dans un grand restaurant gastronomique !

Situation d'écriture

Raconte l'événement le plus extraordinaire de ta vie. Prends d'abord quelques notes pour organiser ton récit de manière logique.

Quel âge avais-tu ? _____

Où s'est déroulé ce moment ? _____

Pourquoi étais-tu dans ce lieu ? _____

Avec qui étais-tu ? _____

Ce que tu as vraiment aimé : _____

Rédige ton texte.

Situation d'écriture

Fais un résumé critique d'un livre ou d'un film que tu as aimé. Pour y parvenir, prends d'abord quelques notes. Suis ensuite la structure proposée.

Titre de l'œuvre : _____

Nom de l'auteur, du réalisateur ou de l'acteur principal : _____

Noms des personnages principaux et leurs caractéristiques : _____

But du personnage principal : _____

Obstacle(s) à ce but : _____

Genre (comédie, drame, science-fiction, fantastique, autre) : _____

Points forts de l'œuvre : _____
_____

Points faibles : _____
_____

Présentation de l'œuvre : _____
_____
_____
_____
_____
_____

Critique : _____
_____
_____
_____
_____
_____

Français 111

Situation d'écriture

Suis les étapes suivantes pour rédiger une lettre en trois temps (début, milieu, fin) sur une personne de ton entourage que tu admires.

Première étape : trouver des idées

- Tu dois définir ce qui caractérise la personne choisie (qualités, goûts, intérêts, métier, réalisations, etc.).

  _____
  _____

- Pourquoi admires-tu cette personne ?

  _____
  _____

- Quels événements particuliers ont provoqué ton admiration pour cette personne ?

  _____
  _____

- Détermine pourquoi tu écris cette lettre : pour informer ton lecteur, pour l'amuser, pour le convaincre, etc.

  _____
  _____

- Décide à qui tu t'adresses : à un(e) ami(e), à un membre de ta famille, à ton enseignante. Tu peux aussi écrire directement à la personne dont tu as choisi de parler.

  _____
  _____

- S'il y a d'autres informations que tu voudrais noter, sers-toi de cet espace pour prendre des notes.

  _____
  _____
  _____
  _____
  _____

Situation d'écriture

Deuxième étape : regrouper et organiser ses idées

1. **Début (introduction) :** tu dois annoncer le sujet de ta lettre.

   _____
   _____

2. **Milieu (développement) :** tu dois expliquer comment tu as rencontré la personne choisie, ce que tu aimes chez elle, les événements qui t'ont amené(e) à développer de l'admiration pour elle, etc. Regroupe tes différentes idées en paragraphes (un paragraphe par idée).

   _____
   _____
   _____
   _____

3. **Fin (conclusion) :** tu dois résumer tes principales idées et te demander quelle impression tu veux laisser.

   _____
   _____

Pour t'amuser, fais ici un portrait de la personne dont tu vas parler.

Situation d'écriture

Troisième étape : rédiger le texte

La date : _____

Salutations

_____ ,

Début (*d'abord, premièrement, etc.*)

Milieu (*ensuite, deuxièmement, par ailleurs, etc.*)

Fin (*finalement, bref, alors, pour finir, etc.*)

Salutations

Ta signature : _____

Situation d'écriture

Suis les étapes suivantes pour écrire une histoire en cinq temps (situation de départ, élément déclencheur, péripéties, dénouement, situation finale). Ton texte commencera ainsi : *Ce matin, j'ai été réveillé(e) par un(e) étrange…*

Première étape : trouver des idées

- Qu'est-ce qui déclenchera ton histoire ?

- Qui seront les personnages ?

- Que leur arrivera-t-il ?

- Comment l'histoire se terminera-t-elle ?

- S'il y a d'autres informations que tu voudrais noter, sers-toi de cet espace pour le faire.

Situation d'écriture

Deuxième étape : regrouper et organiser ses idées

Voici les cinq étapes à suivre.

1. **Situation de départ**

   _____
   _____
   _____

2. **Élément déclencheur**

   _____
   _____
   _____
   _____

3. **Péripéties**

   _____
   _____
   _____
   _____

4. **Dénouement**

   _____
   _____
   _____
   _____

5. **Situation finale**

   _____
   _____
   _____
   _____

Situation d'écriture

Troisième étape : rédiger le texte

Situation de départ et élément déclencheur

Ce matin, j'ai été réveillé(e) par un(e) étrange _____

_____
_____
_____
_____

Péripéties (*aussitôt, ensuite, par hasard, etc.*)

_____
_____
_____
_____
_____
_____

Dénouement (*alors, après un certain temps, etc.*)

_____
_____
_____
_____
_____

Situation finale (*enfin, finalement, à la fin, etc.*)

_____
_____
_____
_____
_____

Français

Jeux de mots

1. **Résous les charades suivantes.**

   a) Mon premier est le petit de la vache. _le veau_

   Mon second est le contraire de *tout*. _pas tous_

   Mon tout est un petit voyou. _____

   b) Mon premier est *garçon* en anglais. _____

   Mon second est le bruit que fait la poule. _____

   Mon troisième est une boisson chaude fort appréciée en Asie. _____

   Mon tout consiste à faire pression sur un groupe en refusant tout échange

   avec lui. _____

   c) Mon premier est une interjection marquant l'incompréhension. _____

   Mon second est un être exceptionnellement brillant. _____

   Il faut vingt-quatre de mon troisième pour faire une journée. _____

   Mon tout est un métier qui demande de bonnes connaissances scientifiques

   et techniques. _____

   d) Mon premier est la première lettre de l'alphabet. _____

   Mon second est la capitale de la France. _____

   Mon troisième est la note de musique qui vient après *la*. _____

   Mon quatrième est souvent utilisé comme un *nous*, mais exclut en réalité la personne

   qui parle. _____

   Mon tout surgit du néant. _____

2. **Remets ces mots dans l'ordre afin que la trousse du médecin soit complète.**

   BISIRTOU : _____   COPEHOSSTÉT : _____

   SEGUERIN : _____   MENTSENAP : _____

   ROTRAG : _____   TANTINFECDÉS : _____

   STNGA : _____

Français

Jeux de mots

3. Remplis la grille suivante.

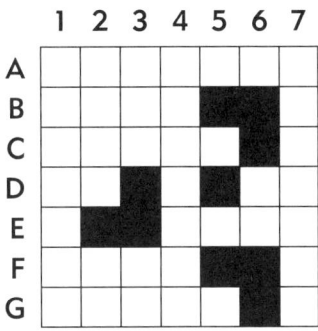

Horizontalement :

A) ceux dont la santé est altérée

B) petit amoncellement d'objets

C) moquerie collective dont une personne est l'objet

D) déterminant démonstratif masculin ; pronom personnel, 2ᵉ personne du singulier, employé comme complément

E) le contraire de *sur*

F) on y met des crayons

G) née une deuxième fois

Verticalement :

1) se déplacer avec les jambes

2) celle à qui l'on accorde son amitié ; pronom personnel, 2ᵉ personne du singulier, employé comme complément

3) fatigué ; le premier chiffre

4) méthode stoppant l'entrée des microbes dans l'organisme

6) pronom personnel, 2ᵉ personne du singulier

7) ce que donnent l'âge et la connaissance

4. Trouve le mot caché dans la première colonne.

1) le moyen de transport en commun le plus rapide sur Terre

2) se dit de ce qui arrive très vite

3) première action que fait l'avion qui s'apprête à partir

4) les êtres humains voudraient voler comme lui

5) là où atterrissent les avions

6) en avion, on s'y rend en quelques minutes, puisqu'elle est une province voisine

7) quand les vols ne sont pas à l'heure

8) le fait de déplacer une personne ou une marchandise d'un lieu à un autre

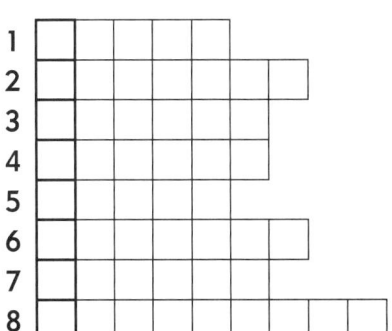

Français 119

Compréhension de lecture

1. Lis le texte et réponds aux questions.

Mémoire d'un âne
La comtesse de Ségur

Je ne me souviens pas de mon enfance; je fus probablement malheureux comme tous les ânons, joli, gracieux comme nous le sommes tous; très certainement je fus plein d'esprit, puisque, tout vieux que je suis, j'en ai encore plus que mes camarades. J'ai attrapé plus d'une fois mes pauvres maîtres, qui n'étaient que des hommes, et qui, par conséquent, ne pouvaient pas avoir l'intelligence d'un âne.

Je vais commencer par vous raconter un des tours que je leur ai joués dans le temps de mon enfance :

Les hommes n'étant pas tenus de savoir tout ce que savent les ânes, vous ignorez sans doute, vous qui lisez ce livre, ce qui est connu de tous les ânes mes amis : c'est que tous les mardis il y a dans la ville de Laigle un marché où l'on vend des légumes, du beurre, des œufs, du fromage, des fruits et autres choses excellentes. Ce mardi est un jour de supplice pour mes pauvres confrères; il l'était pour moi aussi avant que je fusse acheté par ma bonne vieille maîtresse, votre grand-mère, chez laquelle je vis maintenant. J'appartenais à une fermière exigeante et méchante. Figurez-vous, mon cher petit maître, qu'elle poussait la malice jusqu'à ramasser tous les œufs que pondaient ses poules, tout le beurre et les fromages que lui donnait le lait de ses vaches, tous les légumes et fruits qui mûrissaient dans la semaine pour remplir des paniers qu'elle mettait sur mon dos.

Et quand j'étais si chargé que je pouvais à peine avancer, cette méchante femme s'asseyait encore au-dessus des paniers et m'obligeait à trotter ainsi écrasé, accablé, jusqu'au marché de Laigle, qui était à une **lieue** de la ferme. J'étais toutes les fois dans une colère que je n'osais montrer, parce que j'avais peur des coups de bâton; ma maîtresse en avait un très gros, plein de nœuds, qui me faisait bien mal quand elle me battait. Chaque fois que je voyais, que j'entendais les préparatifs du marché, je soupirais, je gémissais, je **brayais** même dans l'espoir d'attendrir mes maîtres.

— Allons, grand paresseux, me disait-on en venant me chercher, vas-tu te taire, et ne pas nous **assourdir** avec ta vilaine grosse voix. *Hi! han! hi! han!* voilà-t-il une belle musique que tu nous fais! Jules, mon garçon, approche ce fainéant près de la porte, que ta mère lui mette sa charge sur le dos!... Là! un panier d'œufs! encore un!... Les fromages, le beurre... les légumes maintenant!... C'est bon! voilà une bonne charge qui va nous donner quelques pièces de cinq francs. Mariette, ma fille, apporte une chaise, que ta mère monte là-dessus!... Très bien! Allons, bon voyage, ma femme, et fais marcher ce fainéant de bourri. Tiens, v'là ton **gourdin**, tape dessus.

— Pan! pan!

— C'est bien; encore quelques caresses de ce genre, et il marchera.

— Vlan! Vlan!

 Français

Le bâton ne cessait de me frotter les reins, les jambes, le cou ; je trottais, je galopais presque ; la fermière me battait toujours. Je fus indigné de tant d'injustice et de cruauté ; j'essayai de ruer pour jeter ma maîtresse par terre, mais j'étais trop chargé ; je ne pus que sautiller et me secouer de droite et de gauche. J'eus pourtant le plaisir de la sentir dégringoler. « Méchant âne ! sot animal ! entêté ! Je vais te corriger et te donner du Martin-bâton. »

En effet, elle me battit tellement que j'eus peine à marcher jusqu'à la ville. Nous arrivâmes enfin. On ôta de dessus mon pauvre dos écorché tous les paniers pour les poser à terre ; ma maîtresse, après m'avoir attaché à un poteau, alla déjeuner, et moi, qui mourais de faim et de soif, on ne m'offrit pas seulement un brin d'herbe, une goutte d'eau. Je trouvai moyen de m'approcher des légumes pendant l'absence de la fermière, et je me rafraîchis la langue en me remplissant l'estomac avec un panier de salades et de choux. De ma vie je n'en avais mangé de si bons ; je finissais le dernier chou et la dernière salade lorsque ma maîtresse revint. Elle poussa un cri en voyant son panier vide ; je la regardai d'un air insolent et si satisfait, qu'elle devina le crime que j'avais commis. Je ne vous répéterai pas les injures dont elle m'accabla. Elle avait très mauvais ton, et lorsqu'elle était en colère, elle jurait et disait des choses qui me faisaient rougir, tout âne que je suis. Après donc m'avoir tenu les propos les plus humiliants, auxquels je ne répondais qu'en me léchant les lèvres et en lui tournant le dos, elle prit son bâton et se mit à me battre si cruellement que je finis par perdre patience, et que je lui lançai trois **ruades**, dont la première lui cassa le nez et deux dents, la seconde lui brisa le poignet, et la troisième l'attrapa à l'estomac et la jeta par terre. Vingt personnes se précipitèrent sur moi en m'accablant de coups et d'injures. On emporta ma maîtresse je ne sais où, et l'on me laissa attaché au poteau près duquel étaient étalées les marchandises que j'avais apportées. J'y restai longtemps ; voyant que personne ne songeait à moi, je mangeai un second panier plein d'excellents légumes, je coupai avec mes dents la corde qui me retenait, et je repris tout doucement le chemin de ma ferme.

Les gens que je dépassais sur la route s'étonnaient de me voir tout seul.

— Tiens, ce **bourri** avec sa longe cassée ! Il s'est échappé, disait l'un.

— Alors, c'est un échappé des galères, dit l'autre.

Et tous se mirent à rire.

— Il ne porte pas une forte charge sur son dos, reprit le troisième.

— Bien sûr, il a fait un mauvais coup ! s'écria un quatrième.

— Attrape-le donc, mon homme, nous mettrons le petit sur son bât, dit une femme.

— Ah ! il te portera bien avec le petit gars, répondit le mari.

Moi, voulant donner une bonne opinion de ma douceur et de ma complaisance, je m'approchai tout doucement de la paysanne, et je m'arrêtai près d'elle pour la laisser monter sur mon dos.

— Il n'a pas l'air méchant, ce bourri ! dit l'homme en aidant sa femme à se placer sur le bât.

Je souris de pitié en entendant ce propos : Méchant ! comme si un âne doucement traité était jamais méchant. Nous ne devenons colères, désobéissants et entêtés que pour nous venger des coups et des injures que nous recevons. Quand on nous traite bien, nous sommes bons, bien meilleurs que les autres animaux.

Je ramenai à leur maison la jeune femme et son petit garçon, joli petit enfant de deux ans, qui me caressait, qui me trouvait charmant, et qui aurait bien voulu me garder. Mais je réfléchis que ce ne serait pas honnête. Mes maîtres m'avaient acheté, je leur appartenais. J'avais déjà brisé le nez, les dents, le poignet et l'estomac de ma maîtresse, j'étais assez vengé. Voyant donc que la maman allait céder à son petit garçon, qu'elle gâtait (je m'en étais bien aperçu pendant que je le portais sur mon dos), je fis un saut de côté et, avant que la maman eût pu ressaisir ma bride, je me sauvai en galopant, et je revins à la maison.

Mariette, la fille de mon maître, me vit la première.

— Ah ! voilà Cadichon. Comme le voilà revenu de bonne heure ! Jules, viens lui ôter son bât.

— Méchant âne, dit Jules d'un ton bourru, il faut toujours s'occuper de lui. Pourquoi donc est-il revenu seul ? Je parie qu'il s'est échappé. Vilaine bête ! ajouta-t-il en me donnant un coup de pied dans les jambes. Si je savais que tu t'es sauvé, je te donnerais cent coups de bâton.

Mon **bât** et ma **bride** étant ôtés, je m'éloignai en galopant. À peine étais-je rentré dans l'herbage, que j'entendis des cris qui venaient de la ferme. J'approchai ma tête de la haie, et je vis qu'on avait ramené la fermière ; c'étaient les enfants qui poussaient ces cris. J'écoutai de toutes mes oreilles, et j'entendis Jules dire à son père :

— Mon père, je vais prendre le grand fouet du **charretier**, j'attacherai l'âne à un arbre, et je le battrai jusqu'à ce qu'il tombe par terre.

— Va, mon garçon, va, mais ne le tue pas ; nous perdrions l'argent qu'il nous a coûté. Je le vendrai à la prochaine foire.

Je restai tremblant de frayeur en les entendant et en voyant Jules courir à l'écurie pour chercher le fouet. Il n'y avait pas à hésiter, et, sans me faire scrupule cette fois de faire perdre à mes maîtres le prix qu'ils m'avaient payé, je courus vers la haie qui me séparait des champs : je m'élançai dessus avec une telle force que je brisai les branches et que je pus passer au travers. Je courus dans le champ, et je continuai à courir longtemps, bien longtemps, croyant toujours être poursuivi. Enfin, n'en pouvant plus, je m'arrêtai, j'écoutai… je n'entendis rien. Je montai sur une butte, je ne vis personne. Alors, je commençai à respirer et à me réjouir de m'être délivré de ces méchants fermiers. Mais je me demandais ce que j'allais devenir. Si je restais dans le pays, on me reconnaîtrait, on me rattraperait, et l'on me ramènerait à mes maîtres. Que faire ? Où aller ?

Je regardai autour de moi ; je me trouvai isolé et malheureux, et j'allai verser des larmes sur ma triste position, lorsque je m'aperçus que j'étais au bord d'un bois magnifique : c'était la forêt de Saint-Evroult. « Quel bonheur ! m'écriai-je. Je trouverai dans cette forêt de l'herbe tendre, de l'eau, de la mousse fraîche : j'y demeurerai pendant quelques jours, puis j'irai dans une autre forêt, plus loin, bien plus loin de la ferme de mes maîtres. »

J'entrai dans le bois ; je mangeai avec bonheur de l'herbe tendre, et je bus l'eau d'une belle fontaine. Comme il commençait à faire nuit, je me couchai sur la mousse au pied d'un vieux sapin, et je m'endormis paisiblement jusqu'au lendemain.

Compréhension de lecture

2. Trouve dans un dictionnaire la définition des mots en caractères gras dans le texte.

lieue : _____

brayais (verbe *braire*) : _____

assourdir : _____

gourdin : _____

ruades : _____

bourri : _____

bât : _____

bride : _____

charretier : _____

3. Réponds aux questions suivantes.

a) Quels sont les mots qui permettent dès le début d'avoir une idée des qualités de l'âne ?
_____
_____

b) Que vend-on au marché ? _____

c) Que met la méchante fermière dans les paniers posés sur le dos de l'âne ?
_____

d) Quand a lieu le marché ? _____

e) Quelle distance parcourt l'âne pour y arriver ? _____

f) Comment s'appelle la fille de la fermière ? _____

g) Comment la fermière et sa fille font-elles avancer l'âne ? ___
_____

h) Pourquoi l'âne trouve-t-il sa maîtresse injuste et cruelle ? ___
_____

i) Que mange l'âne en l'absence de la fermière ? _____

j) Comment réagit cette dernière lorsqu'elle découvre ce qu'a fait l'âne ? _____
_____

k) Pourquoi, selon l'âne, ses semblables deviennent-ils parfois « colères, désobéissants et entêtés » ?
_____

l) Qui sont les gens que croise l'âne sur le chemin du retour ? _____

m) Comment agissent-ils avec lui ? _____

n) Pourquoi l'âne retourne-t-il à la ferme ? _____

o) Qui est Jules ? _____

p) Pourquoi le fermier interdit-il à son fils de tuer l'âne ? _____

q) Où se trouve l'âne après sa fuite ? _____

r) Comment réussit-il à combler ses besoins ? _____
_____

4. Fais un résumé du texte que tu viens de lire.

_____
_____
_____
_____

5. Invente la suite de cette histoire.

_____
_____
_____
_____
_____
_____
_____

Compréhension de lecture

1. Lis le texte et réponds aux questions.

La Guerre des mondes (1898)
Herbert George Wells

Personne n'aurait cru, dans les dernières années du XIXe siècle, que les choses humaines fussent observées, de la façon la plus pénétrante et la plus attentive, par des intelligences supérieures aux intelligences humaines et cependant mortelles comme elles ; que, tandis que les hommes s'absorbaient dans leurs occupations, ils étaient examinés et étudiés d'aussi près peut-être qu'un savant peut étudier avec un microscope les créatures **transitoires** qui **pullulent** et se multiplient dans une goutte d'eau. Avec une **suffisance** infinie, les hommes allaient de-ci de-là par le monde, vaquant à leurs petites affaires, dans la sereine sécurité de leur empire sur la matière. Il est possible que, sous le microscope, les **infusoires** fassent de même. Personne ne donnait une pensée aux mondes plus anciens de l'espace comme sources de danger pour l'existence terrestre, ni ne songeait seulement à eux pour écarter l'idée de vie à leur surface comme impossible ou improbable. Il est curieux de se rappeler maintenant les habitudes mentales de ces jours lointains. Tout au plus les habitants de la Terre s'imaginaient-ils qu'il pouvait y avoir sur la planète Mars des êtres probablement inférieurs à eux, et disposés à faire bon accueil à une expédition **missionnaire**. Cependant, par-delà le gouffre de l'espace, des esprits qui sont à nos esprits ce que les nôtres sont à ceux des bêtes qui périssent, des **intellects** vastes, calmes et impitoyables, considéraient cette terre avec des yeux envieux, dressaient lentement et sûrement leurs plans pour la conquête de notre monde. Et dans les premières années du XXe siècle vint la grande désillusion.

La planète Mars, est-il besoin de le rappeler au lecteur, tourne autour du Soleil à une distance moyenne de deux cent vingt-cinq millions de kilomètres, et la lumière et la chaleur qu'elle reçoit du Soleil sont tout juste la moitié de ce que reçoit notre sphère. Si l'hypothèse des **nébuleuses** a quelque vérité, la planète Mars doit être plus vieille que la nôtre, et longtemps avant que cette terre se soit solidifiée, la vie à sa surface dut commencer son cours. Le fait que son volume est à peine le septième de celui de la Terre doit avoir accéléré son refroidissement jusqu'à la température où la vie peut naître. Elle a de l'air, de l'eau et tout ce qui est nécessaire aux existences animées.

Pourtant l'homme est si vain et si aveuglé par sa vanité que jusqu'à la fin même du XIXe siècle, aucun écrivain n'exprima l'idée que là-bas la vie intelligente, s'il en était une, avait pu se développer bien au-delà des proportions humaines. Peu de gens même savaient que, puisque Mars est plus vieille que notre Terre, avec à peine un quart de sa superficie et une plus grande distance du soleil, il s'ensuit naturellement que cette planète est non seulement plus éloignée du commencement de la vie, mais aussi plus près de sa fin.

Le refroidissement **séculaire** qui doit quelque jour atteindre notre planète est déjà fort avancé chez notre voisine. Ses conditions physiques sont encore largement un mystère ; mais dès maintenant nous savons que, même dans sa région **équatoriale**, la température de midi atteint à peine celle de nos plus froids hivers. Son atmosphère est plus atténuée que la nôtre, ses océans se sont resserrés jusqu'à ne plus couvrir qu'un tiers de sa surface et, suivant le cours de ses lentes saisons, de vastes amas de glace et de neige s'amoncellent et fondent à chacun de ses pôles, inondant périodiquement ses zones tempérées. Ce suprême état d'épuisement, qui est encore pour nous incroyablement lointain, est devenu pour les habitants de Mars un problème vital. La pression immédiate de la nécessité a stimulé leurs intelligences, développé leurs facultés et endurci leurs cœurs. Regardant à travers l'espace au moyen d'instruments et avec des intelligences tels que nous pouvons à peine les rêver, ils voient à sa plus proche distance, à cinquante-cinq millions de kilomètres d'eux vers le Soleil, un matinal astre d'espoir, notre propre planète, plus chaude, aux végétations vertes et aux eaux grises, avec une atmosphère nuageuse éloquente de fertilité, et, à travers les déchirures de ses nuages, des aperçus de vastes contrées populeuses et de mers étroites sillonnées de navires.

Nous, les hommes, créatures qui habitons cette terre, nous devons être, pour eux du moins, aussi étrangers et misérables que le sont pour nous les singes et les **lémuriens**. Déjà, la partie intellectuelle de l'humanité admet que la vie est une incessante lutte pour l'existence et il semble que ce soit aussi la croyance des esprits dans Mars. Leur monde est très avancé vers son refroidissement, et ce monde-ci est encore encombré de vie, mais encombré seulement de ce qu'ils considèrent, eux, comme des animaux inférieurs. En vérité, leur seul moyen d'échapper à la destruction qui, génération après génération, se glisse lentement vers eux, est de s'emparer, pour y pouvoir vivre, d'un astre plus rapproché du soleil.

Avant de les juger trop sévèrement, il faut nous remettre en mémoire quelles entières et barbares destructions furent accomplies par notre propre race, non seulement sur des espèces animales, comme le bison et le dodo, mais sur les races humaines inférieures. Les Tasmaniens, en dépit de leur conformation humaine, furent en l'espace de cinquante ans entièrement balayés du monde dans une guerre d'extermination engagée par les immigrants européens. Sommes-nous de tels **apôtres** de miséricorde que nous puissions nous plaindre de ce que les Martiens aient fait la guerre dans ce même esprit ?

Les Martiens semblent avoir calculé leur descente avec une sûre et étonnante subtilité — leur science mathématique étant évidemment bien supérieure à la nôtre — et avoir mené leurs préparatifs à bonne fin avec une presque parfaite **unanimité**. Si nos instruments l'avaient permis, on aurait pu, longtemps avant la fin du XIXe siècle, apercevoir des signes des prochaines perturbations. Des hommes comme Schiaparelli observèrent la planète rouge — il est curieux, soit dit en passant, que, pendant d'innombrables siècles, Mars ait été l'étoile de la guerre —, mais ne surent pas interpréter les **fluctuations** apparentes des phénomènes qu'ils enregistraient si exactement. Pendant tout ce temps, les Martiens se préparaient.

À l'opposition de 1894, une grande lueur fut aperçue, sur la partie éclairée du disque, d'abord par l'observatoire de Lick, puis par Perrotin de Nice et d'autres observateurs. Je ne suis pas loin de penser que ce phénomène inaccoutumé ait eu pour cause la fonte de l'immense canon, trou énorme creusé dans leur planète, au moyen duquel ils nous envoyèrent leurs projectiles. Des signes particuliers, qu'on ne sut expliquer, furent observés lors des deux oppositions suivantes, près de l'endroit où la lueur s'était produite.

Il y a six ans maintenant que le cataclysme s'est abattu sur nous. Comme la planète Mars approchait de l'opposition, Lavelle, de Java, fit palpiter tout à coup les fils transmetteurs des communications astronomiques, avec l'extraordinaire nouvelle d'une immense explosion de gaz incandescent dans la planète observée. Le fait s'était produit vers minuit et le spectroscope, auquel il eut immédiatement recours, indiqua une masse de gaz enflammés, principalement de l'hydrogène, s'avançant avec une **vélocité** énorme vers la Terre. Ce jet de feu devint invisible un quart d'heure après minuit environ. Il le compara à une colossale bouffée de flamme, soudainement et violemment jaillie de la planète « comme les gaz enflammés se précipitent hors de la gueule d'un canon ».

La phrase se trouvait être singulièrement appropriée. Cependant, rien de relatif à ce fait ne parut dans les journaux du lendemain, sauf une brève note dans le *Daily Telegraph*, et le monde demeura dans l'ignorance d'un des plus graves dangers qui aient jamais menacé la race humaine. J'aurais très bien pu ne rien savoir de cette éruption si je n'avais, à Ottershaw, rencontré Ogilvy, l'astronome bien connu. Cette nouvelle l'avait jeté dans une extrême agitation, et, dans l'excès de son émotion, il m'invita à venir cette nuit-là observer avec lui la planète rouge.

Malgré tous les événements qui se sont produits depuis lors, je me rappelle encore très distinctement cette veille : l'observatoire obscur et silencieux, la lanterne, jetant une faible lueur sur le plancher dans un coin, le déclenchement régulier du mécanisme du télescope, la fente mince du dôme, et sa profondeur **oblongue** que rayait la poussière des étoiles. Ogilvy s'agitait en tous sens, invisible, mais perceptible aux bruits qu'il faisait. En regardant dans le télescope, on voyait un cercle de bleu profond et la petite planète ronde voguant dans le champ visuel. Elle semblait tellement petite, si brillante, tranquille et menue, faiblement marquée de bandes transversales et sa circonférence légèrement aplatie. Mais qu'elle paraissait petite !

Compréhension de lecture

2. Trouve la définition des mots en caractères gras dans le texte.

transitoire : _____

pulluler : _____

suffisance : _____

infusoire : _____

missionnaire : _____

intellect : _____

nébuleuse : _____

séculaire : _____

équatorial : _____

lémurien : _____

apôtre : _____

unanimité : _____

fluctuation : _____

vélocité : _____

oblongue : _____

Compréhension de lecture

3. **Réponds aux questions de compréhension suivantes.**

   a) À quelle époque les «intelligences supérieures» ont-elles commencé à étudier les humains à leur insu?

   _____

   b) Comment les humains imaginaient-ils alors les Martiens?

   _____

   c) Dans quel but les Martiens observent-ils la Terre?

   _____

   d) À quelle distance du Soleil se trouve Mars? _____

   e) Que trouve-t-on sur Mars de propre à la naissance de la vie? _____

   f) Quel danger menace la vie sur Mars? _____

   g) Quel effet ce danger a-t-il eu sur le caractère des habitants?

   _____

   h) Par rapport à Mars, quel est l'avantage de la Terre?

   _____

   i) Les Martiens et les humains se comportent-ils de la même façon avec les êtres qu'ils considèrent comme inférieurs? Précise ta réponse.

   _____

   j) Trouve deux expressions utilisées par l'auteur pour nommer Mars.

   _____

   k) Qu'est-ce qui a occasionné une immense lueur venue de Mars?

   _____

   l) Quel est le cataclysme dont parle l'auteur? _____

   m) Comment les journaux réagirent-ils à cet événement?

   _____

   n) À quoi ressemble Mars, vue du télescope?

   _____

Français 129

Compréhension de lecture

4. Imagine ce que pourrait être la suite de l'histoire.

_____
_____
_____
_____
_____
_____
_____
_____
_____
_____
_____
_____
_____
_____

5. Dessine les Martiens tels que tu les imagines.

Mathématique

Le sens et l'écriture des nombres naturels inférieurs à 1 000 000

1. Les manutentionnaires d'une entreprise spécialisée dans la fabrication de pièces en plastique qui s'emboîtent rassemblent celles-ci dans des paquets contenant des multiples de 10 avant de les expédier dans les magasins. En tout, combien retrouve-t-on…

    a) de centaines de mille dans 863 794? _____
    b) d'unités de mille dans 359 026? _____
    c) de dizaines dans 604 553? _____
    d) de centaines dans 791 845? _____
    e) de dizaines de mille dans 376 872? _____
    f) de dizaines dans 185 334? _____
    g) d'unités de mille dans 469 905? _____
    h) d'unités dans 505 050? _____

2. Un paléontologue procède à l'inventaire des ossements de dinosaures du musée des sciences naturelles. Pour ce faire, il étiquette chacune des précieuses pièces en y inscrivant un numéro de référence écrit en lettres. Transpose les nombres suivants en chiffres.

    a) quatre cent soixante-treize mille cinquante et un _____
    b) huit cent sept mille soixante _____
    c) trois cent quatre-vingt-huit mille six cent quatre-vingt-douze _____
    d) cent soixante et onze mille trente-neuf _____
    e) sept cent quatre-vingt-dix mille quatre cent soixante-cinq _____
    f) neuf cent dix-sept mille trois cent soixante-quinze _____
    g) deux cent vingt-deux mille vingt-trois _____
    h) quatre cent quarante-quatre mille neuf cent quatre-vingt-dix-neuf _____
    i) cinq cent mille cent seize _____

3. Les Romains frappaient des pièces de monnaie à l'effigie de leurs empereurs et y estampaient des nombres souvent supérieurs à 4000. Ils devaient alors utiliser les symboles suivants : MMMM (4000), $\overline{\text{V}}$ (5000), $\overline{\text{VI}}$ (6000), $\overline{\text{VII}}$ (7000), $\overline{\text{VIII}}$ (8000), $\overline{\text{IX}}$ (9000) et $\overline{\text{X}}$ (10 000). Écris les nombres suivants en chiffres romains.

    a) 7584 = _____
    b) 8437 = _____
    c) 6943 = _____
    d) 9056 = _____
    e) 12 792 = _____
    f) 25 261 = _____
    g) 28 479 = _____
    h) 17 098 = _____
    i) 23 675 = _____

Le sens et l'écriture des nombres naturels inférieurs à 1 000 000

4. Le mécanicien d'une station-service effectue une vidange d'huile pour chaque véhicule qui lui est confié, et ce, à peu près tous les **8000 km**. Observe le kilométrage inscrit sur chaque odomètre, puis place chaque nombre sur la droite numérique en marquant son emplacement d'un point.

a) 675 482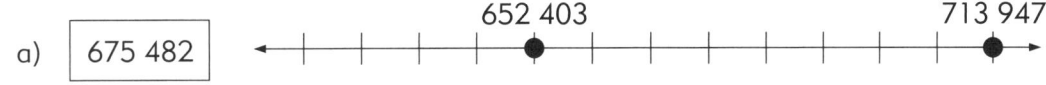

b) 390 206

c) 548 679

d) 726 354

e) 483 563

f) 234 795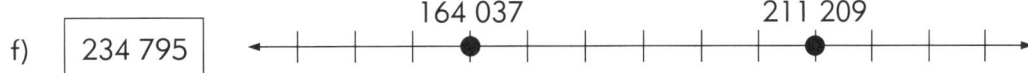

g) 800 948

h) 117 359

Mathématique 133

Le sens et l'écriture des nombres naturels inférieurs à 1 000 000

5. Inscrit au conservatoire de musique, William ne sait plus quel instrument choisir. Le piano, ça semble trop difficile, et ça demande agilité et vitesse d'exécution ; le violon, ça fait trop sérieux, et ça le fait grincer des dents ; les cymbales, ça fait beaucoup de bruit, et ça lui donne des migraines. En feuilletant un catalogue d'instruments de musique, William a le coup de foudre. Pour découvrir l'instrument dont William a choisi d'apprendre à jouer, relie les 40 nombres ci-dessous dans l'ordre décroissant.

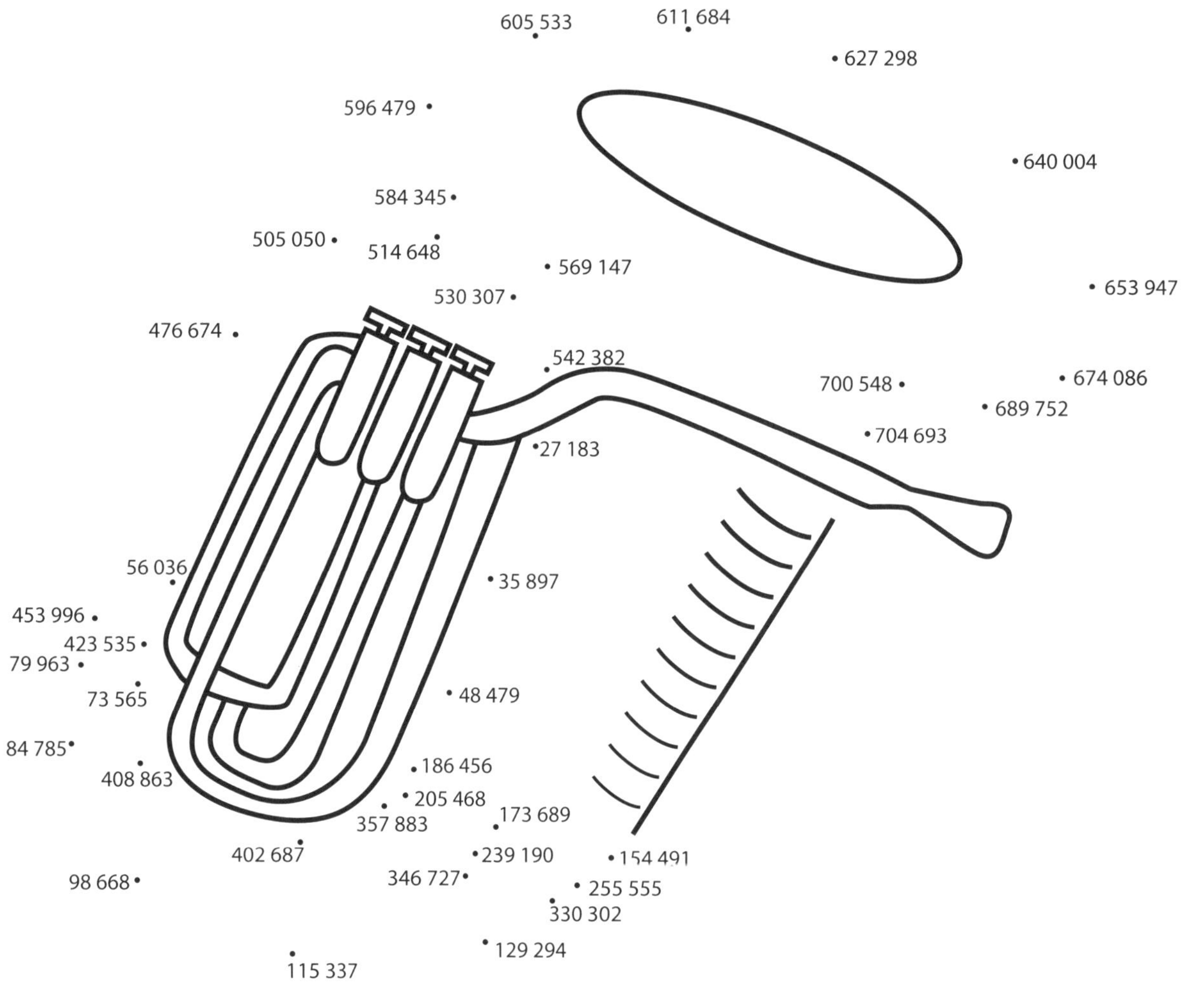

Réponse : William a choisi d'apprendre à jouer _____.

Le sens et l'écriture des nombres naturels inférieurs à 1 000 000

6. Grâce à la méthode de datation au carbone 14, les scientifiques peuvent dater des fossiles, des ossements et des artefacts jusqu'à environ 45 000 ans av. J.-C. Observe les nombres qui sont inscrits sur les urnes, puis fais ce qui est demandé.

a) Colorie en bleu l'urne dont le nombre est exactement le quadruple de 125 734.

b) Colorie en jaune l'urne dont le nombre est exactement la moitié de 867 036.

c) Colorie en rouge l'urne dont le nombre est exactement le triple de 250 656.

d) Colorie en mauve l'urne dont le nombre est le plus petit.

e) Colorie en vert l'urne dont le nombre est le plus grand.

f) Colorie en orangé l'urne dont le nombre a un 4 à la position des unités de mille.

g) Colorie en rose l'urne dont le nombre a un 7 à la position des dizaines.

h) Colorie en brun l'urne dont le nombre a un 6 à la position des centaines de mille.

i) Fais un ✘ sur toutes les urnes dont le nombre est impair.

j) Place tous les nombres pairs dans l'ordre décroissant.

_____, _____, _____, _____, _____, _____,

_____, _____, _____, _____, _____

Mathématique

Le sens et l'écriture des nombres naturels inférieurs à 1 000 000

7. Lorsqu'ils reçoivent des données sur la population des grandes villes du monde, les statisticiens arrondissent les nombres afin qu'il soit plus facile de les analyser. Arrondis les nombres suivants selon ce qui est indiqué.

	Centaine près	Dizaine de mille près		Unité de mille près	Dizaine près

8. Sur les sites archéologiques mayas du Guatemala, des touristes ont photographié des ruines sur lesquelles on retrouve des inscriptions étranges. Observe le tableau des nombres de 1 à 19, puis écris en numérotation maya les nombres demandés.

	• 1	•• 2	••• 3	•••• 4
— 5	•̄ 6	••̄ 7	•••̄ 8	••••̄ 9
═ 10	•̄̄ 11	••̄̄ 12	•••̄̄ 13	••••̄̄ 14
≡ 15	•̄̄̄ 16	••̄̄̄ 17	•••̄̄̄ 18	••••̄̄̄ 19

a) 24 = _____ b) 27 = _____ c) 30 = _____

d) 34 = _____ e) 46 = _____ f) 48 = _____

g) 51 = _____ h) 52 = _____ i) 55 = _____

Mathématique

Le sens et l'écriture des nombres naturels inférieurs à 1 000 000

9. Un astronome dénombre des astres dans un quadrant de la Voie lactée. Compare les nombres en utilisant les symboles <, > ou =.

a) 7^4 ____ 5^5 b) 6^3 ____ 4^4 c) 8^2 ____ 4^3

d) 3^6 ____ 6^4 e) 7^3 ____ 5^4 f) 9^4 ____ 3^8

g) 2^{11} ____ 8^3 h) 3^7 ____ 2^9 i) 7^5 ____ 9^3

j) 6^5 ____ 4^7 k) 5^7 ____ 3^9 l) 10^4 ____ 2^{10}

10. Un bienfaiteur remet des chèques à des œuvres de charité. Écris les nombres suivants en lettres.

a) 405 891 _____

b) 837 429 _____

c) 670 343 _____

d) 256 088 _____

e) 593 102 _____

f) 904 777 _____

g) 340 005 _____

h) 128 654 _____

i) 715 016 _____

j) 998 897 _____

11. Dans chaque ensemble, encercle le plus petit nombre et fais un ✗ sur le plus grand nombre.

a)
739 486	398 764	678 349
843 967	983 746	364 879
376 984	978 634	798 346
634 987	849 736	436 897

b)
254 680	408 652	240 865
605 854	564 802	845 026
548 062	486 520	268 504
856 042	658 402	542 068

c)
315 794	973 154	351 479
459 713	379 145	153 497
931 745	154 973	549 317
154 397	971 534	473 195

d)
848 962	296 484	649 882
984 286	488 926	268 849
889 426	898 264	248 986
246 889	928 648	688 429

Mathématique 137

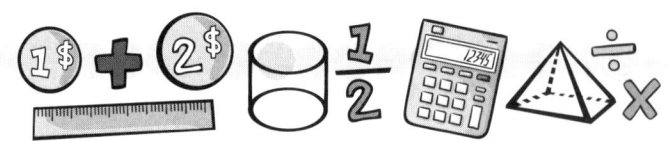

Le sens et l'écriture des nombres naturels inférieurs à 1 000 000

12. En l'an 79, la ville de Pompéi fut ensevelie sous des tonnes de lave et de cendre lors de l'éruption du Vésuve. Au XVIIIᵉ siècle, après avoir excavé plusieurs couches de sédiments, les autorités italiennes purent enfin admirer les vestiges de cette ville romaine. Transforme les nombres écrits en chiffres romains en nombres écrits en chiffres arabes.

a) $\overline{\text{CCCXLII}}\text{DCXXVIII}$ = _____

b) $\overline{\text{DCCLIV}}\text{XCXLIV}$ = _____

c) $\overline{\text{CDLXX}}\text{CCLXXXIX}$ = _____

d) $\overline{\text{DIX}}\text{CCCXI}$ = _____

e) $\overline{\text{CLXVIII}}\text{CLVI}$ = _____

f) $\overline{\text{DCXCII}}\text{DCCCXXV}$ = _____

g) $\overline{\text{CCLXXXVII}}$ = _____

h) $\overline{\text{CMXXXIV}}\text{DCCXLIII}$ = _____

i) $\overline{\text{DCCCXI}}\text{CMXCIX}$ = _____

j) $\overline{\text{CCCLXXXVI}}$ = _____

k) $\overline{\text{DLXIII}}\text{DCCCXXIX}$ = _____

l) $\overline{\text{CXXXVIII}}\text{CCII}$ = _____

13. Le traversier qui fait la navette entre Souris, à l'Île-du-Prince-Édouard, et Cap-aux-Meules, aux îles de la Madeleine, peut accueillir environ 1500 passagers. Encercle tous les nombres qui sont plus petits que 1500.

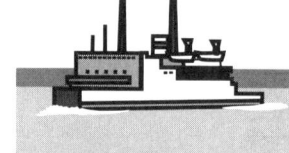

8^4 7^3 9^2 3^7 10^3 6^3 4^5 5^4 3^6 35^2 9^4 12^3

14. Les marchés boursiers ont tendance à fluctuer au moindre événement qui survient dans le monde. Complète les suites de nombres en respectant la règle donnée.

a) − 479   349 036, _____, _____, _____, _____

b) + 686   710 684, _____, _____, _____, _____

c) − 2534   485 245, _____, _____, _____, _____

d) + 792 − 563   297 309, _____, _____, _____, _____

e) − 98 + 74   836 492, _____, _____, _____, _____

f) + 304 − 277   500 000, _____, _____, _____, _____

g) + 1945 + 433   658 977, _____, _____, _____, _____

h) − 555 − 2851   930 008, _____, _____, _____, _____

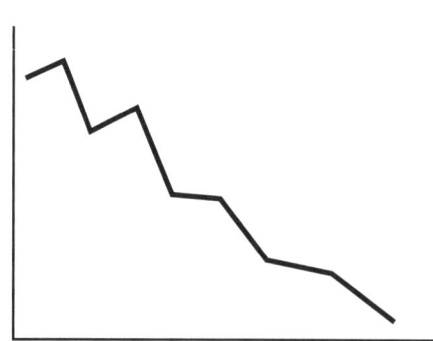

Les additions sur les nombres naturels

1. **Trouve la somme de chaque addition.**

a) 7865
    4396
  + 6083

b) 2943
    5871
  + 4999

c) 36 080
     5 793
  + 4 864

d)   6 765
    59 530
  + 6 791

e)   8 059
     7 777
  + 92 846

f) 79 654
    28 437
  + 9 623

g) 55 097
    34 869
  + 6 495

h) 86 238
     8 706
  + 45 374

i)   5 743
    24 684
  + 48 772

j) 35 475
    57 973
  + 32 906

k) 79 385
    24 549
  + 48 380

l) 146 783
     45 638
  +   6 794

m) 237 369
     28 443
  +   9 642

n) 291 675
     33 888
  +   7 526

o) 356 090
     17 964
  +   8 383

p) 324 537
     24 775
  + 18 649

q) 378 359
     38 691
  + 29 054

r)   48 218
    497 303
  + 84 377

s)   59 743
    389 954
  + 295 346

t) 149 394
    177 863
  + 254 693

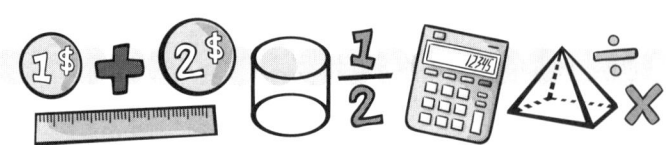

Les additions sur les nombres naturels

2. Trouve la somme de chaque addition de nombres avec exposants en la décomposant.

Exemple : $3^3 + 7^2 + 4^3 = (3 \times 3 \times 3) + (7 \times 7) + (4 \times 4 \times 4) = 27 + 49 + 64 = 95$

a) 5^3 + 3^4 + 2^6 =

b) 3^5 + 6^2 + 4^4 =

c) 8^2 + 9^3 + 7^3 =

d) 2^8 + 5^4 + 4^5 =

e) 7^4 + 3^4 + 6^4 =

f) 9^4 + 10^3 + 8^3 =

g) 12^3 + 2^7 + 4^6 =

h) 7^5 + 16^2 + 3^5 =

i) 10^0 + 8^5 + 9^2 =

j) 2^6 + 3^6 + 4^6 =

k) 10^4 + 4^5 + 7^3 =

l) 24^2 + 18^3 + 5^5 =

3. Compare les sommes des additions en utilisant les symboles <, > ou =.

a) $7^3 + 5^3$ _____ $6^4 + 2^7$

b) $3^6 + 4^3$ _____ $8^2 + 9^3$

c) $5^4 + 4^3$ _____ $7^4 + 3^5$

d) $2^8 + 6^3$ _____ $7^2 + 9^2$

e) $8^3 + 4^4 + 5^2$ _____ $9^3 + 2^5 + 6^2$

f) $6^4 + 2^3 + 3^5$ _____ $5^1 + 9^3 + 6^5$

g) $2^4 + 4^6 + 8^2$ _____ $7^3 + 9^2 + 10^3$

h) $2^6 + 4^3 + 8^3$ _____ $8^2 + 4^5 + 2^7$

i) $12^2 + 15^3 + 20^2$ _____ $9^3 + 14^2 + 8^4$

j) $10^2 + 7^4 + 3^4$ _____ $8^3 + 4^4 + 2^5$

Les soustractions sur les nombres naturels

1. Trouve la différence de chaque soustraction.

a) 6507 − 3794

b) 8378 − 4469

c) 5126 − 2948

d) 7002 − 3537

e) 24 934 − 7 966

f) 33 791 − 8 248

g) 45 000 − 6 563

h) 57 228 − 9 789

i) 86 040 − 29 784

j) 73 936 − 36 778

k) 97 681 − 43 995

l) 69 375 − 48 659

m) 203 765 − 158 936

n) 364 093 − 177 657

o) 449 874 − 295 352

p) 506 639 − 418 397

q) 753 951 − 486 928

r) 700 008 − 684 726

s) 909 090 − 464 646

t) 698 000 − 395 443

u) 584 320 − 96 475

v) 841 136 − 75 937

w) 733 333 − 69 478

x) 440 044 − 86 589

Mathématique 141

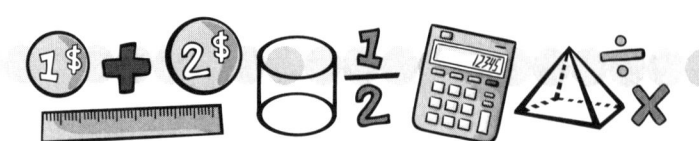

Les multiplications sur les nombres naturels

1. Trouve le produit de chaque multiplication.

a) 649
 × 37

b) 358
 × 48

c) 717
 × 56

d) 435
 × 24

e) 824
 × 63

f) 396
 × 32

g) 572
 × 89

h) 928
 × 55

i) 376
 × 46

j) 643
 × 59

k) 468
 × 37

l) 709
 × 68

m) 580
 × 92

n) 877
 × 61

o) 936
 × 45

p) 366
 × 27

q) 993
 × 56

r) 722
 × 77

s) 383
 × 60

t) 595
 × 38

u) 478
 × 39

v) 554
 × 42

w) 888
 × 44

x) 904
 × 73

Les multiplications sur les nombres naturels

2. Les lapins sont des animaux qui peuvent se multiplier à un rythme étourdissant. En effet, dès la maturité, à l'âge de 5 ou 6 mois, ils peuvent s'accoupler et donner naissance à une douzaine de lapereaux après une gestation de 31 jours. Et dès que la lapine a mis bas, elle peut se reproduire à nouveau. Observe le nombre de lapins dans chaque clapier, puis multiplie ce nombre par chacun de ceux inscrits dans les encadrés.

a)  234

37	8 658
49	11 466
54	12 636

b)  516

43	22 188
56	28 896
77	39 732

c)  369

28	
34	
45	

d)  792

49	
30	
94	

e)  487

39	
52	
41	

f)  908

76	
47	
85	

g)  655

46	
88	
34	

h)  374

70	
99	
48	

i)  883

93	
57	
62	

j)  639

35	
54	
27	

Mathématique

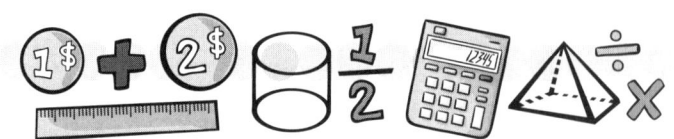

Les divisions sur les nombres naturels

1. Trouve le quotient de chaque division, puis arrondis ta réponse au millième s'il y a lieu.

a) 935 | 7
  −135,57

b) 826 | 5
  −165 2

c) 744 | 9
  −669,6

d) 683 | 6

e) 436 | 14
  −610,4

f) 599 | 18
  −33 278

g) 645 | 25

h) 808 | 24

i) 773 | 30

j) 950 | 16

k) 832 | 27

l) 555 | 32

m) 497 | 17

n) 789 | 48

o) 961 | 23

p) 600 | 19

q) 777 | 11

r) 865 | 20

s) 234 | 12

t) 873 | 44

u) 696 | 23

v) 503 | 36

w) 446 | 13

x) 999 | 33

Les divisions sur les nombres naturels

2. Un confiseur confectionne une multitude de bonbons avec des fruits confits et de la réglisse. En divisant le nombre de friandises contenu dans chaque bonbonnière par l'un des 3 nombres encadrés, tu devrais arriver au nombre de variétés de bonbons que chacune contient. Colorie le carré dans lequel est inscrit le diviseur qui convient.

a) 2847 — 59 / 46 / 39 — 73 variétés

b) 2380 — 75 / 85 / 95 — 28 variétés

c) 2448 — 68 / 73 / 78 — 36 variétés

d) 1292 — 64 / 68 / 70 — 19 variétés

e) 4653 — 93 / 96 / 99 — 47 variétés

f) 5590 — 84 / 86 / 88 — 65 variétés

g) 6110 — 65 / 75 / 85 — 94 variétés

h) 4617 — 47 / 57 / 67 — 81 variétés

i) 3016 — 53 / 58 / 63 — 52 variétés

j) 4042 — 74 / 84 / 94 — 43 variétés

Les opérations sur les nombres naturels

1. Trouve les chiffres manquants dans chaque équation.

a)
```
      7 5 6
  ×     4 □
  ─────────
  3 □ 2 8 8
```

b)
```
  6 □   8 9 3
+   7 4 9 □ 5
─────────────
  1 4 0   8 8 8
```

c)
```
  4 0 0 □
÷       8 9
───────────
        4 5
```

d)
```
    7 6 □ 0 1
  − □ 7 6 8 3
  ───────────
    3 8 7 1 8
```

e)
```
        9 4 2
    ×     □ 5
    ─────────
    5 1 □ 1 0
```

f)
```
    5 8 4 □ 7
  +   4 □ 3 6 4
  ─────────────
    1 0 7 8 1 1
```

g)
```
    4 9 □ 4
  ÷     7 3
  ─────────
        6 8
```

h)
```
    8 0 0 □ 0
  − 6 3 8 7 5
  ───────────
    1 □ 1 8 5
```

i)
```
      □ 5 3
  ×     4 6
  ─────────
  3 □ 0 3 8
```

j)
```
    3 8 9 2 □
  + 4 4 □ 9 5
  ───────────
  □ 3 2 2 2
```

k)
```
    2 □ 7 2
  ÷     3 6
  ─────────
        7 7
```

l)
```
    □ 1 □ 2 6
  −   2 7 4 3 8
  ─────────────
      2 3 8 □ 8
```

m)
```
      5 □ 7
  ×     7 4
  ─────────
  3 □ 5 1 8
```

n)
```
    □ 3 6 8 9 4
  +   9 5 □ 3 9
  ─────────────
    3 3 2 □ 3 3
```

o)
```
    □ 6 5 5
  ÷     6 5
  ─────────
        8 7
```

p)
```
  1 0 0 □ 0 0
  −   7 □ 5 4 3
  ─────────────
      2 3 4 5 7
```

q)
```
      □ 3 3
  ×     5 □
  ─────────
  3 6 7 1 4
```

r)
```
    □ 5 9   4 7 5
  + 2 6 4   7 7 □
  ───────────────
    6 2 □   2 4 8
```

s)
```
    2 1 □ 8
  ÷     □ 4
  ─────────
        6 2
```

t)
```
    4 5 2 □ 5 4
  − 1 □ 8 7 6 5
  ─────────────
    2 5 3 4 8 □
```

Les opérations sur les nombres naturels

2. Chaque mois, environ 500 000 personnes visitent le musée du Louvre, à Paris. De ce nombre, environ 317 468 visiteurs proviennent d'Europe, 92 543 sont originaires de l'Amérique du Nord, et 34 987 arrivent d'Asie. Combien de personnes ne venant ni d'Europe, ni d'Amérique du Nord, ni d'Asie visitent le musée du Louvre en 6 mois ?

Démarche : 500 000 × 6 = 3 000 000   34 987 × 6 =
317 468 × 6 = 1 904 808   209 922
92 543 × 6 = 555 258

Réponse : 330 012 personnes ne venant ni d'Europe, ni d'Amérique du Nord, ni d'Asie visitent le musée du Louvre en 6 mois.

3. En 1670, à l'époque des grands explorateurs comme Radisson et Des Groseilliers, la population de Montréal était de 407 habitants. Vers 1830, après la construction du canal Lachine, sa population était 67 fois plus élevée. Quelle était la population de la ville de Montréal vers 1830 ? Arrondis ta réponse à la centaine près.

Démarche :

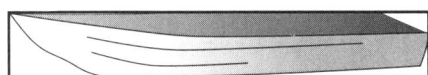

Réponse : La population de la ville de Montréal vers 1830 était de _____ habitants.

4. La circonférence de la planète naine Pluton à l'équateur est d'environ 7232 km. Si, comme la Terre, Pluton était divisée en 24 fuseaux horaires, quelle serait la distance à l'équateur entre deux fuseaux horaires ? Arrondis ta réponse au centième près.

Démarche :

7232 \ 24

Réponse : La distance entre deux fuseaux horaires à l'équateur de Pluton serait de 301,3̄ km.

5. Les fleuves et rivières du monde favorisent la navigation maritime, l'agriculture, la pêche et bien d'autres activités économiques. Le Mississippi, fleuve des États-Unis, s'étend sur plus de 3778 km. L'Amazone, fleuve d'Amérique du Sud, mesure environ 6279 km. La Volga, fleuve de Russie, atteint une longueur de 3531 km. Enfin, le Nil, fleuve d'Afrique, s'étire sur 6672 km. Si on mettait ces quatre fleuves bout à bout, quelle longueur obtiendrait-on ?

Démarche :

Réponse : On obtiendrait une longueur de _____ km en mettant ces quatre fleuves bout à bout.

Mathématique

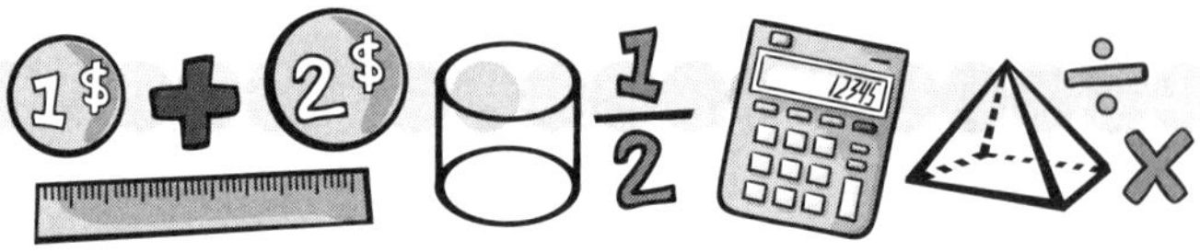

Les opérations sur les nombres naturels

6. Résous chaque équation en laissant des traces de tes calculs.

a) $6^4 \div 2^3 \times 3^4 =$

b) $5^5 - 4^3 + 7^3 =$

c) $8^3 \times 44 \div 2^4 =$

d) $6^5 + 9^3 - 8^4 =$

e) $3^8 - 5^3 - 9^2 =$

f) $10^4 \div 5^2 \div 2^3 =$

g) $4^5 + 7^4 + 3^5 =$

h) $2^6 \times 4^2 \times 6^2 =$

i) $3^6 + 9^4 - 8^4 =$

j) $6^3 \times 5^3 \div 10^3 =$

7. Compare les réponses des équations en utilisant les symboles <, > ou = et en laissant des traces de tes calculs.

a) $8^3 + 4^4$ _____ $7^4 + 3^5$

b) $6^5 - 2^7$ _____ $9^3 - 5^3$

c) $3^4 \times 2^6$ _____ $5^3 \times 3^3$

d) $8^4 \div 4^3$ _____ $6^6 \div 9^3$

e) $7^3 - 3^4$ _____ $4^3 + 5^2$

f) $2^4 \times 3^2$ _____ $9^4 \div 3^3$

g) $10^2 + 6^3$ _____ $7^4 - 4^4$

h) $4^5 \div 2^5$ _____ $7^1 \times 9^2$

La distributivité sur les nombres naturels

1. **Résous les équations en respectant la priorité des parenthèses.**

   Exemple : (1582 − 658) ÷ (4 × 7) = 924 ÷ 28 = 33

   a) (806 − 367) × (98 ÷ 7) = _____

   b) (855 ÷ 45) + (54 × 8) − 93 = _____

   c) (67 × 36) + (43 × 59) = _____

   d) 2634 − (34 × 25) + 984 = _____

   e) (988 ÷ 26) − (96 ÷ 6) = _____

   f) (547 + 419) ÷ (621 ÷ 27) = _____

   g) (94 × 49) + (9431 − 6796) = _____

   h) (4872 ÷ 87) + (45 × 34) = _____

   i) (537 × 6) − (3654 ÷ 63) = _____

   j) (6708 ÷ 86) − (900 ÷ 36) = _____

   k) (65 + 94 + 39) × 58 = _____

   l) (238 × 36) ÷ 24 = _____

2. **Résous les équations en appliquant la distributivité.**

   Exemple : 9 × (37 + 58) = (9 × 37) + (9 × 58) = 333 + 522 = 855

   a) 6 × (63 + 29) = _____

   b) 38 × (94 + 35 − 57) = _____

   c) 5 × (354 − 296) = _____

   d) 23 × (72 + 49) = _____

   e) 47 × (36 − 18) = _____

   f) 8 × (75 − 38) = _____

   g) 33 × (73 + 55) = _____

   h) 59 × (64 − 47 + 24) = _____

   i) 74 × (33 + 52 + 76) = _____

   j) 92 × (63 − 37 − 19) = _____

   k) 80 × (85 − 39 + 14) = _____

   l) 44 × (224 − 96 + 136) = _____

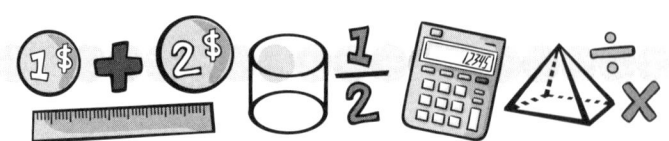

La priorité des opérations sur les nombres naturels

1. **Résous les équations en tenant compte de la priorité des opérations.**

   Exemple : $6578 - 29 \times 34 + 393 = 6578 - (29 \times 34) + 393 = 6578 - 986 + 393 = 5985$

   a) $7644 + 5992 - 55 \times 66 =$ _____

   b) $875 \div 25 \times 9 + 437 =$ _____

   c) $724 + 5194 \div 98 - 613 =$ _____

   d) $5 \times 74 \div 37 + 83 \times 8 - 67 =$ _____

   e) $2677 + 6256 \div 68 + 9^3 =$ _____

   f) $735 - 487 + 5^4 - 34 \times 8 =$ _____

   g) $3^5 \times 6 - 4^3 \div 2^4 + 694 =$ _____

   h) $9^3 + 7^2 \times 3^3 - 1258 =$ _____

   i) $855 \times 10^2 + 918 \div 6 =$ _____

   j) $6^6 \div 3^2 - 4^4 \times 5 =$ _____

   k) $47 + 74 \times 47 - 74 =$ _____

   l) $3429 + 49 \times 35 \div 7^3 =$ _____

   m) $3604 \div 68 + 591 - 644 =$ _____

   n) $7^4 + 3^5 + 4^3 - 9^2 \times 2^5 =$ _____

   o) $6^3 + 8^3 - 10^3 \div 5^2 =$ _____

   p) $56 \times 24 \div 14 \times 39 + 76 =$ _____

   q) $9^4 - 453 + 2^6 \times 4^2 =$ _____

   r) $5^3 \times 3^3 - 8^3 \div 2^4 =$ _____

La décomposition en facteurs premiers

1. Dans chaque encadré, décompose le nombre indiqué en réalisant son arbre de facteurs premiers, puis exprime ta réponse sous forme de produits de nombres avec exposants.

Exemple :

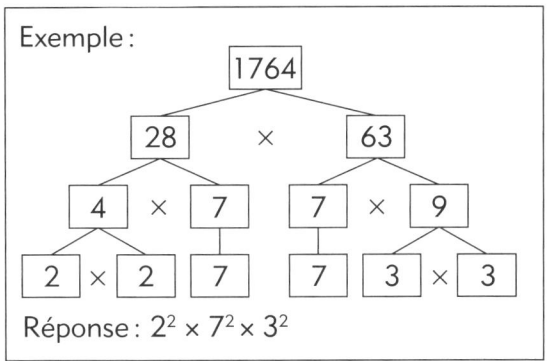

Réponse : $2^2 \times 7^2 \times 3^2$

a) 3087

Réponse : _____

b) 3375

Réponse : _____

c) 5184

Réponse : _____

d) 5324

Réponse : _____

e) 5408

Réponse : _____

f) 6125

Réponse : _____

g) 7203

Réponse : _____

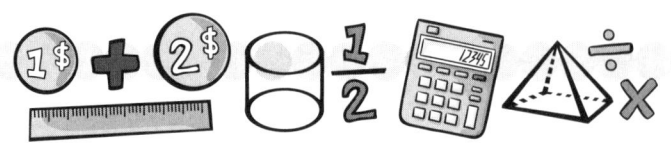

La décomposition en facteurs premiers

2. La racine carrée se trouve en identifiant le nombre à la base d'un nombre carré. Trouve la racine carrée de chaque nombre ci-dessous en réalisant son arbre de facteurs premiers et en multipliant 1 facteur sur 2 comme dans l'exemple.

Exemple :

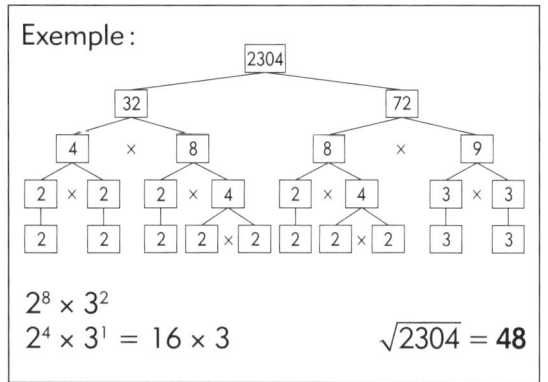

$2^8 \times 3^2$
$2^4 \times 3^1 = 16 \times 3$ $\sqrt{2304} = \mathbf{48}$

a)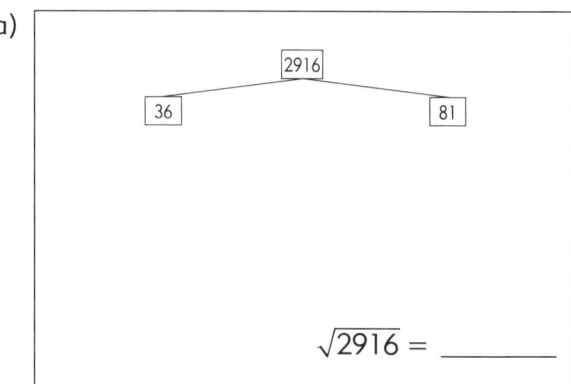

$\sqrt{2916} =$ _____

b)

$\sqrt{3969} =$ _____

c)

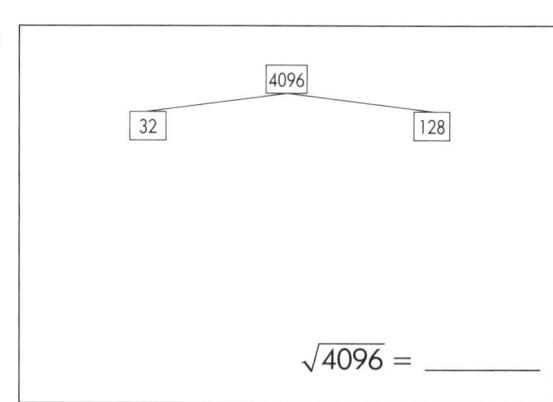

$\sqrt{4096} =$ _____

d)

$\sqrt{5184} =$ _____

e)

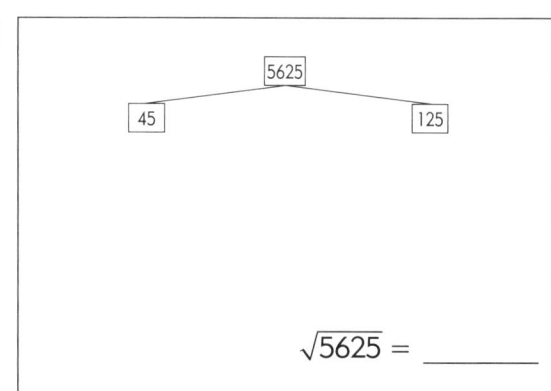

$\sqrt{5625} =$ _____

Le sens et l'écriture des fractions

1. Représente les fractions impropres et les nombres fractionnaires en coloriant le nombre de cases approprié.

   a) $\dfrac{25}{9}$

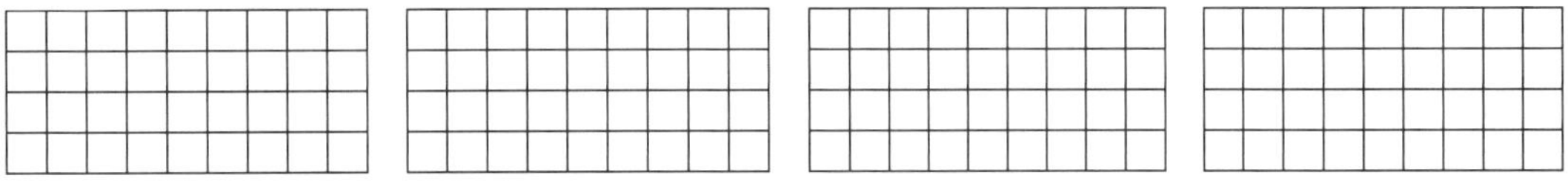

   b) $3\dfrac{3}{4}$

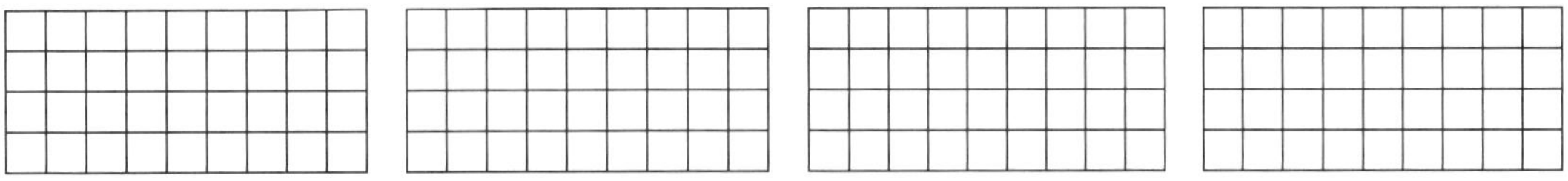

   c) $\dfrac{13}{6}$

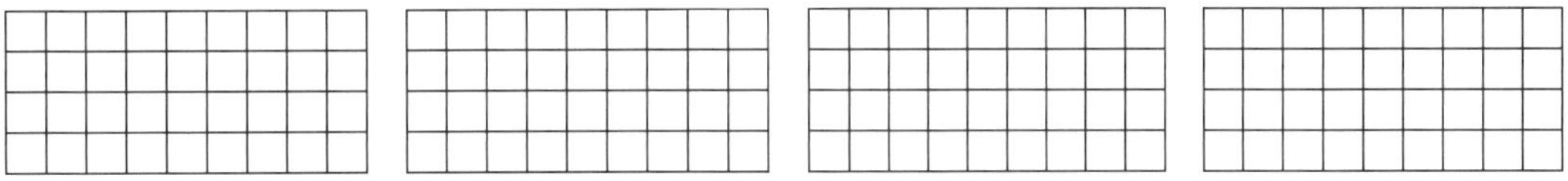

   d) $1\dfrac{7}{12}$

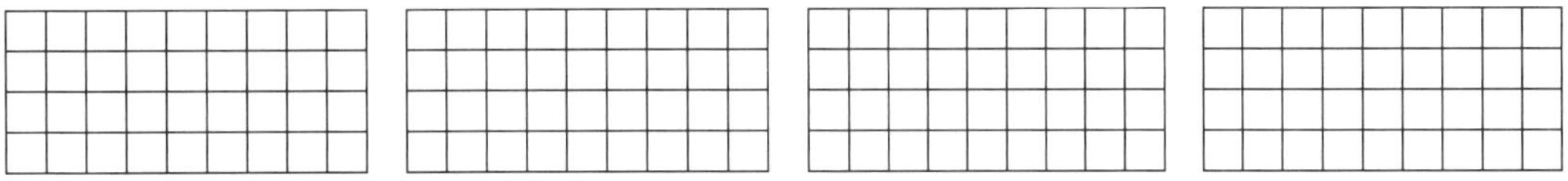

2. Colorie les cases manquantes afin d'obtenir les fractions indiquées.

   a) $\dfrac{3}{8}$ b) $\dfrac{2}{3}$

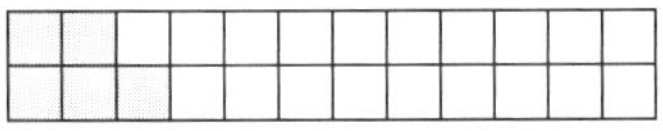

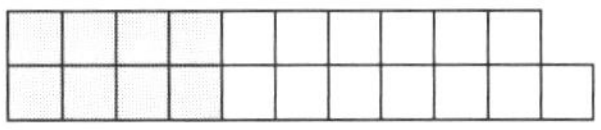

   c) $\dfrac{4}{5}$ 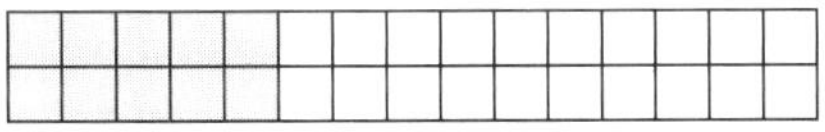   d) $\dfrac{5}{8}$

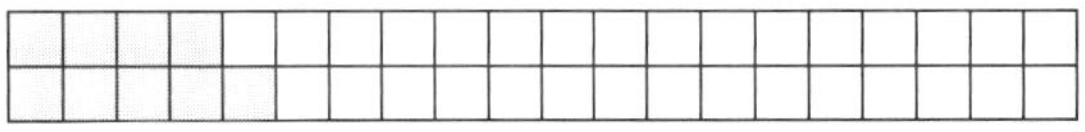

   e) $\dfrac{3}{4}$ 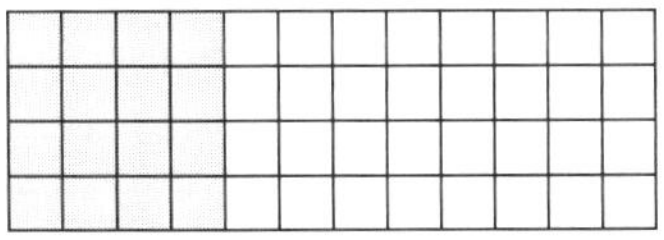   f) $\dfrac{7}{15}$

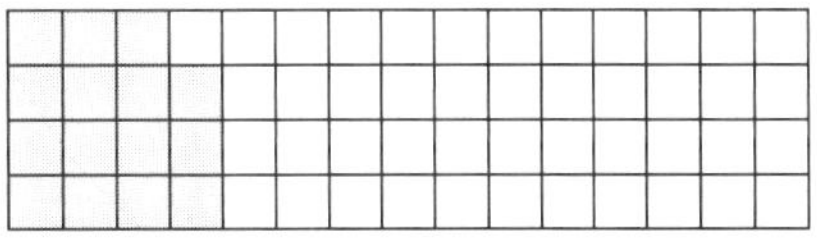

3. Tous les dénominateurs des fractions énumérées ci-dessous sont des diviseurs de 72. Marque d'un point chaque fraction sur la droite numérique.

   $\dfrac{13}{18}$ $\dfrac{5}{6}$ $\dfrac{4}{9}$ $\dfrac{1}{4}$ $\dfrac{7}{12}$ $\dfrac{2}{3}$ $\dfrac{11}{36}$ $\dfrac{7}{8}$ $\dfrac{19}{24}$

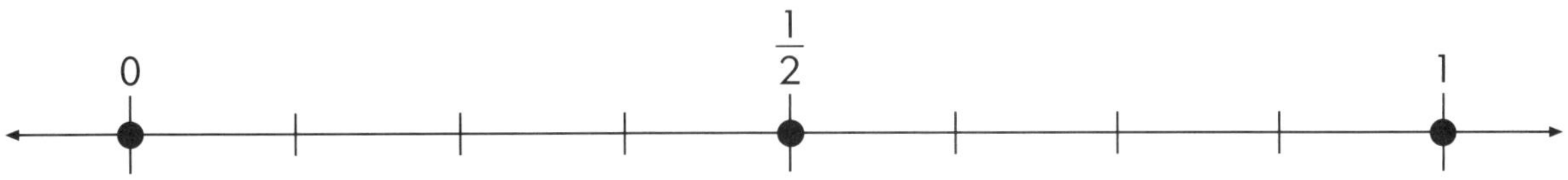

   0 — $\dfrac{1}{2}$ — 1

Mathématique 153

Le sens et l'écriture des fractions

4. Tous les dénominateurs des fractions énumérées ci-dessous sont des diviseurs de 96. Place les 10 fractions dans l'ordre décroissant.

$\frac{5}{12}$ $\frac{25}{32}$ $\frac{3}{4}$ $\frac{3}{16}$ $\frac{5}{6}$ $\frac{1}{2}$ $\frac{17}{24}$ $\frac{3}{8}$ $\frac{29}{48}$ $\frac{1}{3}$

_____

_____

5. Transforme les pourcentages en fractions irréductibles. Trouve le pourcentage de chaque montant en laissant des traces de tes calculs (jusqu'à l'ordre des centièmes).

Exemple : 48 % de 28 = 28 × 48 ÷ 100 = 1344 ÷ 100 = 13,44

a) 15 % de 54 = _____

b) 18 % de 56 = _____

c) 23 % de 64 = _____

d) 29 % de 68 = _____

e) 35 % de 75 = _____

f) 52 % de 83 = _____

g) 66 % de 87 = _____

h) 75 % de 90 = _____

6. Représente puis compare les fractions en utilisant les symboles <, > ou =.

a) $\frac{9}{16}$ 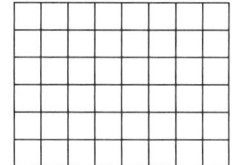 ◯ $\frac{7}{12}$

b) $\frac{3}{4}$ 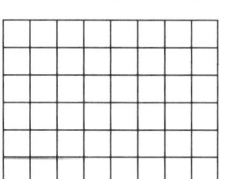 ◯ $\frac{13}{16}$

c) $\frac{5}{24}$ 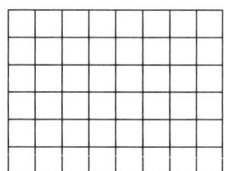 ◯ $\frac{1}{6}$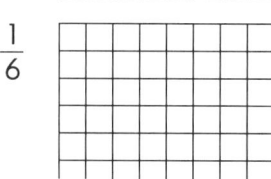

d) $\frac{5}{12}$ 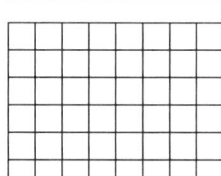 ◯ $\frac{3}{8}$

Les fractions équivalentes et la réduction de fractions

1. **Les fractions participent à un bal masqué et sont méconnaissables. Trouve 4 fractions équivalentes à chacune des fractions.**

   a) $\frac{7}{8}$ = ____ , ____ , ____ , ____
   b) $\frac{5}{6}$ = ____ , ____ , ____ , ____
   c) $\frac{2}{5}$ = ____ , ____ , ____ , ____
   d) $\frac{4}{7}$ = ____ , ____ , ____ , ____
   e) $\frac{5}{9}$ = ____ , ____ , ____ , ____
   f) $\frac{13}{14}$ = ____ , ____ , ____ , ____
   g) $\frac{9}{16}$ = ____ , ____ , ____ , ____
   h) $\frac{12}{17}$ = ____ , ____ , ____ , ____
   i) $\frac{15}{21}$ = ____ , ____ , ____ , ____
   j) $\frac{6}{25}$ = ____ , ____ , ____ , ____
   k) $\frac{17}{32}$ = ____ , ____ , ____ , ____
   l) $\frac{23}{50}$ = ____ , ____ , ____ , ____

2. **Transforme chaque fraction impropre en nombre fractionnaire.**

   a) $\frac{39}{7}$ = ____
   b) $\frac{23}{5}$ = ____
   c) $\frac{41}{9}$ = ____
   d) $\frac{47}{6}$ = ____
   e) $\frac{33}{4}$ = ____
   f) $\frac{53}{8}$ = ____
   g) $\frac{17}{3}$ = ____
   h) $\frac{55}{12}$ = ____
   i) $\frac{107}{16}$ = ____

3. **Grâce à son pistolet à rayon rétrécissant, une créature venue de l'espace peut réduire la taille de tout objet ou de tout être vivant. Réduis chaque fraction à sa plus simple expression.**

   a) $\frac{8}{14}$ = ____
   b) $\frac{9}{21}$ = ____
   c) $\frac{12}{16}$ = ____
   d) $\frac{14}{18}$ = ____
   e) $\frac{16}{20}$ = ____
   f) $\frac{8}{10}$ = ____
   g) $\frac{27}{45}$ = ____
   h) $\frac{18}{32}$ = ____
   i) $\frac{20}{35}$ = ____
   j) $\frac{24}{36}$ = ____
   k) $\frac{30}{42}$ = ____
   l) $\frac{40}{48}$ = ____
   m) $\frac{36}{54}$ = ____
   n) $\frac{45}{60}$ = ____
   o) $\frac{18}{81}$ = ____

4. **Lorsqu'elle veut surmonter des obstacles, Pénélope fait preuve d'une volonté irréductible. Encercle les fractions irréductibles.**

   $\frac{9}{15}$ $\frac{6}{23}$ $\frac{12}{25}$ $\frac{16}{28}$ $\frac{15}{21}$ $\frac{27}{30}$ $\frac{14}{35}$ $\frac{19}{36}$ $\frac{27}{39}$ $\frac{13}{40}$ $\frac{24}{41}$ $\frac{33}{44}$

   $\frac{34}{45}$ $\frac{25}{48}$ $\frac{39}{50}$ $\frac{21}{51}$ $\frac{48}{53}$ $\frac{33}{55}$ $\frac{44}{58}$ $\frac{15}{60}$ $\frac{28}{64}$ $\frac{48}{72}$ $\frac{36}{81}$ $\frac{59}{90}$

Mathématique 155

Les fractions équivalentes et la réduction de fractions

5. Les météorologues utilisent un hygromètre pour mesurer le pourcentage d'humidité dans l'air. Ils voudraient savoir quelle fraction d'eau compose l'air. Transforme les pourcentages en fractions irréductibles.

a) 18 % = _____   b) 45 % = _____   c) 30 % = _____

d) 12 % = _____   e) 28 % = _____   f) 65 % = _____

g) 40 % = _____   h) 48 % = _____   i) 96 % = _____

j) 78 % = _____   k) 32 % = _____   l) 55 % = _____

6. Une maraîchère se demande combien de sections du potager elle doit allouer aux légumes verts. Relie par un trait vertical les fractions équivalentes.

a) $\frac{3}{4}$ b) $\frac{4}{5}$ c) $\frac{5}{7}$ d) $\frac{4}{9}$ e) $\frac{7}{12}$ f) $\frac{8}{15}$

$\frac{72}{90}$ $\frac{49}{84}$ $\frac{40}{75}$ $\frac{60}{84}$ $\frac{42}{56}$ $\frac{32}{72}$

7. Un orfèvre demande à un bijoutier de lui préciser le pourcentage d'or devant faire partie des alliages avec d'autres métaux. Transforme les fractions en pourcentages. Arrondis tes réponses au dixième près.

a) $\frac{1}{6}$ = _____   b) $\frac{2}{7}$ = _____   c) $\frac{10}{13}$ = _____

d) $\frac{5}{18}$ = _____   e) $\frac{8}{15}$ = _____   f) $\frac{7}{9}$ = _____

g) $\frac{9}{24}$ = _____   h) $\frac{21}{32}$ = _____   i) $\frac{33}{35}$ = _____

8. À l'urgence de l'hôpital, la période d'attente est longue, et la grande aiguille fait plusieurs fois le tour de l'horloge. Trouve les fractions impropres dont sont issus les nombres fractionnaires.

a) $7\frac{3}{8}$ = _____   b) $4\frac{6}{7}$ = _____   c) $5\frac{2}{5}$ = _____

d) $8\frac{2}{9}$ = _____   e) $6\frac{5}{6}$ = _____   f) $9\frac{4}{9}$ = _____

g) $3\frac{17}{20}$ = _____   h) $2\frac{9}{16}$ = _____   i) $7\frac{14}{25}$ = _____

156 Mathématique

Les additions sur les fractions

1. Après avoir trouvé le plus petit commun multiple des dénominateurs de chaque fraction, trouve la somme de chaque addition, puis transforme-la en fraction irréductible ou en nombre fractionnaire s'il y a lieu.

   Exemple : $\dfrac{4}{9} + \dfrac{5}{6} = \dfrac{8}{18} + \dfrac{15}{18} = \dfrac{23}{18}$ ou $1\dfrac{5}{18}$

   a) $\dfrac{3}{7} + \dfrac{4}{5} =$ _____ + _____ = _____ + _____ = _____ ou _____

   b) $\dfrac{7}{8} + \dfrac{2}{3} =$ _____ + _____ = _____ + _____ = _____ ou _____

   c) $\dfrac{3}{4} + \dfrac{1}{6} =$ _____ + _____ = _____ + _____ = _____ ou _____

   d) $\dfrac{8}{9} + \dfrac{2}{5} =$ _____ + _____ = _____ + _____ = _____ ou _____

   e) $\dfrac{1}{3} + \dfrac{3}{10} =$ _____ + _____ = _____ + _____ = _____ ou _____

   f) $\dfrac{2}{7} + \dfrac{1}{2} =$ _____ + _____ = _____ + _____ = _____ ou _____

   g) $\dfrac{1}{4} + \dfrac{2}{9} =$ _____ + _____ = _____ + _____ = _____ ou _____

   h) $\dfrac{13}{15} + \dfrac{5}{12} =$ _____ + _____ = _____ + _____ = _____ ou _____

   i) $\dfrac{3}{8} + \dfrac{5}{6} =$ _____ + _____ = _____ + _____ = _____ ou _____

   j) $\dfrac{7}{12} + \dfrac{5}{8} =$ _____ + _____ = _____ + _____ = _____ ou _____

   k) $\dfrac{4}{9} + \dfrac{1}{6} =$ _____ + _____ = _____ + _____ = _____ ou _____

   l) $\dfrac{3}{7} + \dfrac{1}{4} =$ _____ + _____ = _____ + _____ = _____ ou _____

   m) $\dfrac{2}{3} + \dfrac{3}{5} =$ _____ + _____ = _____ + _____ = _____ ou _____

Mathématique

Les additions sur les fractions

2. Les clients d'un restaurant napolitain commandent des parts inégales de lasagnes. Additionne les fractions en coloriant le nombre approprié de cases.

Exemple : $\frac{1}{4} + \frac{1}{6} + \frac{5}{12} = \frac{3}{12} + \frac{2}{12} + \frac{5}{12} = \frac{10}{12}$

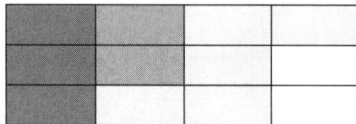

a) $\frac{1}{9} + \frac{5}{18} + \frac{1}{3} =$

_____ + _____ + _____ = _____

b) $\frac{1}{5} + \frac{3}{10} + \frac{1}{2} =$

_____ + _____ + _____ = _____

c) $\frac{1}{16} + \frac{1}{4} + \frac{3}{8} =$

_____ + _____ + _____ = _____

d) $\frac{1}{3} + \frac{4}{21} + \frac{2}{7} =$

_____ + _____ + _____ = _____

e) $\frac{1}{24} + \frac{5}{8} + \frac{1}{6} =$

_____ + _____ + _____ = _____

f) $\frac{1}{10} + \frac{1}{4} + \frac{7}{20}$

_____ + _____ + _____ = _____

g) $\frac{5}{12} + \frac{1}{8} + \frac{5}{24} =$

_____ + _____ + _____ = _____

h) $\frac{2}{5} + \frac{1}{3} + \frac{2}{15} =$

_____ + _____ + _____ = _____

Mathématique

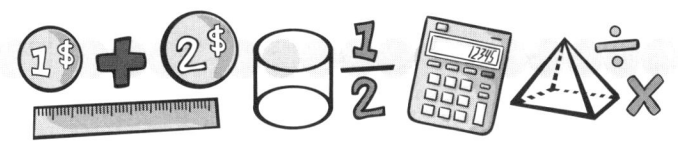

Les soustractions sur les fractions

1. **Ayant trop mis d'hélium dans ses ballons, un clown doit en retirer une certaine partie. Soustrais les fractions suivantes en coloriant le nombre de cases associé au premier terme et en hachurant parmi ces dernières le nombre de cases associé au second terme.**

Exemple : $\dfrac{7}{9} - \dfrac{14}{27} = \dfrac{21}{27} - \dfrac{14}{27} = \dfrac{7}{27}$

a) $\dfrac{3}{4} - \dfrac{4}{7} =$ _____ $-$ _____ $=$ _____

b) $\dfrac{5}{6} - \dfrac{3}{5} =$ _____ $-$ _____ $=$ _____

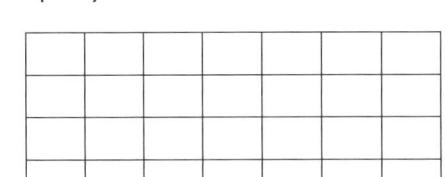

c) $\dfrac{3}{8} - \dfrac{1}{6} =$ _____ $-$ _____ $=$ _____

d) $\dfrac{7}{9} - \dfrac{1}{4} =$ _____ $-$ _____ $=$ _____

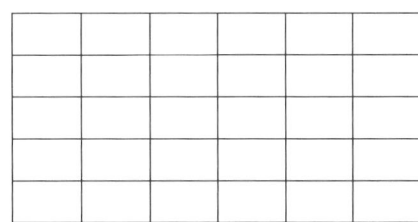

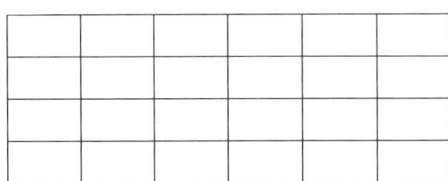

e) $\dfrac{4}{5} - \dfrac{3}{7} =$ _____ $-$ _____ $=$ _____

f) $\dfrac{3}{4} - \dfrac{1}{3} =$ _____ $-$ _____ $=$ _____

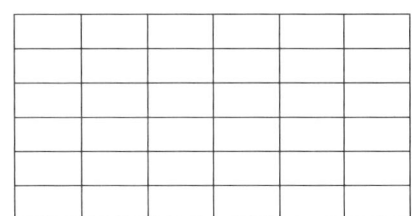

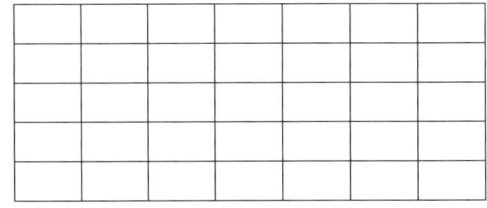

g) $\dfrac{13}{18} - \dfrac{1}{6} =$ _____ $-$ _____ $=$ _____

h) $\dfrac{2}{3} - \dfrac{1}{5} =$ _____ $-$ _____ $=$ _____

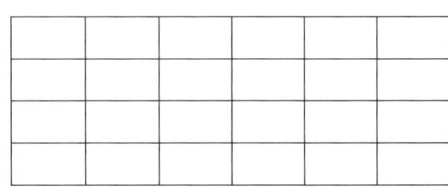

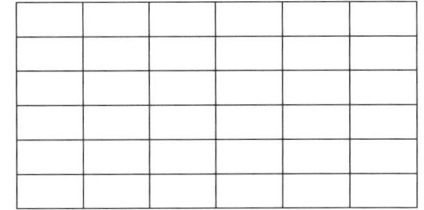

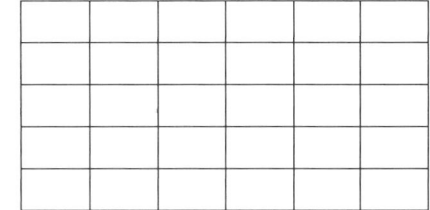

Mathématique

Les soustractions sur les fractions

2. Trouve la différence de chaque soustraction, puis transforme-la en fraction irréductible si nécessaire.

Exemple : $\dfrac{7}{8} - \dfrac{1}{4} - \dfrac{3}{16} = \dfrac{14}{16} - \dfrac{4}{16} - \dfrac{3}{16} = \dfrac{7}{16}$

a) $\dfrac{4}{5} - \dfrac{2}{15} - \dfrac{7}{30} =$ _____

b) $\dfrac{25}{27} - \dfrac{1}{3} - \dfrac{5}{9} =$ _____

c) $\dfrac{21}{24} - \dfrac{47}{72} - \dfrac{1}{8} =$ _____

d) $\dfrac{2}{3} - \dfrac{1}{12} - \dfrac{1}{6} =$ _____

e) $\dfrac{7}{9} - \dfrac{15}{36} - \dfrac{1}{4} =$ _____

f) $\dfrac{19}{21} - \dfrac{1}{3} - \dfrac{3}{7} =$ _____

g) $\dfrac{4}{5} - \dfrac{1}{2} - \dfrac{3}{10} =$ _____

h) $\dfrac{37}{48} - \dfrac{1}{12} - \dfrac{5}{8} =$ _____

i) $\dfrac{3}{5} - \dfrac{1}{7} - \dfrac{4}{35} =$ _____

j) $\dfrac{9}{10} - \dfrac{13}{25} - \dfrac{12}{100} =$ _____

k) $\dfrac{3}{4} - \dfrac{9}{28} - \dfrac{1}{7} =$ _____

l) $\dfrac{1}{2} - \dfrac{1}{18} - \dfrac{1}{6} =$ _____

m) $\dfrac{19}{24} - \dfrac{5}{72} - \dfrac{1}{3} =$ _____

La multiplication des fractions par des nombres naturels

1. Un chimiste réalise des expériences reliées à la dissolution. D'un bécher à l'autre, à l'aide d'une éprouvette graduée, il multiplie la quantité de soluté dans le solvant afin de voir combien il peut en dissoudre avant d'atteindre le point de saturation. Trouve le produit de chaque multiplication de fraction par un nombre naturel en coloriant l'échelon approprié sur les éprouvettes graduées. Transforme ensuite chaque réponse en nombre fractionnaire.

   Exemple : $5 \times \dfrac{4}{7} = \dfrac{4}{7} + \dfrac{4}{7} + \dfrac{4}{7} + \dfrac{4}{7} + \dfrac{4}{7} = \dfrac{20}{7} = 2\dfrac{6}{7}$

   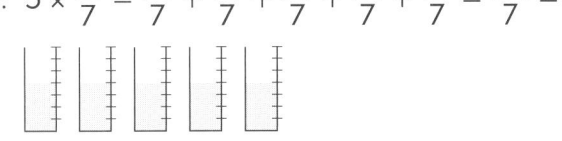

   a) $8 \times \dfrac{5}{6} =$ _____

   b) $6 \times \dfrac{5}{9} =$ _____

   c) $7 \times \dfrac{9}{10} =$ _____

   d) $9 \times \dfrac{3}{8} =$ _____

   e) $\dfrac{5}{12} \times 5 =$ _____

   f) $\dfrac{6}{7} \times 4 =$ _____

   g) $\dfrac{3}{4} \times 11 =$ _____

La multiplication des fractions par des nombres naturels

2. Trouve le produit de chaque multiplication d'un nombre naturel par une fraction et vice-versa, puis réduis la réponse ou transforme-la en nombre fractionnaire s'il y a lieu.

Exemple : $\frac{2}{5} \times 9 = \frac{18}{5} = 3\frac{3}{5}$

a) $\frac{3}{7} \times 6 =$ _____ b) $12 \times \frac{3}{5} =$ _____

c) $8 \times \frac{3}{10} =$ _____ d) $\frac{7}{8} \times 9 =$ _____

e) $\frac{5}{6} \times 15 =$ _____ f) $3 \times \frac{5}{7} =$ _____

g) $24 \times \frac{4}{9} =$ _____ h) $\frac{3}{4} \times 10 =$ _____

i) $\frac{1}{2} \times 13 =$ _____ j) $5 \times \frac{7}{12} =$ _____

k) $18 \times \frac{1}{6} =$ _____ l) $\frac{4}{7} \times 16 =$ _____

m) $\frac{2}{3} \times 7 =$ _____ n) $6 \times \frac{4}{5} =$ _____

o) $10 \times \frac{4}{9} =$ _____ p) $\frac{5}{14} \times 7 =$ _____

q) $\frac{9}{15} \times 6 =$ _____ r) $3 \times \frac{5}{12} =$ _____

s) $7 \times \frac{15}{21} =$ _____ t) $\frac{1}{3} \times 27 =$ _____

u) $\frac{4}{9} \times 12 =$ _____ v) $3 \times \frac{13}{16} =$ _____

w) $9 \times \frac{3}{4} =$ _____ x) $\frac{4}{5} \times 15 =$ _____

3. Trouve le terme manquant dans chaque multiplication.

a) $\square \times \frac{7}{12} = 4\frac{1}{12}$ b) $8 \times \frac{\square}{9} = 4\frac{4}{9}$ c) $5 \times \frac{3}{8} = 1\frac{\square}{8}$

d) $\frac{5}{6} \times \square = 6\frac{2}{3}$ e) $\frac{7}{12} \times 6 = 3\frac{1}{\square}$ f) $\frac{2}{\square} \times 9 = 6$

g) $4 \times \frac{\square}{7} = 3\frac{3}{7}$ h) $\square \times \frac{3}{5} = 7\frac{1}{5}$ i) $6 \times \frac{5}{\square} = 3\frac{1}{3}$

j) $\frac{8}{\square} \times 6 = 3\frac{1}{5}$ k) $\frac{7}{10} \times \square = 5\frac{3}{5}$ l) $\frac{\square}{4} \times 9 = 6\frac{3}{4}$

Mathématique

Les opérations sur les fractions

1. **Effectue les opérations en les illustrant et en respectant les parenthèses. Réduis la réponse ou transforme-la en nombre fractionnaire si nécessaire.**

   Exemple : $\left(\dfrac{3}{5} \times 4\right) + \left(\dfrac{3}{4} \times 3\right) = \dfrac{12}{5} + \dfrac{9}{4} =$

   $\dfrac{48}{20} + \dfrac{45}{20} = \dfrac{93}{20}$ ou $4\dfrac{13}{20}$

   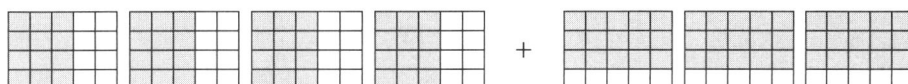

   a) $\left(\dfrac{7}{8} \times 2\right) + \left(\dfrac{5}{6} \times 5\right) =$ _____ =

   _____ = _____ ou _____

   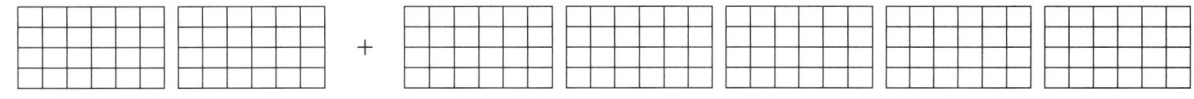

   b) $\left(6 \times \dfrac{2}{3}\right) - \left(4 \times \dfrac{3}{7}\right) =$ _____ =

   _____ = _____ ou _____

   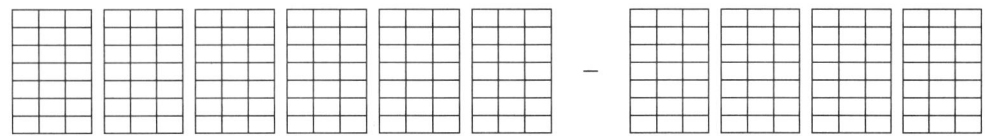

   c) $\left(\dfrac{2}{5} \times 4\right) + \left(3 \times \dfrac{5}{6}\right) =$ _____ =

   _____ = _____ ou _____

   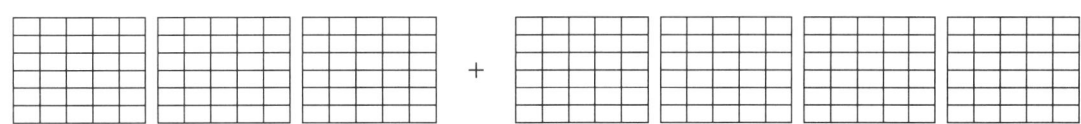

   d) $\left(\dfrac{8}{9} \times 5\right) - \left(\dfrac{3}{6} \times 5\right) =$ _____ =

   _____ = _____ ou _____

   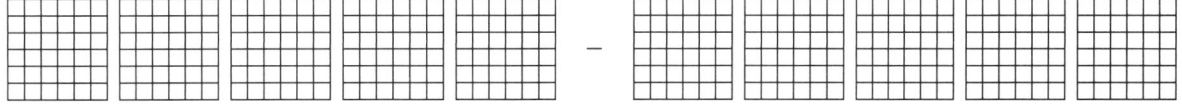

Mathématique 163

Les opérations sur les fractions

2. **Résous les équations en tenant compte de la priorité des opérations. Transforme la réponse en nombre fractionnaire et réduis la fraction à sa plus simple expression s'il y a lieu.**

   Exemple : $\frac{7}{12} \times 4 + 8 \times \frac{3}{4} - 5 = \left(\frac{7}{12} \times 4\right) + \left(8 \times \frac{3}{4}\right) - 5 =$
   $\frac{28}{12} + \frac{24}{4} - 5 = 2\frac{4}{12} + 6 - 5 = 3\frac{4}{12}$ ou $3\frac{1}{3}$

   a) $9 \times \frac{5}{7} + 3 + \frac{2}{5} \times 5 =$

   b) $\frac{3}{10} + \frac{8}{15} \times 6 - 2 \times \frac{5}{6} =$

   c) $24 \div 6 + \frac{7}{9} \times 8 - 4 + \frac{2}{3} \times 5 =$

   d) $6 \times \frac{1}{2} + 7 \times \frac{1}{3} - 2 \times \frac{7}{12} =$

3. **Dans une école qui compte 240 élèves, les $\frac{3}{8}$ sont des élèves de premier cycle, les $\frac{4}{15}$ sont des élèves de deuxième cycle, et les $\frac{7}{30}$ sont des élèves de troisième cycle. Combien d'élèves du préscolaire compte-t-on dans cette école et à quelle fraction de l'ensemble de sa clientèle ce nombre correspond-il?**

   Démarche :

   Réponse : On compte _____ élèves du préscolaire dans cette école, soit le(s) _____ .

4. **Dans un quadrant de la ceinture d'astéroïdes se situant entre les planètes Mars et Jupiter, les $\frac{2}{9}$ d'entre eux mesurent moins de 10 m de long, les $\frac{3}{8}$ mesurent entre 10 m et 100 m de long, et les autres mesurent plus de 100 m de long. Combien d'astéroïdes dont la taille dépasse 100 m compte-t-on dans ce quadrant si on en compte au total 216, et quelle fraction ce nombre représente-t-il?**

   Démarche :

   Réponse : On compte _____ astéroïdes dont la taille dépasse 100 m dans ce quadrant, soit le(s) _____ .

Mathématique

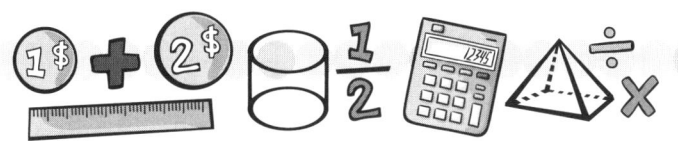

Le sens et l'écriture des nombres décimaux jusqu'à l'ordre des millièmes

1. **Écris les nombres décimaux en chiffres.**

   a) cinq cent quatre-vingt-dix mille quarante-huit et soixante-seize millièmes _____

   b) trois cent quinze mille huit cent vingt-deux et soixante-quatorze centièmes _____

   c) quatre-vingt-treize mille cent quatre-vingt-onze et six dixièmes _____

   d) deux cent soixante-dix-sept mille neuf cent dix-huit et cinq centièmes _____

   e) soixante-six mille quatre cent deux et huit millièmes _____

   f) sept cent quatre-vingt-six mille cinquante et un et trente et un centièmes _____

   g) quarante-trois mille six cent quatre-vingts et quatre-vingt-douze millièmes _____

   h) vingt mille cinq cent soixante-dix-sept et trois dixièmes _____

   i) neuf cent trente-trois mille trois cent trente-neuf et treize millièmes _____

   j) quinze mille huit cent soixante-dix et deux cent soixante-sept millièmes _____

   k) quatre cent quatre mille quarante-quatre et quarante millièmes _____

   l) quarante mille quatre cent quatre et quarante-quatre centièmes _____

2. **Compare les nombres décimaux en utilisant les symboles <, > ou =**

   a) 96,948 _____ 346,899   b) 735,06 _____ 630,755

   c) 650,1 _____ 649,703   d) 404,8 _____ 4030,79

   e) 786,23 _____ 786,230   f) 5439,73 _____ 5397,49

   g) 4210,68 _____ 4199,987   h) 8652,896 _____ 8686,952

   i) 303 030,303 _____ 330 003,03   j) 247 586,49 _____ 86 749,452

Le sens et l'écriture des nombres décimaux jusqu'à l'ordre des millièmes

3. **Décompose chaque nombre décimal des deux façons suivantes.**

   Exemple : 479 538,627 = 400 000 + 70 000 + 9000 + 500 + 30 + 8 + 0,6 + 0,02 + 0,007

   4 c de m + 7 d de m + 9 u de m + 5 c + 3 d + 8 u + $\frac{6}{10}$ + $\frac{2}{100}$ + $\frac{7}{1000}$

   a) 721 644,095 = _____

   b) 503 069,003 = _____

   c) 98 572,64   = _____

   d) 456 981,5 = _____

   e) 34 486,509 = _____

   f) 876 543,2 = _____

   g) 6963,547   = _____

   h) 257 469,841 = _____

   i) 786 400,08 = _____

   j) 6530,773   = _____

   k) 804 070,205 = _____

   l) 96 344,67 = _____

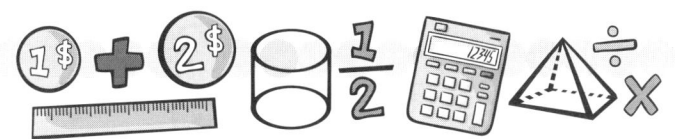

Le sens et l'écriture des nombres décimaux jusqu'à l'ordre des millièmes

4. **Place les nombres décimaux suivants dans l'ordre croissant.**

389 476,5	78 539,46	49 865,37	9487,653	369 454,7	63 587,94
8653,749	458 637,9	97 684,53	735 984,6	5783,649	396 874,5
47 963,58	9756,843	5873,964	65 438,79	768 349,5	4987,653

_____

_____

_____

5. **Trouve la valeur du ou des chiffres soulignés.**

Ex. : 764 <u>8</u>92,472 = 800 ou 8 c   379 694,12<u>6</u> = 0,006 ou $\frac{6}{1000}$

a) 3<u>7</u>6 295,148 = _____ ou _____   b) 582 468,<u>27</u>4 = _____ ou _____

c) 468 379,3<u>57</u> = _____ ou _____   d) <u>6</u>10 924,689 = _____ ou _____

e) 79<u>4 8</u>31,936 = _____ ou _____   f) 237 787,<u>49</u>5 = _____ ou _____

g) 983 7<u>64</u>,059 = _____ ou _____   h) 865 379,3<u>4</u>6 = _____ ou _____

i) 1<u>52 68</u>7,482 = _____ ou _____   j) <u>473</u> 206,737 = _____ ou _____

k) 845 <u>953</u>,793 = _____ ou _____   l) 791 <u>542</u>,822 = _____ ou _____

6. **Chaque jour, Antoinette passe sous l'arche en fer forgé qui mène au parc de la ville. Place les nombres écrits sous chaque arche dans l'ordre décroissant.**

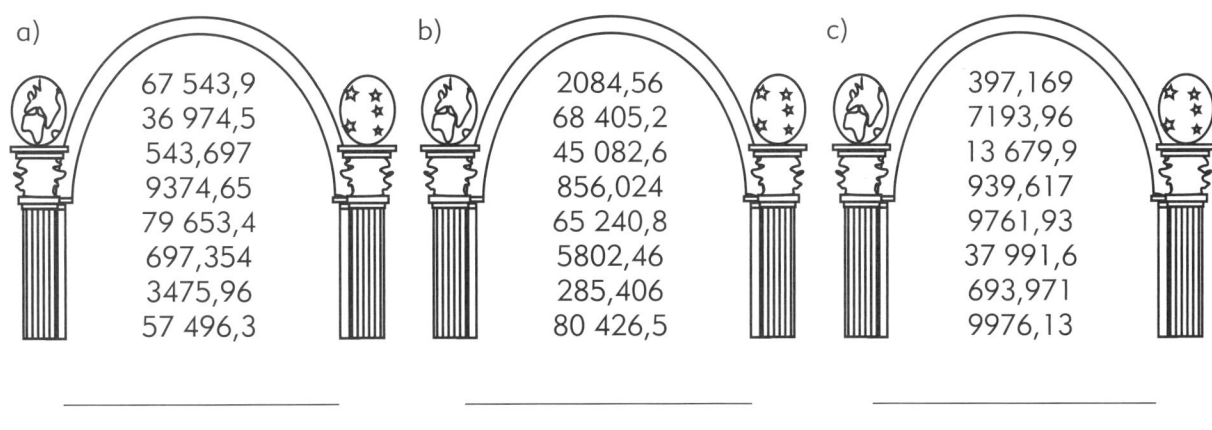

a) 67 543,9 / 36 974,5 / 543,697 / 9374,65 / 79 653,4 / 697,354 / 3475,96 / 57 496,3

b) 2084,56 / 68 405,2 / 45 082,6 / 856,024 / 65 240,8 / 5802,46 / 285,406 / 80 426,5

c) 397,169 / 7193,96 / 13 679,9 / 939,617 / 9761,93 / 37 991,6 / 693,971 / 9976,13

_____

_____

_____

Mathématique 167

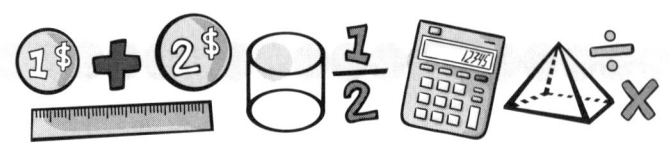

Le sens et l'écriture des nombres décimaux jusqu'à l'ordre des millièmes

7. Trouve le nombre qui a été décomposé.

   Ex.: 0,1 + 60 + 5000 + 0,08 + 400 + 90 000 + 0,003 + 7 + 200 000 =   295 467,183

   7 c + 4 u de m + $\frac{6}{1000}$ + 5 d + 8 c de m + 1 u + $\frac{9}{10}$ + 3 d de m =   834 751,906

   a) 50 + 0,007 + 30 000 + 8 + 900 000 + 0,04 + 7000 + 0,2 + 400 = _____

   b) $\frac{8}{1000}$ + 3 d + $\frac{4}{10}$ + 5 c + 6 c de m + 9 u + $\frac{5}{100}$ + 7 u de m = _____

   c) 600 + 70 000 + 0,08 + 9 + 1000 + 20 + 0,3 + 400 000 + 0,001 = _____

   d) 2 d de m + $\frac{4}{100}$ + 7 c de m + 9 d + $\frac{6}{1000}$ + 8 u = _____

   e) 0,4 + 30 000 + 80 + 0,009 + 6000 + 700 + 200 000 = _____

   f) 3 c + 6 d + $\frac{5}{100}$ + 4 c de m + 8 u de m + $\frac{6}{1000}$ = _____

8. Écris les nombres décimaux en lettres.

   a) 345 637,972 _____

   b) 209 060,805 _____

   c) 987 351,096 _____

   d) 760 598,004 _____

   e) 519 400,311 _____

   f) 699 995,73 _____

9. Des lanceurs de javelot inscrivent leurs meilleures distances sur leur uniforme. Sur chaque gilet athlétique, encercle le plus petit nombre et fais un ✗ sur le plus grand nombre.

   a)

485,793	873,495
7498,53	4759,38
389,754	8735,49
8394,95	358,974
479,583	397,458
7348,95	578,934

   b)

260,517	1650,72
7251,06	561,027
6071,52	5702,61
152,607	170,615
7201,56	7526,01
265,107	2510,67

   c)

9788,46	946,878
4687,89	479,868
9688,94	7698,48
9648,89	878,947
489,867	679,488
4986,78	8847,96

Mathématique

Le sens et l'écriture des nombres décimaux jusqu'à l'ordre des millièmes

10. Trouve l'heure affichée sur chaque horloge, puis transforme les heures en nombres décimaux.

Exemple : 7 h 36 =   7 + $\frac{36}{60}$ =   7 + (36 ÷ 60) =   7 + 0,6 =   7,6

Légende : a. m. = Matinée   PM = p. m.

a) ___ h ___ a. m.   b) ___ h ___ p. m.   c) ___ h ___ a. m.   d) ___ h ___ p. m.

Décimal : _____   Décimal : _____   Décimal : _____   Décimal : _____

e) ___ h ___ p. m.   f) ___ h ___ a. m.   g) ___ h ___ p. m.   h) ___ h ___ a. m.

Décimal : _____   Décimal : _____   Décimal : _____   Décimal : _____

i) ___ h ___ a. m.   j) ___ h ___ a. m.   k) ___ h ___ p. m.   l) ___ h ___ p. m.

Décimal : _____   Décimal : _____   Décimal : _____   Décimal : _____

Mathématique

Le sens et l'écriture des nombres décimaux jusqu'à l'ordre des millièmes

11. Un astronome observe des planètes extrasolaires (qui tournent autour d'étoiles à l'extérieur de notre système solaire) et griffonne sur son calepin la durée de leur translation. Observe les nombres décimaux inscrits sur les calepins, puis fais ce qui est demandé.

NOTE	NOTE	NOTE	NOTE	NOTE	NOTE
72 497,6	37 652,38	57 127,653	19 345,86	53 804,052	4319,036
8184,39	5700,951	3871,695	789,205	42 968,4	457,638
36 047,294	7609,006	12 673,5	390,739	56 540,7	75 234,62
4095,57	6789,01	10 734,23	297,984	33 333,33	63 425,9

a) Colorie en bleu le calepin dont le nombre est le plus grand.

b) Colorie en jaune le calepin dont le nombre est compris entre 3936 et 4178.

c) Colorie en rouge le calepin dont le nombre a un 6 à la position des centièmes.

d) Colorie en mauve le calepin dont le nombre est le plus près de 5683,3.

e) Colorie en vert le calepin dont le nombre est le plus petit.

f) Colorie en orangé le calepin dont le nombre a un 5 à la position des centaines.

g) Colorie en rose le calepin dont le nombre est le plus près de 7694,67.

h) Colorie en brun le calepin dont le nombre a un 6 à la position des dizaines de mille.

i) Fais un ✘ sur tous les calepins dont le nombre est composé de deux chiffres consécutifs dont l'un est le double de l'autre.

j) Place tous les nombres inclus entre 10 000 et 100 000 dans l'ordre décroissant.

_____, _____, _____, _____, _____, _____, _____,

_____, _____, _____, _____, _____, _____,

Le sens et l'écriture des nombres décimaux jusqu'à l'ordre des millièmes

12. Les marsupiaux sont des mammifères chez lesquels la femelle porte son petit dans une poche abdominale après sa naissance. La majorité des marsupiaux vivent en Australie, en Nouvelle-Zélande et en Nouvelle-Guinée, mais on en retrouve quelques espèces en Amérique, dont l'opossum et la musaraigne. Pour découvrir le marsupial arboricole qui ne boit aucune goutte d'eau pendant sa vie, relie les 40 nombres ci-dessous dans l'ordre décroissant.

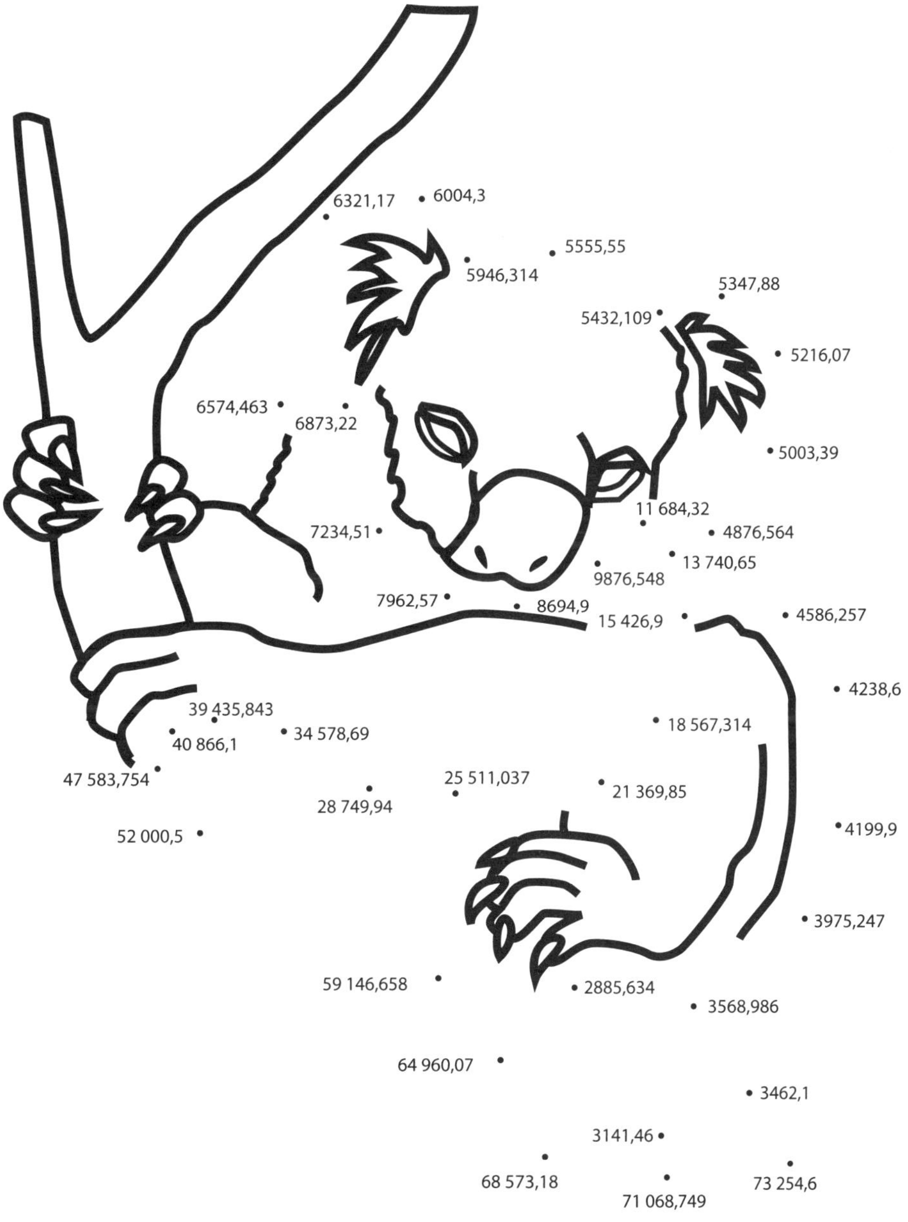

6321,17   6004,3
5946,314   5555,55
5432,109   5347,88
5216,07
6574,463   6873,22
5003,39
7234,51   11 684,32   4876,564
13 740,65
9876,548
7962,57   8694,9
15 426,9   4586,257
4238,6
39 435,843   18 567,314
40 866,1   34 578,69
47 583,754   25 511,037   21 369,85
28 749,94
52 000,5   4199,9
3975,247
59 146,658   2885,634
3568,986
64 960,07
3462,1
3141,46
68 573,18   73 254,6
71 068,749

Réponse : Le marsupial arboricole qui ne boit aucune goutte d'eau pendant sa vie est _____.

Le sens et l'écriture des nombres décimaux jusqu'à l'ordre des millièmes

13. Le drapeau est une pièce d'étoffe attachée à une hampe, la plupart du temps de forme rectangulaire, qui porte les couleurs ou l'emblème d'une nation, d'une ville, d'un groupe, d'un organisme, etc. Colorie les drapeaux des pays en respectant le code de couleur.

- BLEU : Les régions dont le nombre contient un 4 à la position des centièmes.
- ROUGE : Les régions dont le nombre contient un 2 à la position des unités.
- JAUNE : Les régions dont le nombre contient un 7 à la position des unités de mille.
- VERT : Les régions dont le nombre contient un 5 à la position des centaines.
- ORANGÉ : Les régions dont le nombre contient un 8 à la position des dixièmes.
- BLANC : Les régions dont le nombre contient un 6 à la position des dizaines.
- NOIR : Les régions dont le nombre contient un 9 à la position des millièmes.

a) Le Mali

| 8534,752 | 7916,384 | 3872,091 |

b) Le Gabon

| 4535,683 |
| 7049,205 |
| 6173,346 |

c) L'Irlande

| 1586,607 | 4360,795 | 8671,854 |

d) L'Allemagne

| 3456,789 |
| 5642,653 |
| 7089,427 |

e) Le Nigeria

| 3549,768 | 4460,005 | 9571,367 |

f) La Bulgarie

| 2364,736 |
| 4589,694 |
| 8642,357 |

g) La France

| 9731,648 | 8365,405 | 1482,257 |

h) La Bolivie

| 2782,536 |
| 7008,952 |
| 4537,471 |

i) La Belgique

| 5723,159 | 7993,477 | 6072,093 |

j) L'Estonie

| 2740,648 |
| 4956,939 |
| 5164,356 |

k) L'Italie

| 9543,002 | 5765,278 | 3952,607 |

l) Le Luxembourg

| 4992,773 |
| 5768,594 |
| 8451,048 |

Les additions sur les nombres décimaux

1. Trouve la somme de chaque addition.

a) 56,984 + 65,75

b) 72,083 + 48,66

c) 275,84 + 96,3

d) 243,46 + 38,526

e) 539,502 + 632,674

f) 764,347 + 487,54

g) 348,99 + 675,541

h) 648,8 + 367,35

i) 2775,438 + 549,36

j) 3597,06 + 832,78

k) 4406,945 + 765,43

l) 5555,5 + 777,777

m) 6304,57 + 3219,9

n) 7864,373 + 4394,68

o) 9082,865 + 5858,8

p) 4875,79 + 3637,86

q) 24 672,4 + 37 057,9

r) 56 883,35 + 29 490,8

s) 48 953,745 + 47 264,396

t) 64 295,646 + 52 776,285

u) 248 634,28 + 67 985,9

v) 359 653,857 + 78 945,364

w) 468 472,436 + 294 777,833

x) 591 435,79 + 246 801,357

Mathématique 173

Les additions sur les nombres décimaux

2. Les participants à une émission de variétés japonaise doivent boire sans grimacer une mixture composée de divers aliments liquides ou en purée pour remporter un prix. Pour ce faire, chacun doit tourner la roue de fortune à trois reprises afin de déterminer les trois ingrédients qui composeront la mixture à boire. Trouve la quantité de chaque combinaison d'aliments en laissant des traces de tes calculs.

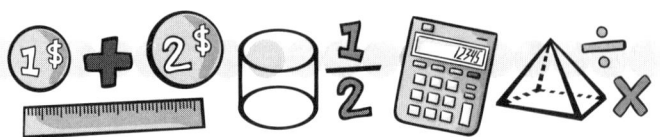

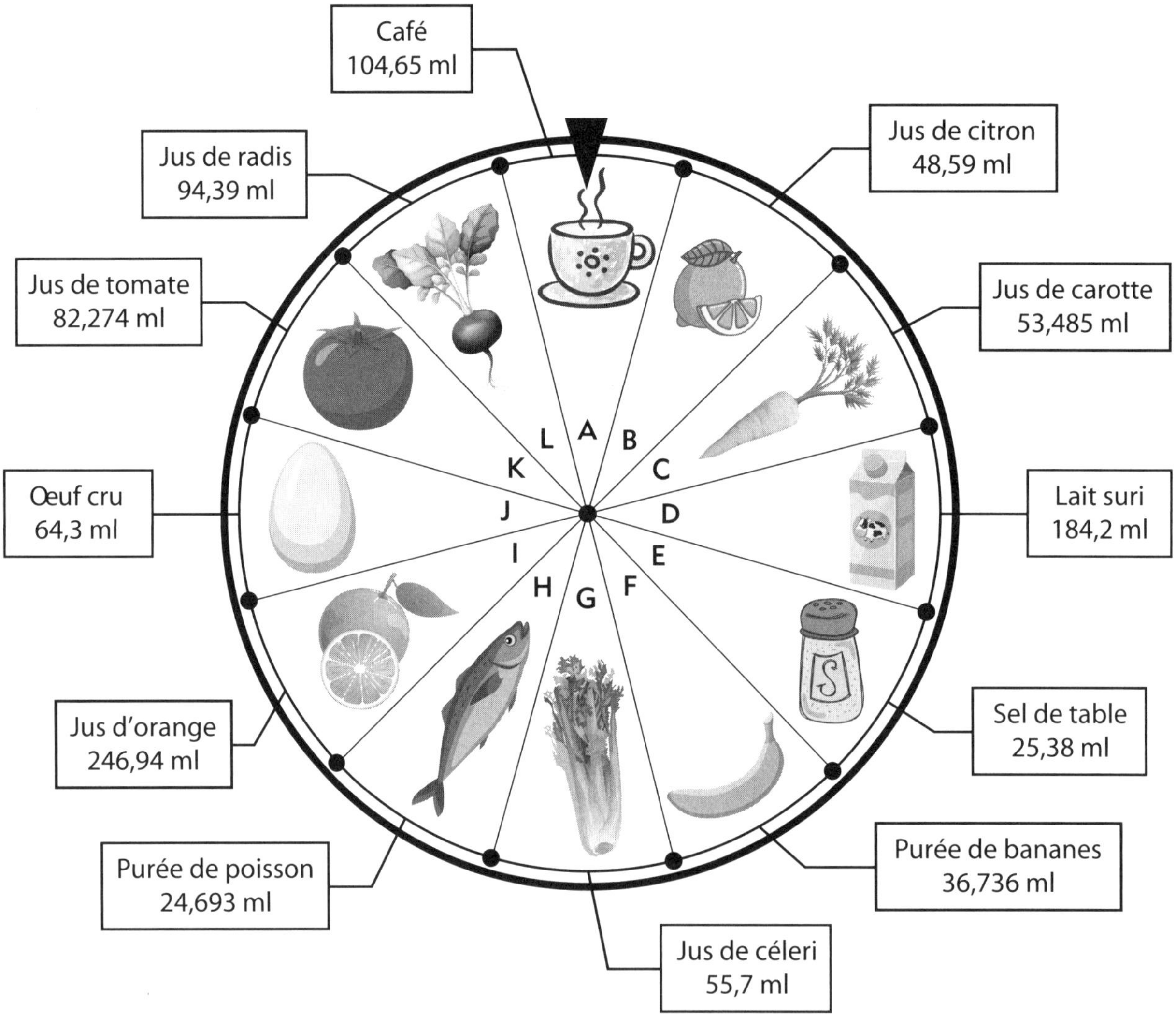

- Café 104,65 ml
- Jus de citron 48,59 ml
- Jus de carotte 53,485 ml
- Lait suri 184,2 ml
- Sel de table 25,38 ml
- Purée de bananes 36,736 ml
- Jus de céleri 55,7 ml
- Purée de poisson 24,693 ml
- Jus d'orange 246,94 ml
- Oeuf cru 64,3 ml
- Jus de tomate 82,274 ml
- Jus de radis 94,39 ml

a) B + H + F = _____ ml
b) I + A + G = _____ ml
c) L + C + B = _____ ml
d) D + J + L = _____ ml
e) C + K + E = _____ ml
f) A + D + H = _____ ml
g) G + D + K = _____ ml
h) J + B + I = _____ ml
i) C + I + F = _____ ml

Les soustractions sur les nombres décimaux

1. Trouve la différence de chaque soustraction.

a) 640,87 − 549,946

b) 827,5 − 468,29

c) 906,3 − 475,567

d) 736,645 − 571,27

e) 2674 − 874,9

f) 3596 − 358,64

g) 4015 − 697,432

h) 5633,4 − 248,968

i) 6875,6 − 2794,53

j) 7852,06 − 5489,8

k) 8863,847 − 3576,9

l) 9000 − 7316,43

m) 3076,87 − 2598,632

n) 4141,41 − 897,648

o) 6124 − 678,985

p) 8234,6 − 5497,37

q) 36 987,5 − 24 673,84

r) 53 006,72 − 39 644,8

s) 60 000 − 43 275,69

t) 72 932,1 − 57 688,06

u) 428 016 − 6574,76

v) 547 933 − 5846,219

w) 671 682 − 9473,365

x) 874 434 − 2877,692

Les soustractions sur les nombres décimaux

2. Dans le solarium qu'elle a transformé en véritable vivarium tropical, Zoé garde plusieurs reptiles et amphibiens qu'elle nourrit d'insectes. Chaque mois, elle les pèse à l'aide d'une balance électronique sophistiquée et inscrit ces données dans un carnet. Observe le poids de chaque bête, puis trouve l'écart de poids entre les membres de chaque paire.

Caméléon
698,7 g

Gecko
234,39 g

Tortue
1705,8 g

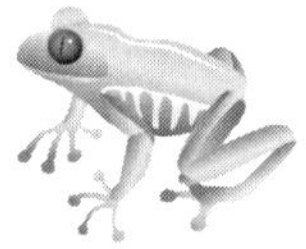

Rainette
59,483 g

Salamandre
64,56 g

Couleuvre
77,653 g

Iguane
395,72 g

Caïman
3496,9 g

Sphénodon
273,84 g

Crapaud
86,539 g

a) Écart de poids : _____ g

b) Écart de poids : _____ g

c) Écart de poids : _____ g

d) Écart de poids : _____ g

e) Écart de poids : _____ g

f) Écart de poids : _____ g

Les multiplications sur les nombres décimaux

1. **Trouve le produit de chaque multiplication en la décomposant.**

   Ex. : 247,8   =   247,8   247,8   247,8   =   19 824,0   = 21 434,7
        × 86,5   ×   80,0 ×   6,0 ×   0,5   1 486,8
                           ─────   ──────   ─────   +   123,9
                           19 824   1486,8   123,9   ─────────
                                                                   21 434,7

   a)   536,7   =   _____   _____   _____   =   _____   =   _____
      × 49,9   × _____ × _____ × _____
                    _____   _____   _____   + _____
                                                 _____

   b)   463,3   =   _____   _____   _____   =   _____   =   _____
      × 74,4   × _____ × _____ × _____
                    _____   _____   _____   + _____
                                                 _____

   c)   805,9   =   _____   _____   _____   =   _____   =   _____
      × 35,2   × _____ × _____ × _____
                    _____   _____   _____   + _____
                                                 _____

   d)   677,4   =   _____   _____   _____   =   _____   =   _____
      × 53,8   × _____ × _____ × _____
                    _____   _____   _____   + _____
                                                 _____

   e)   760,5   =   _____   _____   _____   =   _____   =   _____
      × 68,7   × _____ × _____ × _____
                    _____   _____   _____   + _____
                                                 _____

   f)   9936   =   _____   _____   _____   =   _____   =   _____
      × 5,73   × _____ × _____ × _____
                   _____   _____   _____   + _____
                                                _____

   g)   6540   =   _____   _____   _____   =   _____   =   _____
      × 9,08   × _____ × _____ × _____
                   _____   _____   _____   + _____
                                                _____

   h)   4728   =   _____   _____   _____   =   _____   =   _____
      × 4,17   × _____ × _____ × _____
                   _____   _____   _____   + _____
                                                _____

Mathématique 177

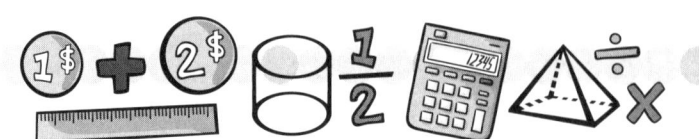

Les multiplications sur les nombres décimaux

2. Trouve le produit de chaque multiplication.

a) 547,6
  ×   9,3

b) 388,9
  ×   5,7

c) 92,4
  × 36,5

d) 87,2
  × 48,6

e) 296,7
  × 35,7

f) 644,4
  × 93,3

g) 789,1
  × 27,8

h) 595,4
  × 74,9

i) 3487,6
  ×   54

j) 6972,7
  ×   63

k) 4508,9
  ×   77

l) 8016,5
  ×   46

m) 5899
  × 3,78

n) 7235
  × 4,59

o) 6371
  × 5,36

p) 9067
  × 6,82

q) 8744,5
  ×   8,9

r) 4897,3
  ×   6,4

s) 5555,5
  ×   3,3

t) 6492,7
  ×   9,6

u) 67,59
  ×   95

v) 38
  × 64,84

w) 30,6
  × 60,9

x) 2466
  × 0,97

178 Mathématique

Les multiplications sur les nombres décimaux

3. Depuis qu'il a observé les effets néfastes sur la nature du gaz carbonique rejeté par les voitures, Étienne tente de trouver un moyen de transport plus écologique, mais tout aussi performant qui peut rouler, flotter ou voler, et ce, toutes saisons confondues. Observe les moyens de transport ci-dessous et leur vitesse moyenne, puis réponds aux questions.

Trottinette 24,67 km/h
Deltaplane 52,09 km/h 
Bicyclette 37,8 km/h 
Pédalo 9,36 km/h 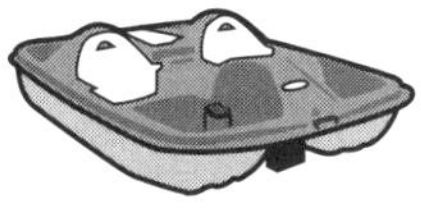
Montgolfière 15,73 km/h 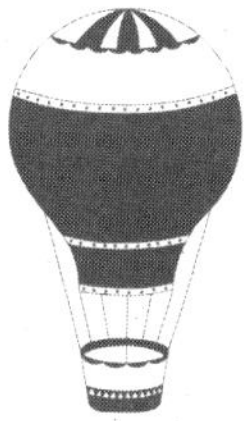

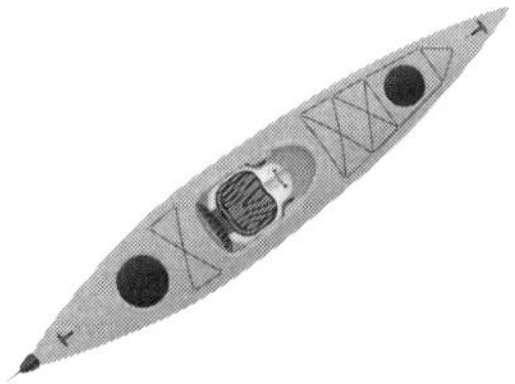

Kayak 31,5 km/h
Raquettes 7,67 km/h 
Patins à roues alignées 48,78 km/h 
Monocycle 5,59 km/h 
Planche à voile 43,6 km/h 

a) Quelle distance le pédalo peut-il parcourir en 5 heures ? _____ km

b) Quelle distance le kayak peut-il parcourir en 8 heures ? _____ km

c) Quelle distance le deltaplane peut-il parcourir en 3 heures ? _____ km

d) Quelle distance la bicyclette peut-elle parcourir en 6,5 heures ? _____ km

e) Quelle distance la planche à voile peut-elle parcourir en 4,8 heures ? _____ km

f) Quelle distance la trottinette peut-elle parcourir en 12 heures ? _____ km

g) Quelle distance la montgolfière peut-elle parcourir en 7 heures ? _____ km

h) Quelle distance les patins peuvent-ils parcourir en 9 heures ? _____ km

i) Quelle distance le monocycle peut-il parcourir en 23 heures ? _____ km

j) Quelle distance les raquettes peuvent-elles parcourir en 36 heures ? _____ km

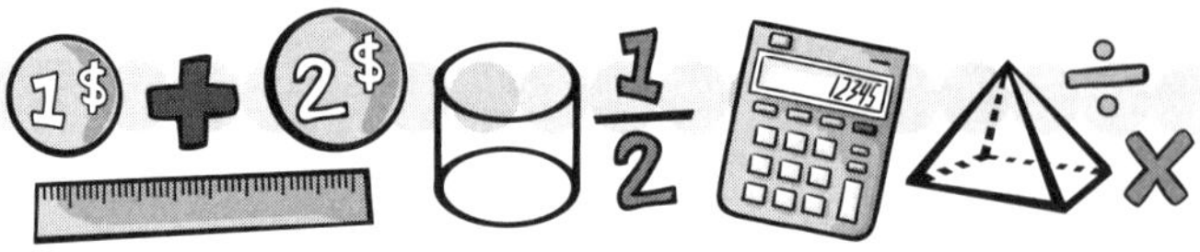

Les divisions sur les nombres décimaux

1. Trouve le quotient de chaque division.

a) 54,11 | 7

b) 62,72 | 4

c) 35,28 | 8

d) 79,35 | 5

e) 671,4 | 9

f) 737,7 | 3

g) 763,8 | 6

h) 592,6 | 2

i) 385,6 | 4

j) 380,8 | 7

k) 634,7 | 10

l) 263,4 | 3

m) 274,14 | 6

n) 290,32 | 8

o) 499,95 | 5

p) 649,26 | 9

q) 3457,82 | 10

r) 3782,52 | 4

s) 6923,78 | 2

t) 4375,44 | 8

u) 4010,25 | 3

v) 6218,31 | 7

w) 6843,74 | 4

x) 3572,79 | 6

Les divisions sur les nombres décimaux

2. Qui n'a pas déjà rêvé d'effectuer le tour du monde? Rémi a réalisé son rêve et il a expédié des cartes postales à ses amis, qui le trouvent bien chanceux. Observe ces attraits touristiques accompagnés de leur hauteur, puis réponds aux questions. Arrondis tes réponses au centième près.

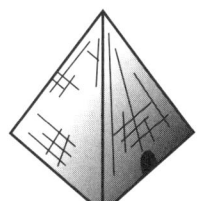
Pyramide de Khéops
Égypte
136,74 m

Tour de Pise
Italie
54,5 m

Grande roue du Millénaire
Angleterre
134,846 m

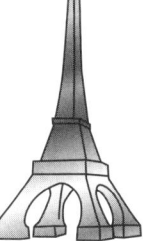
Tour Eiffel
France
323,93 m

Pont de Sydney
Australie
134,4 m

Statue de
la Liberté
États-Unis
92,9 m

Cathédrale
Saint-Basile
Russie
298,672 m

Taj Mahal
Inde
56,05 m

Tour du CN
Canada
533,33 m

Pyramide du Soleil
Mexique
62,8 m

a) Quelle hauteur la tour du CN aurait-elle si elle était 7 fois plus petite ? _____ m

b) Quelle hauteur le pont de Sydney aurait-il s'il était 5 fois plus petit ? _____ m

c) Quelle hauteur la grande roue du Millénaire aurait-elle si elle était 4 fois plus petite ? _____ m

d) Quelle hauteur le Taj Mahal aurait-il s'il était 2 fois plus petit ? _____ m

e) Quelle hauteur la pyramide de Khéops aurait-elle si elle était 10 fois plus petite ? _____ m

f) Quelle hauteur la statue de la Liberté aurait-elle si elle était 8 fois plus petite ? _____ m

g) Quelle hauteur la tour de Pise aurait-elle si elle était 3 fois plus petite ? _____ m

h) Quelle hauteur la pyramide du Soleil aurait-elle si elle était 6 fois plus petite ? _____ m

i) Quelle hauteur la cathédrale Saint-Basile aurait-elle si elle était 9 fois plus petite ? _____ m

j) Quelle hauteur la tour Eiffel aurait-elle si elle était 5 fois plus petite ? _____ m

Les divisions sur les nombres décimaux

3. Au Pérou, un éleveur d'alpagas a aménagé pour ses 16 bêtes (autant de mâles que de femelles) un enclos dont l'aire est de 2798,64 m². S'il sépare l'enclos pour accommoder chaque couple formé pour la reproduction, quelle sera la mesure de la surface allouée pour chacun?

   Démarche:

   Réponse: La surface de l'enclos allouée pour chaque couple d'alpagas sera de _____ m².

4. Après une semaine, un préposé aux parcmètres a recueilli dans les compteurs du quartier une somme de 454,23 $. En moyenne, combien d'argent les automobilistes ont-ils inséré chaque jour dans les parcmètres du quartier?

   Démarche:

   Réponse: Chaque jour, les automobilistes ont inséré en moyenne _____ $ dans les parcmètres du quartier.

5. Au cours de l'hiver, il est tombé 739,52 cm de neige dans la région de Sept-Îles. Combien de centimètres de neige est-il tombé dans la région d'Ottawa si les précipitations ont été 4 fois moins importantes que dans la région de Sept-Îles?

   Démarche:

   Réponse: Il est tombé _____ cm de neige dans la région d'Ottawa au cours de l'hiver.

6. Le Kilimandjaro, plus haut sommet d'Afrique, atteint une hauteur de 5985,51 m. Des promoteurs de la ville de Dubaï, aux Émirats arabes unis, veulent construire un gratte-ciel qui atteindrait le tiers de la hauteur du Kilimandjaro. Quelle serait alors la hauteur de ce gratte-ciel?

   Démarche:

   Réponse: La hauteur de ce gratte-ciel de Dubaï serait de _____ m.

Mathématique

Les opérations sur les nombres décimaux

1. La sœur de Jasmine est hospitalisée depuis quelques jours pour soigner une maladie qui réduit l'efficacité de son système immunitaire. Pour découvrir la précaution que Jasmine doit prendre lorsqu'elle rend visite à sa sœur à l'hôpital, relie les 52 nombres décimaux dans l'ordre en alternant les opérations suivantes, et ce, en commençant par 8,2 : multiplie par 4, soustrais 19,7, divise par 2, puis additionne 6,95.

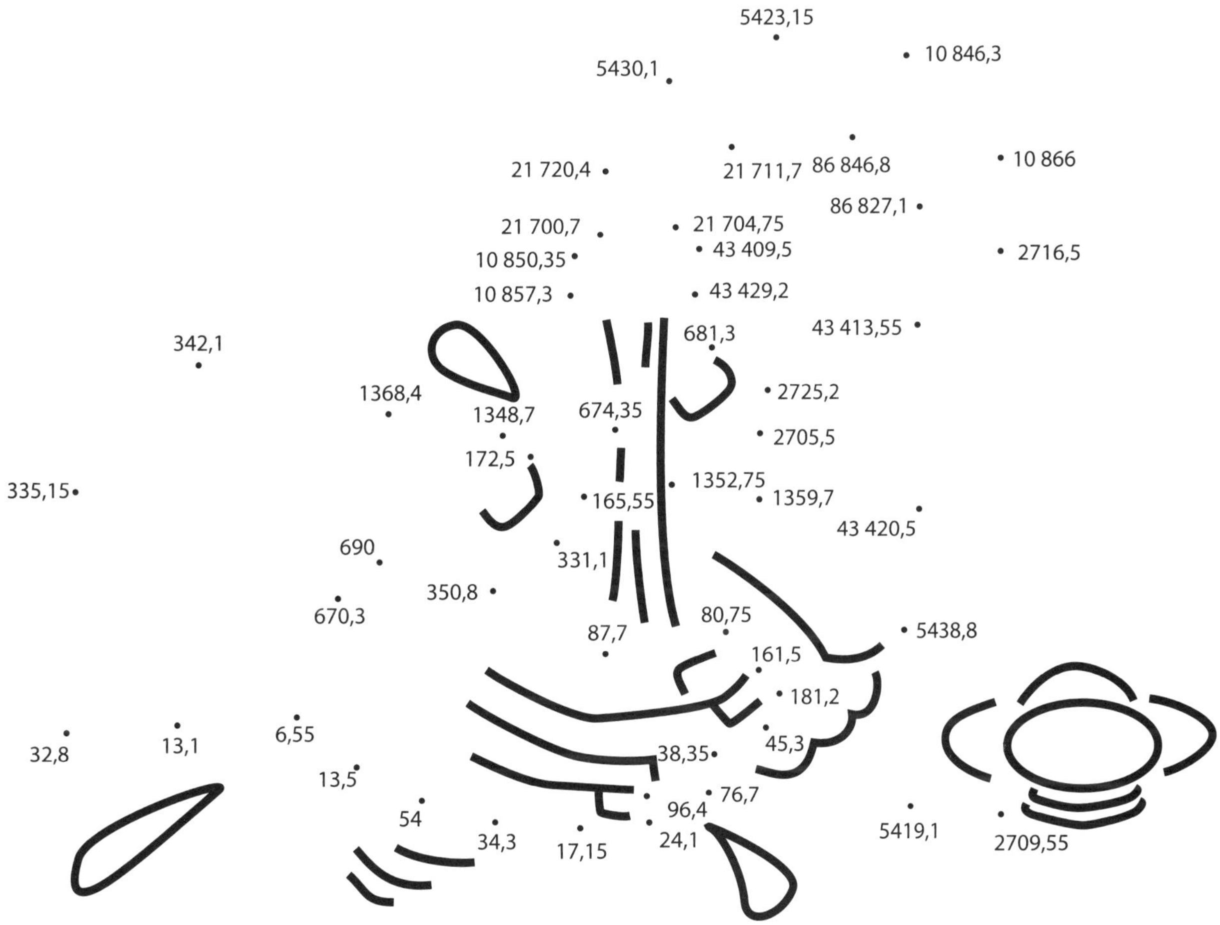

5423,15
5430,1   10 846,3
21 720,4   21 711,7   86 846,8   10 866
21 700,7   21 704,75   86 827,1
10 850,35   43 409,5   2716,5
10 857,3   43 429,2
            681,3   43 413,55
342,1
1368,4   674,35   2725,2
1348,7   2705,5
172,5   1352,75   1359,7
335,15   165,55   43 420,5
690   331,1
670,3   350,8   80,75   5438,8
87,7   161,5
181,2
32,8   13,1   6,55   38,35   45,3
13,5   76,7
54   34,3   96,4   5419,1   2709,55
17,15   24,1

Réponse : Lorsqu'elle rend visite à sa sœur à l'hôpital, Jasmine doit _____.

Les opérations sur les nombres décimaux

2. Résous les équations en laissant des traces de tes calculs et en respectant l'ordre des opérations.

a) 572,97 + 698,483 + 423,365 = _____

Calculs :

b) 1455,892 + 3985,3 − 274,46 × 7 = _____

Calculs :

c) 901,35 ÷ 5 + 764,28 − 849,9 = _____

Calculs :

d) 3 × 570,15 ÷ 9 + 448,6 = _____

Calculs :

e) 5684,39 − 963,7 − 497,529 = _____

Calculs :

f) 7649,86 − 3055,84 ÷ 8 − 395,7 = _____

Calculs :

g) 4000 − 4 × 379,65 + 473,3 = _____

Calculs :

h) 6 × 578,94 − 836,7 ÷ 10 = _____

Calculs :

Les opérations sur les nombres décimaux

3. Le séquoia géant, conifère gigantesque poussant sur la côte ouest américaine, peut atteindre une hauteur de 78,675 m. Si l'on considère que les étages d'un édifice mesurent chacun environ 3 m en hauteur, combien d'étages un édifice dont la hauteur rejoindrait celle du séquoia géant compterait-il ? Arrondis ta réponse à l'unité près.

   Démarche :

   Réponse : Un édifice dont la hauteur rejoindrait celle du séquoia géant compterait _____ étages.

4. En piqué, le faucon pèlerin peut atteindre une vitesse de 349,8 km/h. Pour sa part, l'espadon, poisson dont les mâchoires se prolongent en forme d'épées, peut atteindre une vitesse égale au $\frac{1}{5}$ de celle du faucon pèlerin en piqué. Enfin, le guépard peut courir à une vitesse 2 fois plus grande que celle de l'espadon à la nage. À quelle vitesse le guépard peut-il courir ?

   Démarche :

   Réponse : Le guépard peut courir à une vitesse de _____ km/h.

5. Un alpiniste aguerri veut escalader une falaise en trois étapes. Au cours de la première étape de son périple, il gravit avec ses chaussures à crampons et son piolet une distance de 642,9 dm. Au cours de la deuxième étape, il escalade une distance de 879,58 dm, mais fait une chute de 396,7 dm. Heureusement, son harnais de sécurité le retient dans le vide, et il s'en sort sans une égratignure. Reprenant son courage à deux mains, il poursuit l'ascension de la falaise et atteint son but après avoir franchi 443,385 dm lors de la troisième étape. Quelle est la hauteur de la falaise que l'alpiniste a escaladée ? Arrondis ta réponse au centième près.

   Démarche :

   Réponse : La hauteur de la falaise que l'alpiniste a escaladée est de _____ dm.

Mathématique

Le passage d'une écriture à une autre

1. Trouve le nombre décimal qui équivaut à la fraction de la valeur de la pièce de monnaie ou du billet de banque. Arrondis tes réponses au centième près.

	1$	2$	5	10	20	50	100
$\frac{3}{7}$							
$\frac{5}{9}$							
$\frac{3}{4}$							
$\frac{1}{6}$							
$\frac{7}{8}$							
$\frac{2}{3}$							
$\frac{5}{12}$							
$\frac{8}{15}$							
$\frac{17}{20}$							
$\frac{13}{25}$							

2. Les démographes compilent des statistiques sur la population selon différentes catégories. Par exemple, les $\frac{9}{40}$ de la population du Canada sont francophones, soit environ **23 %**. Transforme les fractions en pourcentages. Arrondis tes réponses à l'unité près.

a) $\frac{5}{6}$ = _____

b) $\frac{1}{3}$ = _____

c) $\frac{3}{8}$ = _____

d) $\frac{4}{7}$ = _____

e) $\frac{2}{9}$ = _____

f) $\frac{11}{16}$ = _____

g) $\frac{7}{12}$ = _____

h) $\frac{14}{15}$ = _____

i) $\frac{13}{18}$ = _____

j) $\frac{5}{21}$ = _____

k) $\frac{9}{24}$ = _____

l) $\frac{8}{27}$ = _____

m) $\frac{7}{30}$ = _____

n) $\frac{25}{32}$ = _____

o) $\frac{17}{36}$ = _____

p) $\frac{3}{40}$ = _____

q) $\frac{16}{45}$ = _____

r) $\frac{43}{48}$ = _____

Le passage d'une écriture à une autre

3. Hakim vend des figues et des dattes dans un souk de Marrakech. Pour vendre ses fruits, il doit convertir le poids de ses emballages en fractions plutôt qu'en kilogrammes. Transforme les nombres décimaux en nombres fractionnaires, puis réduis la fraction s'il y a lieu.

   a) 5,875 = _____   b) 4,775 = _____   c) 6,15 = _____

   d) 9,48 = _____   e) 8,175 = _____   f) 7,375 = _____

   g) 3,45 = _____   h) 6,2 = _____   i) 2,36 = _____

   j) 9,8 = _____   k) 4,12 = _____   l) 5,25 = _____

   m) 8,24 = _____   n) 3,125 = _____   o) 9,88 = _____

   p) 5,625 = _____   q) 2,35 = _____   r) 8,55 = _____

4. Paolo fait partie d'un mouvement écologiste. Il souhaite connaître la fraction de produits recyclés que les entreprises utilisent pour fabriquer leurs produits. Transforme les pourcentages en fractions irréductibles.

   a) 30 % = _____   b) 18 % = _____   c) 52 % = _____

   d) 64 % = _____   e) 95 % = _____   f) 24 % = _____

   g) 96 % = _____   h) 26 % = _____   i) 88 % = _____

   j) 14 % = _____   k) 48 % = _____   l) 65 % = _____

   m) 85 % = _____   n) 35 % = _____   o) 12 % = _____

   p) 44 % = _____   q) 22 % = _____   r) 78 % = _____

5. Roksana veut connaître la quantité de soluté qu'un solvant peut dissoudre, mais elle doit inscrire ses résultats en nombres à virgule. Transforme les pourcentages en nombres décimaux.

   a) 49,4 % = _____   b) 6,5 % = _____   c) 25,3 % = _____

   d) 70 % = _____   e) 87 % = _____   f) 40,5 % = _____

   g) 23 % = _____   h) 9 % = _____   i) 5,8 % = _____

   j) 76,9 % = _____   k) 0,4 % = _____   l) 66 % = _____

   m) 50 % = _____   n) 31 % = _____   o) 7 % = _____

   p) 85,2 % = _____   q) 14 % = _____   r) 9,6 % = _____

Le sens et l'écriture des nombres entiers

1. Dans l'Égypte ancienne, lorsqu'ils mouraient, les pharaons étaient momifiés puis déposés dans des sarcophages avec leurs bijoux. Pour découvrir ce que représente l'amulette (objet sacré destiné à protéger contre les maladies et le malheur) ci-dessous, relie d'un trait les 30 nombres entiers dans l'ordre décroissant, et ce, à partir de –932.

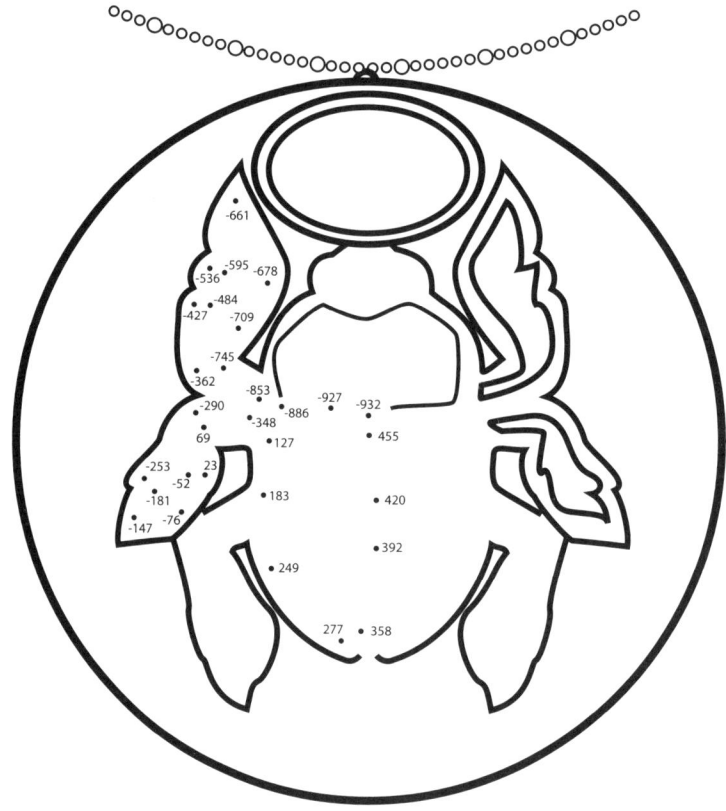

Réponse : L'amulette représente _____.

2. Pour chaque nombre entier négatif, trouve 4 équations dont la réponse est égale à ce nombre, et ce, en utilisant seulement des nombres supérieurs à 50.

a) –128 : _____ + _____ = –128   _____ – _____ = –128

_____ + _____ = –128   _____ – _____ = –128

b) –315 : _____ + _____ = –315   _____ – _____ = –315

_____ + _____ = –315   _____ – _____ = –315

c) –441 : _____ + _____ = –441   _____ – _____ = –441

_____ + _____ = –441   _____ – _____ = –441

d) –600 : _____ + _____ = –600   _____ – _____ = –600

_____ + _____ = –600   _____ – _____ = –600

Le sens et l'écriture des nombres entiers

3. Mégane et Juliette jouent au jeu de serpents et échelles. Lorsque l'une d'elles tombe sur une case contenant une échelle, elle peut avancer de plusieurs cases, mais lorsqu'elle tombe sur une case contenant un serpent, elle doit reculer de plusieurs cases. Illustre chaque équation sur la droite numérique afin de trouver la réponse.

Exemple : 3 − 9 + 4 − 6 = −8

a) −2 + 7 − 11 + 3 = _____

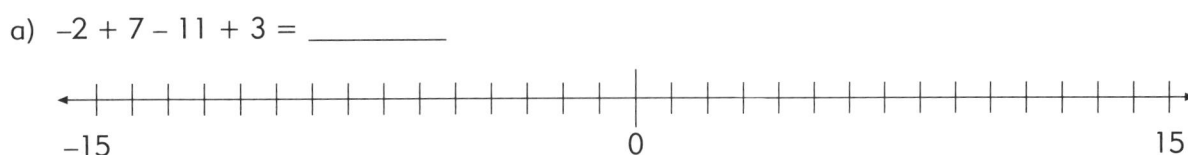

b) 9 − 17 + 5 + 2 = _____

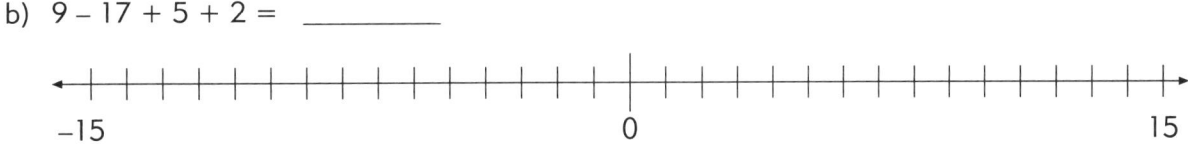

c) 13 − 6 + 4 − 10 = _____

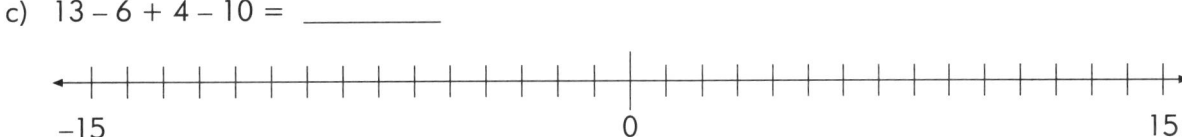

d) −5 − 7 + 4 + 3 = _____

e) 0 − 8 + 14 − 4 = _____

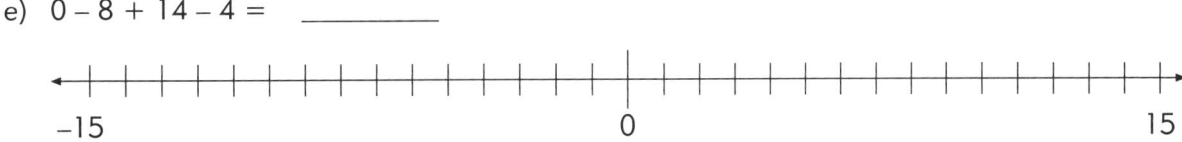

f) 15 − 23 + 7 − 9 = _____

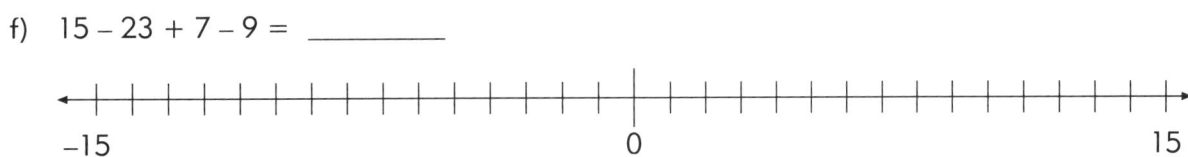

g) 2 + 8 − 9 − 11 = _____

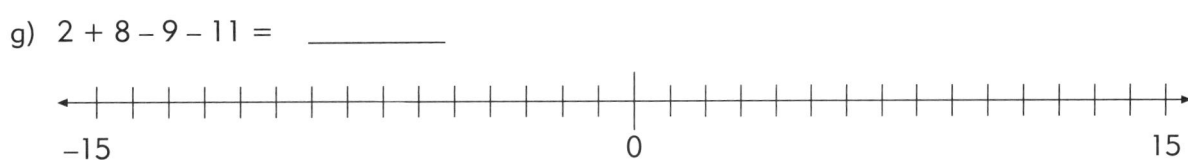

Mathématique 189

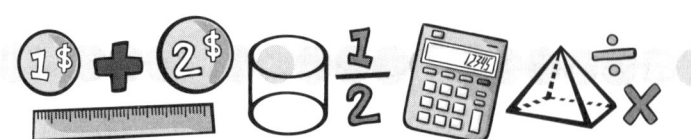

Le sens et l'écriture des nombres entiers

4. **Certaines étendues d'eau douce sont situées bien au-dessus du niveau de la mer (par exemple, le lac Titicaca, en Bolivie), et d'autres sont situées bien en deçà de ce niveau (par exemple, le lac Assal, au Djibouti). Identifie la position de chaque lettre sur la droite numérique en tenant compte de la position du zéro et en inscrivant le nombre entier approprié.**

a)

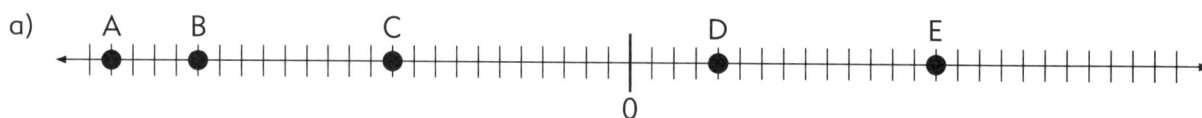

A : _____   B : _____   C : _____   D : _____   E : _____

b)

A : _____   B : _____   C : _____   D : _____   E : _____

c)

A : _____   B : _____   C : _____   D : _____   E : _____

d)

A : _____   B : _____   C : _____   D : _____   E : _____

e)

A : _____   B : _____   C : _____   D : _____   E : _____

f)

A : _____   B : _____   C : _____   D : _____   E : _____

Mathématique

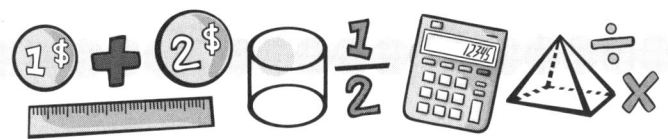

L'espace : l'axe et le plan cartésien

1. La plupart des pays d'Amérique du Sud et d'Amérique du Nord ont été colonisés par les Européens entre le XVIe et le XVIIIe siècle. Par exemple, les États-Unis ont été peuplés par les Anglais, le Canada par les Anglais et les Français, le Mexique par les Espagnols et le Brésil par les Portugais. En te référant à un globe terrestre, à un atlas ou à une mappemonde, trouve les coordonnées des pays ci-dessous sur le plan cartésien, et ce, à partir de leur capitale marquée par un point.

   a) L'Allemagne : (____, ____)   b) L'Espagne : (____, ____)

   c) La Finlande : (____, ____)   d) La France : (____, ____)

   e) L'Irlande : (____, ____)   f) L'Italie : (____, ____)

   g) La Grèce : (____, ____)   h) La Norvège : (____, ____)

   i) La Pologne : (____, ____)   j) Le Portugal : (____, ____)

   k) La Roumanie : (____, ____)   l) Le Royaume-Uni : (____, ____)

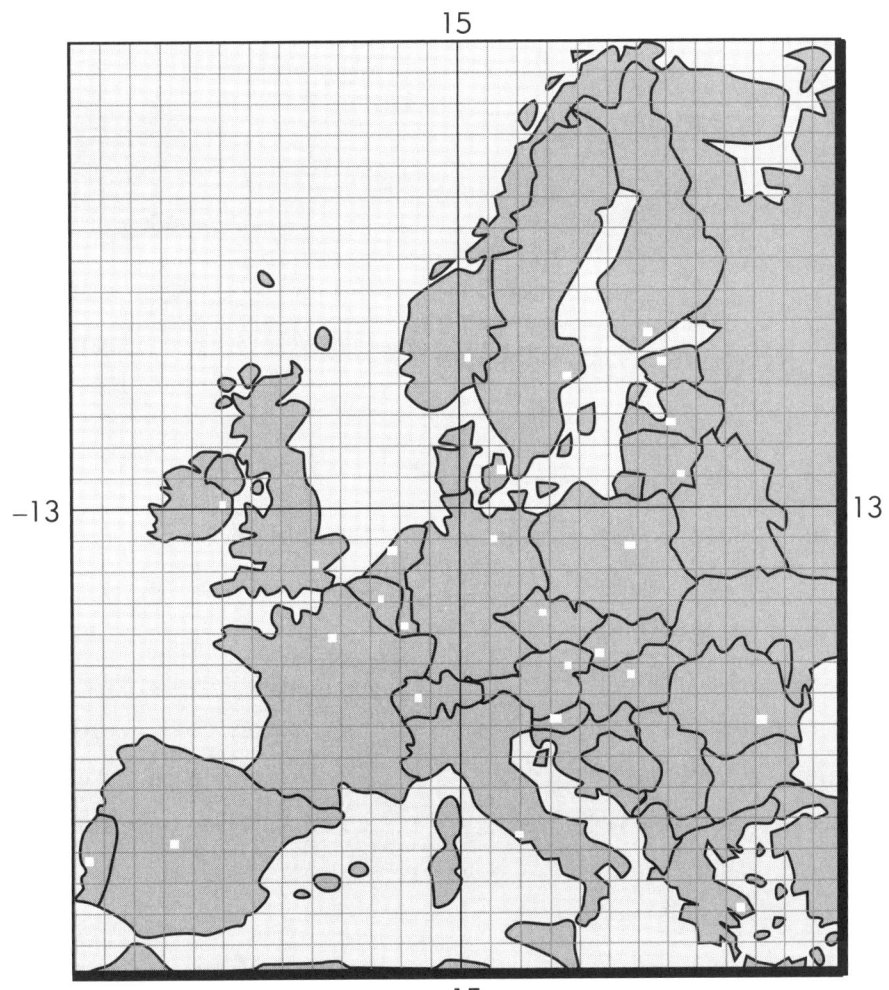

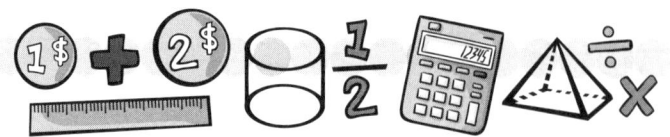

L'espace : l'axe et le plan cartésien

2. Grâce à un **GPS** (système mondial de positionnement par satellite), les automobilistes peuvent retrouver leur chemin dans les villes étrangères. Observe les axes ci-dessous, puis trouve la coordonnée de chaque point marqué d'un chiffre romain.

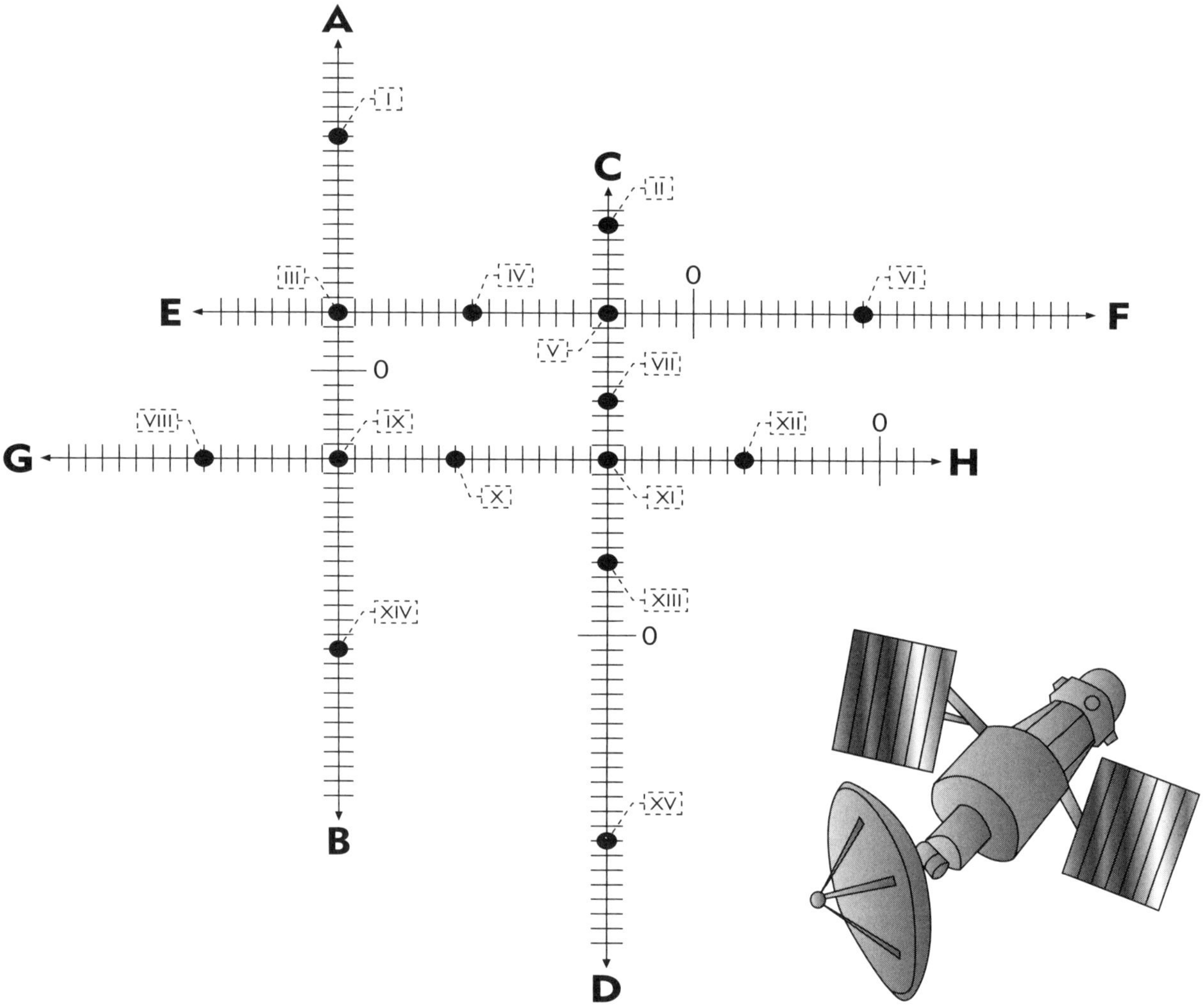

a) La coordonnée de I sur l'axe AB : _____
b) La coordonnée de II sur l'axe CD : _____
c) La coordonnée de III sur l'axe AB : _____
d) La coordonnée de III sur l'axe EF : _____
e) La coordonnée de IV sur l'axe EF : _____
f) La coordonnée de V sur l'axe CD : _____
g) La coordonnée de V sur l'axe EF : _____
h) La coordonnée de VI sur l'axe EF : _____
i) La coordonnée de VII sur l'axe CD : _____
j) La coordonnée de VIII sur l'axe GH : _____
k) La coordonnée de IX sur l'axe AB : _____
l) La coordonnée de IX sur l'axe GH : _____
m) La coordonnée de X sur l'axe GH : _____
n) La coordonnée de XI sur l'axe CD : _____
o) La coordonnée de XI sur l'axe GH : _____
p) La coordonnée de XII sur l'axe GH : _____
q) La coordonnée de XIII sur l'axe CD : _____
r) La coordonnée de XIV sur l'axe AB : _____
s) La coordonnée de XV sur l'axe CD : _____

L'espace : l'axe et le plan cartésien

3. Dans ses temps libres, Sébastien s'adonne à l'héraldique, c'est-à-dire qu'il étudie les armoiries et les blasons des pays et des grandes familles de sang royal. Afin de découvrir l'animal emblématique de la Grande-Bretagne, marque d'un point chacune des coordonnées ci-dessous, puis relie-les par un trait dans l'ordre.

A (−3 −6)	B (−3 −7)	C (−5 −7)	D (−8 −4)	E (−8 −2)	F (−11 −3)
G (−12 −5)	H (−10 −7)	I (−12 −7)	J (−13 −6)	K (−13 −3)	L (−11 0)
M (−10 3)	N (−15 −1)	O (−17 −1)	P (−17 1)	Q (−16 1)	R (−15 0)
S (−13 1)	T (−8 7)	U (−5 8)	V (2 7)	W (4 7)	X (6 9)
Y (9 9)	Z (7 10)	A2 (10 10)	B2 (9 11)	C2 (12 11)	D2 (15 9)
E2 (17 9)	F2 (18 8)	G2 (17 7)	H2 (17 6)	I2 (16 7)	J2 (15 5)
K2 (17 4)	L2 (16 3)	M2 (14 4)	N2 (13 2)	O2 (11 1)	P2 (12 0)
Q2 (9 −1)	R2 (11 −1)	S2 (8 −2)	T2 (8 −1)	U2 (7 −2)	V2 (8 −6)
W2 (9 −6)	X2 (10 −7)	Y2 (7 −7)	Z2 (5 −2)	A3 (4 −4)	B3 (4 −6)
C3 (5 −6)	D3 (6 −7)	E3 (3 −7)	F3 (3 −1)	G3 (0 −1)	H3 (−3 1)
I3 (−5 1)	J3 (−5 −1)	K3 (−6 −3)	L3 (−6 −4)	M3 (−4 −6)	A (−3 −6)

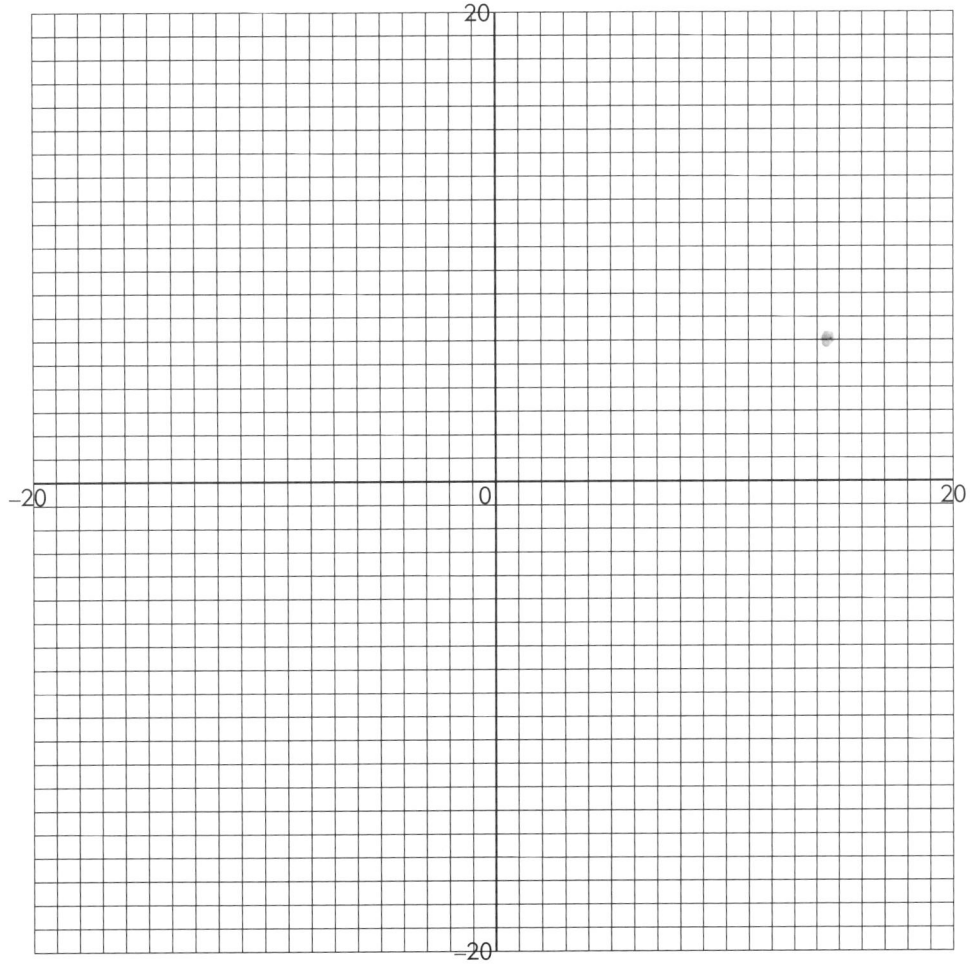

Réponse : L'animal emblématique de la Grande-Bretagne est _____.

L'espace : l'axe et le plan cartésien

4. Lorsqu'un orage approche et que le vent se met à tourbillonner, la girouette qui est juchée sur le clocher de l'église se met à tournoyer. Observe la figure du quadrant 2, puis reproduis-la par réflexion dans les quadrants 1, 3 et 4, et ce, en indiquant les nouvelles coordonnées de chaque nouvelle figure.

Coordonnées de la figure du quadrant 1 :

A (___, ___), B (___, ___), C (___, ___), D (___, ___),
E (___, ___), F (___, ___), G (___, ___), H (___, ___),
I (___, ___), J (___, ___), K (___, ___), L (___, ___),
M (___, ___), N (___, ___), O (___, ___), P (___, ___),
Q (___, ___), R (___, ___), S (___, ___), T (___, ___),
U (___, ___), V (___, ___), W (___, ___), X (___, ___), Y (___, ___), Z (___, ___),
A2 (___, ___), B2 (___, ___), C2 (___, ___), D2 (___, ___), E2 (___, ___), F2 (___, ___),
G2 (___, ___), H2 (___, ___), I2 (___, ___), J2 (___, ___), K2 (___, ___), L2 (___, ___),
M2 (___, ___), N2 (___, ___), O2 (___, ___), P2 (___, ___), Q2 (___, ___), R2 (___, ___),
S2 (___, ___), T2 (___, ___), U2 (___, ___), V2 (___, ___)

Coordonnées de la figure du quadrant 3 :

A (___, ___), B (___, ___), C (___, ___), D (___, ___), E (___, ___), F (___, ___), G (___, ___),
H (___, ___), I (___, ___), J (___, ___), K (___, ___), L (___, ___), M (___, ___), N (___, ___),
O (___, ___), P (___, ___), Q (___, ___), R (___, ___), S (___, ___), T (___, ___), U (___, ___),
V (___, ___), W (___, ___), X (___, ___), Y (___, ___), Z (___, ___), A2 (___, ___),
B2 (___, ___), C2 (___, ___), D2 (___, ___), E2 (___, ___), F2 (___, ___), G2 (___, ___),
H2 (___, ___), I2 (___, ___), J2 (___, ___), K2 (___, ___), L2 (___, ___), M2 (___, ___),
N2 (___, ___), O2 (___, ___), P2 (___, ___), Q2 (___, ___), R2 (___, ___), S2 (___, ___),
T2 (___, ___), U2 (___, ___), V2 (___, ___)

Coordonnées de la figure du quadrant 4 :

A (___, ___), B (___, ___), C (___, ___), D (___, ___), E (___, ___), F (___, ___), G (___, ___),
H (___, ___), I (___, ___), J (___, ___), K (___, ___), L (___, ___), M (___, ___), N (___, ___),
O (___, ___), P (___, ___), Q (___, ___), R (___, ___), S (___, ___), T (___, ___), U (___, ___),
V (___, ___), W (___, ___), X (___, ___), Y (___, ___), Z (___, ___), A2 (___, ___),
B2 (___, ___), C2 (___, ___), D2 (___, ___), E2 (___, ___), F2 (___, ___), G2 (___, ___),
H2 (___, ___), I2 (___, ___), J2 (___, ___), K2 (___, ___), L2 (___, ___), M2 (___, ___),
N2 (___, ___), O2 (___, ___), P2 (___, ___), Q2 (___, ___), R2 (___, ___), S2 (___, ___),
T2 (___, ___), U2 (___, ___), V2 (___, ___)

Mathématique

L'espace : l'axe et le plan cartésien

5. Au cours d'un périple en Australie, Thomas a pratiqué son activité préférée dans la Grande Barrière de corail : la plongée sous-marine. Il en a profité pour observer le paysage exotique, mais aussi les poissons tropicaux. Trouve les coordonnées des **67** points qui ont servi à réaliser le dessin de l'homme-grenouille.

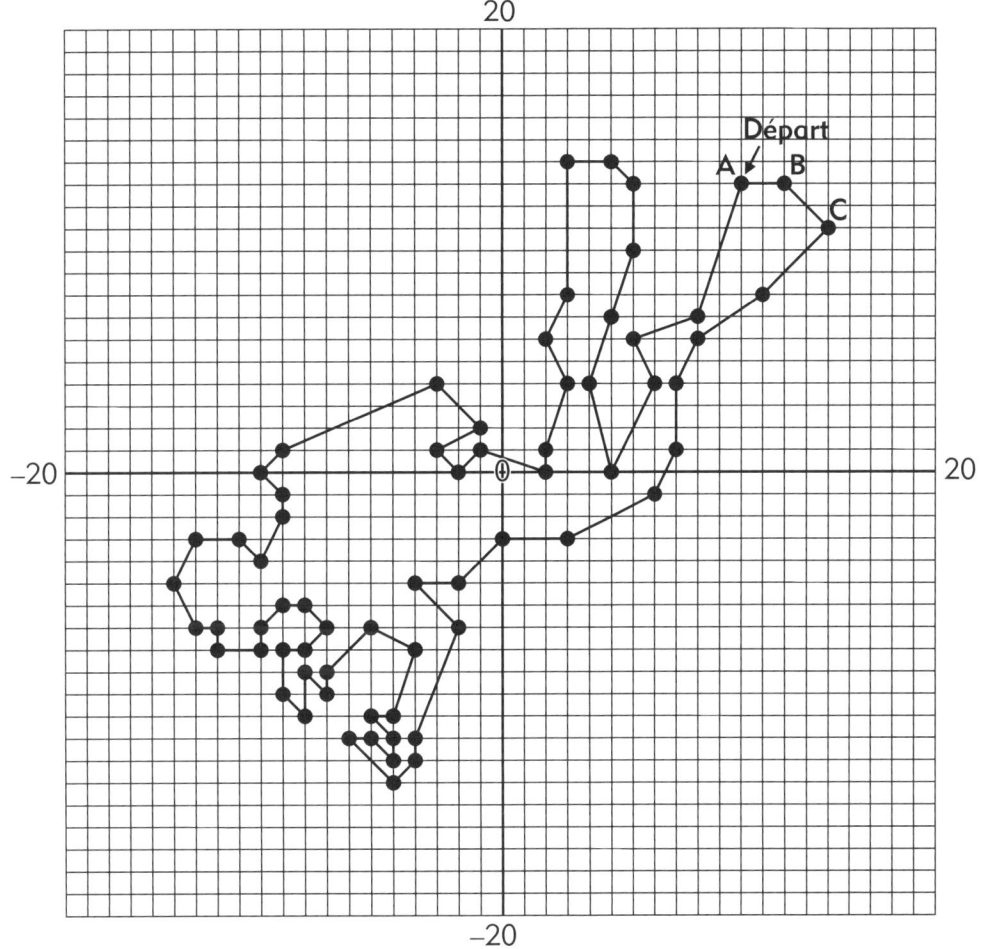

A (___, ___), B (___, ___), C (___, ___), D (___, ___), E (___, ___), F (___, ___), G (___, ___),
H (___, ___), I (___, ___), J (___, ___), K (___, ___), L (___, ___), M (___, ___), N (___, ___),
O (___, ___), P (___, ___), Q (___, ___), R (___, ___), S (___, ___), T (___, ___), U (___, ___),
V (___, ___), W (___, ___), X (___, ___), Y (___, ___), Z (___, ___), A2 (___, ___),
B2 (___, ___), C2 (___, ___), D2 (___, ___), E2 (___, ___), F2 (___, ___), G2 (___, ___),
H2 (___, ___), I2 (___, ___), J2 (___, ___), K2 (___, ___), L2 (___, ___), M2 (___, ___),
N2 (___, ___), O2 (___, ___), P2 (___, ___), Q2 (___, ___), R2 (___, ___), S2 (___, ___),
T2 (___, ___), U2 (___, ___), V2 (___, ___), W2 (___, ___), X2 (___, ___), Y2 (___, ___),
Z2 (___, ___), A3 (___, ___), B3 (___, ___), C3 (___, ___), D3 (___, ___), E3 (___, ___),
F3 (___, ___), G3 (___, ___), H3 (___, ___), I3 (___, ___), J3 (___, ___), K3 (___, ___),
L3 (___, ___), M3 (___, ___), N3 (___, ___), O3 (___, ___)

Mathématique

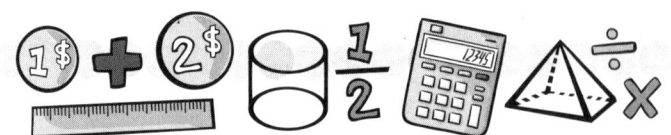

Les solides

1. **Atsuko pratique l'origami, un art japonais qui consiste à plier une feuille de papier pour en faire un animal, un objet, un personnage, etc. Avec ta règle, dessine le développement de chaque polyèdre.**

    Exemple :

    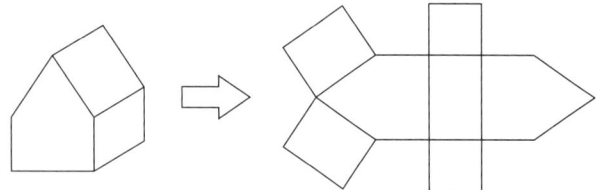

    a)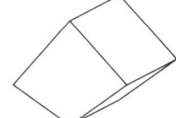

    b)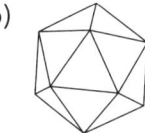

    c)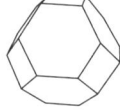

    d)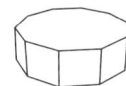

    e)

    f)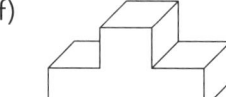

Les solides

2. Sur chaque feuille de papier construction, trace les figures planes que tu devrais découper pour assembler les polyèdres suivants.

a)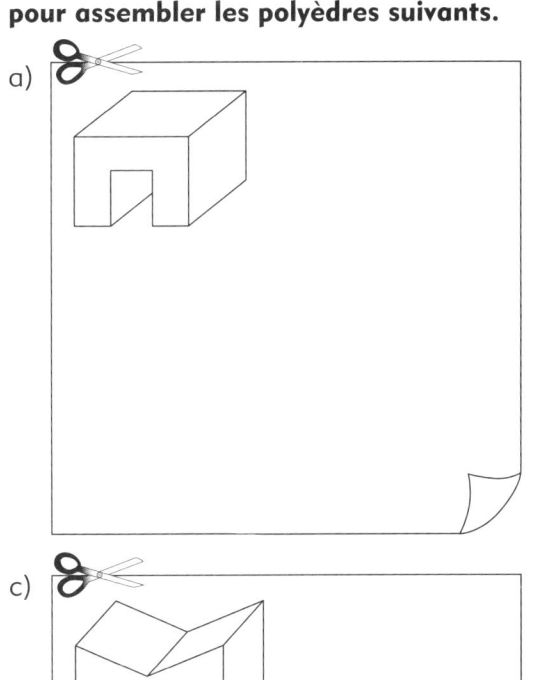

b)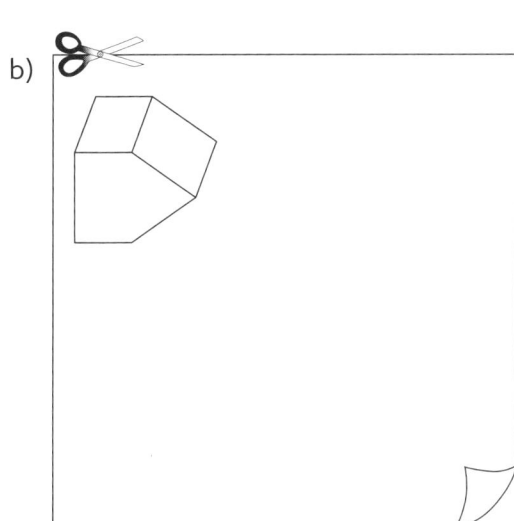

c)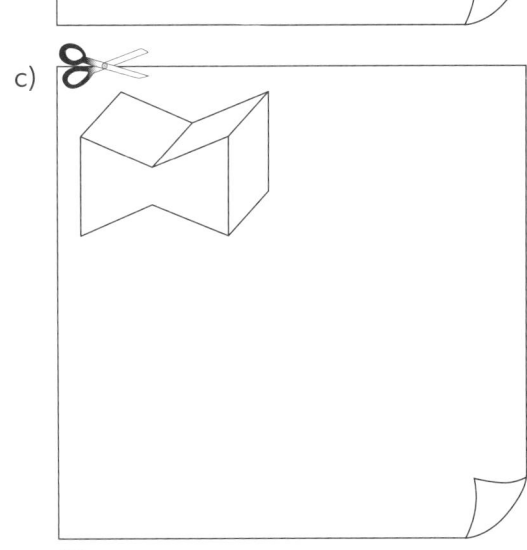

d)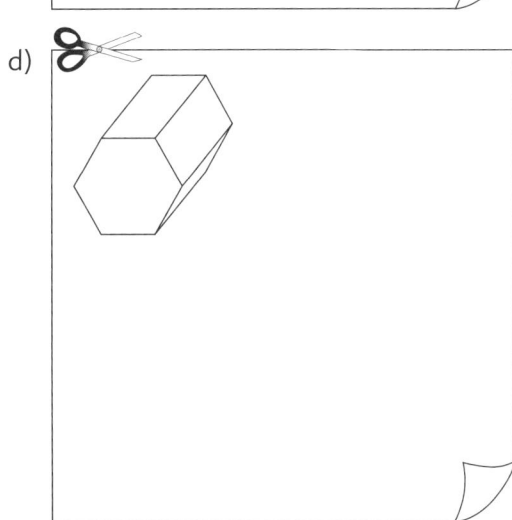

e)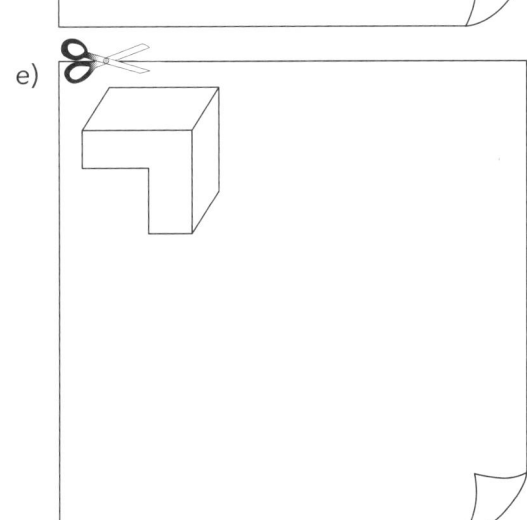

f)

Les solides

3. Un artiste-soudeur veut assembler des tiges de métal pour créer des structures qui seront exposées dans un parc de la ville. Indique le nombre d'arêtes et de sommets pour chaque polyèdre.

a)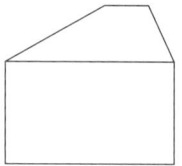

Arêtes : _____

Sommets : _____

b)

Arêtes : _____

Sommets : _____

c)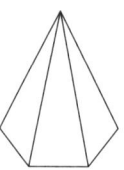

Arêtes : _____

Sommets : _____

d)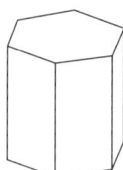

Arêtes : _____

Sommets : _____

e)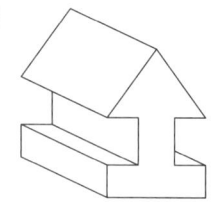

Arêtes : _____

Sommets : _____

f)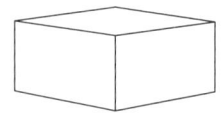

Arêtes : _____

Sommets : _____

g)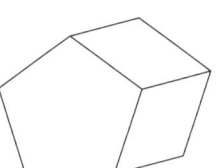

Arêtes : _____

Sommets : _____

h)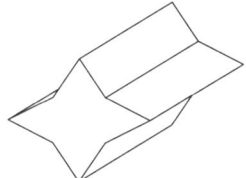

Arêtes : _____

Sommets : _____

i)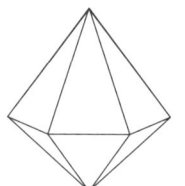

Arêtes : _____

Sommets : _____

j)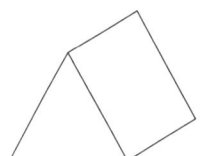

Arêtes : _____

Sommets : _____

k)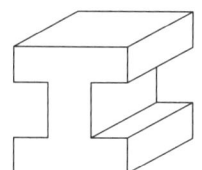

Arêtes : _____

Sommets : _____

l)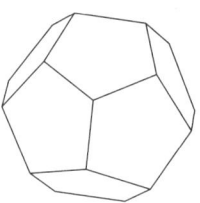

Arêtes : _____

Sommets : _____

m)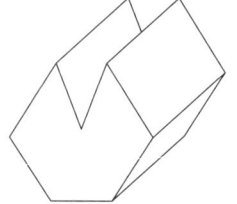

Arêtes : _____

Sommets : _____

n)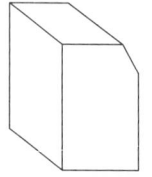

Arêtes : _____

Sommets : _____

o)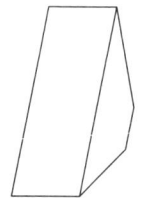

Arêtes : _____

Sommets : _____

p)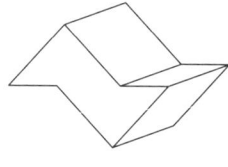

Arêtes : _____

Sommets : _____

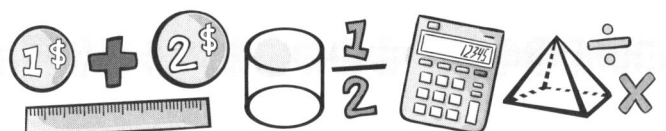

Les solides

4. Classifie les polyèdres selon leurs propriétés en inscrivant leur numéro dans le bon ensemble.

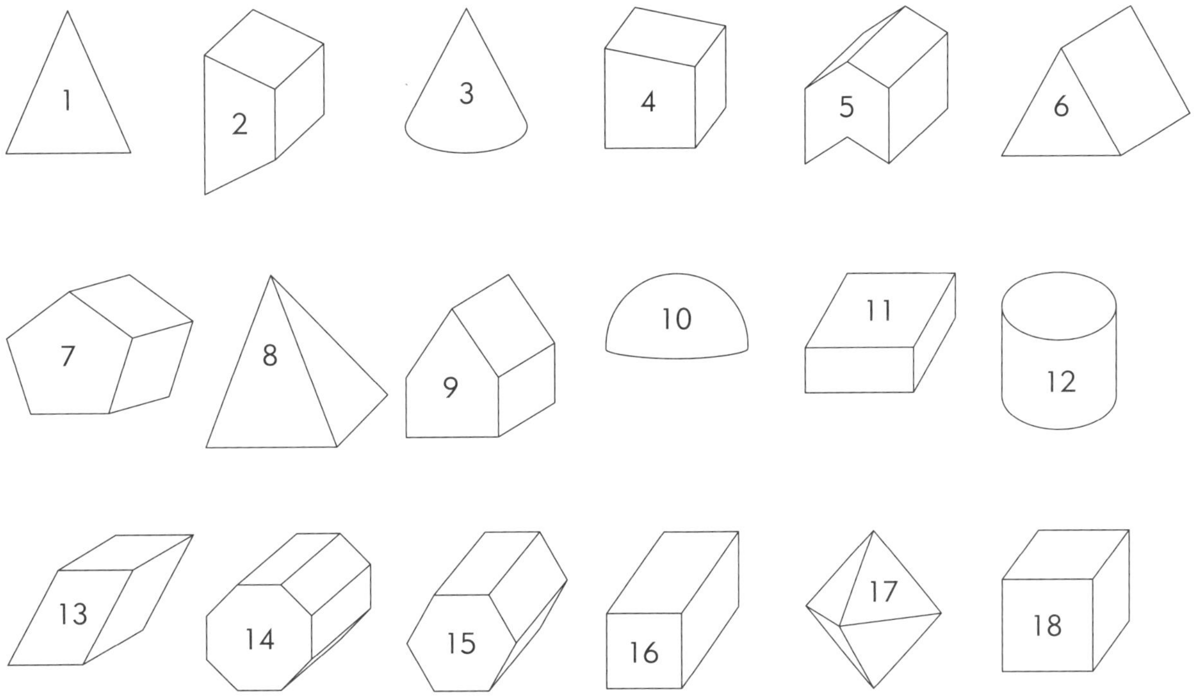

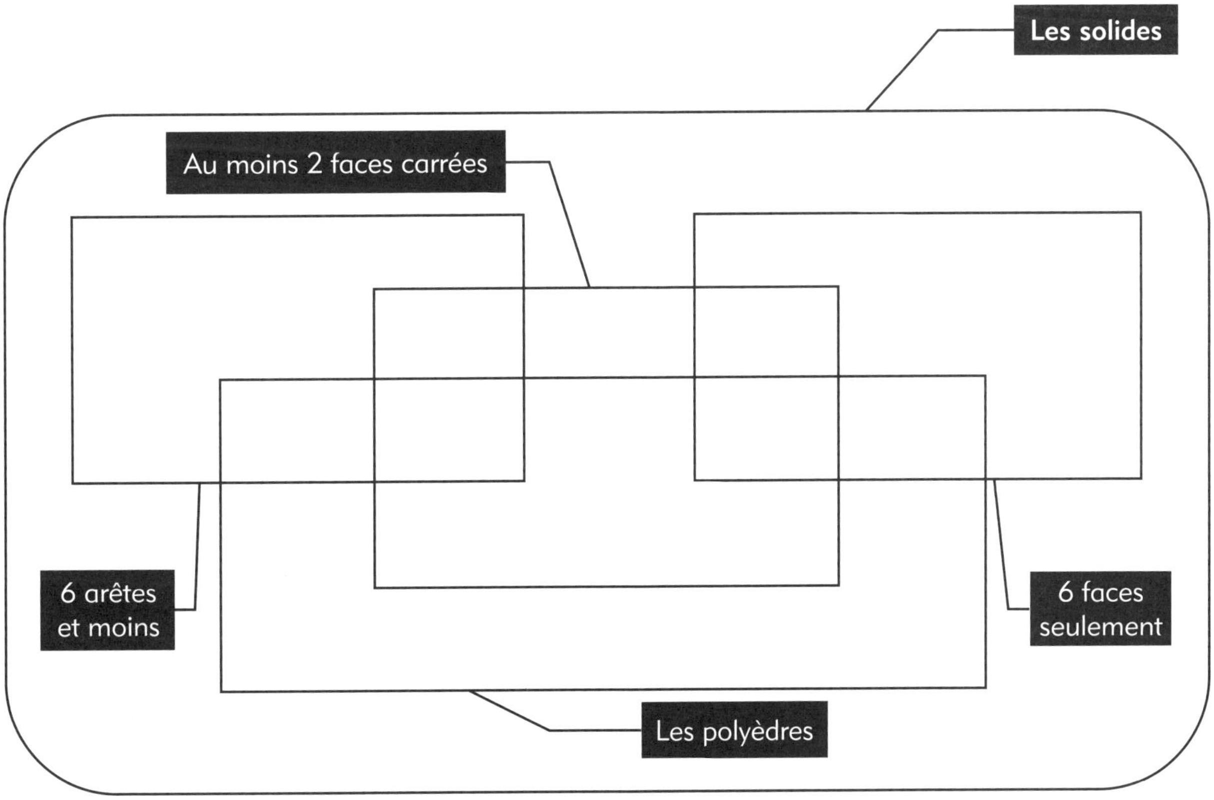

Les solides

5. Vérifie la validité de la relation d'Euler pour chacun des polyèdres avec des variantes de la formule.

a)    _____ sommets – _____ arêtes + _____ faces = _____

b) 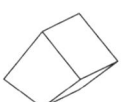   _____ arêtes + _____ = _____ sommets + _____ faces

c) 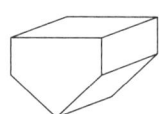   _____ sommets – _____ = _____ arêtes – _____ faces

d) 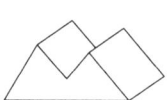   _____ sommets – _____ arêtes + _____ faces = _____

e) 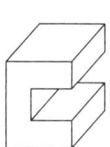   _____ arêtes + _____ = _____ sommets + _____ faces

f) 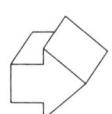   _____ sommets – _____ = _____ arêtes – _____ faces

g) 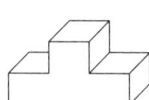   _____ sommets – _____ arêtes + _____ faces = _____

h) 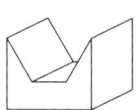   _____ arêtes + _____ = _____ sommets + _____ faces

i)    _____ sommets – _____ = _____ arêtes – _____ faces

j) 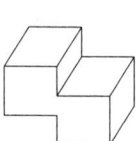   _____ sommets – _____ arêtes + _____ faces = _____

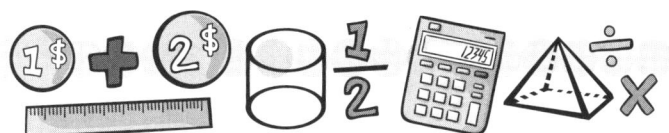

Les solides

6. Un briqueteur réalise une mosaïque dans le mur d'une maison en plaçant une brique en forme de cube, qu'il entoure de quatre briques en forme de prismes à base hexagonale. Dessine toutes les figures planes qui entrent dans la composition des polyèdres qui forment cette mosaïque.

Dessins des figures planes :

7. Des ingénieurs de l'Agence spatiale ont conçu une fusée pour transporter le premier vol habité vers la planète Mars. L'engin est formé de quatre prismes à base triangulaire (les propulseurs), d'un prisme à base octogonale (le réservoir à combustible) et d'une pyramide à base octogonale (la cabine des astronautes). Combien de faces, de sommets et d'arêtes la fusée comporte-t-elle en tout ?

Démarche :

Réponse : La fusée comporte _____ faces, _____ sommets et _____ arêtes en tout.

8. Un menuisier veut fabriquer une cabane en bois dans laquelle ses enfants pourront s'amuser. Pour assembler la structure, il a besoin de poutres en bois (les arêtes) à 25 $ l'unité, de fixations en acier (les sommets) à 8 $ l'unité et de panneaux en bois (les faces) à 12 $ l'unité. Observe les concepts de structures qui s'offrent au menuisier, puis détermine le coût global de chacun.

Concept A

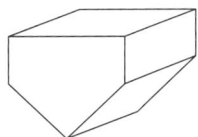

Coût global : _____ $

Concept B

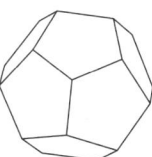

Coût global : _____ $

Concept C

Coût global : _____ $

Les solides

9. Indique le nombre de faces, d'arêtes et de sommets que possède chaque polyèdre.

a)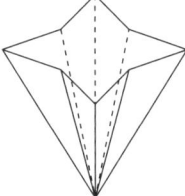

_____ faces

_____ arêtes

_____ sommets

b)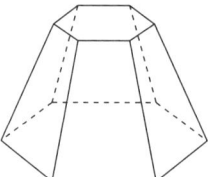

_____ faces

_____ arêtes

_____ sommets

c)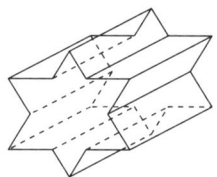

_____ faces

_____ arêtes

_____ sommets

d)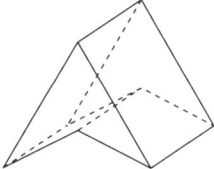

_____ faces

_____ arêtes

_____ sommets

e)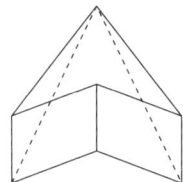

_____ faces

_____ arêtes

_____ sommets

f)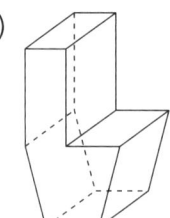

_____ faces

_____ arêtes

_____ sommets

g)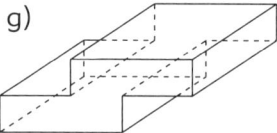

_____ faces

_____ arêtes

_____ sommets

h)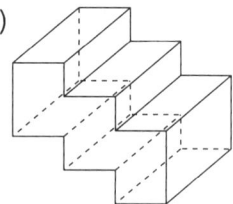

_____ faces

_____ arêtes

_____ sommets

10. Vérifie la validité de la relation d'Euler pour chacun des polyèdres.

a)  _____ faces + _____ sommets = _____ arêtes + 2

b) 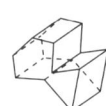 _____ faces + _____ sommets = _____ arêtes + 2

c)  _____ faces + _____ sommets = _____ arêtes + 2

d)  _____ faces + _____ sommets = _____ arêtes + 2

e)  _____ faces + _____ sommets = _____ arêtes + 2

Les figures planes

1. Dans l'assemblage de figures présenté ci-dessous, colorie en rouge les angles droits, en bleu les angles aigus, en vert les angles obtus et en mauve les angles rentrants.

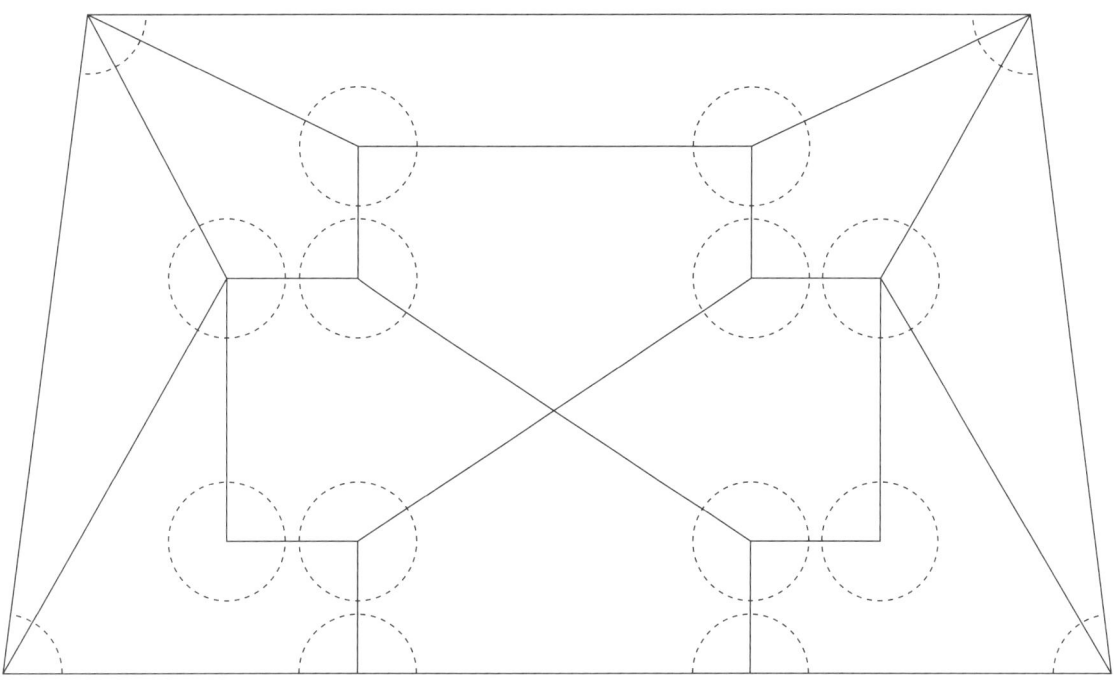

2. Un menuisier part en voyage avec ses équerres. Place la lettre associée à chaque triangle dans la bonne valise.

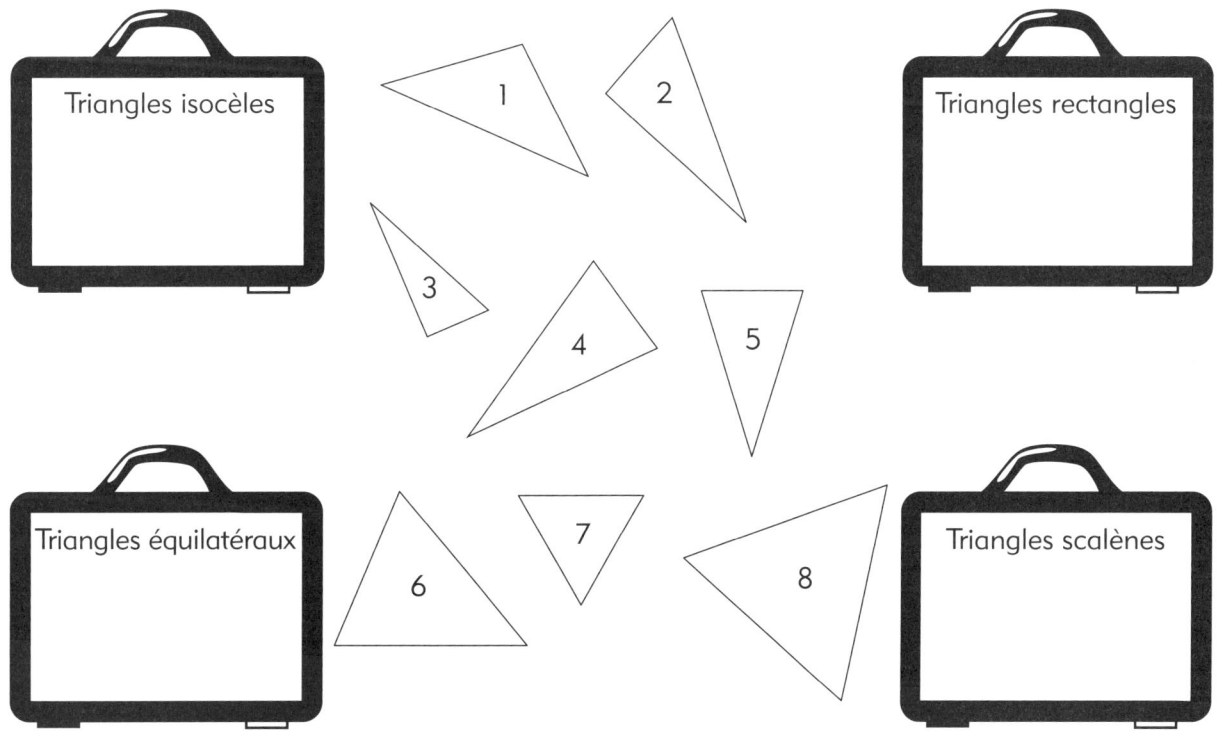

Mathématique 203

Les figures planes

3. Observe les axes ci-dessous, puis complète les phrases en utilisant les mots écrits sur la planchette (tu peux utiliser le même mot plusieurs fois).

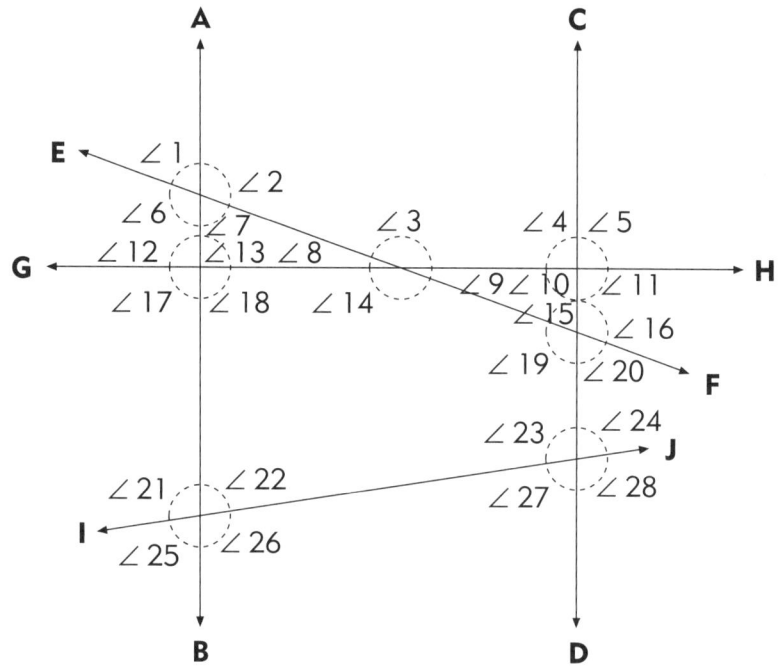

NOTE
Parallèles
Perpendiculaires
Supplémentaires
Adjacents
Alternes
Alternes internes
Alternes externes
Internes
Externes
Correspondants
Congruents
Opposés par le sommet

a) Les angles 10, 11, 23 et 24 sont des angles _____.

b) Les angles 23 et 24 sont des angles _____ et _____.

c) Les angles 16 et 19 sont des angles _____ et _____.

d) Les droites AB et CD sont des droites _____.

e) Les angles 18 et 21 sont des angles _____.

f) Les angles 1 et 8 sont des angles _____.

g) Les droites GH et CD sont des droites _____.

h) Les angles 5 et 16 sont des angles _____.

i) Les angles 12 et 26 sont des angles _____.

j) Les angles 10 et 11 sont des angles _____, _____ et _____.

k) Les angles 1, 2, 25 et 26 sont des angles _____.

l) Les angles 3 et 14 sont des angles _____ et _____.

Les figures planes

4. Le premier vol à bord d'une montgolfière a été effectué en 1783 par les frères Joseph et Étienne Montgolfier. À l'aide d'un compas et d'une règle graduée, dessine au-dessus de chaque nacelle un ballon circulaire dont le diamètre respecte la mesure indiquée. Trace ensuite en rouge la circonférence, en bleu le diamètre et en vert le rayon de chaque cercle. Indique enfin la mesure du rayon et de la circonférence (arrondie au centième près). Attention aux unités de mesure.

a) diamètre de 2,7 cm   b) diamètre de 0,018 m   c) diamètre de 0,44 dm

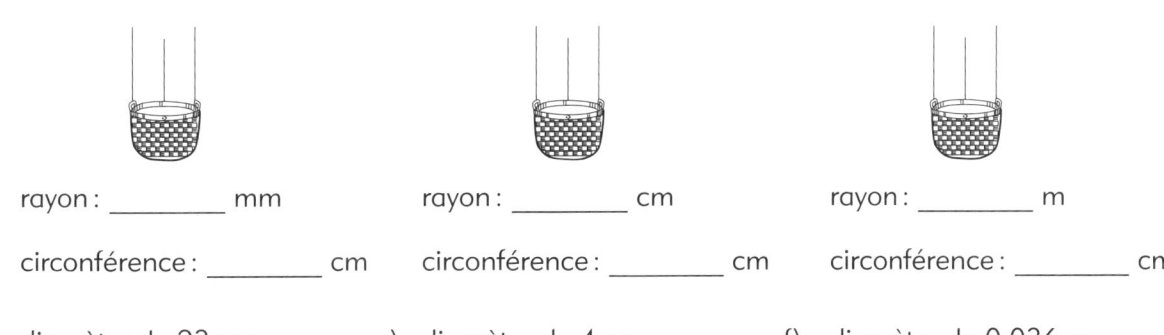

rayon : _____ mm   rayon : _____ cm   rayon : _____ m

circonférence : _____ cm   circonférence : _____ cm   circonférence : _____ cm

d) diamètre de 23 mm   e) diamètre de 4 cm   f) diamètre de 0,036 m

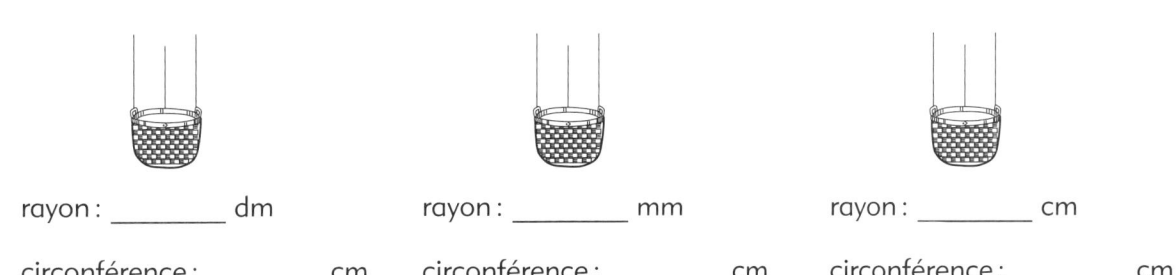

rayon : _____ dm   rayon : _____ mm   rayon : _____ cm

circonférence : _____ cm   circonférence : _____ cm   circonférence : _____ cm

Note : *La circonférence (périmètre d'un cercle) approximative s'obtient en multipliant le diamètre par 3,14.*

Mathématique 205

Les figures planes

5. Une roue de bicyclette est composée de plusieurs pièces, dont la jante (périphérie), le moyeu (centre) et les rayons (segments qui partent du centre et qui se rendent jusqu'en périphérie). Mesure chacun des angles formés par les rayons du cercle à l'aide d'un rapporteur.

a)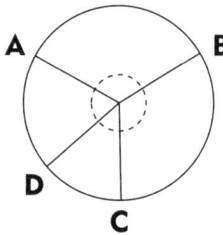

∠ formé par rayons A et B = _____ °

∠ formé par rayons B et C = _____ °

∠ formé par rayons C et D = _____ °

∠ formé par rayons D et A = _____ °

b)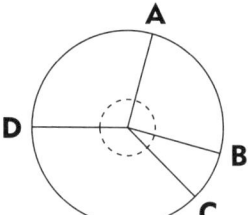

∠ formé par rayons A et B = _____ °

∠ formé par rayons B et C = _____ °

∠ formé par rayons C et D = _____ °

∠ formé par rayons D et A = _____ °

c)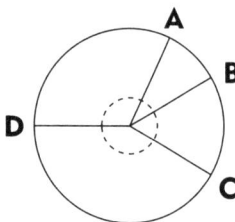

∠ formé par rayons A et B = _____ °

∠ formé par rayons B et C = _____ °

∠ formé par rayons C et D = _____ °

∠ formé par rayons D et A = _____ °

d)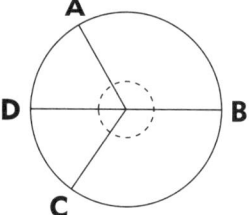

∠ formé par rayons A et B = _____ °

∠ formé par rayons B et C = _____ °

∠ formé par rayons C et D = _____ °

∠ formé par rayons D et A = _____ °

e)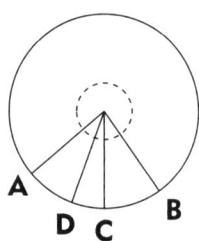

∠ formé par rayons A et B = _____ °

∠ formé par rayons B et C = _____ °

∠ formé par rayons C et D = _____ °

∠ formé par rayons D et A = _____ °

f)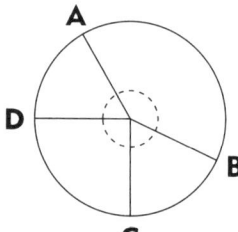

∠ formé par rayons A et B = _____ °

∠ formé par rayons B et C = _____ °

∠ formé par rayons C et D = _____ °

∠ formé par rayons D et A = _____ °

Les figures planes

6. **Trouve la mesure des angles à partir des indices, et ce, sans utiliser de rapporteur.**

a)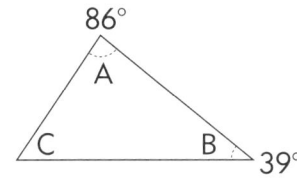

∠ C = _____ °

b)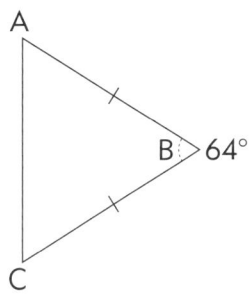

∠ A = _____ °

c)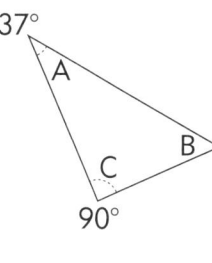

∠ B = _____ °

d)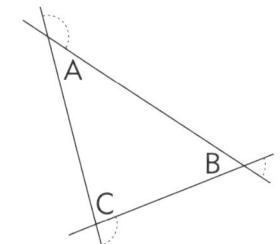

∠ A = _____ °
∠ B = _____ °
∠ C = _____ °

e)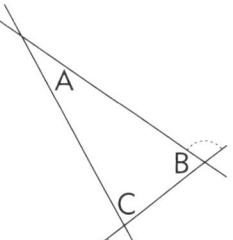

∠ A = _____ °
∠ B = _____ °
∠ C = _____ °

f)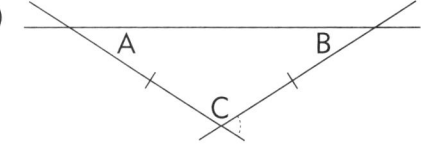

∠ A = _____ °
∠ B = _____ °
∠ C = _____ °

7. **Résous ces casse-tête mathématiques en laissant des traces de tes calculs.**

a) La somme des angles intérieurs d'un pentagone régulier est de 540°. En traçant un segment qui relie deux des angles, tu obtiens un triangle et un trapèze. Quelle est la mesure des angles du triangle?

Réponse : _____

b) La somme des angles intérieurs d'un hexagone régulier est de 720°. En traçant un segment qui relie chaque paire d'angles opposés, tu obtiens six triangles. Quelle est la mesure des angles du triangle placé à douze heures?

Réponse : _____

Les figures planes

8. **Décompose chaque *tangram* en y traçant avec ta règle des segments de droite, afin d'obtenir les figures planes demandées.**

   a) 4 triangles isocèles, 1 carré et 4 rectangles

   b) 2 triangles isocèles, 1 pentagone, 2 trapèzes et 1 carré

   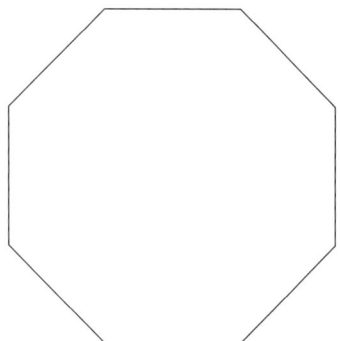
   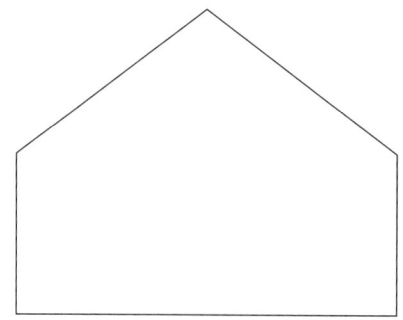

   c) 4 triangles rectangles et 4 quadrilatères irréguliers

   d) 1 hexagone régulier, 4 trapèzes et 4 triangles scalènes

   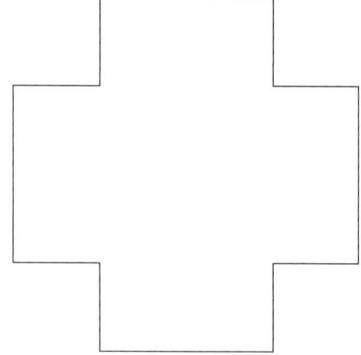

   e) 2 triangles équilatéraux, 4 triangles scalènes et 2 triangles isocèles

   f) 2 carrés, 2 triangles scalènes et 4 triangles rectangles

   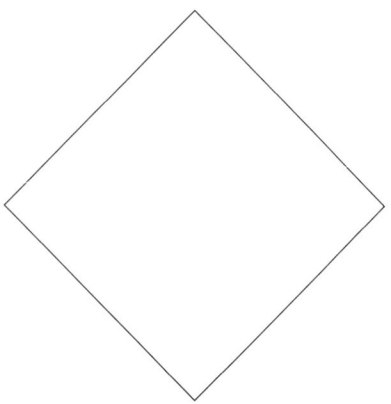
   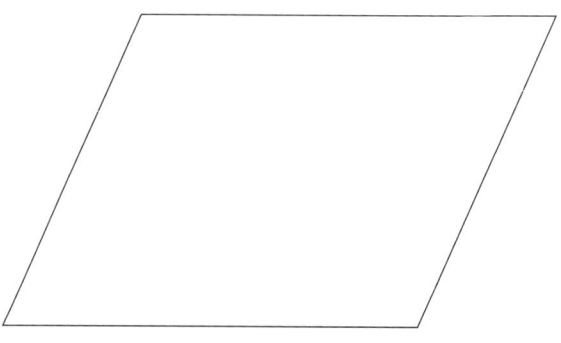

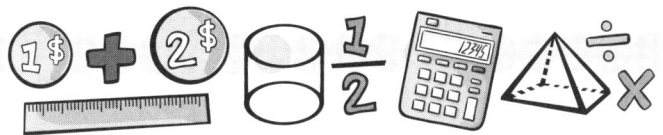

Les figures planes

9. Sur une horloge grand-père, l'aiguille qui marque les heures mesure 9,28 cm et est deux fois plus courte que celle qui marque les minutes. Si la base de l'aiguille des heures part du centre et se rend à mi-chemin de la périphérie du cadran de l'horloge, quel est le diamètre du cadran? Aussi, quelle est la mesure de l'angle tracé par la grande aiguille en 38 minutes, et quelle est la mesure de l'angle tracé par l'aiguille des heures après 5 heures?

    Démarche :

    Réponse : Le diamètre du cadran est de _____ cm; l'angle tracé par l'aiguille des minutes après 38 minutes est de _____ °; l'angle tracé par l'aiguille des heures après 5 heures est de _____ °.

10. Le volant de la voiture de Fabrice a un diamètre de 36,7 cm. Si le diamètre du cerceau de Mathilde est 4,5 fois plus grand que celui du volant de la voiture de Fabrice, quelle est la mesure du rayon du cerceau de Mathilde? Arrondis ta réponse au dixième près.

    Démarche :

    Réponse : Le rayon du cerceau de Mathilde mesure _____ cm.

11. Philippe est architecte sur un chantier. Il dessine un hexagone aux côtés congrus, puis il trace quatre segments de droite qui partent du centre et se rendent au pourtour de la figure. Il trace par le fait même quatre figures, dont un parallélogramme et deux trapèzes congrus (possédant chacun un angle droit). Trouve le nom précis de la quatrième figure, puis indique la mesure de chacun de ses angles.

    Démarche :

    Réponse : Le nom précis de la figure est _____ et ses angles mesurent chacun _____ °.

Les frises et les dallages

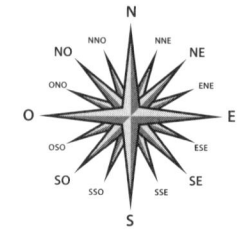

1. Avec du papier-calque et en t'aidant de la rose des vents, reproduis les frises par translation à partir du point déterminé par la lettre A. Marque ensuite le point d'arrivée de la lettre B.

   a) Translation de 3,5 cm vers l'est-sud-est

   b) Translation de 5,7 cm vers l'ouest-sud-ouest

   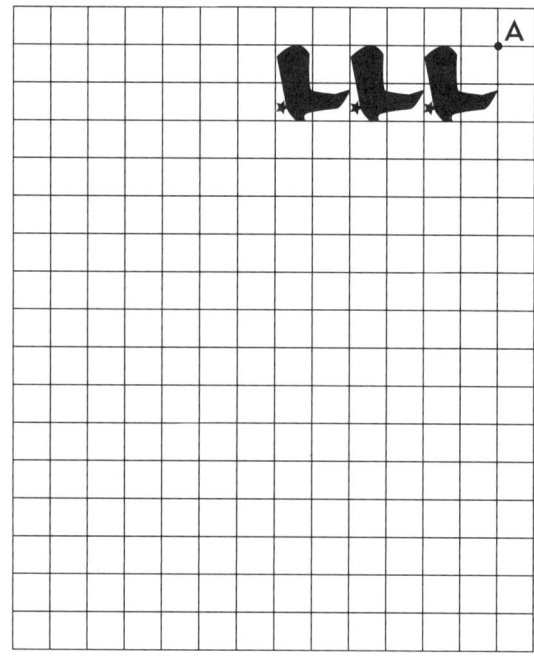

   c) Translation de 3,3 cm vers le sud-sud-ouest

   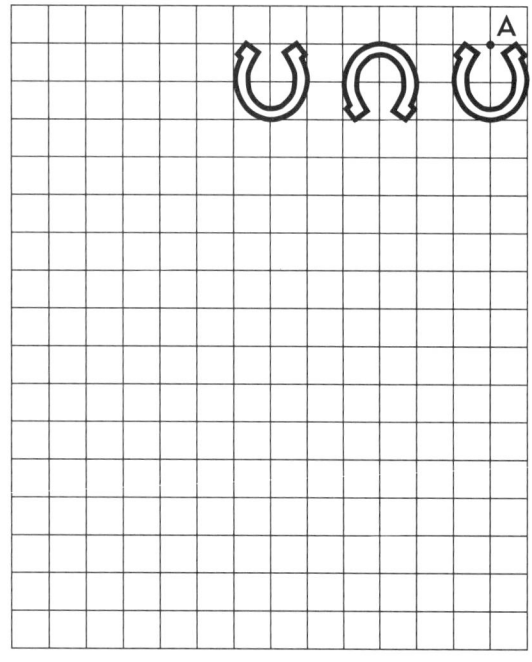

   d) Translation de 2,9 cm vers le nord-nord-est

   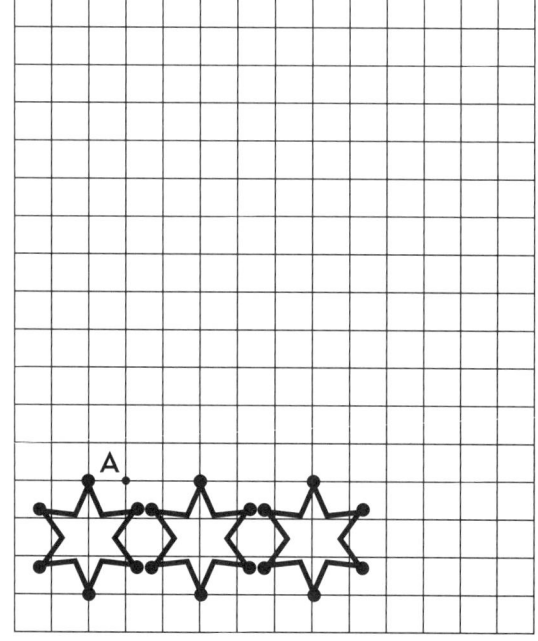

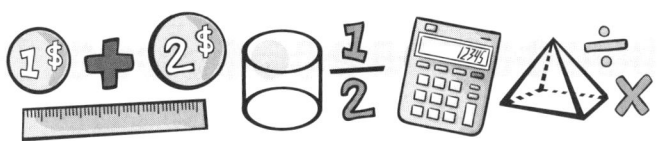

Les frises et les dallages

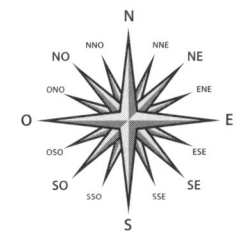

2. Avec du papier-calque et en t'aidant de la rose des vents, reproduis les dallages par translation à partir du point déterminé par la lettre A. Marque ensuite le point d'arrivée par la lettre B.

a) Translation de 3,3 cm vers l'est-nord-est

b) Translation de 5,9 cm vers l'ouest-sud-ouest

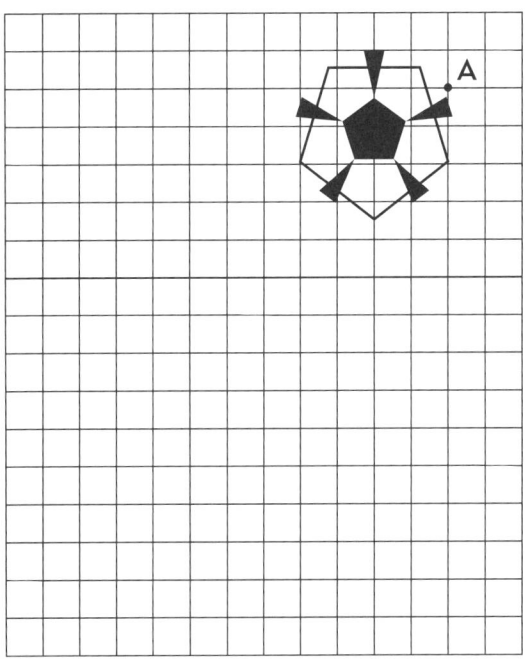

c) Translation de 4,6 cm vers l'ouest-nord-ouest

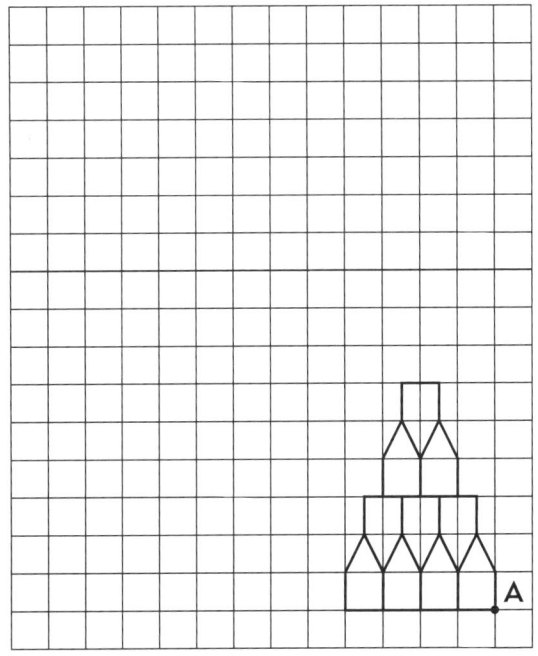

d) Translation de 5 cm vers l'est-sud-est

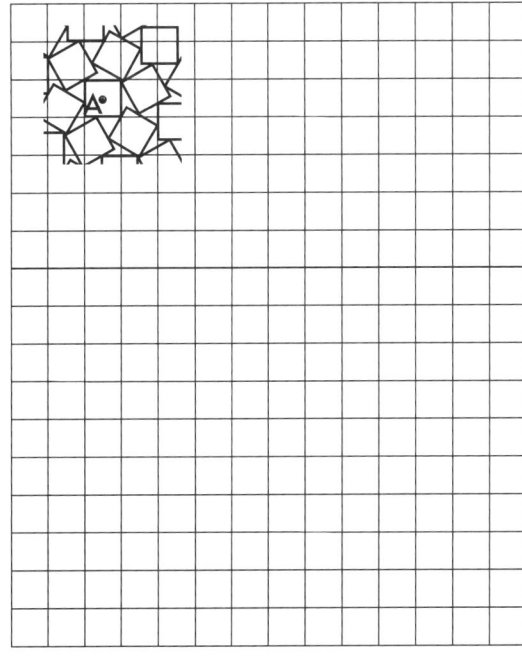

Mathématique 211

Les frises et les dallages

3. Observe chacune des frises qui a subi une translation du point de départ marqué d'un A au point d'arrivée marqué d'un B, puis décris cette translation en indiquant la mesure (à l'aide d'une règle) et la direction de la flèche (à l'aide de la rose des vents).

a) Les coqs : _____ cm vers _____.

b) Les ovnis : _____ cm vers _____.

c) Les cornets : _____ cm vers _____.

d) Les pommes : _____ cm vers _____.

e) Les trèfles : _____ cm vers _____.

f) Les balles : _____ cm vers _____.

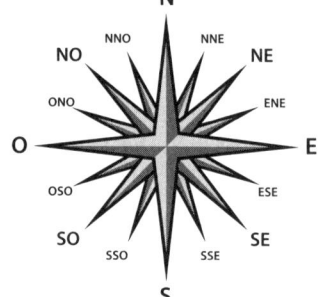

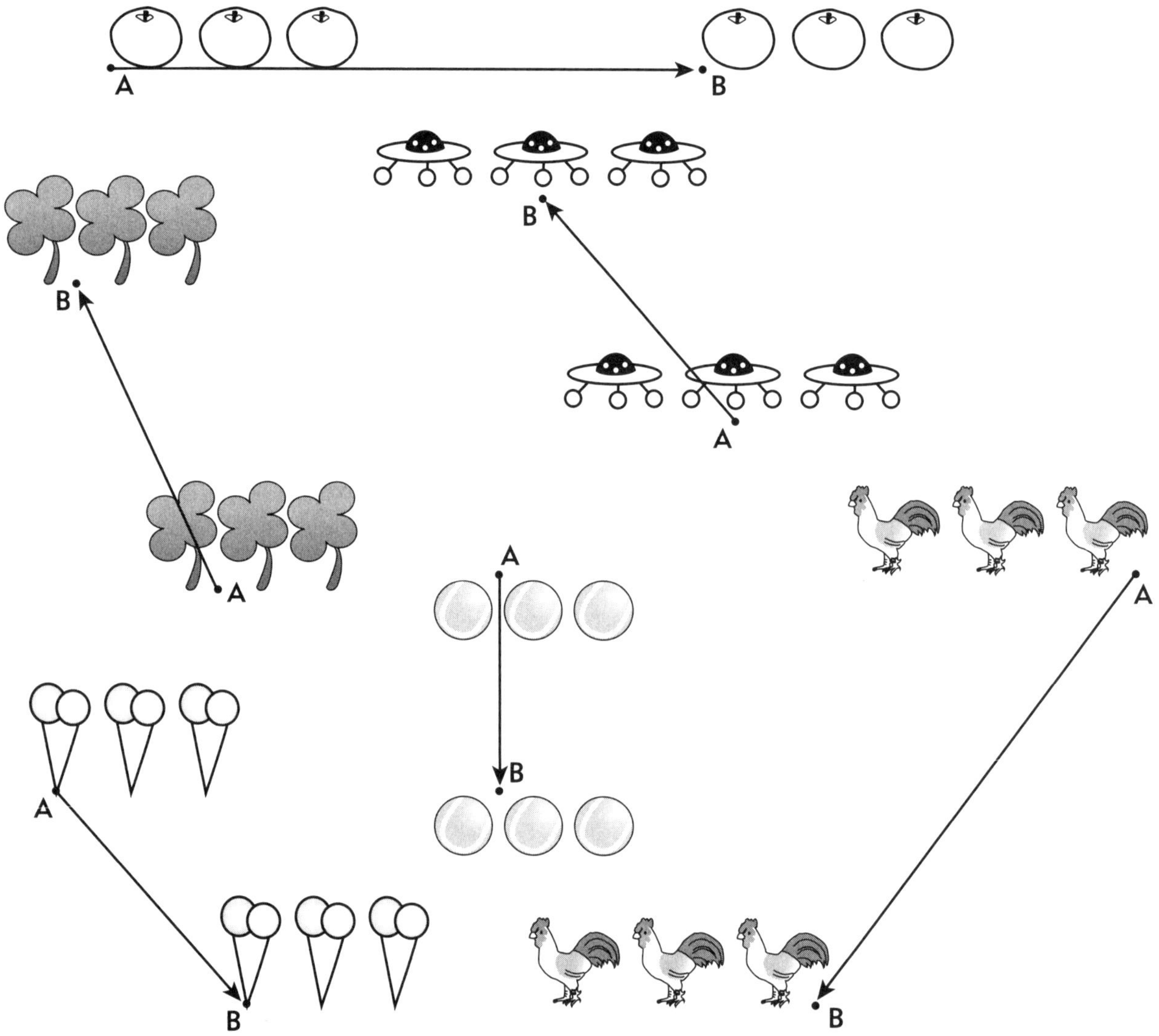

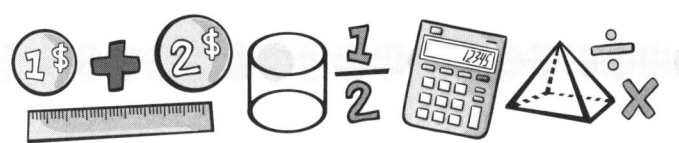

Les frises et les dallages

4. Certains végétaux font du phototropisme, c'est-à-dire qu'ils croissent ou qu'ils pivotent vers une source de lumière. Reproduis la plante représentée par une frise en lui faisant subir les translations demandées et en considérant que le point de départ est marqué d'une étoile. Dessine ensuite un soleil juste au-dessus de la plante à son point d'arrivée.

a) 18 cases vers le nord

b) 22 cases vers l'ouest

c) 15 cases vers le sud

d) 9 cases vers l'est

e) 6 cases vers l'est

f) 17 cases vers le nord

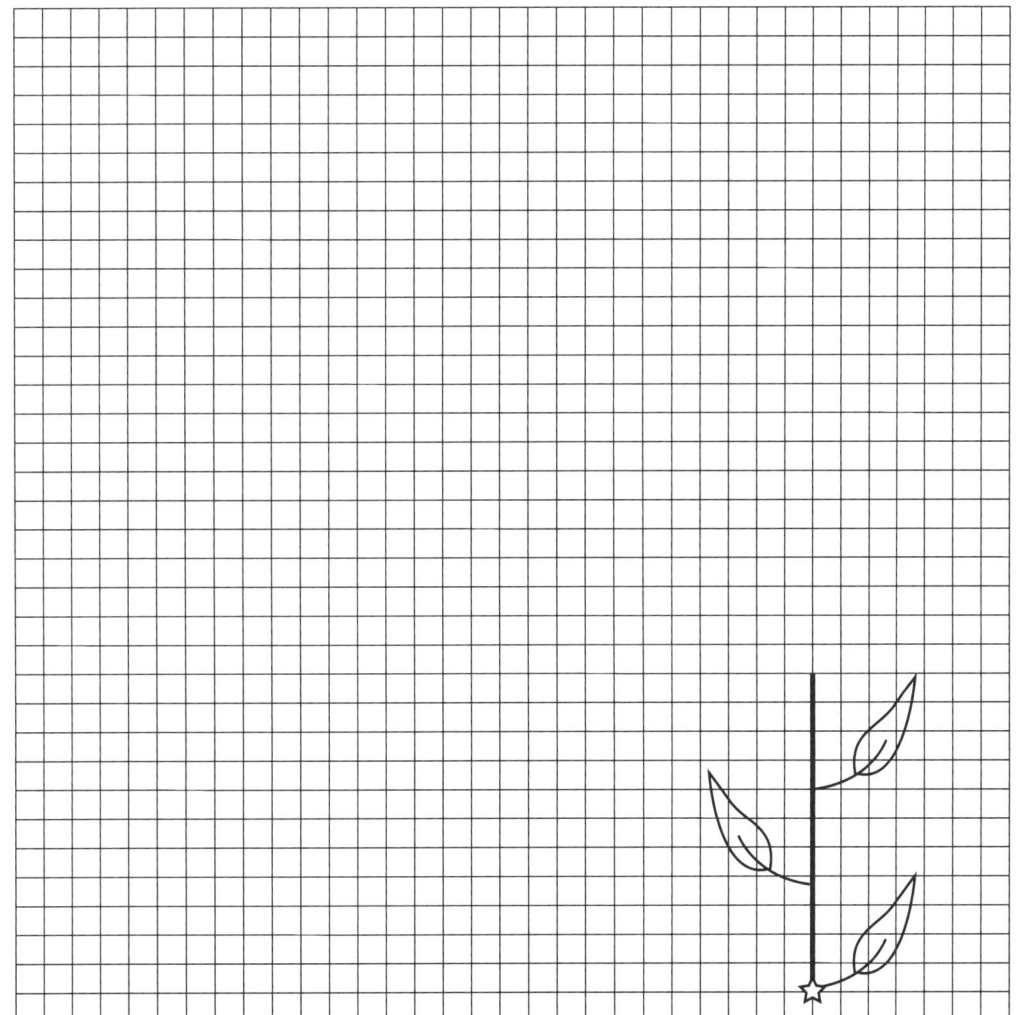

Mathématique 213

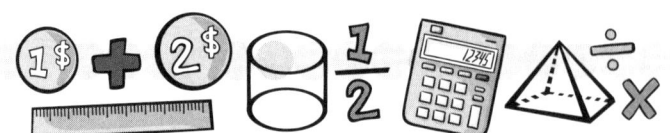

La mesure des longueurs

1. **Compare les différentes mesures à l'aide des symboles <, > ou =.**

   a) 730 mm _____ 7,3 dm   b) 0,059 km _____ 590 cm

   c) 482 cm _____ 48,2 m   d) 360 dm _____ 0,36 km

   e) 6,05 m _____ 6050 mm   f) 87,2 cm _____ 872 dm

   g) 379,8 dm _____ 3798 mm   h) 4590 m _____ 0,459 km

   i) 5060 mm _____ 5,06 dm   j) 2633 cm _____ 26,33 m

   k) 0,819 m _____ 8190 mm   l) 7552 mm _____ 75,52 dm

2. **Résous les équations en tenant compte des unités de mesure.**

   a) 0,487 m + 76 cm = _____ dm   b) 925 mm − 3,8 dm = _____ cm

   c) 5,23 dm × 9 = _____ m   d) 431,4 cm ÷ 3 = _____ mm

   e) 94,7 cm + 2,08 dm = _____ mm   f) 6,7 dm − 0,48 m = _____ cm

   g) 0,58 m × 5 = _____ cm   h) 2,499 m ÷ 7 = _____ dm

   i) 64 cm + 8793 mm = _____ dm   j) 3,2 m − 95 cm = _____ mm

   k) 739 mm × 4 = _____ cm   l) 858 dm ÷ 6 = _____ m

3. **Observe la figure ci-dessous, puis réponds aux questions en t'aidant des indices. Attention aux unités de mesure !**

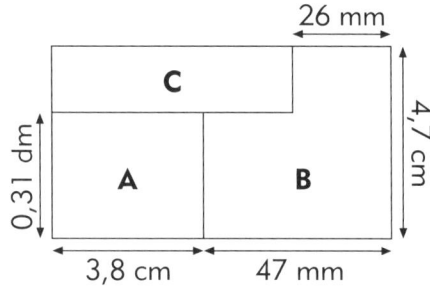

   a) Quel est le périmètre de la figure A ? _____ cm

   b) Quel est le périmètre de la figure B ? _____ dm

   c) Quel est le périmètre de la figure C ? _____ mm

   d) Quel est le périmètre de l'ensemble ? _____ m

La mesure des longueurs

4. Lorsqu'elle va à la pêche sur la glace, Karine utilise comme appâts des vers qu'elle suspend au bout d'un hameçon. Utilise une ficelle et superpose-la à chaque ver, puis coupe-la avec des ciseaux. Place-la ensuite le long d'une règle graduée pour mesurer sa longueur. Attention aux unités de mesure et à l'échelle !

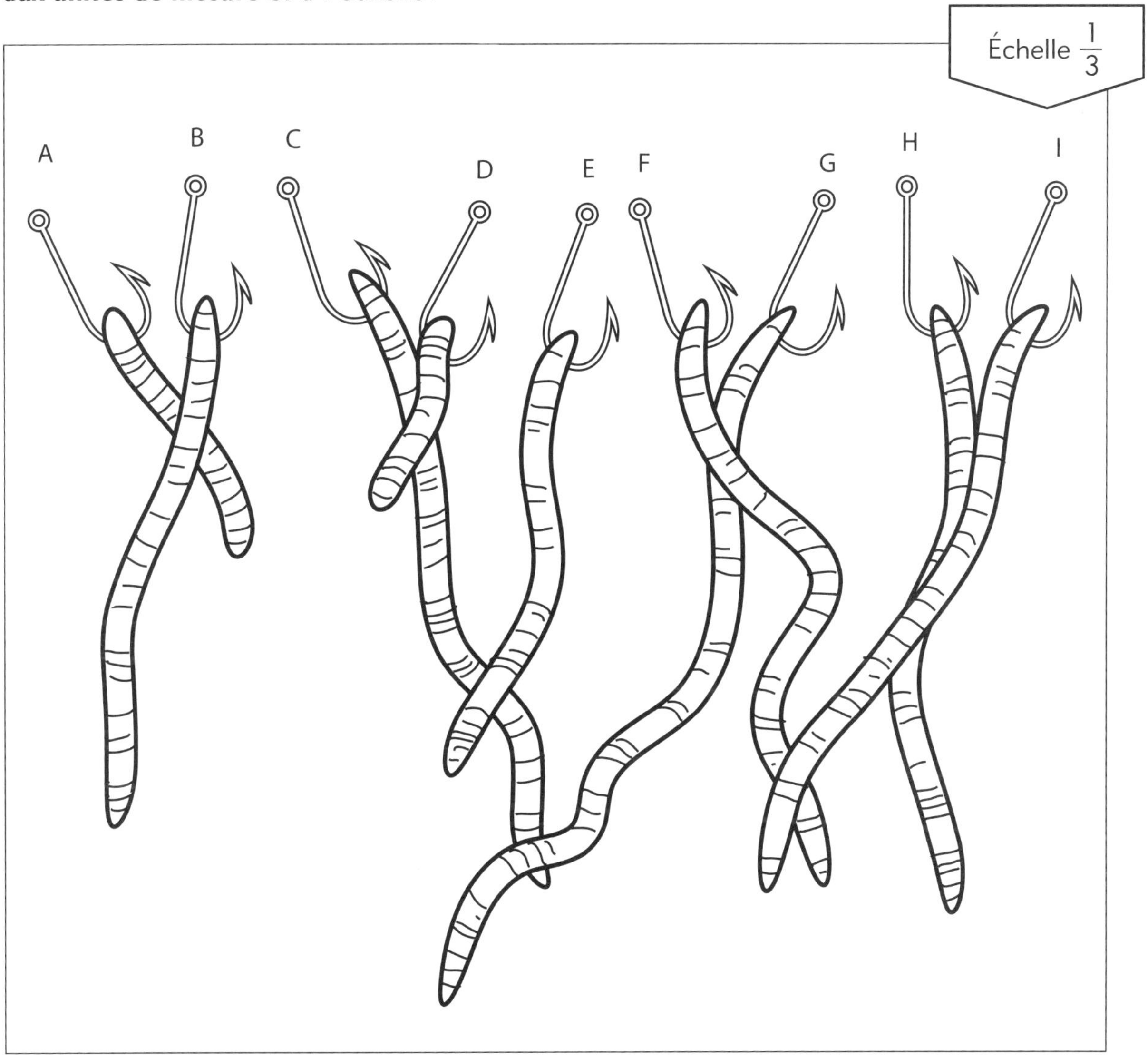

Échelle $\frac{1}{3}$

a) _____ dm   b) _____ cm   c) _____ m

d) _____ mm   e) _____ m   f) _____ dm

g) _____ cm   h) _____ mm   i) _____ cm

La mesure des longueurs

5. Au pied des Rocheuses, un téléphérique relie un hôtel de luxe au sommet d'une montagne où a été aménagé un belvédère qui offre aux touristes ont une vue imprenable sur le paysage. Les cabines suspendues à des câbles aériens effectuent quotidiennement environ 27 allers-retours. Quelle distance en <u>kilomètres</u> chaque cabine de téléphérique franchit-elle chaque jour si la montée équivaut à 839 <u>mètres</u>? Arrondis ta réponse au dixième près.

   Démarche :

   Réponse : Chaque cabine franchit _____ kilomètres par jour.

6. Après avoir visité la Grande Muraille de Chine, Justin a eu un éclair de génie : il souhaite construire des fortifications autour de son terrain. Si son terrain mesure 58 <u>mètres</u> de long sur 42 <u>mètres</u> de large et qu'il doit placer un à la suite de l'autre des blocs de pierre mesurant chacun 2,5 <u>décimètres</u>, de combien de blocs de pierre Justin aura-t-il besoin pour entourer son terrain ?

   Démarche :

   Réponse : Justin aura besoin de _____ blocs de pierre pour entourer son terrain.

7. Si l'on détricotait le chandail de laine que la grand-mère de David lui a tricoté pour son anniversaire pour n'obtenir qu'un seul brin continu, celui-ci mesurerait environ 5,88 <u>mètres</u> de long. Si l'on démantelait la toile d'une araignée pour n'obtenir qu'un seul fil continu, celui-ci mesurerait 3 fois la longueur du brin de laine. Enfin, si l'on déroulait le mince fil qui entoure le cocon du ver à soie, celui-ci mesurerait 34 fois la longueur du fil d'araignée. Combien de <u>centimètres</u> le fil de soie mesurerait-il si on le déroulait ?

   Démarche :

   Réponse : Si l'on déroulait le fil de soie, celui-ci mesurerait _____ centimètres.

8. Trois voitures roulent sur une autoroute. La première roule à une vitesse d'environ 96 km/h. La deuxième atteint une vitesse égale à 125 % de celle de la première. Enfin, la troisième roule à une vitesse égale à 74 % de la deuxième. Après 45 minutes, quelle distance la troisième voiture a-t-elle parcourue ? Arrondis ta réponse à l'unité près.

   Démarche :

   Réponse : La troisième voiture a parcouru une distance de _____ km après 45 minutes.

La mesure des longueurs

9. Connais-tu la légende grecque du Minotaure ? Le Minotaure était une bête mythique au corps d'homme et à la tête de taureau. Il était emmuré dans un labyrinthe et dévorait les prisonniers que le roi de Cnossos lui envoyait. Décris chacune des étapes du trajet que doit emprunter le héros Thésée pour traverser le labyrinthe et vaincre le Minotaure, et ce, en mesurant chaque segment du sentier avec ta règle et en indiquant sa direction à partir des points cardinaux de la rose des vents.

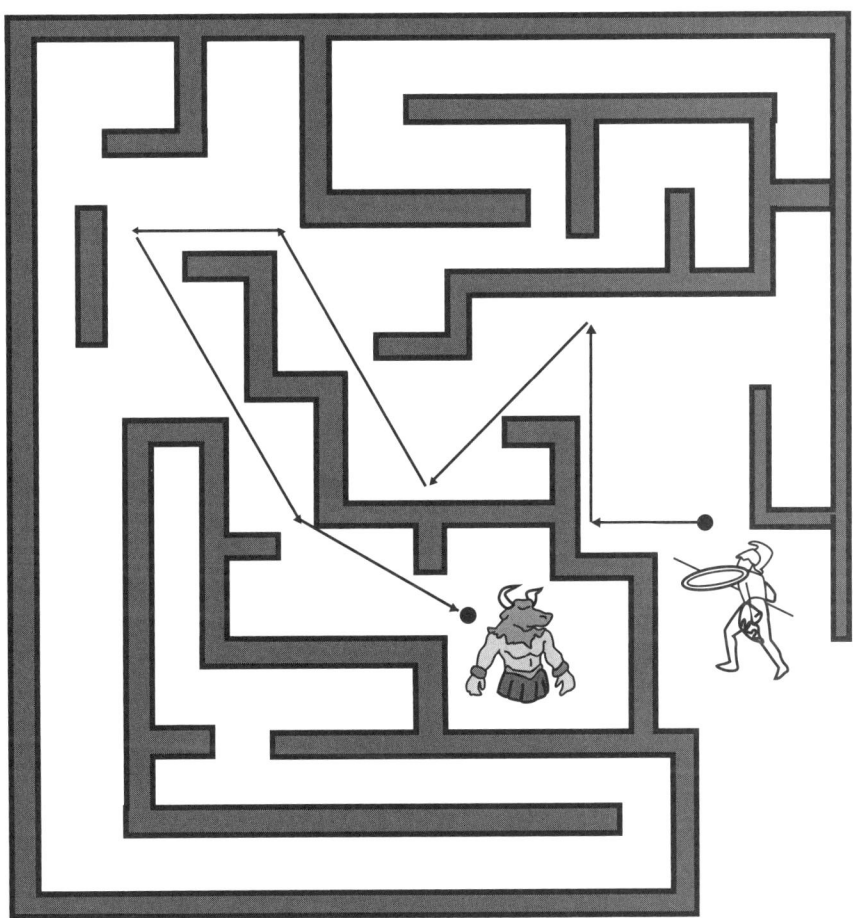

Étape 1 : Avancer de _____ cm vers _____.

Étape 2 : Avancer de _____ cm vers _____.

Étape 3 : Avancer de _____ cm vers _____.

Étape 4 : Avancer de _____ cm vers _____.

Étape 5 : Avancer de _____ cm vers _____.

Étape 6 : Avancer de _____ cm vers _____.

Étape 7 : Avancer de _____ cm vers _____.

La mesure des angles

1. Mesure les angles de chaque figure à l'aide d'un rapporteur.

a)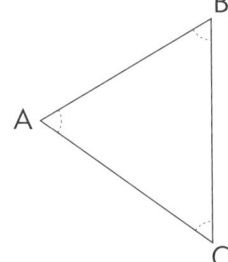

∠ A = _____ °

∠ B = _____ °

∠ C = _____ °

b)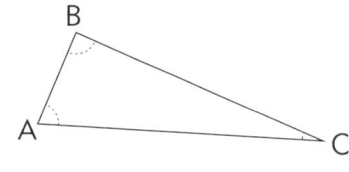

∠ A = _____ °

∠ B = _____ °

∠ C = _____ °

c)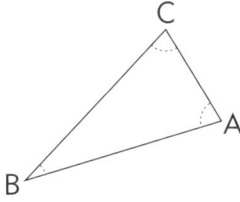

∠ A = _____ °

∠ B = _____ °

∠ C = _____ °

d)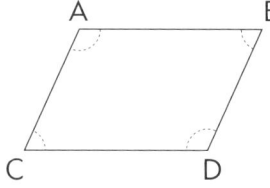

∠ A = _____ °

∠ B = _____ °

∠ C = _____ °

∠ D = _____ °

e)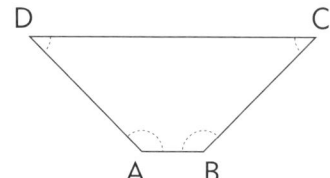

∠ A = _____ °

∠ B = _____ °

∠ C = _____ °

∠ D = _____ °

f)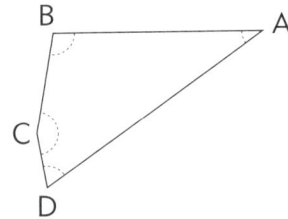

∠ A = _____ °

∠ B = _____ °

∠ C = _____ °

∠ D = _____ °

g)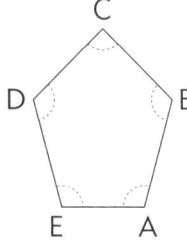

∠ A = _____ °

∠ B = _____ °

∠ C = _____ °

∠ D = _____ °

∠ E = _____ °

h)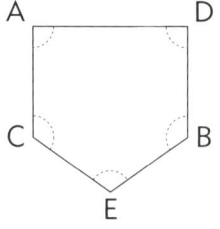

∠ A = _____ °

∠ B = _____ °

∠ C = _____ °

∠ D = _____ °

∠ E = _____ °

i)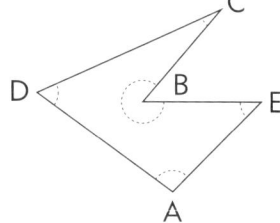

∠ A = _____ °

∠ B = _____ °

∠ C = _____ °

∠ D = _____ °

∠ E = _____ °

La mesure des angles

2. Trouve la mesure des angles à l'aide des indices, et ce, sans utiliser de rapporteur.

a)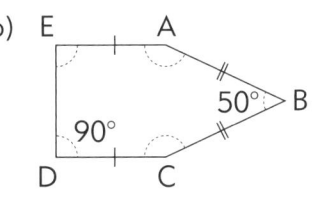

∠ B = _____ °

b)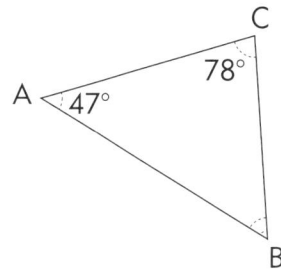

∠ C = _____ °

c)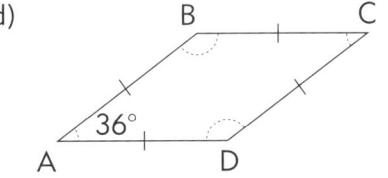

∠ B = _____ °

d)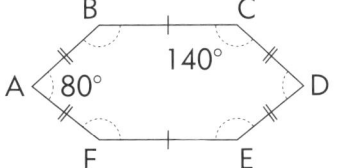

∠ D = _____ °

e)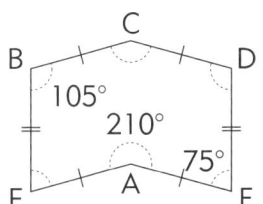

∠ F = _____ °

f)

∠ C = _____ °

3. Dans chaque boîte, trace trois segments de droite formant deux angles adjacents qui mesurent respectivement…

a) 53° et 77°

b) 48° et 96°

c) 129° et 33°

d) 160° et 22°

e) 45° et 180°

f) 5° et 240°

La mesure des angles

4. Estime, puis trouve, à partir des indices la mesure de l'angle identifié par la partie colorée en gris, et ce, sans utiliser de rapporteur.

a)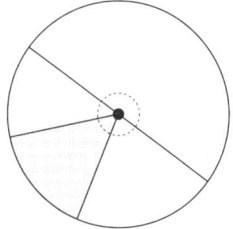

Estimation : _____ °

Mesure : _____ °

b)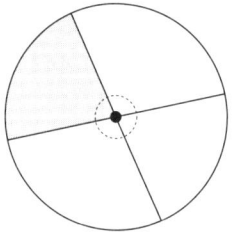

Estimation : _____ °

Mesure : _____ °

c)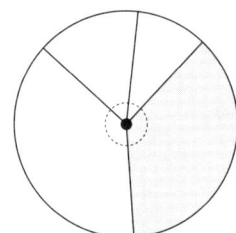

Estimation : _____ °

Mesure : _____ °

d)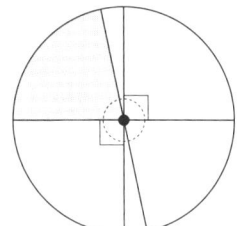

Estimation : _____ °

Mesure : _____ °

e)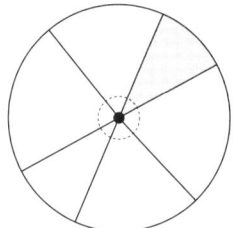

Estimation : _____ °

Mesure : _____ °

f)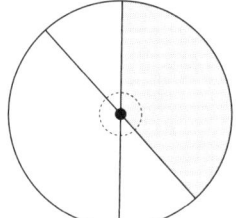

Estimation : _____ °

Mesure : _____ °

g)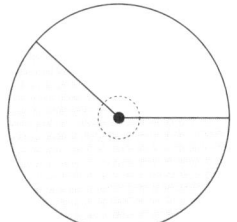

Estimation : _____ °

Mesure : _____ °

h)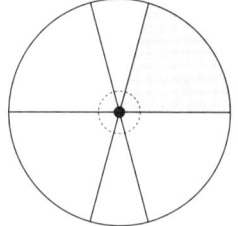

Estimation : _____ °

Mesure : _____ °

i)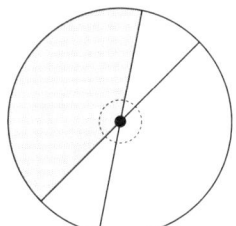

Estimation : _____ °

Mesure : _____ °

j)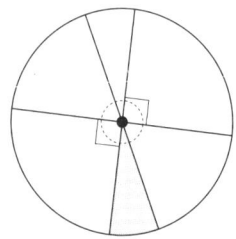

Estimation : _____ °

Mesure : _____ °

k)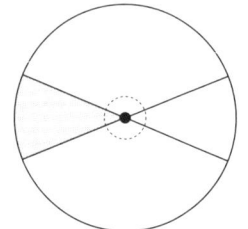

Estimation : _____ °

Mesure : _____ °

l)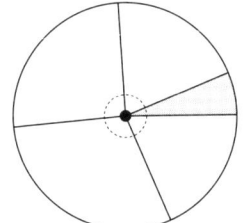

Estimation : _____ °

Mesure : _____ °

La mesure des angles

5. Judith et Olivier ont suspendu un vieux pneu usé à une branche d'arbre à l'aide d'une chaîne dans le but de se balancer. À l'aide d'un rapporteur, mesure chacun des angles tracés par la balançoire, et ce, par rapport à la ligne verticale en pointillés. Trouve ensuite la mesure des angles complémentaire et supplémentaire.

Exemple : 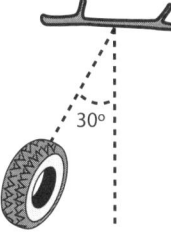   a) 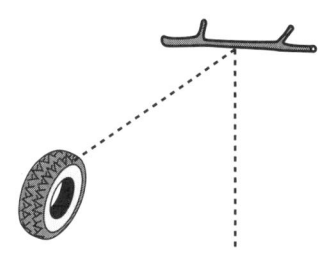   b)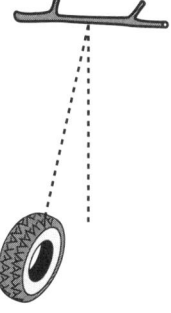

∠ balançoire = 30°   ∠ balançoire = _____ °   ∠ balançoire = _____ °

∠ complémentaire = 60°   ∠ complémentaire = _____ °   ∠ complémentaire = _____ °

∠ supplémentaire = 150°   ∠ supplémentaire = _____ °   ∠ supplémentaire = _____ °

c) 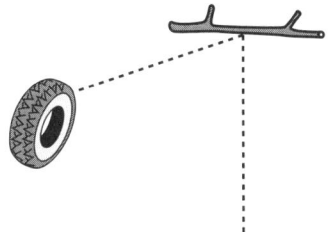   d) 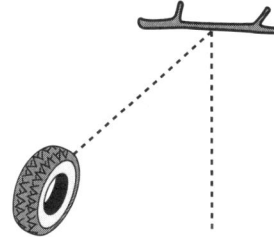   e)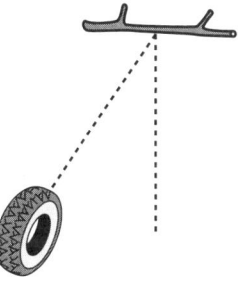

∠ balançoire = _____ °   ∠ balançoire = _____ °   ∠ balançoire = _____ °

∠ complémentaire = _____ °   ∠ complémentaire = _____ °   ∠ complémentaire = _____ °

∠ supplémentaire = _____ °   ∠ supplémentaire = _____ °   ∠ supplémentaire = _____ °

f) 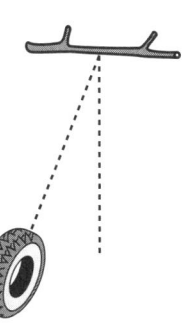   g) 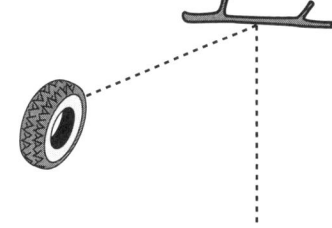   h)

∠ balançoire = _____ °   ∠ balançoire = _____ °   ∠ balançoire = _____ °

∠ complémentaire = _____ °   ∠ complémentaire = _____ °   ∠ complémentaire = _____ °

∠ supplémentaire = _____ °   ∠ supplémentaire = _____ °   ∠ supplémentaire = _____ °

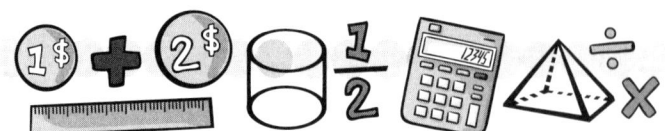

La mesure des surfaces

1. Deux jeunes familles ont décidé de devenir propriétaires d'un duplex afin de diminuer les coûts reliés à l'hypothèque. Observe le plan de chaque logement du duplex, puis calcule l'aire de la surface des pièces et des logements à l'aide des indices afin d'aider les deux jeunes familles à planifier l'achat de revêtement de sol. Attention aux unités de mesure !

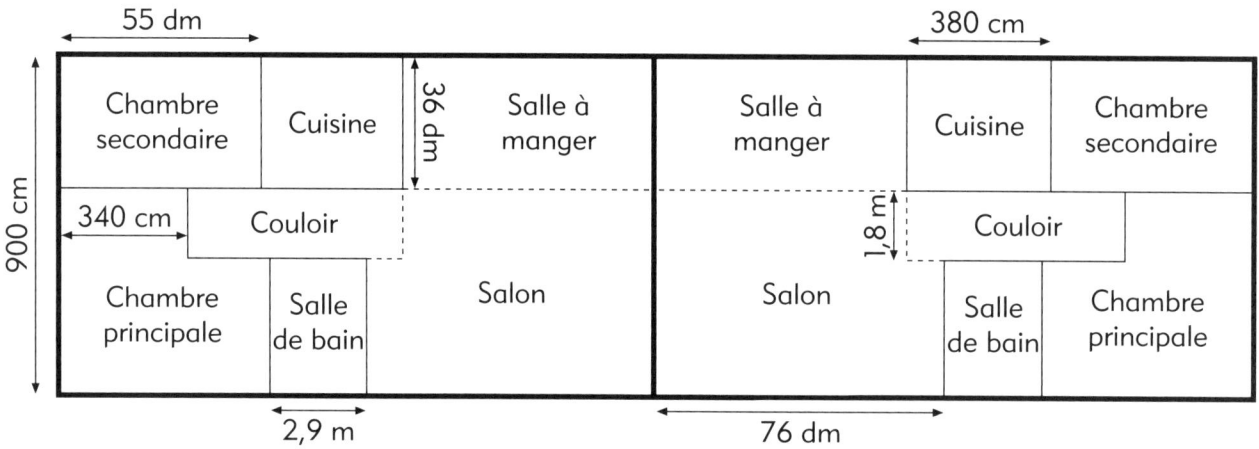

a) Quelle est l'aire de la surface de la cuisine ? _____ dm²

b) Quelle est l'aire de la surface de la salle de bain ? _____ m²

c) Quelle est l'aire de la surface de la salle à manger ? _____ dm²

d) Quelle est l'aire de la surface du couloir ? _____ dm²

e) Quelle est l'aire de la surface du salon ? _____ m²

f) Quelle est l'aire de la surface de la chambre principale ? _____ m²

g) Quelle est l'aire de la surface de la chambre secondaire ? _____ dm²

h) Quelle est l'aire de la surface d'un logement ? _____ m²

i) Quelle est l'aire de la surface du duplex ? _____ dm²

La mesure des surfaces

2. Un entrepreneur en construction vient de terminer de bâtir les maisons de tout un quartier et il lui reste à recouvrir les entrées de pavés. À partir des indices, calcule l'aire de la surface des entrées de chaque maison. Attention aux unités de mesure!

a)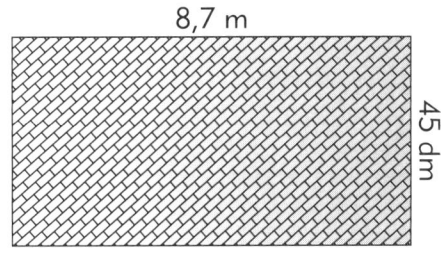

Aire : _____ m²

b)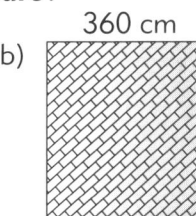

Aire : _____ dm²

c)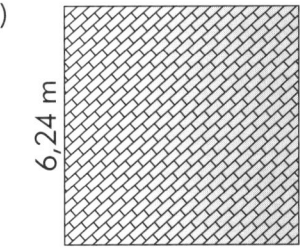

Aire : _____ dm²

d) 3,9 m

19,5 dm

Aire : _____ dm²

e) 33 dm   500 cm

1,5 m

Aire : _____ m²

f)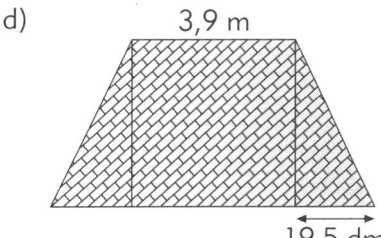

Aire : _____ dm²

g)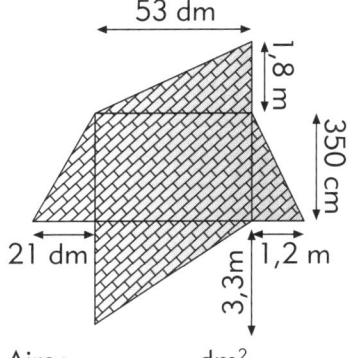

Aire : _____ dm²

h)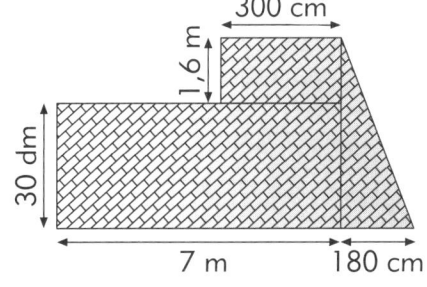

Aire : _____ m²

La mesure des surfaces

3. Un nouveau supermarché vient d'ouvrir ses portes dans le quartier. Les clients sont impressionnés par la variété de produits alimentaires et autres qui y sont vendus. Dans la section A, on retrouve les fruits et légumes. Dans la section B, on retrouve les pains et les pâtisseries. Dans la section C, on retrouve les viandes et les poissons. Dans la section D, on retrouve les boîtes de conserve. Dans la section E, on retrouve les aliments surgelés. Enfin, dans la section F, on retrouve les produits de nettoyage et d'hygiène. Observe le plan du supermarché, puis réponds aux questions. Attention aux unités de mesure !

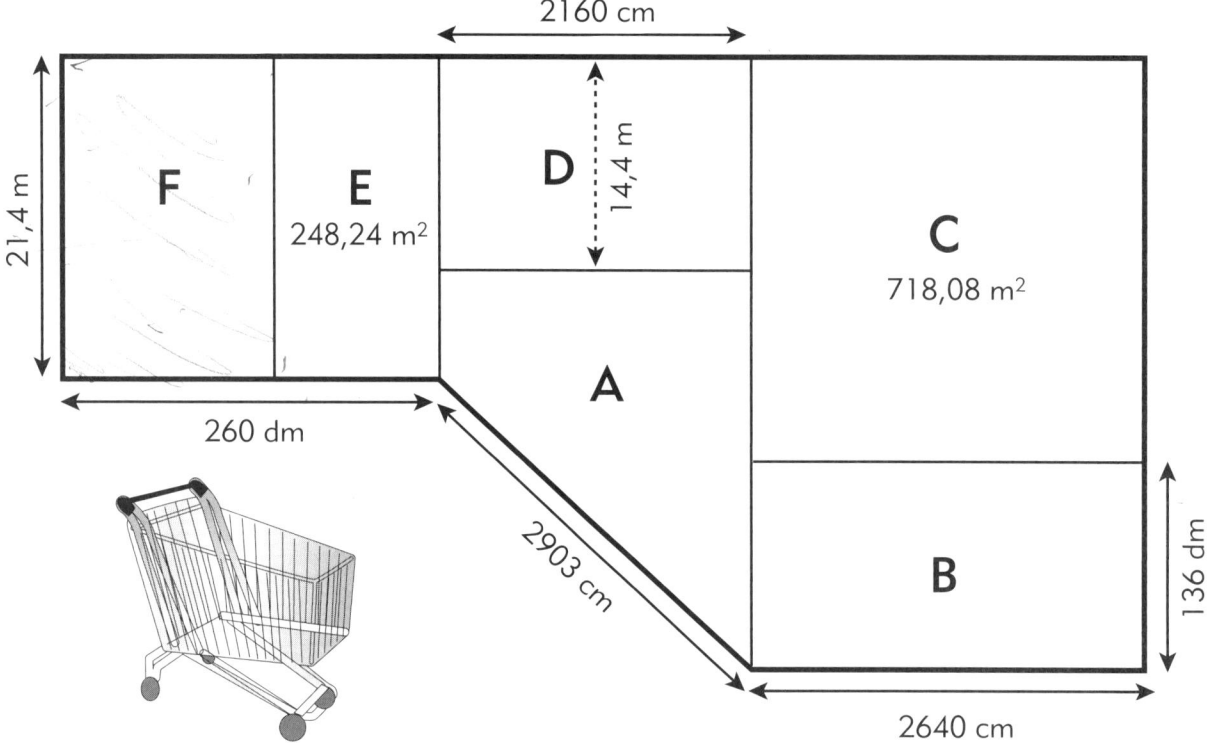

a) Quelle superficie la section F occupe-t-elle ? _____ m²

b) Quelle superficie la section A occupe-t-elle ? _____ m²

c) Quelles sont les dimensions de la section C ? _____ dm × _____ dm

d) Quel est le périmètre de la section E ? _____ dm

e) Quel est le périmètre de la section D ? _____ cm

f) Quel est le périmètre du supermarché ? _____ m

g) Quelle est la superficie totale du supermarché ? _____ m²

La mesure des volumes

1. Dans une animalerie, on vend plusieurs espèces de perroquets et de cacatoès. Mais tous ne sont pas de la même grandeur et les dimensions de leur cage doivent être adaptées à leur gabarit. Calcule le volume de chaque cage à l'aide des indices. Attention aux unités de mesure !

a)
8 dm
530 mm
67 cm

Réponse : _____ dm³

b)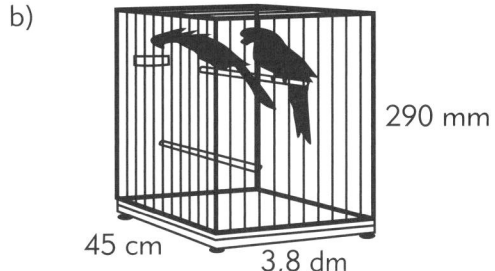
290 mm
45 cm
3,8 dm

Réponse : _____ cm³

c)
0,73 m
25 dm
480 mm

Réponse : _____ cm³

d)
0,7 m
4 dm
50 cm

Réponse : _____ m³

e)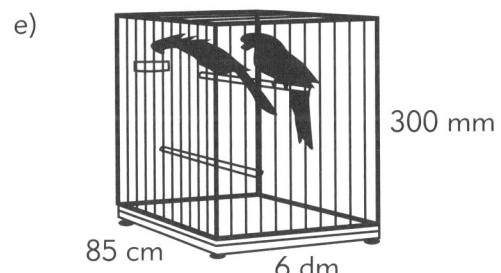
300 mm
85 cm
6 dm

Réponse : _____ m³

f)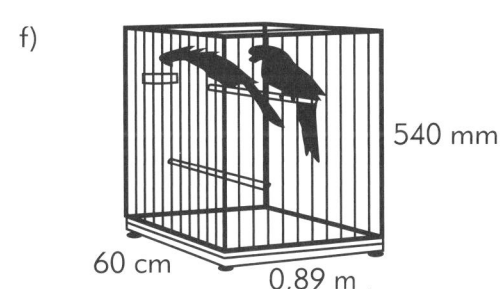
540 mm
60 cm
0,89 m

Réponse : _____ dm³

g)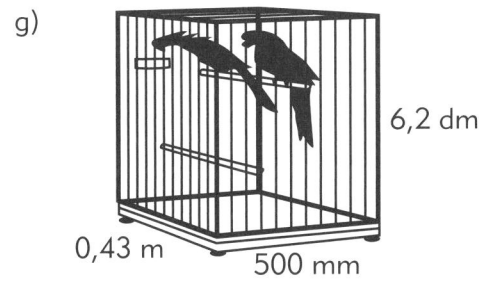
6,2 dm
0,43 m
500 mm

Réponse : _____ dm³

h)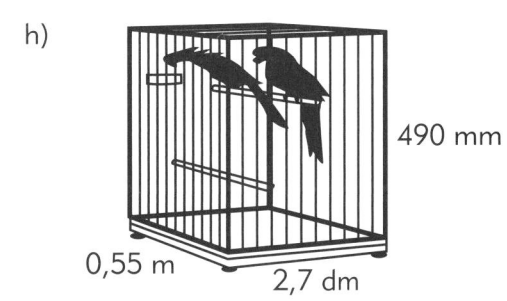
490 mm
0,55 m
2,7 dm

Réponse : _____ cm³

La mesure des volumes

2. La caserne occupée par les pompiers de la ville compte 5 étages et 2 sous-sols. L'édifice mesure 15,6 m de long sur 9,3 m de large, chaque étage est d'une hauteur de 3,1 m et chaque sous-sol est d'une hauteur de 2,7 m. Quel est le volume de l'édifice qui abrite la caserne ? Arrondis ta réponse au centième près.

   Démarche :

   Réponse : L'édifice qui abrite la caserne a un volume de _____ m^3.

3. Si une huche a un volume de 179,352 dm^3 et qu'elle mesure 94 cm de large sur 0,36 m de haut, quelle est sa largeur en cm ?

   Démarche :

   Réponse : La largeur de la huche est de _____ cm.

4. Le panier à linge de Chantale mesure 6,5 dm de large sur 0,57 m de profond sur 126 cm de haut. Celui de Myriam mesure 53 cm de large sur 6,8 dm de profond sur 1,3 m de haut. Quelle est la différence de volume en cm^3 entre le panier à linge de Chantale et celui de Myriam ?

   Démarche :

   Réponse : La différence de volume entre les deux paniers à linge est de _____ cm^3.

5. Amélie et ses amies construisent un igloo en blocs de neige qui a la particularité d'être de forme hexagonale. Pour soutenir le toit qui est plat, elles montent des murs porteurs à l'intérieur de manière à diviser le plan de l'igloo en un rectangle et deux triangles rectangles congruents. L'un des murs du rectangle mesure 29 dm de long sur 0,7 m de haut. Les deux murs extérieurs de chaque triangle mesurent chacun 205 cm de long. Quel est le volume en dm^3 de l'igloo construit par Amélie et ses amies ?

   Démarche :

   Réponse : Le volume de l'igloo construit par Amélie et ses amies est de _____ dm^3.

La mesure des volumes

6. Aidée de son père qui est architecte, Clara a dessiné les plans d'un parc à jeux pour ses hamsters, mais elle voudrait savoir de quelle superficie et de quel volume ses petites bêtes pourront disposer pour se dégourdir les pattes. Observe le schéma ci-dessous, puis réponds aux questions. Attention aux unités de mesure!

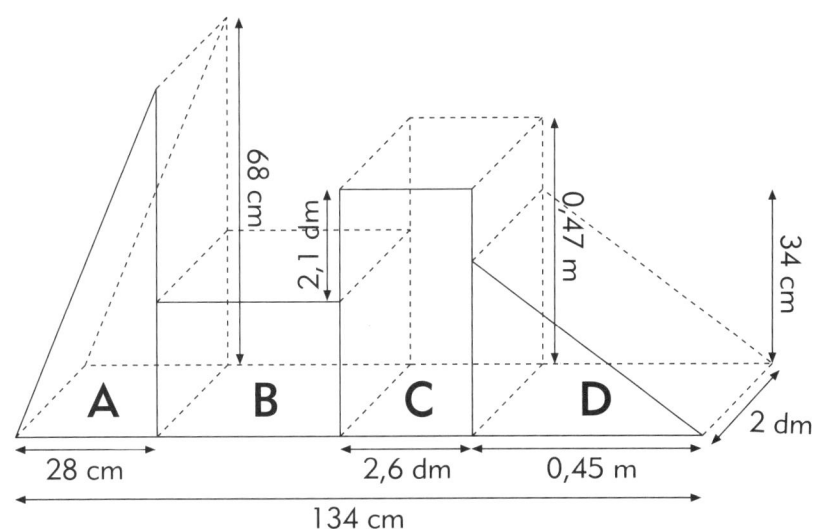

a) Quel est le périmètre du plancher en A ? _____ cm

b) Quelle est la superficie du plancher en A ? _____ dm²

c) Quel est le volume du solide A ? _____ cm³

d) Quel est le périmètre du plancher en B ? _____ dm

e) Quelle est la superficie du plancher en B ? _____ cm²

f) Quel est le volume du solide B ? _____ dm³

g) Quel est le périmètre du plancher en C ? _____ m

h) Quelle est la superficie du plancher en C ? _____ dm²

i) Quel est le volume du solide C ? _____ cm³

j) Quel est le périmètre du plancher en D ? _____ m

k) Quelle est la superficie du plancher en D ? _____ cm²

l) Quel est le volume du solide D ? _____ dm³

m) Quel est le périmètre total du plancher du parc à jeux ? _____ cm

n) Quelle est la superficie totale du plancher du parc à jeux ? _____ dm²

o) Quel est le volume total du parc à jeux ? _____ dm³

La mesure des capacités

1. **Dans un bistrot, on vend les boissons en divers formats. Calcule la capacité de chaque ensemble en résolvant les équations. Attention à la priorité des opérations et aux unités de mesure !**

					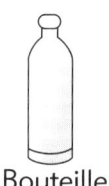	
Coupe 115 ml	Verre 175 ml	Quart 250 ml	Cannette 355 ml	Bouteille 0,75 l	Bouteille 2 l	Pichet 3,5 l

a)  × 8 + 5 ×  = _____ ml

b)  +  + ÷ 5 = _____ l

c) 4 ×  ÷ 6 −  × 2 = _____ ml

d)  −  × 3 + 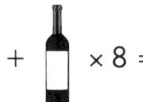 +  = _____ l

e) 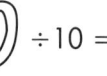 + − + = _____ ml

f) 10 × + ÷ 5 = _____ l

g) + + + × 8 = _____ ml

h) × 7 − ÷ 10 = _____ l

La mesure des capacités

2. Indique en <u>litres</u> la quantité de liquide que contient chacun des couples de tasses à mesurer. Arrondis ta réponse au millième près si nécessaire.

   a) ($\frac{3}{8}$ de tasse)   b) ($\frac{1}{2}$ tasse)   c) ($\frac{1}{3}$ de tasse)   d) ($\frac{1}{4}$ de tasse)

   ($\frac{3}{4}$ de tasse)   ($\frac{7}{8}$ de tasse)   ($\frac{1}{8}$ de tasse)   ($\frac{2}{3}$ de tasse)

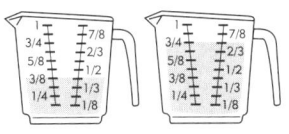  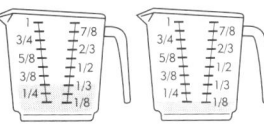 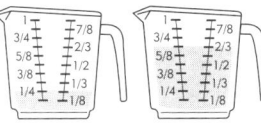

   Total : _____ l   Total : _____ l   Total : _____ l   Total : _____ l

3. En plus d'être bon au goût, le sirop d'érable renferme plusieurs éléments dont ton corps a besoin pour être en santé, comme le potassium, le calcium, le manganèse et la riboflavine. Un acériculteur a entaillé ses érables et a récolté près de 6392 litres de sève. Quelle quantité de sirop l'acériculteur pourra-t-il produire en tout s'il faut 5 litres de sève pour donner 125 ml de sirop ?

   Démarche :

   Réponse : L'acériculteur pourra produire _____ litres de sirop.

4. Les chutes du Niagara débitent environ 91 668 litres d'eau par seconde. Si Mathilde voulait construire une maquette des célèbres chutes à l'échelle $\frac{1}{1000}$, de combien de litres d'eau aurait-elle besoin pour que ses chutes coulent pendant au moins 25 secondes ?

   Démarche :

   Réponse : Mathilde aurait besoin de _____ litres d'eau.

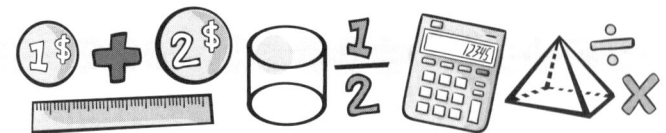

La mesure des masses

1. Le poids d'une personne dépend de sa masse et de la force d'attraction qu'exerce la Terre sur elle. Aussi, lorsque les humains coloniseront les satellites naturels des planètes qui composent le système solaire et qu'ils y amèneront leurs animaux domestiques, leur poids sera beaucoup plus petit, mais leur masse restera la même. Observe le tableau de conversion du poids ainsi que le poids des animaux, puis réponds aux questions. Attention aux unités de mesure!

Lune (Terre)	Callisto (Jupiter)	Io (Jupiter)	Rhéa (Saturne)	Téthys (Saturne)	Titania (Uranus)	Umbriel (Uranus)	Triton (Neptune)
16 % de T	12 % de T	18 % de T	3 % de T	1 % de T	4 % de T	2 % de T	8 % de T

T = poids sur la Terre

Cheval 873 kg Porc 96 kg Chien 34 kg Vache 785 kg Poule 2 kg Chèvre 52 kg

a) Quel serait le poids du chien sur Titania? _____ kg

b) Quel serait le poids de la poule sur Callisto? _____ g

c) Quel serait le poids du cheval sur la Lune? _____ kg

d) Quel serait le poids de la chèvre sur Io? _____ g

e) Quel serait le poids de la vache sur Triton? _____ kg

f) Quel serait le poids du porc sur Téthys? _____ g

g) Quel serait le poids de la poule sur Umbriel? _____ kg

h) Quel serait le poids de la chèvre sur Rhéa? _____ g

i) Quel serait le poids du chien sur la Lune? _____ kg

j) Quel serait le poids du cheval sur Callisto? _____ g

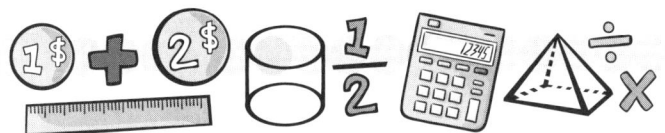

La mesure des masses

2. L'éléphant d'Afrique est le plus gros et le plus fort des mammifères terrestres, et il peut peser jusqu'à **5400 kg**. Aussi, les autres animaux de la savane profitent de sa générosité pour se laisser transporter d'un point d'eau à l'autre lors des périodes de sécheresse. Trouve le poids total des 5 animaux que l'éléphant transporte sur son dos. Attention aux unités de mesure !

Babouin : 29,5 kg    Varan : 9732 g    Tortue : 38,79 kg    Ibis : 5046 g    Serval : 22,84 kg

Vautour : 7600 g    Potto : 14 kg    Hyène : 32,3 kg    Phacochère : 40,2 kg 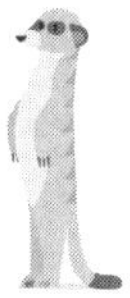   Suricate : 2637 g

a) Réponse : _____ g

b) Réponse : _____ kg

c) Réponse : _____ kg

d) Réponse : _____ g

e) Réponse : _____ g

f) Réponse : _____ kg

La mesure du temps

1. Édouard vient de célébrer son 13ᵉ anniversaire de naissance. Depuis combien de semaines est-il sorti du ventre de sa mère?

   Démarche:

   Réponse: Édouard est sorti du ventre de sa mère depuis _____ semaines.

2. Patricia ne peut plus supporter le vacarme. Il y a de ça exactement 7 semaines, la Municipalité a installé un nouvel arrêt d'autobus qui donne directement sous la fenêtre de sa chambre. Si l'autobus passe environ toutes les 20 minutes, combien de fois Patricia a-t-elle entendu le vrombissement de moteur de ces mastodontes sur roues?

   Démarche:

   Réponse: Patricia a entendu le vrombissement de moteur des autobus _____ fois.

3. Le paresseux est un mammifère des forêts tropicales d'Amérique du Sud qui possède un métabolisme très lent: il passe environ 20 heures par jour à dormir. Pendant combien d'heures le paresseux dort-il au cours d'un mois de février d'une année bissextile?

   Démarche:

   Réponse: Le paresseux dort pendant _____ heures au cours de ce mois.

4. Geneviève vient de s'éprendre d'un copain de classe qui est champion de soccer. Aussi, elle avoue à sa meilleure amie Nadine qu'elle pense au beau Dominique à peu près toutes les 12 secondes. Si ça fait seulement 3 heures que Geneviève a eu le coup de foudre pour Dominique, à combien de reprises a-t-elle pensé à lui?

   Démarche:

   Réponse: Geneviève a pensé à Dominique à _____ reprises.

La mesure des températures

1. Si tu voyages aux États-Unis ou en Jamaïque et que tu regardes les bulletins météo à la télévision, tu te rendras compte que les températures sont données en degrés Fahrenheit plutôt qu'en degrés Celsius. Observe la température donnée sur chacun des thermomètres ci-dessous, puis transforme les degrés Celsius en degrés Fahrenheit à partir de la formule suivante : °C × 1,8 + 32 = °F. Arrondis tes réponses à l'unité près.

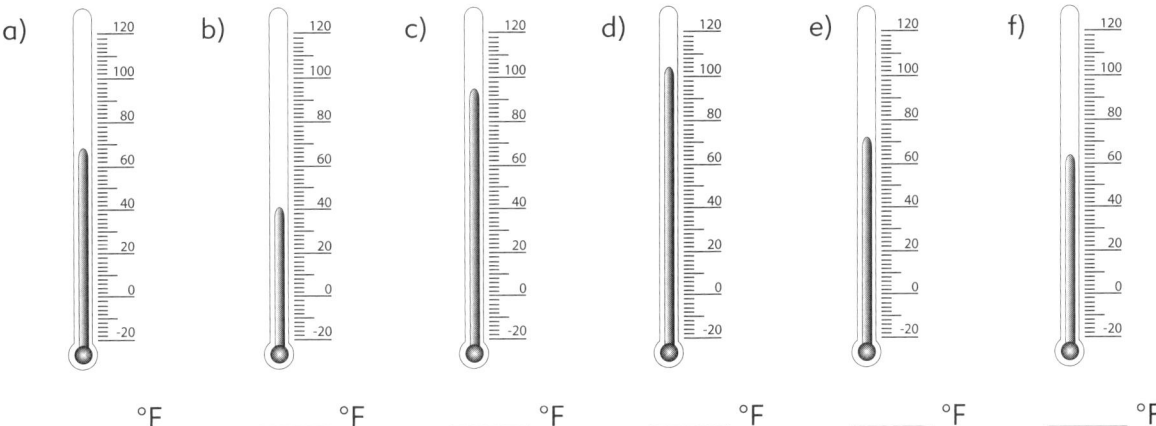

a) _____ °F b) _____ °F c) _____ °F d) _____ °F e) _____ °F f) _____ °F

2. Observe les thermomètres ci-dessous puis trouve la température annuelle moyenne de la ville de Madrid, en Espagne, pour les 8 mois les plus froids de l'année. Arrondis ta réponse au dixième près.

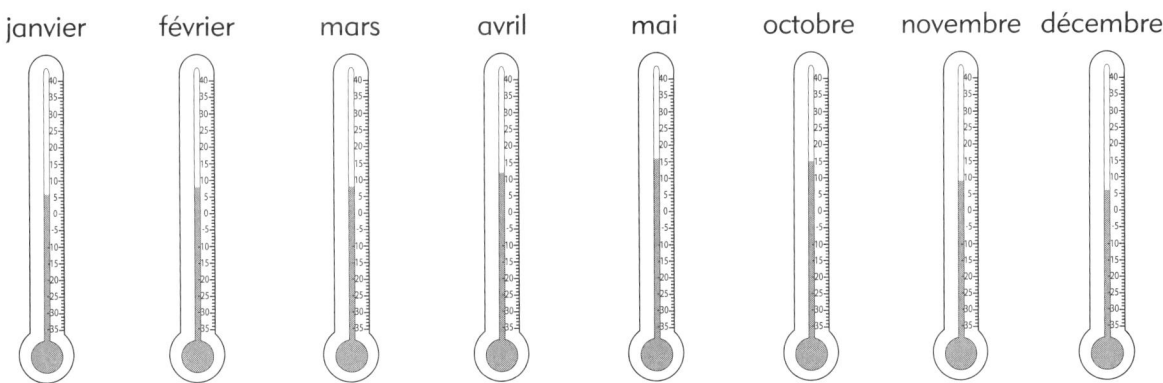

Réponse : La température moyenne pour les 8 mois les plus froids à Madrid est de _____ °C.

Les statistiques

1. Les générations sont des intervalles qui séparent des degrés de filiation directe (par exemple, si l'on considère le grand-père comme la 1re génération, le fils sera la 2e génération et le petit-fils, la 3e génération). Observe le diagramme à lignes brisées des générations du 20e siècle, puis réponds aux questions en sachant que le village A compte 2493 habitants, que le village B en compte 977 et que le village C en compte 586. Arrondis tes réponses à l'unité près.

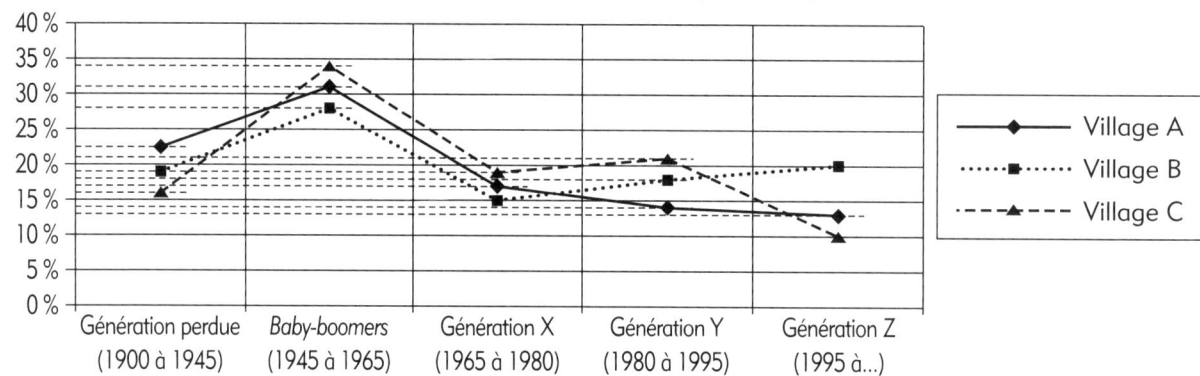

Pourcentage d'individus par génération et par village

a) Combien de représentants des *baby-boomers* le village B compte-t-il ? _____

b) Combien de représentants de la génération Y le village A compte-t-il ? _____

c) Combien de représentants de la génération perdue le village C compte-t-il ? _____

d) Combien de représentants de la génération X le village A compte-t-il de plus par rapport au village B ? _____

e) En moyenne, combien de représentants de la génération Z compte-t-on dans chaque village ? _____

f) En moyenne, combien de représentants des *baby-boomers* compte-t-on dans chaque village ? _____

g) Pour quel pourcentage de la population totale des trois villages les représentants de la génération X comptent-ils ? _____

h) Dans quel village les représentants de la génération Y sont-ils le plus nombreux ? _____

234 Mathématique

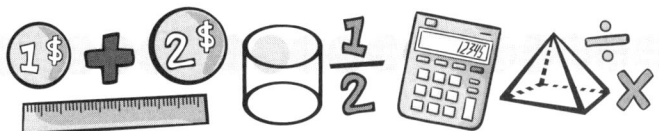

Les statistiques

2. Au Café Borealis, un maître-glacier teste de nouvelles saveurs de sorbets préparés avec des fruits exotiques auprès de 540 de ses fidèles clients. Remplis le diagramme circulaire à partir des indices, et ce, en coloriant les pointes selon la légende et en y inscrivant le pourcentage arrondi au centième près. Enfin, calcule la moyenne de clients qui ont préféré chaque saveur de sorbet en arrondissant ta réponse à l'unité près.

Légende

Acérola : rose
Carambole : jaune
Combawa : vert
Kumquat : orangé
Litchi : mauve
Mangoustan : bleu
Potimarron : brun
Ramboutan : rouge

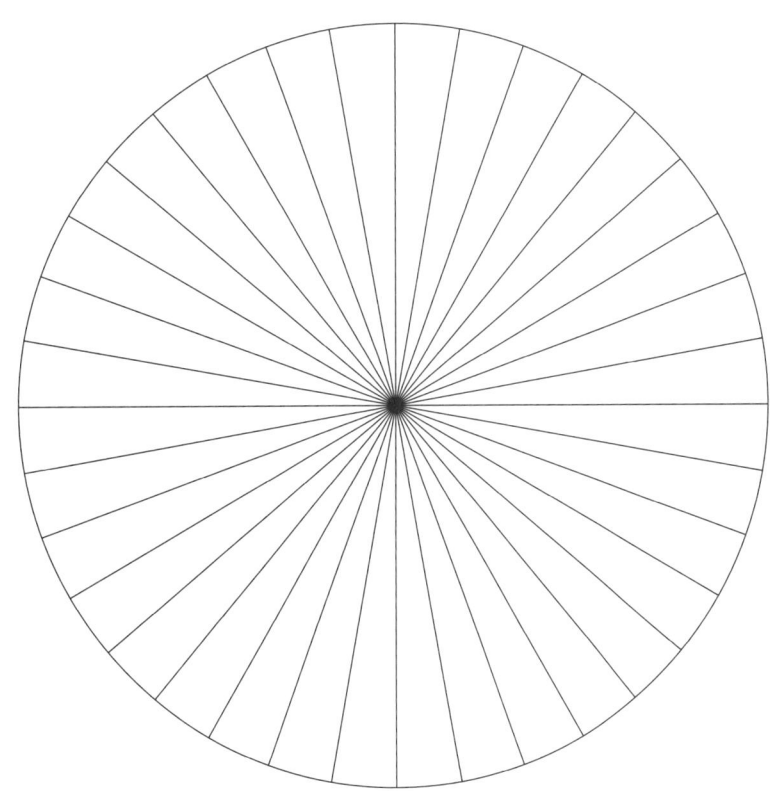

Saveurs préférées des clients

- 5 fois plus de clients ont préféré le sorbet à l'acérola à celui au potimarron.
- 60 clients ont penché pour le sorbet au litchi.
- 135 clients ont penché pour le sorbet à la carambole.
- Autant de clients ont penché pour le sorbet au mangoustan que pour celui au combawa.
- 2 fois plus de clients ont préféré le sorbet au potimarron à celui au mangoustan.
- 30 clients de plus ont préféré le sorbet au ramboutan à celui au litchi.
- 3 fois moins de clients ont préféré le sorbet au kumquat à celui à la carambole.
- 15 clients ont penché pour le sorbet au mangoustan.

En moyenne, _____ clients ont préféré chaque saveur de sorbet.

Les statistiques

3. Même si le climat y est rude et que la végétation y est plutôt inexistante, plusieurs espèces animales réussissent à subsister dans la région presque stérile qu'est l'Arctique. Aussi, un biologiste a recensé plusieurs mammifères terrestres et marins ainsi que des oiseaux pendant un séjour d'un mois dans le cercle polaire ; il a dénombré 5040 individus. Afin de découvrir le nombre d'individus de chaque espèce animale que le biologiste a recensée, remplis le tableau ci-dessous à partir des indices. Réponds ensuite aux questions.

Espèces animales	Nombre d'individus
Belette	
Bœuf musqué	
Caribou	
Lemming	
Lièvre arctique	
Loup arctique	
Narval	
Ours polaire	
Phoque	
Pingouin	

- Le biologiste a recensé 258 bœufs musqués de plus que de lièvres arctiques.
- Les $\frac{3}{40}$ des animaux recensés étaient des lemmings.
- Les $\frac{3}{35}$ des animaux recensés étaient des phoques.
- Le $\frac{1}{18}$ des animaux recensés étaient des caribous.
- Le biologiste a recensé le double de pingouins par rapport aux lemmings.
- Le biologiste a recensé 60 loups arctiques de plus que de narvals.
- Les $\frac{5}{36}$ des animaux recensés étaient des belettes.
- Le biologiste a recensé 84 ours polaires de moins que de pingouins.
- Les $\frac{7}{90}$ des animaux recensés étaient des lièvres arctiques.
- Le biologiste a recensé 72 narvals de moins que de phoques.

a) Combien de mammifères à sabots le biologiste a-t-il recensés ? _____

b) Quelle fraction de tous les animaux recensés les loups arctiques représentent-ils ? _____

c) Quelle espèce animale est la moins présente dans la région couverte par le biologiste ? _____

d) Quelle fraction de tous les animaux recensés les pingouins représentent-ils ? _____

e) Quelle espèce animale est la plus présente dans la région couverte par le biologiste ? _____

f) L'ours polaire peut se nourrir de toutes les espèces animales présentes en Arctique. Combien d'animaux au total peuvent faire partie de son menu ? _____

Les statistiques

4. Quatre entomologistes originaires de pays différents comparent leurs miscellanées d'imagos (papillons adultes). Observe le tableau ci-dessous, qui recense les spécimens réunis au cours de la carrière de ces spécialistes des insectes, puis réponds aux questions. Arrondis tes réponses à l'unité près si nécessaire.

Nombre de spécimens par espèce de papillon et par entomologiste

	Autrichien	Cambodgien	Finlandais	Néo-Zélandais
Agreste	235	210	636	783
Amaryllis	436	438	281	471
Apollon	508	226	423	752
Belle-dame	269	349	539	620
Échiquier	375	586	155	753
Hespérie	151	624	170	616
Monarque	380	352	306	579
Morio	267	647	547	495
Proserpine	377	351	368	554
Satyre	489	617	241	686
Silène	344	603	427	577
Vulcain	388	793	192	348

a) Combien de papillons l'entomologiste finlandais possède-t-il ? _____

b) En moyenne, combien de spécimens par espèce de papillons l'entomologiste cambodgien possède-t-il ? _____

c) Quelle espèce de papillons est la plus appréciée des entomologistes ? _____

d) En moyenne, combien de spécimens par espèce de papillons l'entomologiste néo-zélandais possède-t-il ? _____

e) Combien de monarques les quatre entomologistes possèdent-ils ensemble ? _____

f) En moyenne, combien de vulcains chacun des entomologistes possède-t-il ? _____

g) Combien de papillons l'entomologiste autrichien possède-t-il ? _____

h) En moyenne, combien d'apollons chacun des entomologistes possède-t-il ? _____

i) Combien de papillons les quatre entomologistes possèdent-ils ensemble ? _____

Mathématique

Les statistiques

5. Félix est un mordu de la littérature québécoise du xxe siècle. Dans sa chambre, un mur complet a été converti en bibliothèque pour ranger tous les romans qu'il a lus. Remplis le diagramme à bandes à partir des indices, et ce, en utilisant ta règle.

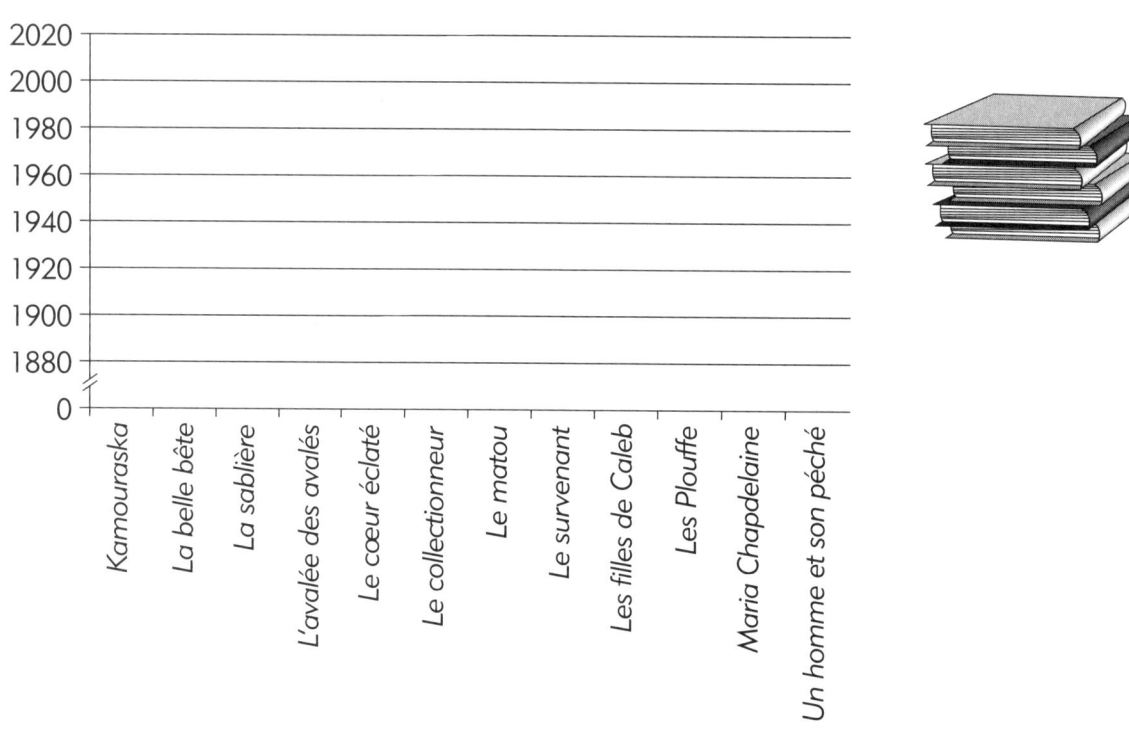

- Anne Hébert a écrit son roman *Kamouraska* 23 ans avant la publication de *Le cœur éclaté*.
- Claude-Henri Grignon a écrit son roman *Un homme et son péché* 37 ans avant la publication de *Kamouraska*.
- Claude Jasmin a écrit son roman *La sablière* 31 ans après la publication de *Les Plouffe*.
- Chrystine Brouillet a écrit son roman *Le collectionneur* 79 ans après la publication de *Maria Chapdelaine*.
- Roger Lemelin a écrit son roman *Les Plouffe* en 1948.
- Réjean Ducharme a écrit son roman *L'avalée des avalés* 15 ans avant la publication de *Le matou*.
- Michel Tremblay a écrit son roman *Le cœur éclaté* 8 ans après la publication de *Les filles de Caleb*.
- Marie-Claire Blais a écrit son roman *La belle bête* 36 ans avant la publication de *Le Collectionneur*.
- Germaine Guèvremont a écrit son roman *Le survenant* 12 ans après la publication d'*Un homme et son péché*.
- Arlette Cousture a écrit son roman *Les Filles de Caleb* en 1985.
- Louis Hémon a écrit son roman *Maria Chapdelaine* 63 ans avant la publication de *La sablière*.
- Yves Beauchemin a écrit son roman *Le matou* en 1981.

Mathématique

Les statistiques

6. Des fabricants de peinture projettent de lancer sur le marché une nouvelle gamme de couleurs. Aussi, afin de cibler les couleurs les plus susceptibles d'attirer l'attention des rénovateurs et des décorateurs, ils ont sondé l'opinion de la population en présentant un cercle chromatique à 5739 personnes à qui ils ont ensuite demandé de choisir la couleur qui était la plus agréable à regarder. Observe le diagramme en anneau, puis réponds aux questions. Arrondis tes réponses à l'unité près.

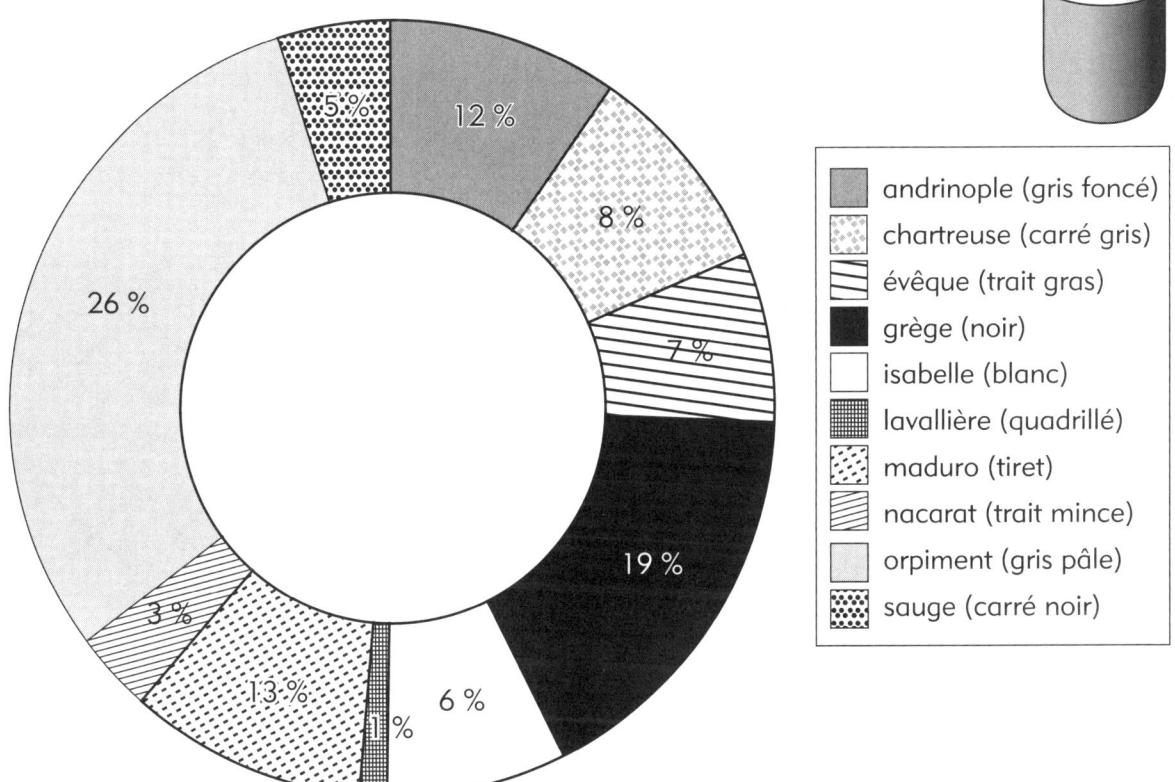

a) Combien de personnes ont préféré la couleur *grège* ? _____

b) Combien de personnes de plus ont préféré la couleur *orpiment* à la couleur *nacarat* ? _____

c) Combien de personnes ont préféré la couleur *andrinople* ? _____

d) Combien de personnes de moins ont préféré la couleur *lavallière* à la couleur *sauge* ? _____

e) Combien de personnes ont préféré la couleur *maduro* ? _____

f) Combien de personnes de plus ont préféré la couleur *chartreuse* à la couleur *isabelle* ? _____

g) Combien de personnes ont préféré la couleur *évêque* ? _____

Les probabilités

1. Interrogé par les policiers sur les lieux d'un accident, un automobiliste se souvient d'avoir croisé quatre panneaux de signalisation, mais pas de l'ordre dans lequel il les a aperçus. Trouve toutes les combinaisons possibles de panneaux de signalisation en les dessinant.

Combinaison 1

Combinaison 2

Combinaison 3

Combinaison 4

Combinaison 5

Combinaison 6

Combinaison 7

Combinaison 8

Combinaison 9

Combinaison 10

Combinaison 11

Combinaison 12

Combinaison 13

Combinaison 14

Combinaison 15

Combinaison 16

Combinaison 17

Combinaison 18

Combinaison 19

Combinaison 20

Combinaison 21

Combinaison 22

Combinaison 23

Combinaison 24

Les probabilités

2. À la radio, on annonce un orage pour le début de l'après-midi. Sur la route pour se rendre à l'aéroport et accueillir un copain qui arrive de voyage, Marc-André ne sait plus si le grille-pain (G), la cafetière (C), le robot culinaire (R), le mélangeur (M) et le micro-ondes (O) sont branchés ou non. Sachant que chaque appareil électroménager peut être branché (B) ou débranché (D), combien de chances a-t-il de revenir à la maison et de constater que les circuits de 3 des 5 appareils ont été grillés par la foudre ? Complète le diagramme en arbre de toutes les combinaisons possibles afin de le savoir.

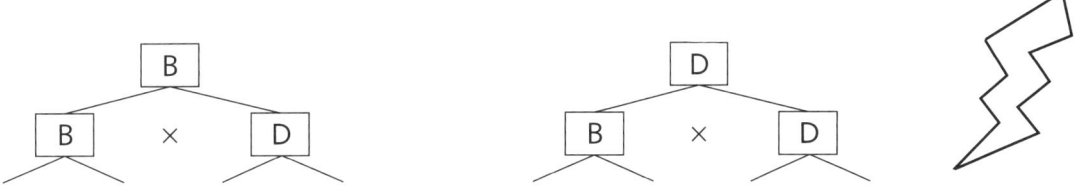

Réponse : Marc-André a _____ chances sur _____ de voir les circuits de 3 de ses 5 appareils grillés par la foudre.

3. Kévin et Marylène se sont procuré un nouveau jeu de société dont le dé est une pyramide à base triangulaire comportant 4 faces sur lesquelles sont imprimés les nombres de 1 à 4. Pour pouvoir avancer son pion sur la planche de jeu, chaque joueur doit brasser les dés 3 fois pour obtenir une somme située entre 9 et 12. Quelle est la probabilité qu'un joueur obtienne ce résultat ?

Démarche :

Réponse : La probabilité qu'un joueur obtienne ce résultat est de _____ chances sur _____.

Les probabilités

4. Invité à souper chez des amis anticonformistes, Léandre apprend qu'il devra utiliser un ustensile choisi au hasard pour manger chacun des plats qui seront servis, soit une salade, un potage, des rouleaux impériaux et un gâteau.

a) Avec ta règle, construis le tableau de toutes les combinaisons possibles en considérant les ustensiles de table suivants : baguettes, couteau, cuillère et fourchette.

b) Quelle est la probabilité que Léandre mange son potage avec une cuillère ?

c) Quelle est la probabilité que Léandre ne mange pas ses rouleaux impériaux avec des baguettes ?

d) Quelle est la probabilité que Léandre mange sa salade avec le couteau et son gâteau avec la cuillère ?

Les probabilités

5. Les participants d'un rallye transafricain sillonnent le continent à bord de véhicules tout-terrain. Toutefois, à cause de situations incontrôlables, ils ne peuvent traverser les pays suivants : la Guinée, le Soudan, l'Angola, le Gabon et le Mozambique. Observe la carte du continent africain, puis identifie 10 parcours comptant de 8 à 16 pays en incluant le pays de départ, le Maroc, et le pays d'arrivée, le Botswana.

Parcours 1 : _____

Parcours 2 : _____

Parcours 3 : _____

Parcours 4 : _____

Parcours 5 : _____

Parcours 6 : _____

Parcours 7 : _____

Parcours 8 : _____

Parcours 9 : _____

Parcours 10 : _____

Mathématique

Les probabilités

6. Six personnes sont assises dans la salle d'attente d'une clinique. Elles s'appellent Corinne, Hubert, Isaac, Laurent, Mélanie et Séverine, mais elles n'appartiennent pas à la même catégorie d'âge.

a) Remplis le tableau de toutes les combinaisons possibles en tenant compte que Corinne est âgée de 8 ans et que Laurent est âgé de 27 ans.

De 0 à 10 ans	De 11 à 18 ans	De 19 à 35 ans	De 36 à 50 ans	De 51 à 70 ans	71 ans et plus

b) Quelle est la probabilité que Séverine soit âgée de plus de 35 ans?

_____

c) Quelle est la probabilité que la personne âgée de 11 à 18 ans ne soit pas un homme?

_____

d) Quelle est la probabilité que Mélanie soit âgée de moins de 36 ans?

_____

La résolution de problèmes

1. Les codes-barres sont des codes formés de lignes verticales parallèles et numérotées qui sont apposés sur les produits de consommation et qui peuvent être lus par des lecteurs optiques pour indiquer le prix d'un article. Inscris sous chaque code-barres une série de 6 chiffres de 1 à 9 en évitant de répéter le même nombre au cours de l'exercice. Fais ensuite un **X** sur les codes-barres dont les numéros sont divisibles par 2, souligne ceux dont les numéros sont divisibles par 3, encercle ceux dont les numéros sont divisibles par 5, et encadre les nombres qui sont divisibles par 9. Enfin, place les numéros de tous les codes-barres dans l'ordre croissant.

Ordre croissant :

_____

_____

2. Choisis au hasard 5 des nombres du numéro précédent, puis écris-les en lettres et en chiffres romains.

Exemple :   279 485 = deux cent soixante-dix-neuf mille quatre cent quatre-vingt-cinq
CCLXXIXCDLXXXV

a) _____ = _____

b) _____ = _____

c) _____ = _____

d) _____ = _____

e) _____ = _____

Mathématique **245**

La résolution de problèmes

3. Un maître-chocolatier moule des lapins en chocolat, mais il remarque qu'ils n'ont pas tous le même poids. Choisis 7 des 12 lapins en chocolat, puis encercle-les. Effectue ensuite les opérations qui te sont demandées en laissant des traces de tes calculs. Arrondis tes réponses au millième près s'il y a lieu.

a) Additionne tous les poids inscrits sur les lapins que tu as encerclés.   Réponse : _____ g

b) Additionne les quatre plus grands poids inscrits sur les lapins que tu as encerclés, puis soustrais à cette somme celle des trois plus petits nombres.   Réponse : _____ g

c) Multiplie par 7,3 le plus petit des poids inscrits sur les lapins que tu as encerclés.   Réponse : _____ g

d) Divise par 8 le plus grand des poids inscrits sur les lapins que tu as encerclés.   Réponse : _____ g

4. Choisis 5 nombres situés entre 31 et 99. Le premier (A) doit être un nombre impair, le deuxième (B) doit être un multiple de 5, le troisième (C) doit être un nombre dont la somme des chiffres qui le composent est 8, le quatrième (D) doit être un multiple de 6, et le cinquième (E) doit être un nombre pair. Applique la priorité des opérations en te servant de la formule suivante : A + B × C − D ÷ 3 + E = ?

_____ + _____ × _____ − _____ ÷ 3 + _____ = _____

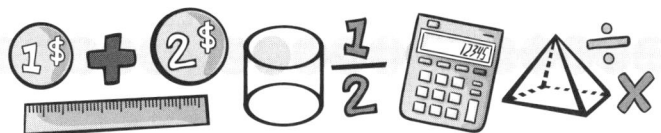

La résolution de problèmes

5. Colorie aléatoirement les cases du carrelage ci-dessous de 5 couleurs différentes (bleu, jaune, rouge, violet et vert). Attention : le nombre de cases coloriées de chaque couleur ne doit pas être le même. Réponds ensuite aux questions.

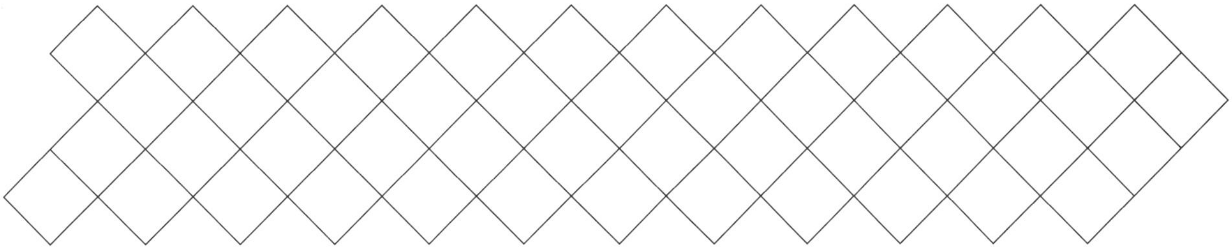

a) Quelle fraction du carrelage est coloriée en bleu ? Transforme cette fraction en nombre décimal jusqu'à l'ordre des millièmes puis en pourcentage arrondi au dixième près.

Fraction : _____   Nombre décimal : _____   Pourcentage : _____

b) Quelle fraction du carrelage est coloriée en jaune ? Transforme cette fraction en nombre décimal jusqu'à l'ordre des millièmes puis en pourcentage arrondi au dixième près.

Fraction : _____   Nombre décimal : _____   Pourcentage : _____

c) Quelle fraction du carrelage est coloriée en rouge ? Transforme cette fraction en nombre décimal jusqu'à l'ordre des millièmes puis en pourcentage arrondi au dixième près.

Fraction : _____   Nombre décimal : _____   Pourcentage : _____

d) Quelle fraction du carrelage est coloriée en violet ? Transforme cette fraction en nombre décimal jusqu'à l'ordre des millièmes puis en pourcentage arrondi au dixième près.

Fraction : _____   Nombre décimal : _____   Pourcentage : _____

e) Quelle fraction du carrelage est coloriée en vert ? Transforme cette fraction en nombre décimal jusqu'à l'ordre des millièmes puis en pourcentage arrondi au dixième près.

Fraction : _____   Nombre décimal : _____   Pourcentage : _____

f) Quelle fraction du carrelage est coloriée en rouge OU en vert ? Transforme cette fraction en nombre décimal jusqu'à l'ordre des millièmes puis en pourcentage arrondi au dixième près.

Fraction : _____   Nombre décimal : _____   Pourcentage : _____

g) Quelle fraction du carrelage est coloriée en jaune OU en violet ? Transforme cette fraction en nombre décimal jusqu'à l'ordre des millièmes puis en pourcentage arrondi au dixième près.

Fraction : _____   Nombre décimal : _____   Pourcentage : _____

La résolution de problèmes

6. Lors d'une tombola, les membres du cercle des fermières de la paroisse font tirer des prix, comme des tricots, des pots de confiture et des pièces d'artisanat. Aussi, les numéros des billets qui ont été vendus sont retranscrits sur des boules qui sont mélangées dans un boulier, puis tirées au hasard. Choisis 10 boules, puis colorie-les. Effectue ensuite les opérations qui te sont demandées en laissant des traces de tes calculs.

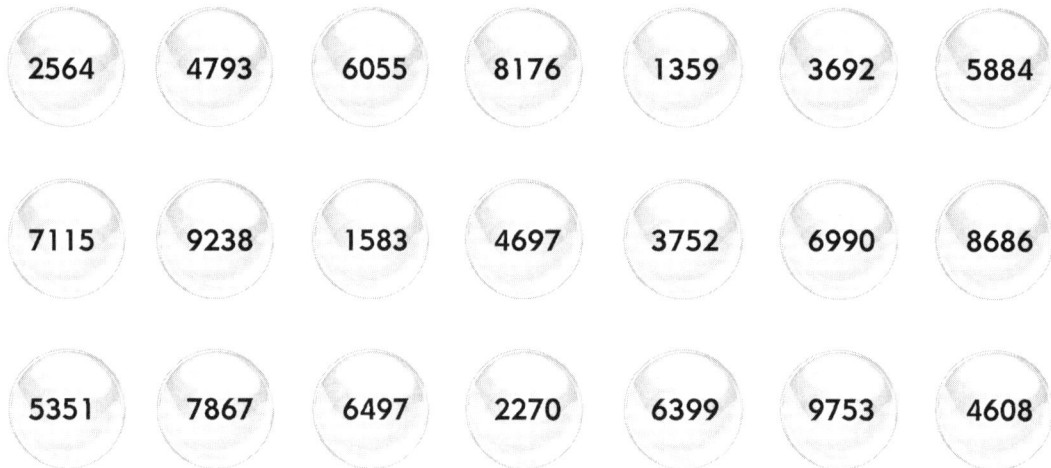

a) Additionne tous les nombres inscrits sur les boules que tu as coloriées.   Réponse : _____

b) Additionne les six plus grands nombres inscrits sur les boules que tu as coloriées, puis soustrais à cette somme celle des quatre plus petits nombres.   Réponse : _____

c) Multiplie par 59 le plus petit des nombres inscrits sur les boules que tu as coloriées.   Réponse : _____

d) Divise par 48 le plus grand des nombres inscrits sur les boules que tu as coloriées. Arrondis ta réponse au millième près.   Réponse : _____

La résolution de problèmes

7. Choisis six nombres situés entre 14 et 30. Le premier doit être un nombre premier, le deuxième doit donner une différence de 4 lorsqu'on soustrait les deux chiffres qui le composent, le troisième doit être un nombre impair, le quatrième doit donner la somme de 8 lorsqu'on additionne les deux chiffres qui le composent, le cinquième doit être un nombre carré, et le sixième doit être un nombre composé. Assure-toi de ne pas répéter deux fois le même nombre. Multiplie chacun des six nombres par 168. Décompose ensuite chaque nombre en facteurs premiers à l'aide de l'arbre des facteurs, puis exprime ta réponse sous forme de produits de nombres à notation exponentielle.

1ᵉʳ nombre

Réponse : _____

2ᵉ nombre

Réponse : _____

3ᵉ nombre

Réponse : _____

4ᵉ nombre

Réponse : _____

5ᵉ nombre

Réponse : _____

6ᵉ nombre

Réponse : _____

Mathématique

La résolution de problèmes

8. Identifie 10 personnes faisant partie de ton entourage, puis écris leur prénom sur l'étiquette sous un pictogramme. À l'aide d'un ruban à mesurer ou d'une règle, mesure ensuite la taille de chacune en notant les résultats en décimètres jusqu'à l'ordre des centièmes sur la règle. Exécute ensuite les opérations qui te sont demandées.

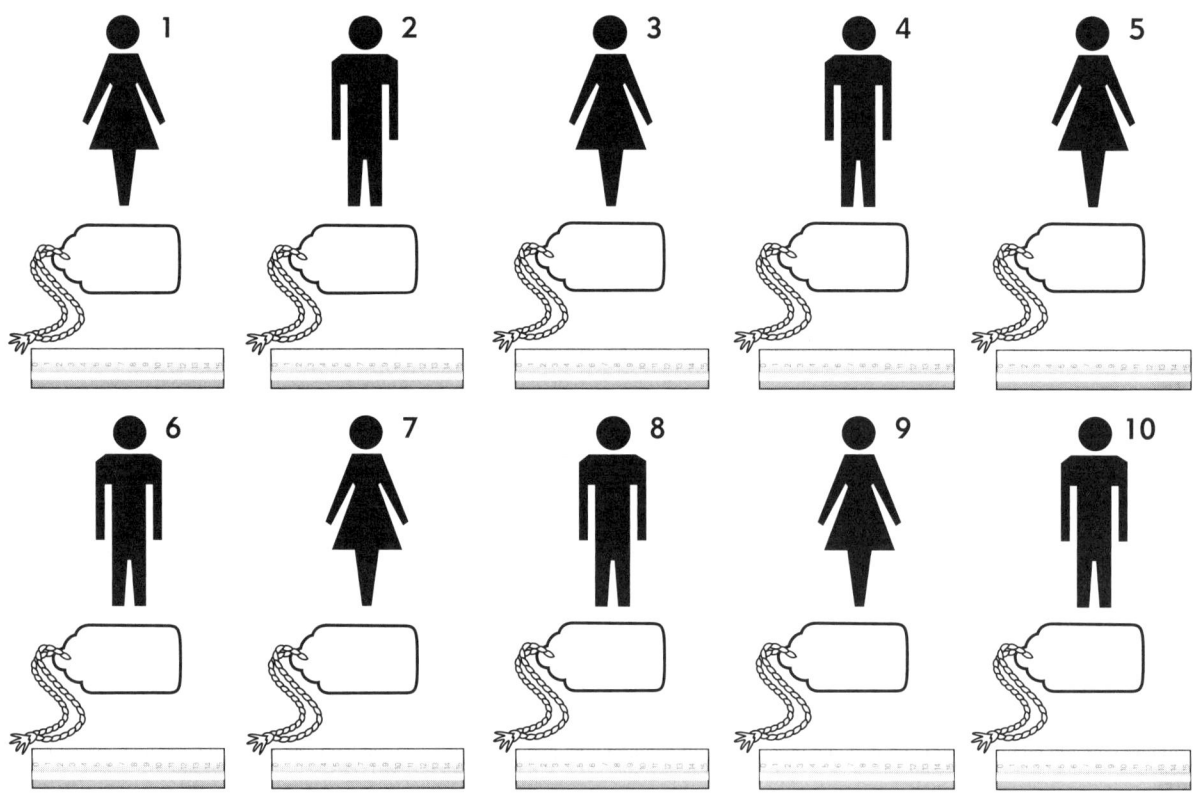

a) Combien les personnes n° 2 et n° 9 mesurent-elles ensemble ? _____

b) Combien les personnes n°s 5, 7 et 10 mesurent-elles ensemble ? _____

c) Quelle différence de grandeur y a-t-il entre les personnes n° 3 et n° 8 ? _____

d) Combien la personne n° 1 mesurerait-elle si elle était 5 fois plus grande ? _____

e) Combien la personne n° 4 mesurerait-elle si elle était 29 fois plus grande ? _____

f) Combien la personne n° 6 mesurerait-elle si elle était 3,6 fois plus grande ? _____

g) Combien la personne n° 7 mesurerait-elle si elle était 4 fois moins grande ? _____

h) Combien la personne n° 5 mesurerait-elle si elle était 7 fois moins grande ? _____

La résolution de problèmes

9. Un éleveur d'escargots livre 40 de ses mollusques à coquille spiralée à un restaurateur français. Colorie les escargots ci-dessous en utilisant les 8 couleurs suivantes : bleu, jaune, rouge, violet, vert, orangé, brun et rose. Attention : le nombre d'escargots de chaque couleur ne doit pas être le même. Réponds ensuite aux questions.

a) Quelle fraction des escargots as-tu coloriée en brun ? Réduis cette fraction s'il y a lieu. Additionne ensuite cette fraction à $\frac{7}{8}$. Transforme ta réponse en nombre fractionnaire ou en fraction irréductible si nécessaire.

Fraction : _____ ou _____   _____ + $\frac{7}{8}$ = _____ ou _____

b) Quelle fraction des escargots as-tu coloriée en orangé ? Réduis cette fraction s'il y a lieu. Soustrais ensuite $\frac{3}{20}$ de cette fraction. Transforme ta réponse en nombre fractionnaire ou en fraction irréductible si nécessaire.

Fraction : _____ ou _____   _____ − $\frac{3}{20}$ = _____ ou _____

c) Quelle fraction des escargots as-tu coloriée en bleu OU en violet ? Réduis cette fraction s'il y a lieu. Multiplie ensuite cette fraction par 6. Transforme ta réponse en nombre fractionnaire ou en fraction irréductible si nécessaire.

Fraction : _____ ou _____   _____ × 6 = _____ ou _____

d) Quelle fraction des escargots as-tu coloriée en jaune OU en vert ? Réduis cette fraction s'il y a lieu. Additionne ensuite cette fraction à $\frac{2}{5}$. Transforme ta réponse en nombre fractionnaire ou en fraction irréductible si nécessaire.

Fraction : _____ ou _____   _____ + $\frac{2}{5}$ = _____ ou _____

e) Quelle fraction des escargots as-tu coloriée en rouge OU en rose ? Réduis cette fraction s'il y a lieu. Soustrais ensuite $\frac{1}{8}$ de cette fraction. Transforme ta réponse en nombre fractionnaire ou en fraction irréductible si nécessaire.

Fraction : _____ ou _____   _____ − $\frac{1}{8}$ = _____ ou _____

Mathématique

La résolution de problèmes

10. Tout comme le Soleil, les étoiles qui forment les galaxies sont des corps célestes composés essentiellement d'hydrogène et d'hélium, et qui émettent de la lumière et de la chaleur. Mais savais-tu que la durée de vie de la plupart des étoiles tourne autour de 10 milliards d'années? Au centre du carré, trace avec ta règle et ton rapporteur une étoile à 8 branches formant entre elles des angles de 45°. Reproduis ensuite cette étoile par translation, à une distance de 3,2 à 6,4 cm, vers le nord-nord-est, l'est-sud-est, le sud-ouest et l'ouest-nord-ouest, et ce, à l'aide de papier-calque.

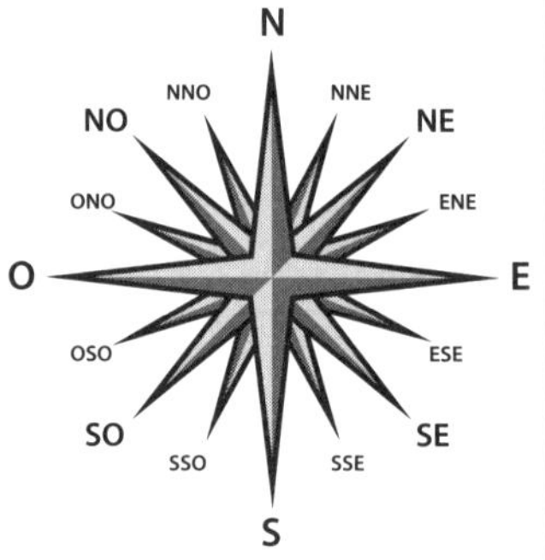

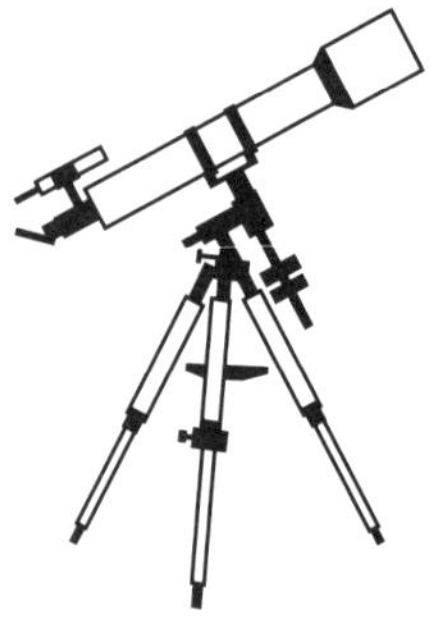

La résolution de problèmes

11. Les hologrammes sont des images 3D enregistrées puis projetées à l'aide d'un laser. Dans le rectangle ci-dessous, trace 2 quadrilatères irréguliers et identiques qui deviendront les bases d'un prisme holographique. Dessine ensuite les côtés du prisme en respectant les dimensions imposées par les bases.

12. As-tu l'impression qu'il n'y a pas assez d'heures dans une journée pour réaliser tout ce que tu voudrais faire ? Sur la première horloge, sans égard aux minutes, marque d'un premier point l'heure à laquelle tu te lèves le matin, d'un deuxième l'heure à laquelle tu prends le repas du midi, et d'un troisième l'heure à laquelle tu vas au lit. Sur la deuxième horloge, marque d'un premier point l'heure de la récréation du matin à l'école, d'un deuxième l'heure à laquelle tu finis l'école, et d'un troisième l'heure à laquelle tu termines tes devoirs. Sur la troisième horloge, toujours sans égard aux minutes, marque d'un premier point l'heure située exactement entre ton coucher et ton lever, d'un deuxième l'heure à laquelle tu prends le repas du soir, et d'un troisième l'heure à laquelle tu regardes ton émission de télé préférée. Relie chacun des trois points de chaque horloge par un trait à l'aide de ta règle afin de former un triangle. Mesure ensuite chacun des angles de ces triangles que tu auras préalablement numérotés.

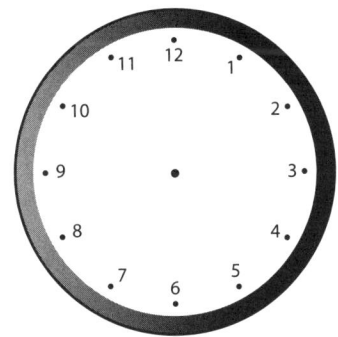 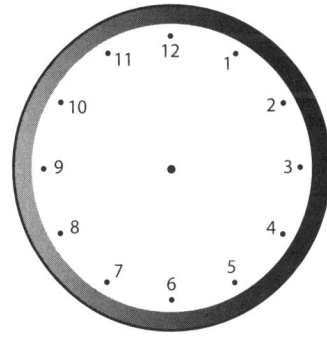

Mesure de l'angle 1 : _____ °   Mesure de l'angle 1 : _____ °   Mesure de l'angle 1 : _____ °

Mesure de l'angle 2 : _____ °   Mesure de l'angle 2 : _____ °   Mesure de l'angle 2 : _____ °

Mesure de l'angle 3 : _____ °   Mesure de l'angle 3 : _____ °   Mesure de l'angle 3 : _____ °

Mathématique

La résolution de problèmes

13. Pablo Picasso était un artiste espagnol qui fut à l'origine du mouvement cubiste, qui décompose les objets et les personnages en éléments géométriques aplatis. Sur le plan cartésien, illustre un objet ou un personnage à la manière de Picasso. La seule contrainte est qu'il doit comporter 30 points reliés par des segments droits et qu'il doit couvrir les quatre quadrants. Assigne ensuite un chiffre romain à chacun des points, puis indique les coordonnées de chaque point.

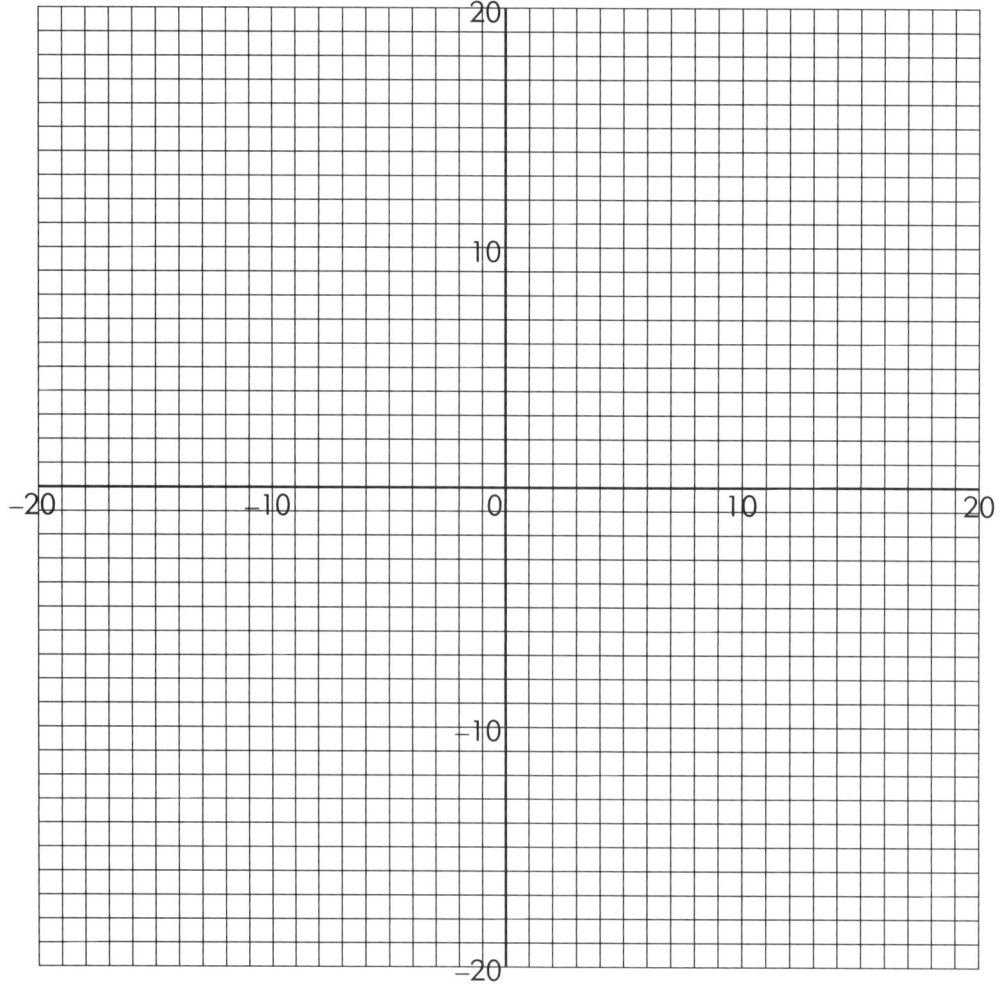

I : (___, ___)   II : (___, ___)   III : (___, ___)   IV : (___, ___)   V : (___, ___)

VI : (___, ___)   VII : (___, ___)   VIII : (___, ___)   IX : (___, ___)   X : (___, ___)

XI : (___, ___)   XII : (___, ___)   XIII : (___, ___)   XIV : (___, ___)   XV : (___, ___)

XVI : (___, ___)   XVII : (___, ___)   XVIII : (___, ___)   XIX : (___, ___)   XX : (___, ___)

XXI : (___, ___)   XXII : (___, ___)   XXIII : (___, ___)   XXIV : (___, ___)   XXV : (___, ___)

XXVI : (___, ___)   XXVII : (___, ___)   XXVIII : (___, ___)   XXIX : (___, ___)   XXX : (___, ___)

Mathématique

Anglais

The Secret of Success

Good Students

In this column, write the numbers representing the actions that help good students succeed.

1.

Poor Students

In this column, write the numbers representing the actions that cause students to have difficulties.

2.

1. They use strategies.
2. They forget their books at home.
3. They don't look at the teacher when she speaks.
4. They make plans.
5. They practise speaking English.
6. They always check their work.
7. They throw paper on the floor.
8. They are late for class.
9. They know how to scan through a text.
10. They look at illustrations.
11. They always listen to what their classmates have to say.
12. They never ask for help.
13. They don't take notes.
14. When they are having trouble, they try to use different words to communicate their idea.
15. They use resources.

To Be (Present Tense)

Information Box

Affirmative	Negative	Interrogative	Remember!
I **am** happy.	I am **not** happy.	**Am I** happy?	is not = isn't
You **are** nice.	You are **not** nice.	**Are you** nice?	are not = aren't
He **is** strong.	He is **not** strong.	**Is he** strong?	
She **is** quiet.	She is **not** quiet.	**Is she** quiet?	
It **is** broken.	It is **not** broken.	**Is it** broken?	
We **are** writing.	We are **not** writing.	**Are we** writing?	
They **are** in the gym.	They are **not** in the gym.	**Are they** in the gym?	

Change the following sentences to the form indicated between the brackets.

Example: (Negative) They are funny. ___They are not funny.___

1. (Interrogative) Julien is sleeping on his desk. _____

2. (Affirmative) She is not in the school. _____

3. (Negative) Anita and Caroline are sisters. _____

4. (Interrogative) They are sitting on a bench. _____

5. (Affirmative) It isn't on the table. _____

6. (Negative) I am sorry. _____

7. (Interrogative) We are taking guitar lessons at school. _____

8. (Affirmative) You aren't doing your homework. _____

9. (Negative) Our school is big. _____

10. (Interrogative) He is drawing a picture. _____

Present Tense
Action Verbs and the Verb *to Have*

Information Box

Affirmative	Negative	Interrogative	Remember!
I **write** notes.	I **don't** write notes.	**Do I** write notes?	do not = don't
You **write** notes.	You **don't** write notes.	**Do you** write notes?	does not = doesn't
He **writes** notes.	He **doesn't** write notes.	**Does he** write notes?	
She **writes** notes.	She **doesn't** write notes.	**Does she** write notes?	
It **writes** notes.	It **doesn't** write notes.	**Does it** write notes?	
We **write** notes.	We **don't** write notes.	**Do we** write notes?	
They **write** notes.	They **don't** write notes.	**Do they** write notes?	

Change each sentence to the form indicated between the brackets.

Example: (Negative) Sue eats a lot. *Sue doesn't eat a lot.*

1. (Interrogative) He has a blue pen. _____

2. (Negative) Philippe likes to read books. _____

3. (Affirmative) Hélène doesn't speak English. _____

4. (Interrogative) Isabelle and Danni have two cats. _____

5. (Negative) It sleeps on the floor. _____

6. (Affirmative) They don't eat breakfast. _____

7. (Interrogative) You study for your tests. _____

8. (Negative) We have a new student in our class. _____

9. (Affirmative) I don't agree with you. _____

10. (Interrogative) The bell rings at nine o'clock. _____

Is / Are / Do / Does

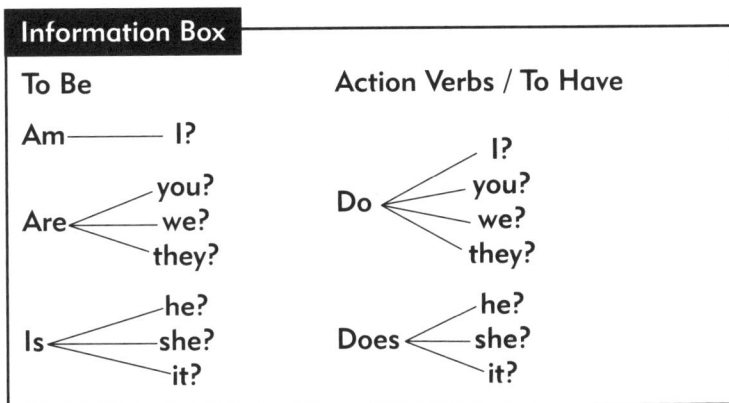

Complete the following questions.

1. Who _____is_____ the principal of your school? *Mr. Brown.*

2. Where _____ they live? *They live in Sainte-Marie de Beauce.*

3. _____ you from Laval? *No, I'm from Longueuil.*

4. _____ your father drive a red car? *Yes, his car is dark red.*

5. When _____ Allan and Dave play ball? *They play on Mondays.*

6. Why _____ we here? *Because I want to buy a book.*

7. _____ you have a pet? *No, I don't like animals.*

8. What _____ your sister do after school? *She plays with a friend.*

9. How _____ your mother feeling? *She is not feeling well.*

10. Why _____ you laughing? *Tim told me a funny story.*

11. _____ he have a skateboard? *Yes, it's green and blue.*

12. Where _____ your brother? *He's in the living room.*

Unexpected Guests

A This story is all mixed up! Write the numbers 1 to 9 in the boxes to put the sentences in the correct order.

☐ Finally, Tim and the other students help Miss Jones clean up. This has been an unusual start to a school day.

☐ It is nine o'clock. The school bell rings. Tim is outside in the schoolyard.

☐ The dog ignores the screaming and follows the cat three times around the classroom, under desks and chairs, knocking over the garbage can and piles of paper.

☐ He lines up to enter the school with his friends.

☐ When they get to their classroom, his teacher, Miss Jones, takes attendance. She asks the students to take out their math books for the first period.

☐ After, the cat and dog race out of the classroom and back down the hallway towards the school entrance.

☐ All the girls scream, Miss Jones jumps up on her chair and everyone begins to laugh.

☐ Then, Miss Jones climbs down off her chair and looks at the mess. It looks like a tornado has hit the classroom.

☐ Suddenly, they hear a loud barking noise. They see a cat and a dog run into their classroom.

B Write the answers to these questions.

1. When does the school bell ring? _____

2. Who climbs up on her chair? _____

3. What noise do the students hear? _____

4. Where do the cat and dog go after they leave the classroom? _____

To Be (Simple Past Tense)

Information Box

To Be

I, He, She, It → **was**

You, We, They → **were**

Examples:

He **was** tired yesterday.

They **were** busy last week.

Interrogative sentences

Invert the order of the subject and the verb *to be*.

Examples:

Was she at her piano practice yesterday?

Were you on the basketball team in Grade 5?

Negative sentences

Use **wasn't** or **weren't**.

Examples:

My father **wasn't** happy with my report card.

My friends **weren't** at my birthday party.

Write was or were to complete the following sentences.

1. The boy ____was____ in his mother's car.

2. Daniel and Nathalie _____ here yesterday.

3. I _____ sick on Tuesday.

4. We _____ eating when our aunt called.

5. She _____ happy to visit your school.

6. It _____ very expensive.

7. You _____ the best student in your class.

8. _____ Dave and Jenny at your house last night?

9. _____ Derrick on time for class this morning?

10. Your mother _____ at work on Monday morning.

11. We _____ invited to Mary's graduation.

Anglais 261

Action Verbs / *To Have*
(Simple Past Tense)

Information Box

Pronouns	Regular Verbs (Verb + "-ed" or "-d")	Irregular Verbs
I	(like) liked	(write) wrote
You	(walk) walked	(read) read
He	(look) looked	(give) gave
She	(want) wanted	(drink) drank
It	(ask) asked	(eat) ate
We	(play) played	(have) had
They	(answer) answered	(go) went

Write the simple past form of each verb to complete these affirmative sentences.

1. She (play) __played__ hockey yesterday.

2. They (look) _____ at the teacher.

3. I (drink) _____ a glass of water this morning.

4. We (eat) _____ some sandwiches in the restaurant.

5. You (write) _____ a story about a little girl.

6. He (want) _____ to talk to his friend.

7. It (have) _____ a broken wing.

8. Suzanne (read) _____ a book last week.

9. Pierre and Tim (answer) _____ all the questions.

Action Verbs / *To Have*
(Simple Past Tense)

Information Box			
Affirmative	**Negative**	**Interrogative**	**Remember!**
Examples:	*Examples:*	*Examples:*	did not = didn't
You sharpened your pencil.	You **did not** sharpen your pencil.	**Did you** sharpen your pencil?	
He asked a question.	He **did not** ask a question.	**Did he** ask a question?	

Change each of the sentences to the form indicated between the brackets.

Example: (Negative) Anne wrote a story. **Anne didn't write a story.**

1. (Interrogative) They went to the washroom. _____

2. (Negative) She wanted to borrow my pencil. _____

3. (Affirmative) He didn't like the show. _____

4. (Interrogative) Trevor gave Julie a present. _____

5. (Negative) I played basketball on Wednesday. _____

6. (Affirmative) We didn't look at the answers. _____

7. (Interrogative) You walked to school yesterday. _____

8. (Negative) Patrick and Simon asked a lot of questions. _____

9. (Affirmative) It didn't have four legs. _____

10. (Interrogative) Tammy drank a glass of milk. _____

Anglais

Future Tense

Information Box

To Be (Future Tense)

I, You, He, She, It, We, You, They → will + Action Verb / To Be / To Have + Sentence ending

Examples:
I **will visit** my uncle.
You **will have** ten dollars.
He **will sing**.
She **will take** the bus.
It **will arrive** early tomorrow morning.
We **will participate**.
They **will be** on time for the show.

Remember!
Interrogative
Invert the subject and the verb **will**.
Examples:
Will your father drive the bus?
Will they understand?

Negative
Replace will with **will not** or **won't**.
Examples:
He **will not** come with us.
It **won't** be the same.

Change the sentences to the form indicated between the brackets.

Example: (Negative) He will be late. <u>He won't be late.</u>

1. (Interrogative) John will be home in two weeks. _____

2. (Negative) Marie and Jean will eat lunch at school today. _____

3. (Affirmative) Tim won't have a party next week. _____

4. (Interrogative) They will listen to the radio. _____

5. (Negative) She will be absent tomorrow. _____

6. (Affirmative) I will not go to my piano practice on Monday. _____

7. (Interrogative) It will be very interesting. _____

8. (Negative) You will go skiing in January. _____

9. (Affirmative) He won't play chess with me. _____

Verb Tenses

Indicate if the verbs in the following sentences are in the past, present or future tense.

	Past	Present	Future
1. Oumar is in his bedroom.	☐	✗	☐
2. We were disappointed last night.	☐	☐	☐
3. Marilou asked a lot of questions.	☐	☐	☐
4. Will you talk to Debbie today?	☐	☐	☐
5. He takes a shower every morning.	☐	☐	☐
6. I don't understand.	☐	☐	☐
7. Timothy wasn't at the movie.	☐	☐	☐
8. What did you learn at school today?	☐	☐	☐
9. She will take us to Montreal.	☐	☐	☐
10. Can you hear the birds singing?	☐	☐	☐
11. What grade will you be in next year?	☐	☐	☐
12. Maroun went to the library.	☐	☐	☐
13. What is he going to do after school?	☐	☐	☐
14. They weren't the tallest students.	☐	☐	☐
15. Marianne isn't in the gym.	☐	☐	☐
16. Who was the girl I saw you with?	☐	☐	☐
17. Did you see the concert on TV?	☐	☐	☐
18. We like our English teacher.	☐	☐	☐
19. What will you do on the weekend?	☐	☐	☐
20. Angelica sang a beautiful song.	☐	☐	☐

Whose or Who's?

Information Box

Whose = Who is the owner of the...

Examples: **Whose** cat is that?
Whose coat is on the table?

Who's = Who is

Examples: **Who's** the boy in the gym?
Who's the principal of your school?

Use whose or who's to complete the following sentences.

1. ___Whose___ name is at the top of the list?

2. _____ the woman talking to Miss Henley?

3. _____ the Prime Minister of Canada?

4. That is the boy _____ dog was hit by a car.

5. This is the girl _____ on the school badminton team.

6. Do you see _____ driving the blue truck?

7. I hear the telephone ringing. Go see _____ calling.

8. _____ idea was it?

9. _____ the old man in your school picture?

10. _____ pencil is this? I think it's Pauline's pencil.

Question Words

Complete the following questions using the question words below.

    Who   What   Where   When   Why   Whose   How

1. __What__ do you want for Christmas? *I want to have a new bike.*

2. _____ will Mr. Smith buy a computer? *He will buy it tomorrow.*

3. _____ are you tired? *Because I watched the late movie.*

4. _____ much money do you have? *I have about four dollars.*

5. _____ coat is on the floor? *That's Dan's coat.*

6. _____ did you put your book? *I think it's in my room.*

7. _____ is the best player? *Terry is the best.*

8. _____ do you go to bed at night? *I usually go to bed at eleven.*

9. _____ does he study? *Because he's scared to have a bad mark.*

10. _____ are they listening to? *They're listening to Jon's new CD.*

11. _____ is your teacher's hat? *It's in the closet.*

12. _____ pencil is in the box? *I think it's Diane's pencil.*

13. _____ did your grandfather go to school? *He rode a horse.*

14. _____ is your mother's birthday? *It's in May.*

15. _____ do you think will win? *I think Patrick will win.*

Anglais 267

Routines

Write an E in the boxes next to the things you do everyday (or often) and an S in the boxes next to the activities that you do on special occasions.

1. I go to the restaurant with my parents. ☐

2. I wake up. ☐

3. I brush my teeth. ☐

4. I put on a costume and I go around asking for candy. ☐

5. I give presents to my friends. ☐

6. I get dressed. ☐

7. I eat breakfast, lunch and supper. ☐

8. I go feed the animals at the zoo. ☐

9. I go to school and I study. ☐

10. I catch fish with my fishing rod. ☐

11. I watch TV. ☐

12. I sleep in a tent. ☐

Write what you do everyday at _____ o'clock.

1. At seven o'clock in the morning I… _____

2. At twelve o'clock (noon) I… _____

3. At four o'clock in the afternoon I… _____

4. At eight o'clock in the evening I… _____

5. At eleven o'clock at night I… _____

Anglais

Money

Information Box

a penny = 1 cent
a nickel = 5 cents
a dime = 10 cents
a quarter = 25 cents

a dollar bill = 1 dollar
a five dollar bill = 5 dollars
a ten dollar bill = 10 dollars
a twenty dollar bill = 20 dollars

Pennies, nickels, dimes and quarters:
Money that will buy you lunch.
Reach down deep inside your pockets,
You will see you have a bunch.

When you start to spend your dollars
Fives and tens and twenties, too,
You'll have fun for several hours,
But be careful what you do.

A Match the expressions on the left with the definitions on the right.

1. Money talks. [C]

2. Put your money where your mouth is. [ ]

3. He has money to burn. [ ]

4. Money doesn't grow on trees. [ ]

A. He has lots of money.

B. You have to work for money.

C. Money can influence people.

D. You have to act to support your opinion.

B How much is it?

Examples: 2 quarters, 3 dimes and 4 pennies. **84 cents.**

4 ten dollar bills and 1 nickel. **40 dollars and 5 cents.**

1. 3 twenty dollar bills, 2 dollar bills and 4 dimes. _____

2. 4 five dollar bills and 6 quarters. _____

3. 8 quarters and 26 pennies. _____

4. 13 dimes and 17 pennies. _____

Simon's Family

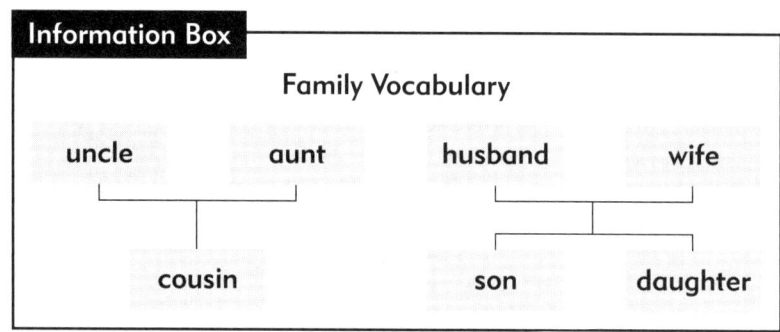

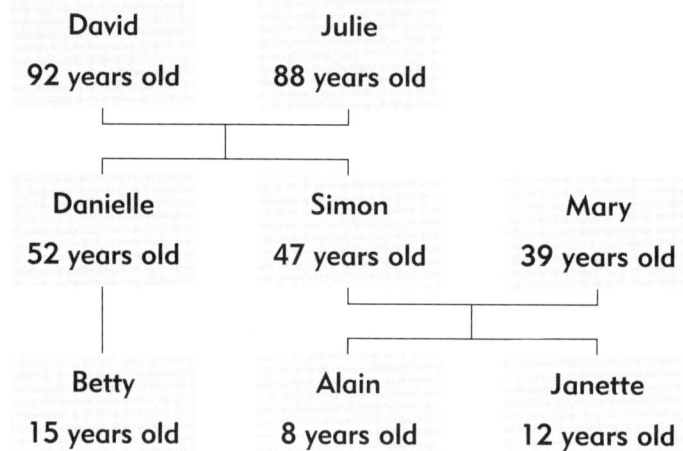

Can you answer these questions?

1. How old is Simon? _____
2. Who are Simon's parents? _____
3. What is Simon's wife's name? _____
4. How many children do Simon and Mary have? _____
5. Who is Janette's cousin? _____
6. Who is Alain's aunt? _____
7. Do David and Julie have a son? Who is it? _____
8. How old is Mary? _____
9. Who is the oldest member of the family? _____
10. Who is the youngest? _____
11. What is Julie's husband's name? _____
12. Who is Mary's daughter? _____

Anglais

Feelings

Information Box

Feelings

happy	sad	angry	surprised	nervous	excited
bored	sorry	embarrassed	shy	afraid	disappointed
proud	good	bad	relaxed	relieved	guilty

Write how you feel in each situation.

Example: When I <u>ride my bike</u>, I feel **good** _____.
      situation   feeling

1. When I receive my report card, I feel _____.

2. When I open a present, I feel _____.

3. When I spill a glass of milk on the floor, I feel _____.

4. When I watch a scary movie, I feel _____.

5. When I apologize, I feel _____.

Name the situation that makes you feel a certain way.

Example: I feel <u>satisfied</u> when **I finish my homework** _____.
    feeling   situation

1. I feel disappointed when _____.

2. I feel nervous when _____.

3. I feel sorry when _____.

4. I feel bored when _____.

5. I feel surprised when _____.

Discuss your answers with a friend or a family member.

Anglais 271

Opposites

Draw a line to match each word to its opposite.

1. rich
2. fast
3. sick
4. old
5. high
6. strong
7. right
8. thick
9. exciting
10. sad
11. easy
12. early

A. weak
B. left
C. happy
D. poor
E. slow
F. boring
G. new
H. low
I. late
J. thin
K. hard
L. healthy

Mistakes

Whoops! I made some mistakes. Can you rewrite my sentences for me?

Examples: How <u>is</u> you? I <u>is</u> fine. **How are you? I am fine.**

Who do you live? In Alma. **Where do you live? In Alma.**

1. When <u>are</u> your birthday? It <u>are</u> in June. _____

2. <u>What</u> old are you? I <u>are</u> twelve years old. _____

3. <u>Do</u> he agree? Yes, he agrees. _____

4. <u>Whose</u> is your telephone number? It's 123-4567. _____

5. What <u>am</u> your favourite colour? It <u>are</u> yellow. _____

6. What is <u>you</u> name? My name <u>am</u> Joe. _____

7. <u>Where</u> much do you weigh? I weigh 43 kilograms. _____

8. <u>Who's</u> book is on the desk? It's Fred's book. _____

9. <u>What</u> many eggs are in a dozen? Twelve. _____

10. <u>Who</u> are you crying? Because I have a headache. _____

11. <u>When</u> tall are you? I am two metres tall. _____

12. Where <u>is</u> they from? They <u>is</u> from Shawinigan. _____

13. <u>Does</u> you like to listen to music? Yes, I <u>listens</u> all the time. _____

14. Is <u>his</u> name Mary? No, it's Jennifer. _____

Jobs

Information Box

Jobs

grocer	teacher	lifeguard	priest	librarian
financial planner	car salesperson	waiter	police officer	firefighter
construction worker	mechanic	nurse	hairdresser	clerk
bus driver	baker	butcher		

A Use the information to help you answer the questions below.

1. Who works in a hospital? _____

2. Who works in a beauty salon? _____

3. Who works in a restaurant? _____

4. Who works in a school? _____

5. Who works in a library _____

6. Who works in a bank? _____

B Choose a job and describe it. Would you like to do that job?

A / An _____ works in a _____.
                  job   place

He / she _____, _____
              action   action

and _____. I want / wouldn't want to be
        action

a / an _____ someday.
          job

Clothes

Read

Rag's Clothing Store had a big sale last week. Fred and his friends wanted to take advantage of the reduced prices. Fred was the first to arrive. He purchased three new ties to go with his old sports jacket. Hakim arrived next. He looked at the ties and caps, but finally decided to buy two pairs of sandals. When she arrived, Maureen purchased a new pair of gloves to go with her winter hat. Later, Samuel was happy to find a pair of overalls at half price. Martine was quick to buy a beautiful silk scarf. After shopping, they all went to a restaurant for some coffee.

A Write the name of the clothing item under each picture.

1. _____ 2. _____ 3. _____ 4. _____

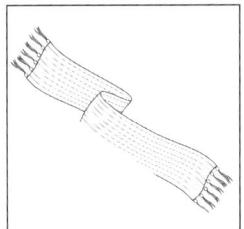  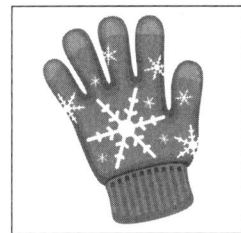

5. _____ 6. _____ 7. _____

B Complete the following sentences.

1. Samuel likes to wear _____.

2. _____ purchased some sandals.

3. Maureen needed to buy _____.

4. _____ was the first to arrive.

5. They all went to a restaurant for _____.

6. _____ purchased a silk scarf.

Lost Dog

Read

Ronald liked to walk his dog Barnie in the park early in the morning. One day, Barnie ran off to chase a cat. Ronald looked everywhere, but he couldn't find his dog. First, he went across the street to the police station. "Did you see a small dog?" he asked a police officer. "No, I didn't," the officer replied. Next, he went to the flower shop. "Did you see a small, four-legged dog?" he asked the florist. "No, I didn't," she replied. After, Ronald walked over to the shopping mall. "Did you see a small, black-and-white, four-legged dog?" he asked the people working in the stores. "No, we didn't," they all replied. Then, he went to the drugstore. He talked to the pharmacist, Mrs. Green. "Did you see a small, black-and-white, four-legged dog with a red collar?" he asked. "No, I didn't," she replied. Finally, feeling a little discouraged, Ronald went to a garage. He talked to the mechanic. "Did you see a small four-legged, black-and-white dog with a red collar and a short tail?" he asked. "Yes, I did," replied the mechanic, "and it's sitting right behind you." Ronald turned around and there was Barnie looking very dirty. Ronald thanked the mechanic and took his dog home to clean it up.

Write the answers to these questions.

1. Where was Ronald when his dog ran off? _____

2. What is Ronald's dog's name? _____

3. Why did the dog run off? Because it _____

4. Who did Ronald speak to at the flower shop? _____

5. When does Ronald like to walk his dog? _____

6. How did Ronald describe his dog to the pharmacist? _____

7. Which person found the dog? _____

8. Do you think Ronald's dog would be easy to find? _____

A Hockey Hero

Read

Guy Lafleur was born in Thurso, Québec, on September 20, 1951. He started playing hockey when he was very young. He loved it! He used to go to bed with his hockey equipment on so he wouldn't waste any time dressing in the morning. He was very talented right from the beginning.

In his teens, Lafleur became well-known as a member of the Québec Remparts of the Québec Major Junior Hockey League. His nickname was "The Flower." He was drafted by the Montréal Canadiens in 1971. He played in the National Hockey League for many years. He scored 50 goals or more in six straight seasons. He won the Stanley Cup five times. He became a member of the Hockey Hall of Fame in 1988.

Write the answers to these questions.

1. Where was Guy Lafleur born? _____

2. When was he born? _____

3. Who did he play for when he was a teenager? _____

4. What was his nickname? _____

5. Why did he sleep in his hockey equipment when he was a little boy? _____
   _____

6. How many Stanley Cups did Guy Lafleur win? _____

7. When did he become a member of the Hockey Hall of Fame? _____
   _____

A Talented Diver

Read

Sylvie Bernier was born on January 31, 1964, in Ste-Foy, Québec. When she was little, she had problems with asthma. She started taking swimming lessons, but later switched to diving lessons when she was eight years old. She progressed very quickly and at the age of eleven she won her first regional championship. Seven years later, the eighteen-year-old athlete won a silver medal at the Commonwealth Games in Brisbane, Australia. In 1983, she won a bronze medal at the Pan American Games. In 1984, she participated in the Los Angeles Summer Olympics, where she won Canada's first gold medal in Olympic diving in the three-metre springboard diving event. It was also the first Olympic gold medal ever won by a female athlete from Québec. In 1985, she became a member of the Order of Canada. Sylvie and her husband, Gilles Cloutier, have three girls.

Write the answers to these questions.

1. How old was Sylvie Bernier when she started diving? _____
2. Where was Sylvie when she won her Olympic gold medal? _____
3. In which event did Sylvie win her gold medal? _____
4. What medical problem did Sylvie have when she was little? _____
5. How many children does Sylvie have? _____
6. Who is Gilles Cloutier? _____

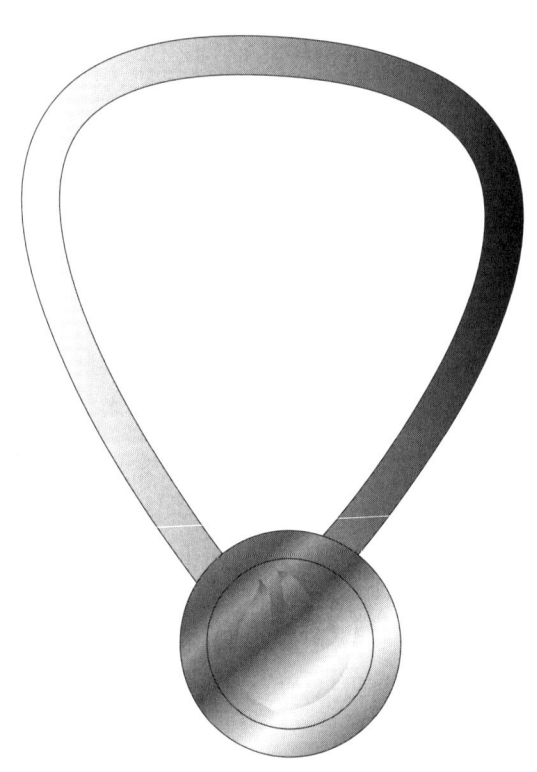

The Tournament

This story is all mixed up! Write the numbers 1 to 10 in the boxes to put the sentences in the correct order.

ate

- [ ] After the tournament, Ken won a trophy for the best goal scorer.
- [ ] Ken woke up at seven o'clock in the morning.
- [ ] He drove them to the skating rink on Fifth Avenue.
- [ ] He quickly got dressed and ate his breakfast.
- [ ] Then he put on his coat and boots, picked up his hockey bag and walked outside.
- [ ] Arthur drove Ken back to his house around eight o'clock in the evening.
- [ ] He waited on the street in front of his house.
- [ ] After a few minutes a car pulled up and Ken got inside. It was his friend Arthur.
- [ ] The boys were in a hockey tournament. They played four games. They never lost any.
- [ ] Arthur had his father's new car.

played

drove

won

Anglais 279

Category Game

Instructions

This game is for two or more players. Roll a dice and advance the number indicated on it. Each time you land on a category you have to say a word that belongs to it. For example, if you land on ACTIONS, you could say "cook." Once a word in a category has been used, no one else can use that word again. The game is over when one person lands exactly on number 28. A player is eliminated when he/she can't think of another word for that category.

START	1. PLACES	2. JOB	3. FEELINGS	4. ACTIONS
17. PLACES	18. JOB	19. FEELINGS	20. ACTIONS	5. PLACES
16. ACTIONS	27. FEELINGS	28. HOME SWEET HOME	21. PLACES	6. JOB
15. FEELINGS	26. JOB		22. JOB	7. FEELINGS
14. JOB	25. PLACES	24. ACTIONS	23. FEELINGS	8. ACTIONS
13. PLACES	12. ACTIONS	11. FEELINGS	10. JOB	9. PLACES

Science

Le mouvement chez les animaux

Indique comment se déplacent les animaux suivants.

	Vol	Reptation	Marche	Friction	Nage
1) urubu à tête rouge					
2) crocodile					
3) dauphin					
4) serpent					
5) chauve-souris					
6) chat					
7) lion					
8) écureuil					
9) cygne					
10) ver de terre					
11) couleuvre					
12) cheval					
13) merle d'Amérique					
14) chien					
15) limace					
16) rat					
17) hamster					
18) escargot					
19) morse (hors de l'eau)					
20) mouffette					

Expo-science

Prépare une exposition scientifique à présenter à tes parents et tes amis.

Choisis un sujet sous la forme d'une question, par exemple : est-ce que les bulles de savon sont toujours sphériques ? Émets ensuite une hypothèse : oui, elles sont toujours sphériques, ou non, elles ne le sont pas toujours.

Sujet : _____

Hypothèse : _____

_____

_____

Matériel dont tu auras besoin : _____

_____

_____

Explique le déroulement de ton expérience : _____

_____

_____

_____

_____

_____

_____

Explique les problèmes que tu as rencontrés : _____

_____

_____

Est-ce que ton hypothèse était vraie ou fausse ? _____

_____

_____

Recopie ces informations sur un grand carton. Prends des photos de ton expérience et colle-les sur le carton. Si ton expérience se réalise facilement, refais-la devant tes parents et amis.

Science 283

Le développement de l'embryon et du fœtus

Indique le mois de la grossesse qui correspond à la description des étapes du développement de l'embryon et du fœtus.

a) Les cheveux apparaissent et le corps se couvre d'un fin duvet appelé le *lanugo*. Les reins fonctionnent et le bébé urine dans le liquide amniotique. La rétine est sensible à la lumière, mais le bébé ne voit pas. Il mesure 19 cm et pèse 200 g.

b) Durant ce mois, le développement des nerfs se termine. Le bébé ouvre les yeux. Son corps se couvre d'un enduit graisseux. Il mesure 37 cm et pèse 1500 g.

c) Les membres inférieurs se développent. Les principaux organes se mettent en place. On ne distingue pas vraiment les membres. L'utérus a la taille d'une orange. L'embryon mesure entre 5 et 7 mm.

d) Le bébé prend environ 100 g par semaine. Il se sent très à l'étroit dans l'utérus. Son développement est terminé. Il mesure 50 cm et pèse 3300 g.

e) Le fœtus suce son pouce. Son visage est presque entièrement formé. Les ongles apparaissent. Il dort de 18 à 20 heures par jour. Il mesure 33 cm et pèse 900 g.

f) Les organes continuent à se développer. Les bras et les jambes s'allongent. Le squelette est en place. L'embryon ne voit pas et n'entend pas. Les premiers muscles se forment. L'embryon mesure 3 cm et pèse 2 à 3 g.

g) Le sexe est visible à l'échographie. Les cils apparaissent. Le fœtus dort encore beaucoup : de 16 à 20 heures par jour. Les empreintes digitales se creusent. Il mesure 16 cm et pèse 500 g.

h) Il passe du stade d'embryon à celui de fœtus. Durant ce mois, il va grossir et grandir beaucoup. Les cordes vocales se forment. Il commence à bouger, mais la mère ne perçoit pas encore ses mouvements. La bouche s'ouvre et se ferme. Le fœtus mesure 12 cm et pèse 65 g.

i) Ses ongles sont bien formés. Le cerveau continue à se développer. Le bébé est sensible à la douleur. Il bouge beaucoup. Il mesure 43 cm et pèse 2200 g.

Le comportement des plantes

Le comportement des plantes est influencé par certains facteurs extérieurs. Cherche dans le dictionnaire et écris la définition des mots suivants.

Phototropisme : _____

_____

_____

Géotropisme : _____

_____

_____

Hydrotropisme : _____

_____

_____

Chimiotropisme : _____

_____

_____

_____

Thigmotropisme : _____

_____

_____

Héliotropisme : _____

_____

_____

Science 285

Mot mystère scientifique

Repère les mots suivants dans la grille pour découvrir le mot mystère.

Aristote	économie	loi	Platon
astrologie	élève	mathématiques	pure
astronomie	étude	médecine	raison
biologie	expérimentation	mesure	scientifique
chercheur	humaines	méthode	sociologie
chimie	instruments	nature	technique
connaissance	laboratoire	observation	technologie
dogme	logique	philosophie	théologie

T	H	E	O	L	O	G	I	E	S	E	I	G	O	L	O	R	T	S	A
I	N	S	T	R	U	M	E	N	T	S	E	D	O	H	T	E	M	O	S
E	U	Q	I	F	I	T	N	E	I	C	S	M	E	S	U	R	E	C	T
A	L	A	B	O	R	A	T	O	I	R	E	L	E	V	E	A	D	I	R
R	O	V	P	H	I	L	O	S	O	P	H	I	E	E	I	I	E	O	O
U	G	E	L	E	C	O	N	O	M	I	E	I	R	D	M	S	C	L	N
E	I	M	A	R	I	S	T	O	T	E	A	O	U	U	I	O	I	O	O
H	Q	G	T	E	C	H	N	I	Q	U	E	L	P	T	H	N	N	G	M
C	U	O	O	B	S	E	R	V	A	T	I	O	N	E	C	N	E	I	I
R	E	D	N	N	O	I	T	A	T	N	E	M	I	R	E	P	X	E	E
E	M	A	T	H	E	M	A	T	I	Q	U	E	S	E	R	U	T	A	N
H	U	M	A	I	N	E	S	T	E	I	G	O	L	O	N	H	C	E	T
C	O	N	N	A	I	S	S	A	N	C	E	E	I	G	O	L	O	I	B

Mot mystère : __ __ __ __ __ __

Les séismes ou tremblements de terre

Un tremblement de terre, ou séisme, se crée lorsqu'il y a des déplacements et des frictions entre les différentes plaques de la croûte terrestre, les plaques tectoniques. La plupart des tremblements de terre sont localisés sur des failles. Il est très rare qu'un séisme soit causé par l'activité humaine. Il y a des tremblements de terre tous les jours, mais la plupart ne sont pas ressentis par les humains. On enregistre environ 100 000 séismes par an sur la planète.

La science qui étudie les tremblements de terre est la sismologie, et l'appareil qui mesure l'intensité des séismes est le sismographe. L'échelle utilisée pour en déterminer la force est l'échelle de Richter.

Voici une carte du monde qui présente les plaques tectoniques. À partir des noms d'océans ou de continents que tu connais, identifie les plaques manquantes avec cette liste : plaque des Philippines, plaque pacifique, plaque antarctique, plaque indo-australienne, plaque eurasienne, plaque africaine, plaque sud-américaine, plaque nord-américaine.

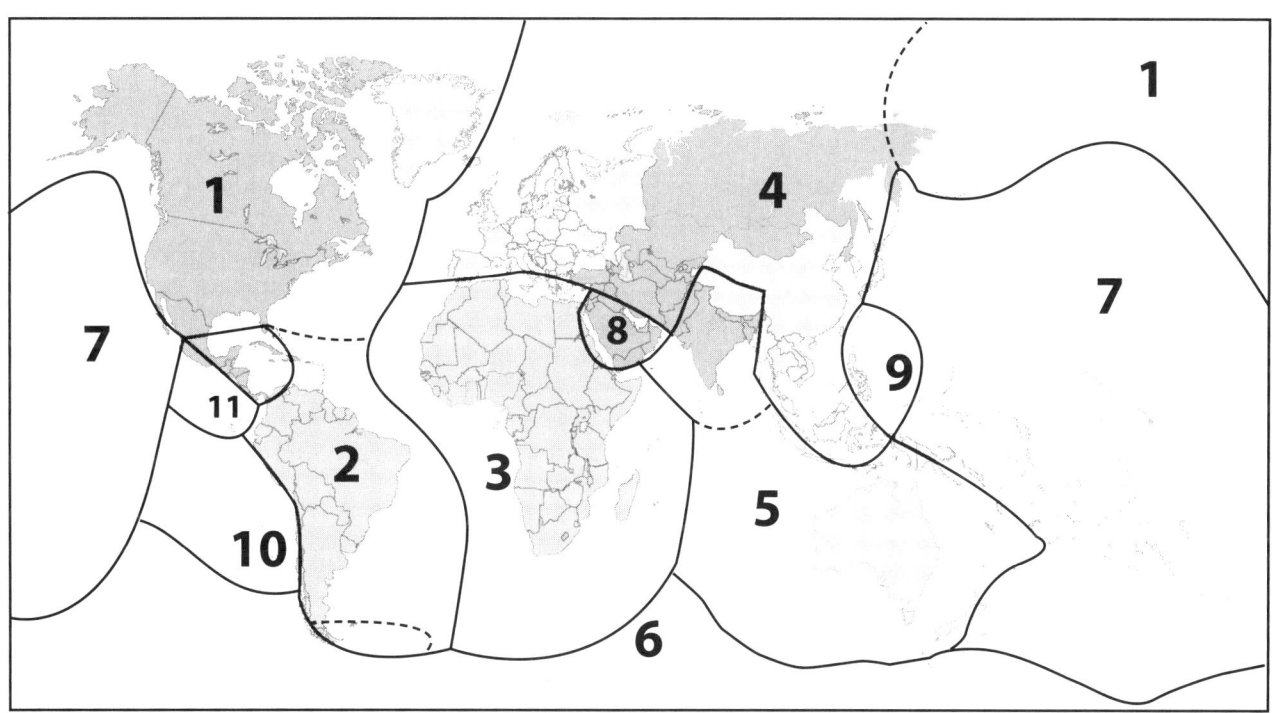

1. _____
2. _____
3. _____
4. _____
5. _____
6. _____
7. _____
8. plaque arabique
9. _____
10. plaque de Nazca
11. plaque des Cocos

La fabrication de papier

Matériel

4 baguettes ou bouts de bois de la même grandeur
Agrafeuse et agrafes
Un morceau de moustiquaire un peu plus grand que les baguettes
1 ou 2 feuilles de papier journal
Grand bol
2 tasses (500 ml) d'eau tiède
1 c. à soupe (15 ml) de détergent à vaisselle
Mélangeur ou batteur
Carottes râpées, persil haché ou colorant alimentaire (facultatif)
Plaque à biscuits
2 grands torchons
Fer à repasser (facultatif)

Fabrique un cadre à l'aide des quatre baguettes ou des morceaux de bois de la même longueur. Fixe le morceau de moustiquaire sur le cadre à l'aide d'agrafes.

Déchire le papier journal en petits morceaux et mets-les dans le bol. Ajoute l'eau et le détergent. Laisse tremper pendant au moins quatre heures.

Mets la pâte dans un mélangeur et mélange à vitesse moyenne jusqu'à ce que la mixture soit lisse, ou bats la pâte avec un batteur à œufs directement dans le bol. Si le mélange est trop épais, ajoute un peu d'eau. À cette étape, tu peux ajouter des carottes râpées, du persil haché ou du colorant pour donner la couleur de ton choix à ton papier.

Pose ton cadre sur une plaque à biscuits et verse la pulpe au centre du cadre. Remue le cadre pour égaliser la pulpe. Soulève le cadre et laisse l'eau s'égoutter le plus possible.

Place le cadre rempli de pulpe sur un grand torchon. Place un autre torchon par-dessus. Retourne le tout afin que le cadre soit sur le dessus. Retire délicatement le cadre. Si la pulpe colle sur le cadre, c'est qu'il reste trop d'eau dans le mélange. Tu peux laisser sécher le mélange pendant trois ou quatre jours en mettant la plaque à biscuits par-dessus les torchons et en posant un objet lourd sur la plaque pour que ton papier soit bien plat. Tu peux aussi repasser par-dessus le torchon avec un fer tiède jusqu'à ce que le papier soit sec.

Attention, ne jette pas les restants de pulpe dans l'évier, cela pourrait bloquer les conduits.

La fabrication d'un anémomètre

Matériel
4 pots de yogourt de la même grosseur
Gouache rouge
2 pics à brochettes de bois de 30 cm de long
Un morceau de bois d'environ 60 cm
Colle

Peins en rouge un des pots de yogourt.

Croise les deux pics à brochettes pour former un X. Fixe les deux pics à brochettes sur le morceau de bois.

Colle les pots sur les pics à brochettes, tous orientés dans le même sens.

Installe l'anémomètre dans un endroit dégagé.

Pour avoir une idée de la vitesse du vent exprimée en kilomètres, compte le nombre de tours accomplis par le pot de yogourt rouge en 30 secondes. Divise ce nombre par 3.

Note tes résultats ici :

	lundi	mardi	mercredi	jeudi	vendredi	samedi	dimanche
Nombre de tours							
Divisé par 3							
Vitesse du vent (km/h)							

	lundi	mardi	mercredi	jeudi	vendredi	samedi	dimanche
Nombre de tours							
Divisé par 3							
Vitesse du vent (km/h)							

L'alimentation

Le guide alimentaire canadien recommande que les jeunes filles et les jeunes garçons âgés de 9 à 13 ans consomment les portions suivantes de chaque groupe alimentaire :

Légumes et fruits : 6 portions

Produits céréaliers : 6 portions

Lait et substituts : 3 à 4 portions

Viandes et substituts : 1 à 2 portions

Voici ce qui équivaut à une portion pour chacun des groupes alimentaires :

> Légumes et fruits : un fruit, $\frac{1}{2}$ tasse de légumes.
>
> Lait et substituts : un petit verre de lait (250 ml), un petit contenant de yogourt.
>
> Produits céréaliers : une tranche de pain, $\frac{1}{2}$ tasse de riz.
>
> Viandes et substituts : 2 œufs, 75 g de viande ou de volaille.

Pendant trois jours, note tout ce que tu manges et vérifie si tu remplis les exigences du guide.

L'alimentation

Jour 1 : _____

Déjeuner		
Collation		
Dîner		
Collation		
Souper		

Total des portions de la journée pour…

les fruits et légumes : _____, le lait et les substituts : _____,

les produits céréaliers : _____ et les viandes et substituts : _____.

Science 291

L'alimentation

Jour 2 : _____

Déjeuner		
Collation		
Dîner		
Collation		
Souper		

Total des portions de la journée pour…

les fruits et légumes : _____, le lait et les substituts : _____,

les produits céréaliers : _____ et les viandes et substituts : _____.

L'alimentation

Jour 3 : _____

Déjeuner		
Collation		
Dîner		
Collation		
Souper		

Total des portions de la journée pour…

les fruits et légumes : _____, le lait et les substituts : _____,

les produits céréaliers : _____ et les viandes et substituts : _____.

Le jeu écolo

Découpe les pages de la planche de jeu et place-les l'une à côté de l'autre de manière à ce que les numéros des cases se suivent.

Matériel nécessaire : un dé et des pions

Nombre de joueurs : de 2 à 4

Règles du jeu :

Tous les joueurs lancent le dé. Celui qui obtient le chiffre le plus grand commence la partie. Le gagnant est celui qui se rend le premier à la case **arrivée**.

65	66	67 Ta boîte à lunch ne génère pas de déchets. Avance de 3 cases. →	68
64	63 Tu as jeté à la poubelle une cannette consignée. Recule d'une case. →	62	61
49	50	51	52 Tu achètes des produits locaux. Avance de 3 cases. →
48	47	46	45
33	34 Tu prends l'autobus au lieu de la voiture. Relance le dé.	35	36
32	31	30 Tu fais du compost à la maison. Avance de 5 cases. ←	29
17 Passe ton tour.	18	19	20
16	15 Tu as jeté une bouteille de plastique à la poubelle. Recule de 2 cases. →	14	13
1 Départ	2	3 Tu éteins les lumières en quittant la pièce. Relance le dé.	4

Science 295

69	70	71 Tu possèdes une usine qui rejette les eaux usées dans le fleuve. Retourne à la case départ.	72 Arrivée
60	59	58	57 Tu as jeté des piles usagées dans la poubelle. Recule de 2 cases. →
53	54 Tu fais réparer les objets au lieu de les jeter. Avance de 2 cases. →	55	56
44	43 Passe ton tour.	42	41
37	38	39	40 Bonus! Relance le dé.
28	27 Tu respectes l'environnement. Avance de 2 cases. ←	26	25
21	22	23 Tu as jeté ton écran d'ordinateur à la poubelle. Recule de 4 cases. ←	24
12	11	10 Tu as planté des arbres. Avance de 2 cases. ←	9
5	6	7	8 Tu prends ton vélo pour aller à l'école. Avance de 3 cases. →

Science 297

Liquides étagés

Matériel
50 ml de miel ou de sirop de maïs
50 ml de détergent liquide pour la vaisselle
50 ml d'eau
50 ml d'huile végétale
50 ml d'alcool à friction
Bouteille en plastique transparent vide de 350 ml
Tasses à mesurer
Colorant alimentaire

Fais couler le miel ou le sirop de maïs dans la bouteille de plastique. Assure-toi que le miel ne coule pas sur les côtés de la bouteille.

Incline légèrement la bouteille et ajoute lentement le détergent liquide pour la vaisselle en faisant couler le liquide sur la paroi intérieure de la bouteille.

Prends une tasse à mesurer, ajoute l'eau et quelques gouttes de colorant alimentaire. Fais la même chose avec l'huile végétale et l'alcool à friction et en te servant de couleurs différentes.

Verse le mélange d'eau et de colorant très lentement en le laissant glisser sur la paroi intérieure de la bouteille. Il ne faut pas que l'eau et le colorant se mélangent au miel et au détergent. Procède de la même façon avec l'huile et l'alcool.

Pourquoi, selon toi, les liquides ne se mélangent pas ?

_____
_____
_____

Décris les différences entre les liquides.

_____
_____
_____
_____
_____
_____

La densité des liquides et leur viscosité les empêchent de se mélanger. Certains liquides sont miscibles, c'est-à-dire qu'ils se mélangent, alors que d'autres ne se mélangent pas (immiscibles).

Science

Un arc-en-ciel dans un verre

Crée un arc-en-ciel dans un verre en suivant les étapes suivantes.

Matériel
4 couleurs différentes de colorant alimentaire (rouge, jaune, vert, bleu)
5 verres de taille moyenne
150 ml de sucre
Cuillère à mesurer
250 ml d'eau froide

Mets dans le premier verre 15 ml de sucre. Dans le deuxième, mets-en 30 ml, dans le troisième, 45 ml et dans le quatrième verre, 60 ml.

Ensuite, ajoute 45 ml d'eau dans chacun des verres. Mélange jusqu'à ce que le sucre soit complètement dissous. Si le sucre se dissout mal dans l'un des verres, ajoute 15 ml d'eau dans tous les verres.

Lorsque le sucre est complètement dissous, ajoute deux ou trois gouttes de colorant alimentaire rouge dans le premier verre, de jaune dans le deuxième, de vert dans le troisième et de bleu dans le dernier verre.

Prends le cinquième verre. C'est dans celui-là que sera créé l'arc-en-ciel. Remplis ce verre au quart avec le liquide bleu. Ensuite, place une cuillère juste au-dessus du niveau de l'eau bleue et fais doucement couler l'eau verte sur le dos de la cuillère. Remonte la cuillère au fur et à mesure que la quantité de liquide augmente dans le verre. La cuillère doit toujours rester légèrement au-dessus du niveau d'eau. Ajoute les autres couleurs de la même façon.

Dessine l'arc-en-ciel que tu as créé.

Écume colorée

Avec quelques ingrédients que tu as à la maison, transforme du liquide en écume.

Matériel

15 ml de bicarbonate de soude
15 ml de détergent à lessive liquide
175 ml d'eau
Colorant alimentaire
60 ml de vinaigre
Verre pouvant contenir au moins 400 ml
Cabaret en métal ou en plastique
Cuillère

Dépose le verre sur le cabaret. Mets dans le verre le bicarbonate et le détergent. Verse l'eau et ajoute quelques gouttes de colorant alimentaire. Mélange doucement le liquide. Ajoute rapidement le vinaigre et observe bien l'écume qui se forme dans le verre.

Pour changer la couleur de ton écume, mets du jus de chou rouge au lieu du colorant alimentaire. Voici comment obtenir du jus de chou rouge : râpe le chou et mets-le dans un bol. Couvre le chou d'eau froide et laisse reposer pendant une heure. Sépare le chou de l'eau en versant le tout dans une passoire placée au-dessus d'un bol. Jette le chou.

L'eau salée gèle-t-elle plus rapidement que l'eau non salée ?

Note ici ton hypothèse :

_____
_____
_____

Matériel

Tasse à mesurer
45 ml de sel
Deux plats de plastique

Verse 250 ml d'eau dans chacun des plats. Ajoute 45 ml de sel dans un des plats et mélange bien.

Mets les deux contenants dans le congélateur. Vérifie toutes les trente minutes.

Note ici le résultat de ton expérience :

_____
_____
_____

La fabrication d'un hygromètre

Un hygromètre est un instrument qui mesure l'humidité dans l'air. Suis les étapes pour fabriquer un hygromètre.

Matériel
Crayon
Ciseaux
Carton mince de 15 cm sur 4 cm
Papier collant
Un cheveu de 20 cm de longueur
Carton épais de 21 cm sur 27,5 cm
Morceau de bois de 27,5 cm sur 5 cm sur 5 cm
6 punaises
Stylo à pointe fine

Dessine une flèche de 12,5 cm sur 2,5 cm sur le carton mince et découpe-la.

Colle l'extrémité du cheveu en haut et au centre du carton rigide.

Fixe le carton rigide sur le plus long côté du morceau de bois avec des punaises.

Fixe l'autre extrémité du cheveu au dos et au centre de la flèche avec le papier collant.

Place la flèche contre le carton et bouge-la jusqu'à ce que le cheveu soit bien tendu. Fixe l'extrémité carrée de la flèche avec une punaise.

Place l'hygromètre à l'extérieur. Assure-toi qu'il ne puisse pas tomber. Lorsque le soleil brille, fais une ligne là où la flèche pointe. Écris : sec. Quand le temps est humide, la flèche pointe plus bas. Fais une ligne et inscris : humide.

Durant les journées humides, le cheveu absorbe l'humidité de l'air et il devient plus long. Durant les journées sèches, le cheveu sèche et devient plus court.

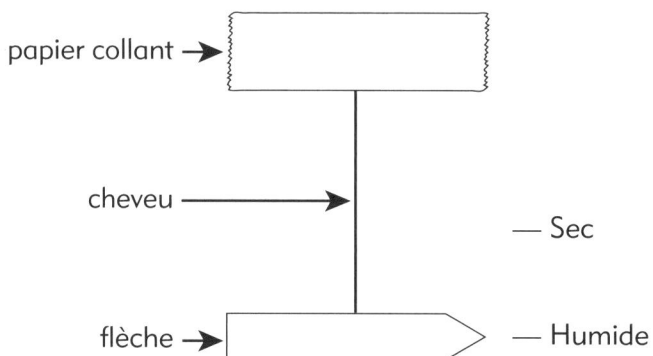

La corrosion

Dans lequel des verres le clou rouillera-t-il le plus rapidement ? Fais cette expérience pour le découvrir.

Matériel
4 pots en verre
4 clous
Eau
Sel
Huile

Dépose un clou dans un des pots. Ajoute de l'eau pour recouvrir le clou.

Dépose un clou dans un autre pot. N'ajoute rien d'autre.

Demande l'aide d'un adulte pour faire bouillir un peu d'eau. Mets le troisième clou dans un pot et ajoute l'eau bouillie jusqu'à ce que le pot soit presque plein. Ajoute un peu d'huile.

Mets une grande quantité de sel dans le quatrième pot. Mets un clou. Remplis le pot d'eau.

Dans lequel des pots le clou va-t-il rouiller le plus rapidement ? Quelle est ton hypothèse ?

_____

_____

Vérifie les pots tous les deux jours et note ici tes observations.

_____

_____

_____

_____

_____

_____

_____

_____

Est-ce que ton hypothèse était juste ? _____

Purificateur d'eau

Il est possible de purifier de l'eau avec cette méthode toute simple. Attention : ne bois pas l'eau que tu auras purifiée, puisqu'il est impossible de savoir si elle est suffisamment propre.

Matériel
Ciseaux
Ouate
Verre
Gravillon
Gravier
Sable
Eau
Pichet
Terre
Bouteille de plastique (2 litres)

Coupe le bas de la bouteille de plastique. Mets de la ouate dans le goulot de la bouteille. Tourne la bouteille de façon à ce que la grande ouverture soit vers le haut.

Remplis la bouteille avec des couches de gravillon, de gravier et de sable.

Mets de l'eau dans le pichet et ajoute deux bonnes cuillérées de terre. Mélange bien.

Place la bouteille au-dessus d'un verre et verse le mélange d'eau et de terre dans la bouteille.

Note ici l'apparence de l'eau : _____

_____

_____

_____

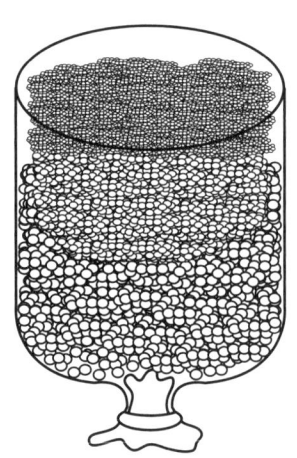

De l'encre noire

Fabrique de l'encre noire en suivant les étapes suivantes.

Matériel
4 comprimés de fer
50 ml d'eau chaude
Chaudron
30 ml d'eau bouillante
Sachet de thé
Pot en verre avec un couvercle
Pinceau fin

Fais tremper les comprimés de fer dans l'eau chaude pendant 15 minutes pour dissoudre la couche colorée du dessus.

Pendant ce temps, demande à un adulte de faire bouillir une petite quantité d'eau. Mets le sachet de thé dans le pot en verre. Prends 30 ml de l'eau et verse-la sur le sachet de thé. Laisse reposer durant 15 minutes. Retire le sachet de thé.

Retire les comprimés de fer et ajoute-les au thé. Laisse reposer toute la nuit.

Trempe un pinceau fin dans le liquide et écris sur une feuille.

Si ton mélange te semble trop clair, ajoute 10 ml de colle blanche.

De l'encre sympathique

L'encre invisible, ou sympathique, te permettra d'écrire des messages secrets à tes amis.

Trempe un cure-dents dans du lait. Écris ton message sur une feuille. Pour en découvrir le contenu, chauffe la feuille avec une chandelle. Attention, demande l'aide d'un adulte et prends garde de ne pas brûler la feuille.

Pour écrire en brun, utilise du jus de citron.

Pour écrire en noir, utilise du jus d'oignon.

Pour écrire en vert, utilise du jus de cerise.

Pour écrire en rouge pâle, utilise du vinaigre.

Les océans

Lis le texte sur les océans, puis teste tes connaissances en répondant aux questions.

Les océans sont de vastes étendues d'eau salée. L'eau salée représente 97 % de l'eau sur Terre. Évidemment, il n'y a pas que les océans, mais aussi une dizaine de mers.

En général, on compte cinq océans majeurs. L'**océan Pacifique** est de loin le plus grand et le plus profond. Il recouvre le tiers de la planète Terre ! L'**océan Atlantique,** lui, est le deuxième plus gros. C'est dans cet océan que se jette le fleuve Saint-Laurent. L'**océan Indien** est situé presque complètement dans l'hémisphère sud, entre l'Afrique et l'Australie. L'**océan Antarctique** est celui qui contourne notre pôle Sud. Finalement, l'**océan Arctique** n'est pas très grand ni très profond. Il n'est pas considéré par tous comme un océan. Certains pensent qu'il n'est que la suite des océans Atlantique et Pacifique.

L'endroit le plus profond dans l'océan est situé dans l'océan Pacifique, dans une fosse qui s'appelle **fosse des Mariannes** (près des îles du même nom, au sud du Japon et au nord de l'Australie). Cette fosse est assez vaste, et le point le plus profond de la fosse se nomme **abysse Challenger**. Celui-ci fut exploré en 1951 par un navire nommé *Challenger II* et appartenant aux Britanniques. Le fond des océans reste cependant encore très peu exploré.

Questions

1. L'eau salée représente quel pourcentage de l'eau sur Terre ? _____

2. Dans quel océan se déverse le fleuve Saint-Laurent ? _____

3. Combien y a-t-il d'océans majeurs ? _____

   Nomme-les. _____
   _____

4. Quel est l'océan le plus volumineux (grand et profond) ? _____

5. Quel océan n'est pas considéré par tous comme un océan ? _____

6. Quel océan se retrouve presque seulement dans l'hémisphère sud ? _____

7. Comment se nomme l'endroit le plus profond dans l'océan ? _____

8. Par quel navire cet endroit fut exploré en 1951 ? _____

L'Univers

L'Univers est composé de la plus petite particule jusqu'aux gigantesques galaxies. Cherche les mots suivants dans le dictionnaire et écris leur définition.

Galaxie : _____

Planète : _____

Satellite : _____

Nébuleuse : _____

Voie lactée : _____

Étoile : _____

Trou noir : _____

Éclipse : _____

Météorite : _____

Constellation : _____

Fais une courte recherche sur les planètes.

Mercure : _____
_____

Vénus : _____
_____

Terre : _____
_____

Mars : _____
_____

Jupiter : _____
_____

Saturne : _____
_____

Uranus : _____
_____

Neptune : _____
_____

Science

La faune du Québec

Remplis les fiches d'identification de ces mammifères du Québec. Trouve les informations sur des sites Internet, dans des guides d'identification, etc.

Carcajou
Poids : _____
Hauteur : _____
Longueur : _____
Habitat : _____
Alimentation : _____
Longévité : _____
Particularités : _____
_____

Polatouche
Poids : _____
Hauteur : _____
Longueur : _____
Habitat : _____
Alimentation : _____
Longévité : _____
Particularités : _____
_____

Wapiti
Poids : _____
Hauteur : _____
Longueur : _____
Habitat : _____
Alimentation : _____
Longévité : _____
Particularités : _____
_____

Loup
Poids : _____
Hauteur : _____
Longueur : _____
Habitat : _____
Alimentation : _____
Longévité : _____
Particularités : _____
_____

Puma
Poids : _____
Hauteur : _____
Longueur : _____
Habitat : _____
Alimentation : _____
Longévité : _____
Particularités : _____
_____

Lynx
Poids : _____
Hauteur : _____
Longueur : _____
Habitat : _____
Alimentation : _____
Longévité : _____
Particularités : _____
_____

Univers social

La société québécoise entre 1900 et 1980

1. Place sur la ligne du temps la lettre associée à chaque événement qui a marqué l'histoire de la société québécoise au cours du XXᵉ siècle.

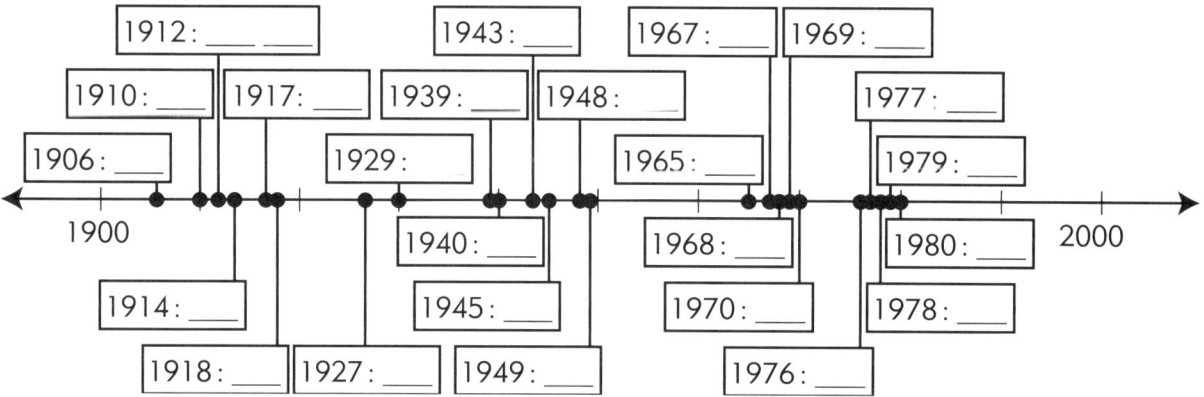

- A. Adoption de la Charte de la langue française (loi 101)
- B. Entrée de Terre-Neuve dans la Confédération comme 10ᵉ province du Canada
- C. Fondation du journal *Le Devoir* par Henri Bourassa
- D. Crise d'octobre et Loi sur les mesures de guerre
- E. Annexion du district d'Ungava au territoire du Québec
- F. Adoption des armoiries du Québec et de la devise «Je me souviens»
- G. Annexion du Labrador au territoire de Terre-Neuve
- H. Droit de vote accordé aux femmes au fédéral
- I. Krach de la Bourse de Wall Street et crise économique
- J. Effondrement du pont de Québec causant la mort de 84 ouvriers
- K. Début de la Seconde Guerre mondiale
- L. Droit de vote accordé aux femmes au provincial
- M. Référendum sur la souveraineté-association
- N. Adoption du Bill Omnibus et de la Loi sur les langues officielles
- O. Conférence de Québec entre Winston Churchill et Franklin Roosevelt
- P. Fondation du Parti québécois
- Q. Premier bombardement atomique sur Hiroshima par les Américains
- R. Début de la Première Guerre mondiale
- S. Entrée en vigueur du régime de l'assurance automobile du Québec
- T. Vote de la conscription par le gouvernement fédéral
- U. Adoption du fleurdelisé comme drapeau du Québec
- V. Début des Jeux olympiques d'été à Montréal
- W. Adoption de l'unifolié comme drapeau canadien
- X. Construction de l'oratoire Saint-Joseph par le frère André
- Y. Exposition universelle de Montréal
- Z. Inauguration du barrage hydroélectrique LG-2 à la Baie-James

La société québécoise entre 1900 et 1980

2. Écris sur le bon timbre-poste le nom de chaque personnage qui a marqué l'histoire de la société québécoise au cours du XXᵉ siècle selon ses réalisations.

Charles de Gaulle – Claire Kirkland-Casgrain – Jean Drapeau – John G. Diefenbaker
Lester B. Pearson – Lionel Groulx – Lise Payette – Maurice Duplessis – Maurice Richard
Nadia Comaneci – Paul Gérin-Lajoie – Paul-Émile Borduas – Pierre Elliott Trudeau
René Lévesque

a) Gymnaste roumaine qui a obtenu des notes parfaites aux Jeux olympiques d'été de 1976 à Montréal.

b) Premier ministre du Canada qui légalisa l'avortement, le divorce et l'homosexualité et qui s'opposa à la souveraineté du Québec.

c) Général et président de la République française célèbre pour sa déclaration « Vive le Québec libre ! »

d) Avocat et maire de Montréal qui contribua à l'obtention de l'Exposition universelle et des Jeux olympiques dans sa ville.

e) Peintre et membre du groupe qui publia le manifeste du *Refus global* qui remet en question les valeurs traditionnelles.

f) Prêtre, historien et écrivain qui valorisa la tradition et la culture française et catholique.

g) Joueur de hockey pour l'équipe des Canadiens de Montréal qui lutta contre la discrimination des francophones.

h) Journaliste, animateur et premier ministre du Québec qui fonda le Parti québécois et qui milita pour la souveraineté.

i) Première femme à devenir députée à l'Assemblée nationale et membre du Conseil des ministres.

j) Premier ministre du Canada qui se fit le défenseur des minorités ethniques au sein du Commonwealth.

k) Avocat, politicien et philanthrope qui a apporté des changements importants dans le domaine de l'éducation.

l) Écrivaine, animatrice et politicienne qui mit sur pied la Société de l'assurance automobile du Québec.

m) Premier ministre du Québec dont le mandat fut qualifié de « Grande Noirceur » à cause de son opposition aux changements.

n) Premier ministre du Canada qui instaura l'accès gratuit aux soins de santé, le régime de pensions et le bilinguisme officiel.

La société québécoise entre 1900 et 1980

3. **Observe les cartes du Canada vers 1905 et 1980, puis identifie quatre changements qu'a subis son territoire.**

Le Canada vers 1905

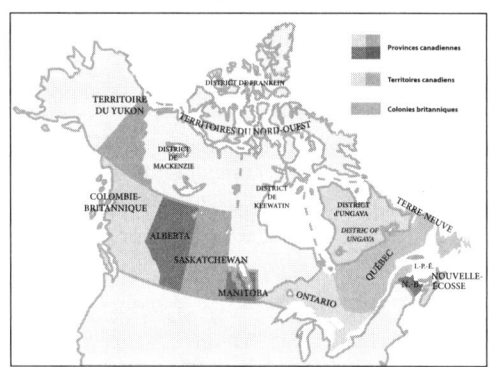

Le Canada vers 1980

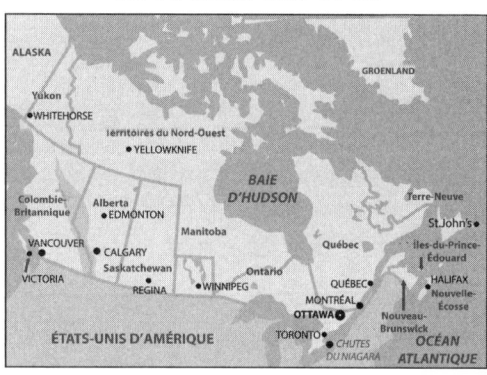

- _____
- _____
- _____
- _____

4. **En 1917, pendant la Première Guerre mondiale, et en 1944, pendant la Seconde Guerre mondiale, le gouvernement fédéral impose la conscription, mais les francophones du pays se refusent à défendre l'honneur de la Grande-Bretagne. Explique brièvement ce qu'est la conscription et la réaction des francophones.**

_____

_____

_____

5. **Observe la liste des premiers ministres du Québec de 1900 à 1980, puis colorie en rouge la pastille de ceux qui étaient chefs du Parti libéral, en vert la pastille de ceux qui étaient chefs de l'Union nationale, et en bleu la pastille de ceux qui étaient chefs du Parti québécois.**

- ○ Simon-Napoléon Parent (1900 à 1905)
- ○ Lomer Gouin (1905 à 1920)
- ○ Louis-Alexandre Taschereau (1920 à 1936)
- ○ Adélard Godbout (1936 et 1939 à 1944)
- ○ Maurice Duplessis (1936 à 1939 et 1944 à 1959)
- ○ Paul Sauvé (1959 à 1960)
- ○ Antonio Barrette (1960)
- ○ Daniel Johnson (1966 à 1968)
- ○ Jean-Jacques Bertrand (1968 à 1970)
- ○ Robert Bourassa (1970 à 1976)
- ○ René Lévesque (1976 à 1985)

Univers social

La société québécoise entre 1900 et 1980

6. La Grande Dépression fut une période éprouvante qui suivit le krach boursier de 1929. Identifie trois répercussions de cette récession pour l'économie et le quotidien des gens qui composaient la société québécoise des années 1930.

- _____
- _____
- _____

7. Qu'est-ce que la Grande Noirceur et quel rôle a joué le gouvernement de Maurice Duplessis durant cette période qui couvre les années 1940 et 1950 ?

_____
_____
_____

8. Qui surnomme-t-on les *orphelins de Duplessis* et quels traitements leur a-t-on réservés au cours des années 1940 et 1950 ?

_____
_____
_____

9. Au cours du XXe siècle, la composition de l'élite qui contrôle la société québécoise se modifie au gré des découvertes et des révolutions. Colorie en rouge les personnages qui composaient l'élite vers 1900 et en bleu ceux qui constituaient la classe dirigeante vers 1980.

Bourgeois — Hommes d'affaires — Syndicalistes — Membres du clergé — Intellectuels — Nobles

La société québécoise entre 1900 et 1980

10. **La Révolution tranquille, survenue au cours des années 1960, désigne une période importante de l'histoire de la société québécoise marquée par la modernisation. Pour chaque domaine, identifie deux changements qui sont survenus pendant cette période.**

   a) Arts et culture

   - _____
   - _____

   b) Économie et hydroélectricité

   - _____
   - _____

   c) Éducation et scolarisation

   - _____
   - _____

   d) Famille et natalité

   - _____
   - _____

   e) Politique et nationalisme

   - _____
   - _____

   f) Religion

   - _____
   - _____

   g) Santé et services sociaux

   - _____
   - _____

11. **Encercle la lettre qui identifie la génération qui a provoqué, par des manifestations et des revendications, des changements fondamentaux dans la société québécoise lors de la Révolution tranquille.**

   a) La génération silencieuse.
   b) La génération des *baby-boomers*.
   c) La génération X.
   d) La génération Y.

La société québécoise entre 1900 et 1980

12. Encercle la lettre qui décrit le mieux l'accroissement de la population de la société québécoise et de la société canadienne entre 1900 et 1980.

a) La population totale du Québec a doublé ; celle du Canada a triplé.

b) La population totale du Québec a triplé ; celle du Canada a quadruplé.

c) La population totale du Québec a quadruplé ; celle du Canada a également quadruplé.

d) La population totale du Québec a réduit de moitié ; celle du Canada a doublé.

13. Identifie des projets ou des chantiers mis sur pied par les gouvernements québécois successifs au cours de la seconde moitié du XXe siècle pour améliorer le transport dans les domaines suivants :

a) Transport maritime :

_____

b) Transport aérien :

_____

c) Transport routier :

_____

d) Transport en commun :

_____

14. Encercle la lettre qui correspond le moins aux changements survenus au sein de la société québécoise au cours du XXe siècle.

a) Jadis métropole du Canada, Montréal demeure une ville multiculturelle et ouverte sur le monde.

b) Les habitants des villages migrent vers les villes et les banlieues pour trouver du travail.

c) On assiste au vieillissement de la population grâce au prolongement de l'espérance de vie.

d) La population anglophone quitte massivement le Québec à cause du nationalisme.

15. Illustre trois inventions qui sont venues faciliter ou agrémenter le quotidien des Québécois au cours du XXe siècle dans le domaine des loisirs et des communications.

La société québécoise entre 1900 et 1980

16. La Charte canadienne des droits et libertés est entrée en vigueur en 1982 sous le gouvernement libéral de Pierre Elliott Trudeau. Comment l'État s'est-il assuré qu'elle ait préséance sur toute autre loi au Canada et à quel groupe ne s'applique-t-elle pas ?

   _____
   _____
   _____
   _____

17. Identifie cinq droits et libertés qui sont garantis par la Charte canadienne des droits et libertés.

   • _____
   • _____
   • _____
   • _____
   • _____

18. Au Québec et au Canada, plusieurs organismes publics assurent la défense des droits et libertés des citoyens. Décris sommairement le mandat ou la mission de chaque organisme.

   a) La Régie du logement
   _____

   b) L'Office de la protection du consommateur
   _____

   c) La Commission des services juridiques
   _____

   d) La Commission des droits de la personne et des droits de la jeunesse
   _____

   e) Le Protecteur du citoyen
   _____

   f) La Commission des normes du travail
   _____

La société québécoise vers 1980

1. Observe la carte, puis identifie correctement chacune des régions administratives du Québec en inscrivant le bon numéro entre parenthèses à côté de chaque nom. Identifie ensuite deux municipalités importantes qui se retrouvent dans chaque région administrative (sauf pour Laval et Montréal).

A. Abitibi-Témiscamingue (____) _____ _____

B. Bas-Saint-Laurent (____) _____ _____

C. Centre-du-Québec (____) _____ _____

D. Chaudière-Appalaches (____) _____ _____

E. Côte-Nord (____) _____ _____

F. Estrie (____) _____ _____

G. Gaspé–Îles-de-la-Madeleine (____) _____ _____

H. Lanaudière (____) _____ _____

I. Laurentides (____) _____ _____

J. Laval (____) _____ _____

K. Mauricie (____) _____ _____

L. Montérégie (____) _____ _____

M. Montréal (____) _____ _____

N. Nord-du-Québec (____) _____ _____

O. Outaouais (____) _____ _____

P. Capitale-Nationale (____) _____ _____

Q. Saguenay–Lac-Saint-Jean (____) _____ _____

La société québécoise vers 1980

2. Observe la carte qui représente les ensembles physiographiques qui découpent le territoire québécois, puis relie par un trait les images caractérisant le mieux les éléments de relief à ces ensembles physiographiques. Attention! Une même image peut être reliée à plus d'un ensemble.

Montagnes

Plateaux

Plaines

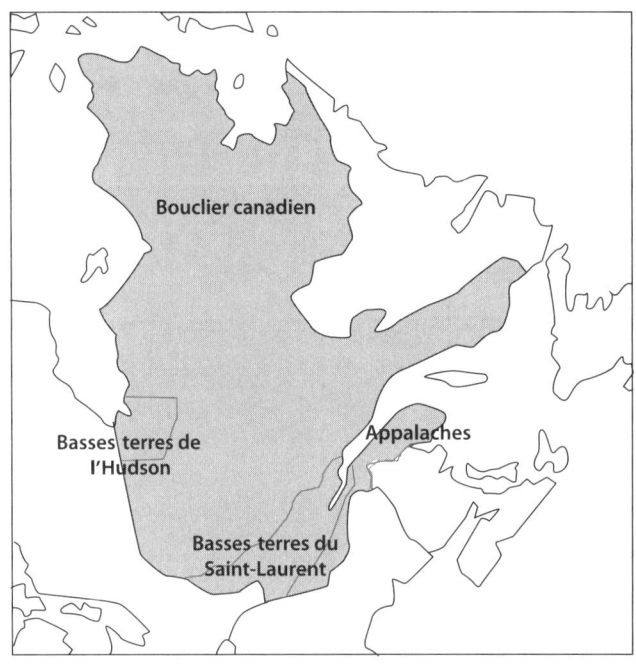

Collines

Rochers

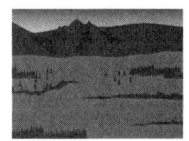

Vallées

3. Observe la carte qui représente les zones de végétation présentes sur le territoire québécois, puis relie par un trait les images caractérisant le mieux les plantes et les arbres à ces zones de végétation. Attention! Une même image peut être reliée à plus d'une zone.

Lichen

Chêne

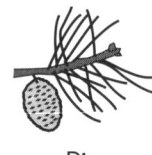

Pin

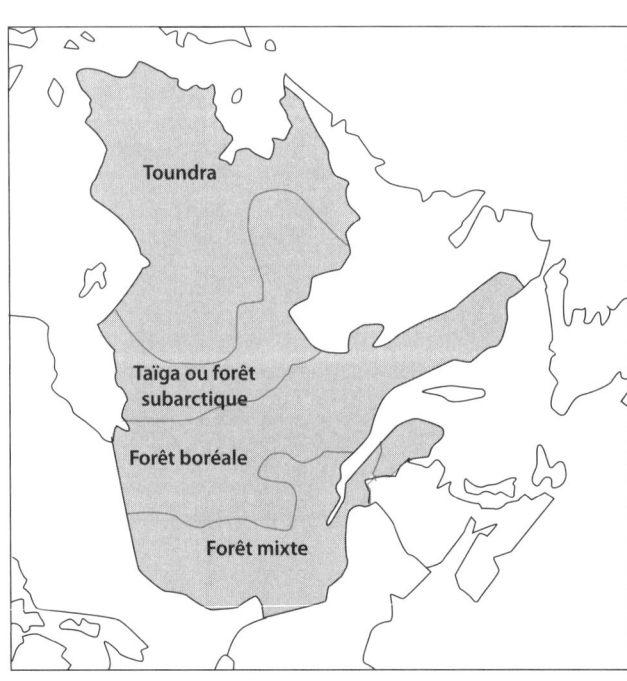

Érable

Mélèze

Épinette

318   **Univers social**

La société québécoise vers 1980

4. Observe la carte qui représente les zones climatiques du territoire québécois, puis décris chacune d'elles en fonction des saisons.

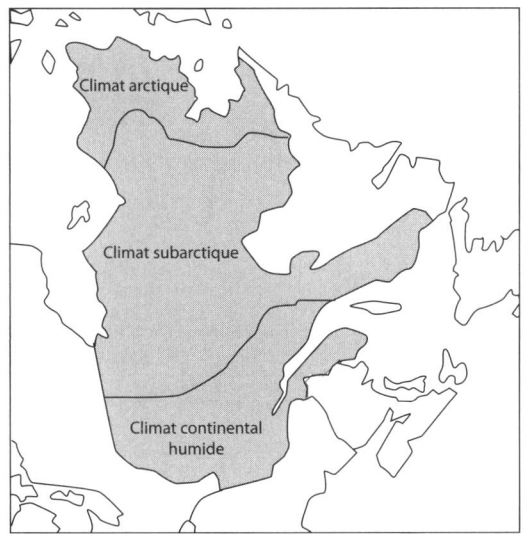

Climat arctique :
_____
_____

Climat subarctique :
_____
_____

Climat continental humide :
_____
_____

5. Colorie les principales industries de la société québécoise vers 1980.

Traite des fourrures   Industrie agroalimentaire   Hydroélectricité   Chantiers navals

Industrie textile   Industrie forestière   Industrie automobile   Industrie minière

6. En 1978, le gouvernement péquiste a adopté la Loi sur le zonage agricole. Donne deux raisons qui ont poussé les politiciens à légiférer en ce sens.

- _____
  _____
- _____
  _____

Univers social 319

La société québécoise vers 1980

7. Le fleuve Saint-Laurent est la principale voie maritime du Québec et joue un rôle primordial dans son économie. À partir des indices, découvre le nom des réservoirs, des lacs et des rivières du territoire québécois, et ce, tout en remplissant la grille de mots entrecroisés. Attention ! Certains noms sont composés et comportent un trait d'union.

1. Principal affluent du fleuve Saint-Laurent qui trace la frontière entre le Québec et l'Ontario.
2. Rivière de la Côte-Nord sur laquelle sont construits plusieurs barrages hydroélectriques.
3. Rivière tirant sa source du lac Champlain et sur laquelle est situé le canal de Chambly.
4. Lac entouré de terres fertiles, célèbre pour sa compétition de nage d'endurance.
5. Rivière qui prend sa source dans les Appalaches, près de Thetford Mines.
6. Lac situé au nord de Chibougamau, à l'ouest de la rivière Péribonka.
7. Plus grande étendue naturelle d'eau douce du territoire québécois.
8. Fleuve de Terre-Neuve-et-Labrador sur lequel sont construits des barrages hydroélectriques.
9. Lac à cheval sur la frontière Québec-Ontario, situé à l'ouest de Rouyn-Noranda.
10. Rivière prenant sa source dans le lac Mistassini et située près de la route de la Baie-James.
11. Rivière qui rejoint le fleuve Saint-Laurent à la hauteur de Trois-Rivières.
12. Rivière qui prend sa source au centre du Québec pour se jeter dans la baie James.
13. Rivière qui prend sa source dans le lac Saint-Jean et qui possède les caractéristiques d'un fjord.
14. Réservoir à l'origine de la rivière Saint-Maurice et réputé pour ses pourvoiries.
15. Rivière qui prend sa source dans le lac Mégantic et qui rejoint le fleuve Saint-Laurent à Lévis.

La société québécoise vers 1980

8. Encercle la lettre qui correspond le mieux aux caractéristiques de la population du Québec vers 1980.

    a) Le Québec comptait environ 6 568 000 habitants, dont 70 % de francophones.

    b) Le Québec comptait environ 6 568 000 habitants, dont 80 % de francophones.

    c) Le Québec comptait environ 7 234 000 habitants, dont 65 % de francophones.

    d) Le Québec comptait environ 7 234 000 habitants, dont 75 % de francophones.

9. Encercle la lettre qui identifie le mieux le principal groupe ethnique du Québec vers 1980 qui n'était ni d'origine française ni d'origine britannique.

    a) Les Haïtiens.

    b) Les Italiens.

    c) Les Libanais.

    d) Les Vietnamiens.

10. Après la classe bourgeoise et la classe ouvrière, un nouveau groupe social fait son apparition au Québec vers 1980 : la classe moyenne. La plupart de ses représentants s'installent dans les banlieues, qui se développent à un rythme effréné. Pour chaque milieu de vie, donne un avantage et un inconvénient.

    a) La campagne ou le milieu rural

       Avantage : _____

       Inconvénient : _____

    b) La banlieue ou la zone suburbaine

       Avantage : _____

       Inconvénient : _____

    c) La ville ou le milieu urbain

       Avantage : _____

       Inconvénient : _____

11. En 1980, le Québec est devenu un « État-providence ». Explique brièvement ce que cela signifie pour l'économie, la culture, l'éducation et la santé.

    _____

    _____

    _____

    _____

Univers social 321

La société québécoise vers 1980

12. À l'aide des indices, trouve le nom de chaque personnage qui a marqué la société québécoise des années 1980, et ce, sur les plans artistique, culturel, économique et politique.

   a) Écrivain et dramaturge qui a écrit la pièce de théâtre *Les Belles-Sœurs*.
      M __ __ H __ L   T __ E __ __ __ A __

   b) Animatrice, comédienne, chanteuse et humoriste adepte du monologue.
      C __ É __ __ N __ __   D __ S __ __ C __ __ R __

   c) Chansonnier et poète qui a écrit les chansons *Moi, mes souliers* et *Le Petit Bonheur*.
      F __ __ I __   L __ __ L __ __ C

   d) Joueur de hockey des Canadiens de Montréal surnommé le « démon blond ».
      __ __ Y   L __ __ __ __ E __ __

   e) Pilote automobile de Formule 1, décédé en 1982, qui remporta plusieurs championnats.
      G __ __ __ E __   V __ __ __ __ N __ __ V __

   f) Chansonnier et poète qui a écrit les chansons *Mon Pays* et *La Danse à St-Dilon*.
      __ __ L __ __ S   __ __ G __ E __ __ L __

   g) Parolier qui a écrit des chansons et des comédies musicales, dont *Starmania*.
      L __ __   P __ __ M __ __ D __ __

   h) Humoriste et monologuiste reconnu pour son humour social et son style cinglant.
      Y __ __ __   __ E __ C __ __ __ __ P __

   i) Syndicaliste qui soutint le mouvement souverainiste et des causes sociales.
      __ __ C __ __ L   C __ __ R __ __ __ N __

   j) Chanteuse reconnue pour ses costumes excentriques qui chanta *Tiens toé ben, j'arrive!*
      D __ __ __ E   __ U __ __ E __ __ E

   k) Acteur et chanteur à la toison frisée qui a écrit la chanson *Je reviendrai à Montréal*.
      R __ __ E __ __   C __ __ R __ __ B __ __ __ __

   l) Animatrice, journaliste et romancière qui a écrit le roman *Une Enfance à l'eau bénite*.
      D __ __ I __ __   B __ __ __ __ A __ __ __ E __

   m) Éditeur et homme d'affaires qui fonda Québecor inc. et lança *Le Journal de Montréal*.
      P __ __ __ __ E   P __ L __ __ E __ __

   n) Réalisateur et scénariste qui réalisa *La Guerre des tuques* et *Bach et Bottine*.
      A __ D __ __   M __ L __ __ __ Ç __ __

13. À partir des indices, trouve le nom de chaque entrepreneur québécois qui a donné son nom à l'une des entreprises qui a pris son essor au cours des années 1980.

   a) Entreprise manufacturière de motoneiges.
      A __ __ A __ __   __ O __ __ __ R __ __ __ __

   b) Entreprise spécialisée dans les médicaments et les produits cosmétiques.
      __ __ A __   __ __ __ T __

   c) Caisse populaire et produits financiers.
      __ __ P __ __ N __ __   __ E __ __ A __ __ __ N __

   d) Marché d'alimentation.
      __ __ M __ __ L   __ T __ __ __ __ B __ __ __

La société québécoise vers 1980

14. En 1980, le Parti québécois formait le gouvernement et décidait de tenir un référendum portant sur le projet de souveraineté-association. Décris brièvement le contexte de cette page d'histoire en tenant compte des personnages impliqués et de leurs motivations, des résultats et des répercussions.

_____
_____
_____

15. Le 4 novembre 1981 est une date que les nationalistes québécois se remémorent comme la nuit des Longs Couteaux. Encercle la lettre qui décrit le mieux cet événement.

   a) L'adoption de la Loi sur les langues officielles par le premier ministre du Canada et les premiers ministres provinciaux à l'insu du premier ministre du Québec.

   b) L'annulation de la Charte de la langue française par le premier ministre du Canada et les premiers ministres provinciaux à l'insu du premier ministre du Québec.

   c) L'annexion du Labrador à la province de Terre-Neuve par le premier ministre du Canada et les premiers ministres provinciaux à l'insu du premier ministre du Québec.

   d) Le rapatriement de la Constitution canadienne par le premier ministre du Canada et les premiers ministres provinciaux à l'insu du premier ministre du Québec.

16. Indique comment sont numérotées les différentes routes provinciales du Québec.

   a) Les routes secondaires dans l'axe nord-sud : _____
   b) Les routes secondaires dans l'axe est-ouest : _____
   c) Les routes nationales dans l'axe nord-sud : _____
   d) Les routes nationales dans l'axe est-ouest : _____
   e) Les autoroutes dans l'axe nord-sud : _____
   f) Les autoroutes dans l'axe est-ouest : _____

17. L'hydroélectricité a permis à la société québécoise de prendre son essor sur le plan économique au cours des années 1980. Place le nom de chacune des centrales hydroélectriques dans la bonne colonne du tableau selon son emplacement.

Centrale Beauharnois – Centrale Club des Alcaniens – Centrale La Grande-3
Centrale Les Cèdres – Centrale Manic-2 – Centrale Outardes-2
Centrale Robert-Bourassa – Centrale Sainte-Marguerite-2 – Centrale Shawinigan-2

Côte-Nord	Mauricie	Montérégie	Nord-du-Québec

La société québécoise et une société non démocratique vers 1980

1. Même si le chef d'État est la reine d'Angleterre, le Canada est une démocratie de type parlementaire. Donne la signification du mot *démocratie*.

   _____
   _____
   _____

2. Dans la liste ci-dessous, colorie en bleu les étiquettes des pays qui étaient considérés comme démocratiques vers 1980 et en rouge celles des pays qui étaient plutôt considérés comme totalitaires ou autoritaires.

Arabie saoudite	Brésil	Corée du Nord	Danemark
États-Unis	Finlande	Guatemala	Honduras
Iran	Japon	Koweït	Lybie
Mexique	Norvège	Pologne	Qatar
Syrie	Turquie	Uruguay	Vietnam

3. Pendant plusieurs décennies, l'Afrique du Sud a été une société non démocratique dans laquelle des groupes d'individus ont milité pour l'établissement d'un régime plus égalitaire. Sur la carte du monde, parmi les pays marqués d'une lettre, colorie le Québec en mauve et l'Afrique du Sud en vert.

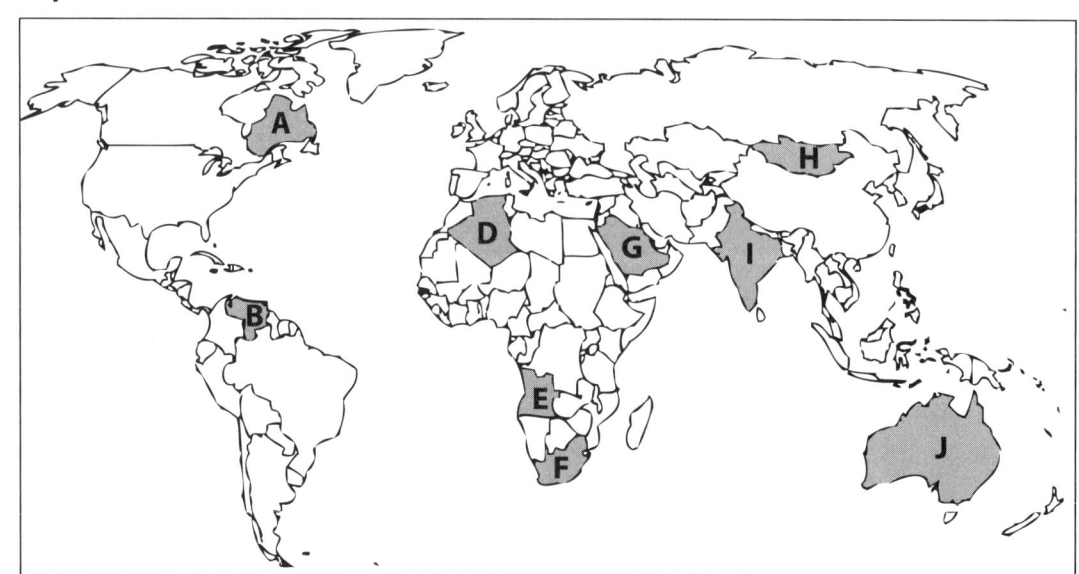

324 univers social

La société québécoise et une société non démocratique vers 1980

4. **Encercle la lettre qui correspond le moins aux caractéristiques du territoire de l'Afrique du Sud.**

   a) L'Afrique du Sud est bordée à l'ouest par l'océan Atlantique et à l'est par l'océan Indien.

   b) L'Afrique du Sud a un vaste réseau hydrographique composé de lacs et de rivières.

   c) L'Afrique du Sud a des frontières communes avec le Botswana, le Lesotho et le Mozambique.

   d) L'Afrique du Sud est caractérisée par un relief en plateau et un climat tropical.

5. **Colorie en mauve les animaux qu'on retrouve au Québec et en vert ceux qu'on retrouve en Afrique du Sud. Attention! Certains animaux ne se retrouvent sur aucun de ces territoires.**

Panda — Phacochère — Raton laveur — Rat musqué — Zèbre

Hyène — Caribou — Rhinocéros — Kangourou — Mouffette

6. **Encercle la lettre qui correspond le moins aux caractéristiques de la population en Afrique du Sud vers 1980.**

   a) Outre l'afrikaans et l'anglais, les langues officielles, on parlait aussi des langues bantoues.

   b) L'Afrique du Sud comptait environ 24 000 000 d'habitants dont 67 % étaient des Noirs.

   c) Les Sud-Africains étaient surtout de religions hindouiste et musulmane.

   d) Les Noirs vivaient surtout dans les *bantoustans*, des territoires incultivables.

7. **Colorie en mauve les étiquettes des types de végétation qu'on retrouve au Québec et en vert les étiquettes de ceux qu'on retrouve en Afrique du Sud. Attention! Certains types de végétation ne se retrouvent sur aucun de ces territoires.**

Savane	Forêt mixte	Toundra	Désert
Forêt boréale	Forêt inondée	Forêt tropicale	Taïga
Prairie	Banquise	Forêt de feuillus	Forêt-galerie

La société québécoise et une société non démocratique vers 1980

8. Colorie en vert les activités économiques de la société sud-africaine vers 1980.

Pêcheries

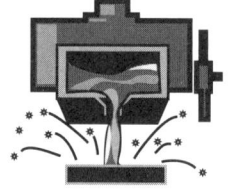
Industrie métallurgique

Industrie agroalimentaire

Industrie forestière

Industrie chimique

Hydroélectricité

Industrie textile

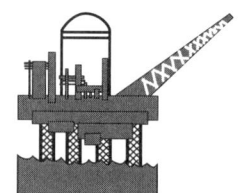
Industrie pétrolière

9. Encercle la lettre qui identifie le mieux les villes les plus importantes d'Afrique du Sud.

   a) Bloemfontein, Johannesburg, Le Cap et Pretoria.

   b) Adelaïde, Brisbane, Canberra et Melbourne.

   c) Assouan, Beni Suef, Le Caire et Suez.

   d) Bangalore, Bombay, Calcutta et New Delhi.

10. L'Apartheid fut un régime non démocratique axé sur la ségrégation (séparation des groupes sociaux) appliqué en Afrique du Sud de 1948 à 1991. Identifie cinq règles auxquelles la population noire d'Afrique du Sud devait se soumettre.

    • _____
    • _____
    • _____
    • _____
    • _____

11. En Afrique du Sud, la discrimination raciale a débuté bien avant la mise en place de l'Apartheid. Qu'est-ce qui est à l'origine de cette discrimination raciale?

    _____
    _____
    _____

Univers social

La société québécoise et une société non démocratique vers 1980

12. En faisant une recherche dans des livres de bibliothèque ou sur Internet, décris le rôle des personnages suivants dans l'abolition de l'Apartheid.

   a) Nelson Mandela : _____
   _____
   _____
   _____

   b) Mgr Desmond Tutu : _____
   _____
   _____
   _____

   c) Frederik De Klerk : _____
   _____
   _____
   _____

13. Identifie trois droits et libertés cités dans la **Freedom Charter**, ou la **Charte de la liberté**, adoptée en 1955 par les membres du Congrès national africain (ANC).

   • _____
   • _____
   • _____

14. Identifie quatre droits et libertés cités dans la **Charte québécoise des droits et libertés de la personne** adoptée en 1975 par l'Assemblée nationale.

   • _____
   • _____
   • _____
   • _____

La société québécoise et une société non démocratique vers 1980

15. Dans le monde, plusieurs organismes non gouvernementaux internationaux ont été mis sur pied pour venir en aide aux plus démunis de la planète qui vivent la plupart du temps dans des sociétés non démocratiques et dont les droits et libertés sont bafoués. Après avoir cherché dans des livres de bibliothèque ou sur Internet, décris la mission de chacun d'entre eux.

a) ACDI, ou Agence canadienne de développement international

b) Amnistie internationale

c) CICR, ou Comité international de la Croix-Rouge

d) Développement et Paix

e) Handicap international

f) HRW, ou Human Rights Watch

g) MSF, ou Médecins sans frontières

h) OMCT, ou Organisation mondiale contre la torture

i) OMS, ou Organisation mondiale de la santé

j) ONU, ou Organisation des Nations Unies

La société des Micmacs et la société inuite vers 1980

1. **Encercle la lettre qui correspond le mieux à la composition et à la répartition de la population micmaque dans l'est du Canada vers la fin du XXᵉ siècle.**

   a) La population micmaque compte environ 10 000 individus, et elle est concentrée dans les régions du Bas-Saint-Laurent (4000) et de Chaudière-Appalaches (6000).

   b) La population micmaque compte environ 20 000 individus, et elle est concentrée sur la péninsule gaspésienne (3000) et dans les provinces maritimes (17 000).

   c) La population micmaque compte environ 30 000 individus, et elle est concentrée dans la région de l'Abitibi-Témiscamingue (10 000) et en Ontario, en périphérie de la baie James (20 000).

   d) La population micmaque compte environ 40 000 individus, et elle est concentrée sur la Côte-Nord (15 000), le Labrador (5000) et l'île de Terre-Neuve (20 000).

2. **Encercle la lettre qui correspond le mieux à la composition et à la répartition de la population inuite au Québec vers la fin du XXᵉ siècle.**

   a) La population inuite compte environ 10 000 individus, et elle est concentrée dans la région du Nord-du-Québec, aussi appelée Nunavik, et près de la baie James.

   b) La population inuite compte environ 15 000 individus, et elle est concentrée dans les régions de la Côte-Nord et de l'île d'Anticosti.

   c) La population inuite compte environ 20 000 individus, et elle est concentrée dans les régions de la Côte-Nord et du Saguenay–Lac-Saint-Jean.

   d) La population inuite compte environ 25 000 individus, et elle est concentrée dans les régions de la Gaspésie et du Bas-Saint-Laurent.

3. **Parmi les communautés suivantes, colorie en orangé les pastilles de celles qui sont des communautés micmaques et en bleu celles qui sont des communautés inuites du Québec.**

   - ○ Aklavik
   - ○ Dawson City
   - ○ Fort McPherson
   - ○ Gesgapegiag
   - ○ Gespeg
   - ○ Igloolik
   - ○ Inukjuak
   - ○ Iqaluit
   - ○ Kangiqsujuaq
   - ○ Kimmirut
   - ○ Kuglugtuk
   - ○ Kuujjuaq
   - ○ Listuguj
   - ○ Taloyoak
   - ○ Tasiujaq
   - ○ Umiujaq
   - ○ Whitehorse
   - ○ Yellowknife

4. **Compare le climat des territoires habités par les Micmacs et les Inuits en donnant une brève description.**

Climat du territoire des Micmacs	Climat du territoire des Inuits

La société des Micmacs et la société inuite vers 1980

5. Illustre le paysage ou le relief que les Micmacs et les Inuits peuvent contempler sur les territoires qu'ils occupent.

Territoire des Micmacs	Territoire des Inuits

6. Colorie en orangé les animaux qui font partie de la faune du territoire occupé par les Micmacs, en bleu ceux qui font partie de la faune du territoire occupé par les Inuits et en vert ceux qui sont communs aux deux territoires.

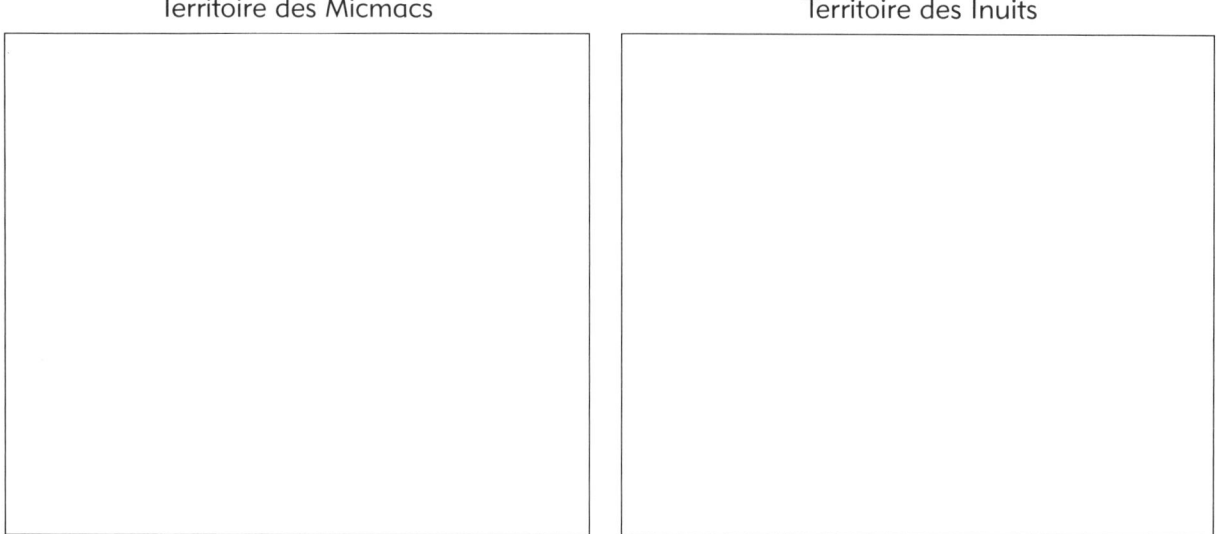

Lynx — Caribou — Porc-épic — Phoque — Tamia — Couguar

Lagopède — Lemming — Renard roux — Renard arctique — Orignal — Béluga

7. Colorie en orangé les éléments de végétation qui font partie du territoire occupé par les Micmacs et en bleu ceux qui font partie des éléments de végétation du territoire occupé par les Inuits.

Lichen — Orme — Érable — Sapin — Pin — Mousse

La société des Micmacs et la société inuite vers 1980

8. Les Inuits du Québec, de l'île de Baffin et du territoire du Nunavut parlent l'inuktitut, une langue enseignée à l'école au même titre que le français et l'anglais. Écris chaque mot en inuktitut sous le bon igloo selon sa signification.

| NANUQ | NATSIQ | INUKSUK | QIMMIQ | TUKTU | PIARAQ |
| TUPIQ | QAMUTIK | ILLU | IQALUK | TIMMIAQ | QAJAQ |

a) ENFANT

b) OURS POLAIRE

c) POISSON

d) MAISON

e) TOUR DE PIERRE

f) TENTE

g) CARIBOU

h) KAYAK

i) PHOQUE

j) OISEAU

k) TRAÎNEAU

l) CHIEN

9. Sur le territoire des Inuits, on ne retrouve aucune route pavée : les déplacements entre les communautés inuites et vers les villes comme Montréal et Québec ne se font généralement pas en voiture. Identifie trois moyens de transport utilisés par les Inuits de la fin du XXᵉ siècle pour franchir de courtes et de longues distances.

La société des Micmacs et la société inuite vers 1980

10. **Dans la liste ci-dessous, colorie en orangé les étiquettes qui sont associées aux activités économiques pratiquées par la société micmaque, en bleu celles qui sont associées aux activités économiques pratiquées par la société inuite et en vert celles qui sont communes aux deux sociétés à la fin du XXe siècle.**

| Artisanat | Foresterie | Tourisme | Pêcheries |

| Coopérative | Piégeage | Construction | Transport aérien |

11. **Identifie trois problèmes socioéconomiques auxquels les Inuits doivent faire face.**
    _____
    _____

12. **Les femmes inuites pratiquent le chant *katajjak*. Quelle est la particularité de ce type de chant et quelle position celles qui le pratiquent adoptent-elles?**
    _____
    _____

13. **Tous les étés, les Micmacs participent au *pow-wow* et à la fête de Sainte-Anne. Décris sommairement ces deux célébrations.**

    Le *pow-wow*, c'est... _____
    _____
    _____

    La fête de Sainte-Anne, c'est... _____
    _____
    _____

14. **Lors des Jeux inuits traditionnels, les filles et les garçons participent à la compétition d'*aratsiaq*. En quoi consiste cette compétition?**
    _____
    _____

15. **Quelle est la particularité des calendriers traditionnels micmacs et inuits?**
    _____
    _____

Test final

Test de français

1. *Présent.* Dans chaque rangée, trouve l'intrus et encercle-le.

a)	je finis	il finit	nous finissions	vous finissez
b)	elles font	elles atteignaient	elles envoient	elles cuisent
c)	je rejoins	nous assiégeons	tu comprends	vous trayiez

2. *Passé composé.* Dans chaque rangée, trouve l'intrus et encercle-le.

a)	j'ai pu	vous aviez pu	on a pu	ils ont pu
b)	j'ai soutenu	je me suis occupé	j'ai apprécié	j'aurais dû
c)	ils ont fréquenté	tu as ratissé	je suivais	il est mort

3. *Imparfait.* Dans chaque rangée, trouve l'intrus et encercle-le.

a)	j'envoyais	vous envoyez	il envoyait	tu envoyais
b)	nous voulions	nous aimions	nous protégions	nous asseyons
c)	tu mangeais	tu irais	tu collais	tu enviais

4. *Futur.* Dans chaque rangée, trouve l'intrus et encercle-le.

a)	je saurais	nous saurons	on saura	vous saurez
b)	vous calculerez	vous paierez	vous maltraiteriez	vous courrez
c)	il épaissira	nous cracherons	nous surveillerions	vous survivrez

5. *Conditionnel présent.* Dans chaque rangée, trouve l'intrus et encercle-le.

a)	j'enverrais	vous feriez	ils étaleraient	vous jaunissiez
b)	il jetterait	il céderait	il devrait	il savait
c)	nous baignerons	j'avouerais	tu agrandirais	on irait

6. *Subjonctif présent.* Dans chaque rangée, trouve l'intrus et encercle-le.

a)	que je close	que vous nagiez	que je suivrai	qu'elle soit
b)	que tu aimes	que tu mettes	que tu frappais	que tu découvres
c)	que nous fassions	que j'allais	qu'il veuille	que je mange

7. *Impératif présent.* Trouve l'intrus et encercle-le.

a) sois	b) pensant	c) videz	d) rayons

8. **Souligne le groupe sujet et encadre le noyau.**

   a) Maika et son petit frère n'ont pas réussi à trouver la farine pour faire leur gâteau.

   b) Le premier matin de l'année, nous aimons bien flâner.

   c) C'est le petit chien noir de ma voisine Gilberte.

   d) Heureusement, le petit chien noir de ma voisine Gilberte n'a pas fait de dégâts.

9. **Souligne le verbe. Relie-le à son sujet par une flèche.**

   a) Il n'y a plus de neige dans la cour.

   b) Patrick et moi partirions bien vivre quelque temps en Sicile.

   c) Zoé, Mia et tous les autres enfants de la classe ont mangé leur collation sans bruit.

10. **Souligne le groupe du verbe et encadre le verbe. S'il y a un complément, indique s'il est direct ou indirect.**

    a) Je ne mangerai plus jamais de carottes.

    b) Leanne a oublié de se brosser les dents.

    c) Jour et nuit, Emma rêve à son ami Isaac.

    d) Je lui rendrai son chapeau demain.

11. **Souligne le complément de phrase.**

    a) Depuis une heure déjà, nous attendons pour entrer au cinéma.

    b) Tu as raison de mettre un manteau malgré la chaleur apparente.

    c) Il me semble que, matin après matin, mon journal est livré plus tardivement.

12. **Écris, à côté de chaque mot, la classe à laquelle il appartient : nom, déterminant, verbe, pronom (personnel, démonstratif, possessif), mot invariable (adverbe, préposition, conjonction).**

    a) lorsque : _____   b) nous : _____   c) bleuâtre : _____

    d) niaiserie : _____   e) soucier : _____ f) très : _____

    g) quand : _____   h) croisement : _____   i) efficacement : _____

13. **Ponctue correctement.**

    Qu'il fait beau aujourd'hui s'écrient Jade Adam et Noémie

Test final

14. Transforme la phrase suivante : *Il fait beau aujourd'hui.* **(type déclaratif, forme positive)**

   a) En phrase interrogative négative : _____

   b) En phrase exclamative positive : _____

15. Trouve un antonyme pour chacun des mots suivants.

   a) efficace : _____   b) réconforter : _____   c) pénombre : _____

16. Trouve un synonyme pour chacun des mots suivants.

   a) habile : _____   b) confusion : _____   c) persécuter : _____

17. Lis la phrase suivante et réponds aux questions.

   Depuis l'arrivée du printemps et le retour des oiseaux migrateurs, mes amis et moi avons décidé de devenir des ornithologistes avertis.

   a) À quel temps de verbe est-elle écrite ? _____

   b) De quel type de phrase s'agit-il ? De quelle forme ? _____ _____

   c) Quel est son groupe sujet ? _____

   d) Quel est son groupe du verbe ? Y a-t-il un complément direct ou indirect ?

   _____

   e) Quel est le complément de phrase ? _____

   f) Quelle est la nature de chaque mot qui compose la phrase ?

   Depuis : _____   l' : _____   arrivée : _____   du : _____

   printemps : _____   et : _____   le : _____   retour : _____

   des : _____   oiseaux : _____   migrateurs : _____

   mes : _____   amis : _____   et : _____   moi : _____

   avons : _____   décidé : _____   de : _____   devenir : _____

   des : _____   ornithologistes : _____   avertis : _____

   g) Que signifie le préfixe *ornitho-* ? _____

   h) Écris cette phrase au féminin. (Change *oiseaux* pour *oies*.)

   _____
   _____

18. Dis quand on utilise habituellement le proverbe suivant : *Tout est bien qui finit bien.*

   _____

19. Indique si le mot est féminin ou masculin.

a) avion : _____ b) trampoline : _____ c) étoile : _____

d) orange : _____ e) autobus : _____ f) hôpital : _____

20. Mets les mots suivants au pluriel.

a) pneu : _____ b) monsieur : _____ c) trou : _____

d) bonhomme : _____ e) taureau : _____ f) chou : _____

21. Transforme les noms ou les adjectifs en adverbes.

a) faux : _____ b) vite : _____ c) présent : _____

d) lent : _____ e) joyeux : _____ f) tard : _____

22. Complète la phrase en utilisant le bon homophone.

a) (Ma/M'a) _____ sœur (ma/m'a) _____ demandé la permission de jouer avec mon jeu.

b) Elles (t'ont/ton) _____ demandé de montrer (t'ont/ton) _____ passeport.

c) Bianca (a/à) _____ fait un excellent voyage (a/à) _____ Paris.

23. Écris deux mots de la même famille pour chacun des mots suivants.

a) tricot : _____ b) belle : _____

c) rire : _____ d) fragile : _____

24. Indique si les phrases suivantes sont au sens propre ou au sens figuré.

a) J'ai peint ma chambre en rose. _____

b) J'en ai vu de toutes les couleurs. _____

c) Il pleut des cordes. _____

d) Regardez les nuages dans le ciel _____.

25. Donne le sens des proverbes suivants.

a) La nuit, tous les chats sont gris. _____

b) Le chat parti, les souris dansent. _____

Test final

Test de mathématique

1. Transforme les nombres écrits en chiffres arabes en nombres écrits en chiffres romains.

    a) 3032 : _____   b) 2769 : _____

    c) 1887 : _____   d) 3615 : _____

    e) 3333 : _____   f) 1524 : _____

    g) 2491 : _____   h) 3906 : _____

2. Arrondis les nombres suivants.

	À la centaine de mille près	À la dizaine de mille près	À la centaine près	À la dizaine près
a) 374 692				
b) 236 273				
c) 582 439				
d) 908 914				
e) 775 527				

3. Pour mesurer l'infiniment grand, comme la distance entre les étoiles ou les galaxies, les savants utilisent des formules dans lesquelles on retrouve des puissances. Transforme en nombres naturels les nombres exprimés sous forme exponentielle.

    a) $3^8 =$ _____   b) $5^6 =$ _____   c) $8^5 =$ _____   d) $6^6 =$ _____

    e) $4^7 =$ _____   f) $10^4 =$ _____   g) $2^{12} =$ _____   h) $25^3 =$ _____

4. Additionne ou soustrais en laissant des traces de tes calculs.

    a)   52 357   b)   70 900   c)   33 599   d)   48 064
       + 48 914   − 26 639   + 35 218   − 26 257

5. Multiplie ou divise en laissant des traces de tes calculs.

    a) 8948 | 4   b)   2639   c) 6705 | 9   d)   5754
                      ×   8   ×   7

6. Résous les équations en appliquant la distributivité.

    Exemple : $5 \times (4 + 7) = (5 \times 4) + (5 \times 7) = 20 + 35 = 55$

    a) $6 \times (9 − 4)$ = _____

    b) $9 \times (3 + 8)$ = _____

    c) $8 \times (34 − 19)$ = _____

    d) $3 \times (44 + 37)$ = _____

    e) $5 \times (8 + 5 − 3)$ = _____

Test final

7. Résous les équations en tenant compte de la priorité des opérations.

Exemple : $7 + 8 \times 5 - 9 = 7 + (8 \times 5) - 9 = 7 + 40 - 9 = 38$

a) $72 \div 3 - 4 \times 5$ = _____

b) $37 + 56 \div 7 - 6$ = _____

c) $25 \times 9 \div 3 + 4 \times 7 - 8$ = _____

d) $39 + 49 \div 7 + 7 \times 4$ = _____

e) $112 - 76 + 13 - 6 \times 6$ = _____

8. Une usine de textile spécialisée dans la fabrication du denim approvisionne des manufactures qui transforment le tissu en objets et en accessoires usuels : $\frac{5}{12}$ vont à la confection de vêtements tels que des jeans et des blousons, $\frac{1}{6}$ va à la confection de tentes et de housses, $\frac{7}{24}$ sont dirigés vers l'industrie de l'automobile, notamment pour la fabrication des banquettes, et le reste est réservé à la confection de sacs à main et de bandeaux. Quelle fraction irréductible de la production de denim est réservée pour cette dernière catégorie d'articles ?

Démarche :

Réponse : _____ de la production est réservé pour la confection de sacs à main et de bandeaux.

9. Multiplie les nombres naturels et les fractions et, s'il y a lieu, transforme le produit en nombre fractionnaire ou en fraction irréductible.

a) $3 \times \frac{2}{8}$ b) $4 \times \frac{3}{5}$ c) $7 \times \frac{5}{9}$

10. Applique la formule d'Euler pour chacun des polyèdres.

a) 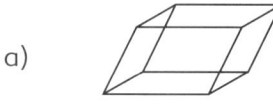 _____ sommets − _____ arêtes + _____ faces = _____

b) _____ sommets − _____ arêtes + _____ faces = _____

c)  _____ sommets − _____ arêtes + _____ faces = _____

d) 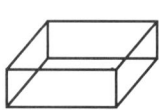 _____ sommets − _____ arêtes + _____ faces = _____

e)  _____ sommets − _____ arêtes + _____ faces = _____

11. **Mesure chacun des angles à l'aide d'un rapporteur.**

a)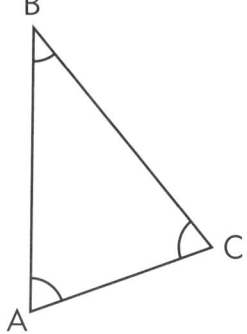

∠A = ____°

∠B = ____°

∠C = ____°

b)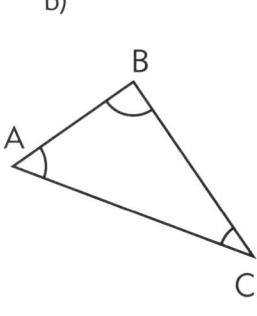

∠A = ____°

∠B = ____°

∠C = ____°

c)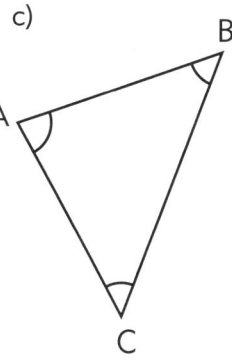

∠A = ____°

∠B = ____°

∠C = ____°

d)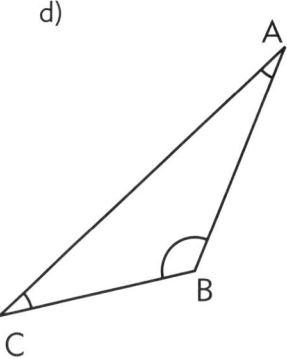

∠A = ____°

∠B = ____°

∠C = ____°

12. **Reproduis les figures par translation à partir du point de départ marqué d'un A, et ce, en respectant les consignes et en marquant le point d'arrivée d'un B.**

a) 9 cases vers la gauche
3 cases vers le bas

b) 4 cases vers le haut
4 cases vers la droite

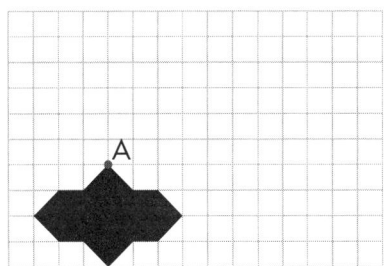

13. **Compare les différentes mesures à l'aide des symboles <, > ou =.**

a) 78,5 dm _____ 758 cm
b) 73 cm _____ 37 dm
c) 3,64 km _____ 3640 m
d) 0,45 m _____ 449 mm
e) 692 mm _____ 7 dm
f) 3,88 m _____ 402 cm
g) 45,3 m _____ 4524 cm
h) 2,36 km _____ 23,6 dm
i) 57,9 cm _____ 579 mm
j) 942,4 m _____ 981 dm
k) 8760 m _____ 8,67 km
l) 72 cm _____ 0,03 km

14. **Mesure la surface du terrain de tennis.**

Un terrain d'entraînement avec 6 courts de tennis

Surface : _____ m²

6 courts × 5 m

16,5 m | Filet 1 | Filet 2 | Filet 3 | Filet 4 | Filet 5 | Filet 6 |

15. À partir des indices, calcule le volume des figures ci-dessous.

a) _____ m³

b) _____ dm³

16. En visite chez des amis américains, la mère de Nathan veut faire cuire un gâteau. Mais voilà que le four indique les températures en degrés Fahrenheit plutôt qu'en degrés Celsius. Pour convertir des degrés Celsius en degrés Fahrenheit, elle doit multiplier par 9, diviser par 5 et additionner 32. À quelle température en Fahrenheit doit-elle préchauffer le four si la recette exige une température de cuisson de 205 degrés Celsius ? Arrondis ta réponse à la dizaine près.

Démarche :

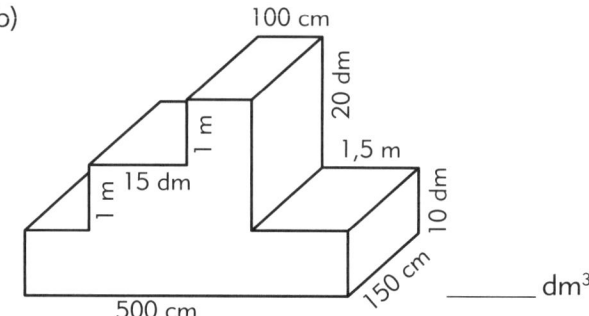

Réponse : La mère de Nathan doit préchauffer le four à _____ °F.

17. Une entreprise vient d'installer ses bureaux dans un édifice qui compte plusieurs étages. Place les locaux sur le bon étage à l'aide des indices ci-dessous.

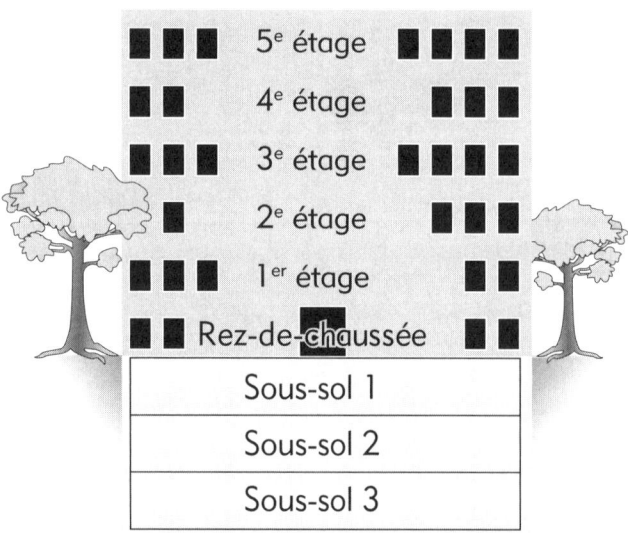

– L'administration est juste au-dessus de la cafétéria.
– La conciergerie est au 2ᵉ sous-sol.
– La réserve est entre la conciergerie et la cafétéria.
– La salle de conférence est située juste au-dessous des archives.
– Les cabinets de travail sont entre l'administration et la salle de conférence.
– La chaufferie est sous la conciergerie.
– La salle multimédia est située juste au-dessus des archives.

18. Transforme les nombres décimaux en nombres fractionnaires irréductibles.

a) 5,45 = _____

b) 23,6 = _____

c) 9,875 = _____

d) 84,08 = _____

e) 370,5 = _____

f) 71,15 = _____

g) 42,25 = _____

h) 6,04 = _____

i) 875,3 = _____

Test final

Test d'anglais

1. Complete the following sentences by using the verb "to be" in simple present.

a) They _____ really funny.

b) Julien _____ my best friend.

c) Carolyn and Brenda _____ sisters.

d) We _____ part of the orchestra.

e) I _____ your best friend.

f) You _____ sorry for what you did to her.

g) Our school _____ very big.

h) He _____ the new principal.

2. Write *am*, *is* or *are* to complete each sentence.

a) Mary _____ from Vancouver.

b) You _____ in my class.

c) Our school _____ new.

d) I _____ in Grade 6.

3. Draw a line to match each word with its opposite.

a) new   b) nice   c) short   d) fat

1. tall   2. thin   3. old   4. mean

4. Use the word bank to help you answer the questions below.

| librarian | financial planner | waiter | nurse | hairdresser | teacher |

a) Who works in a hospital? _____

b) Who works in a beauty salon? _____

c) Who works in a restaurant? _____

d) Who works in a school? _____

e) Who works in a library? _____

f) Who works in a bank? _____

Test final

Test science et univers social

1. Nomme les quatre groupes du *Guide alimentaire*.

_____

2. Nomme les cinq océans majeurs.

_____

3. En quelle année a eu lieu la Crise d'octobre au Québec ? _____

4. Qui suis-je ?

      Maurice Richard   Charles de Gaulle   Nadia Comaneci

a) Gymnaste roumaine qui a obtenu des notes parfaites aux Jeux olympiques d'été de 1976 à Montréal. _____

b) Général et président français célèbre pour sa déclaration « Vive le Québec libre ! »

_____

c) Joueur de hockey pour l'équipe des Canadiens de Montréal qui lutta contre la discrimination des francophones. _____

Corrigé

Français
Le nom
Page 8

1. Cet hiver, Lili et sa famille sont allées skier dans les Alpes, en France. La sœur de Lili, Alice, descendait sans crainte les pentes escarpées des montagnes. Lili, par contre, aimait surtout visiter avec sa mère les boutiques de jouets colorés et les boulangeries alléchantes du village de Chamonix. Entre le ski et les brioches, la fillette n'hésitait pas : à l'air des montagnes, elle préférait, et de loin, le sucre des pâtisseries !

2. a) amour b) jeu c) regard d) marche e) course f) maniement g) nourriture h) peinture i) photographie ou photo j) couleur

3. a) grand-mère b) rondelle, but c) printemps, oiseaux d) forêts, bêtes e) télévision, ami f) prison, banque

4. Réponses variées.

Page 9

5. Plusieurs réponses possibles, dont celles-ci. a) Tous les matins, je fais de la course dans le parc. b) De nos jours, les agriculteurs ne font plus la traite des vaches manuellement. c) Il ne faut pas avoir le vertige pour effectuer la construction de si hauts édifices. d) Mon oncle s'est fait arrêter par les policiers parce qu'il avait une conduite trop rapide. e) Le cuisinier met du sel sur les pommes de terre pour leur donner bon goût.

6. Rat, ville, Rat, champs, façon, reliefs, tapis, couvert, vie, amis, régal, festin, fête, porte, salle, bruit, Rat, ville, camarade, bruit, Rats, campagne, citadin, rôt, rustique, festins, Roi, loisir, plaisir, crainte.

7. *Rat* et *Roi* : dans plusieurs contes et fables, on met une majuscule au nom des animaux ou de certains objets. Pourquoi ? Pour les personnifier, pour en faire des êtres semblables aux humains.

Les déterminants
Page 10

1. Depuis le début de la sixième année, Matis est un garçon très occupé. Ses parents se plaisent même parfois à dire que son agenda est plus chargé que le leur. En effet, Matis a plusieurs passions et les sept jours de la semaine ne lui suffisent pas toujours pour développer ses champs d'intérêt. Ses après-midi sont bien remplis. Le lundi, Matis suit des cours de natation ; le mardi et le mercredi, il dispute des parties de hockey animées avec ses amis ; le jeudi, il essaie tant bien que mal d'apprendre à jouer de la guitare électrique ; le vendredi, il bricole avec son père, un menuisier hors pair ; et quand la fin de semaine arrive, il retrouve son meilleur ami Julien, avec qui il invente toutes sortes de jeux. Vraiment, Matis ne s'ennuie jamais ! Son seul problème : les journées passent tellement vite qu'il n'a plus le temps d'écouter la télévision !

2. a) Mon frère et moi allons au cinéma ce soir. b) La rue restera fermée à la circulation pendant que les employés municipaux répareront l'égout brisé. c) Sandrine s'exerce à faire des tours de magie. d) J'ai aperçu un gros chat noir dans la ruelle. e) Les écureuils ne sont pas des animaux frileux. f) Ma maîtresse d'école a de jolis cheveux châtains. g) Maxime aimerait visiter des contrées lointaines. h) Tu as plusieurs devoirs à terminer. i) Je viens de lire une bande dessinée très divertissante. j) Arno et Victor adorent regarder les courses automobiles à la télévision. k) Le soleil brille et réchauffe mon visage. l) Un moustique t'a piqué le bras. m) J'ai fait un cauchemar la nuit dernière. n) Crois-tu que nous pourrons aller nager aujourd'hui ? o) Mon petit frère fait de la fièvre. p) Les parachutistes ont formé une gigantesque étoile dans le ciel bleu. q) Quand j'étais petit, je croyais que le bonhomme Sept-Heures pouvait se faufiler sous ma couverture pour venir me grignoter les orteils. r) La coiffeuse de ma mère s'appelle Sandra.

Page 11

3. a) **le pain** : il n'y en a qu'un / **du pain** : quantité indéterminée b) **Il est directeur** : son titre, appartenance générale à un métier / **le directeur** : le seul directeur dans un endroit c) **l'arbre de la cour** : un seul arbre dans la cour / **un arbre de la cour** : un arbre dans un ensemble d'arbres d) **un poisson** : un poisson parmi tant d'autres / **le poisson** : le seul poisson.

4. Mme de Fleurville était la mère de deux petites filles, bonnes, gentilles, aimables, et qui avaient l'une pour l'autre le plus tendre attachement. On voit souvent des frères et des sœurs se quereller, se contredire et venir se plaindre à leurs parents après s'être disputés de manière qu'il soit impossible de démêler de quel côté vient le premier tort. Jamais on n'entendait une discussion entre Camille et Madeleine. Tantôt l'une, tantôt l'autre cédait au désir exprimé par sa sœur. [...] Elles étaient parfaitement heureuses, ces bonnes petites sœurs, et leur maman les aimait tendrement ; toutes les personnes qui les connaissaient les aimaient aussi et cherchaient à leur faire plaisir.

Déterminants définis : la, l', l', le, le, l', l', au, les. **Déterminants indéfinis** : des, des, une. **Déterminant démonstratif** : ces. **Déterminants possessifs** : leurs, sa, leur. **Déterminant numéral** : deux. **Déterminant exclamatif ou interrogatif** : quel.

Le groupe du nom
Page 12

1. a) Un chien énorme, à la gueule grande ouverte, aux yeux brillants, est apparu à l'entrée du parc. b) Les grognements ont fait peur à tous les passants. c) Une petite fille qui jouait tranquillement s'est mise à crier. d) Un grand homme barbu a essayé de la calmer. e) Heureusement, le maître du chien est arrivé. f) Il a ordonné à la bête de s'asseoir. g) Le chien désobéissant s'est transformé en animal bien dressé. h) L'homme peut être fier de la façon dont il a dressé son chien.

2. a) Mathilde a envoyé une carte d'anniversaire colorée. b) Les enfants de mes voisins ont les cheveux roux. c) Le plus haut sommet de la chaîne de montagnes atteint 2000 mètres. d) Le premier matin de ton arrivée, nous sommes allés manger dans un excellent restaurant. e) Ce scénariste inconnu a gagné un prix bien mérité. f) Par beau temps, les enfants de la garderie sortent jouer dans la cour. g) Nicolas et Nestor ont rencontré une diseuse de bonne aventure.

3. Réponses variées.

345

Le noyau du groupe du nom
Page 13

Encercler = gras

1. a) **Le** cuisinier a préparé **une** bonne soupe aux carottes. b) Je n'ai jamais vu **la** mer. c) Tu aimerais aller visiter **tes** cousins en Allemagne. d) **Romain** et **Marieke** passent **la** journée à **la** patinoire. e) Crois-tu que **les** pommes seront bientôt mûres ? f) **La** neige s'accumule à l'arrière de **ma** maison. g) Hier, **nous** avons vu **une** éclipse lunaire. h) Nous ne pouvons pas t'accompagner à **la** campagne. i) **Justin** est allergique aux **arachides** et aux **kiwis**. j) **Des** troupeaux de bisons peuplaient autrefois **les** prairies canadiennes. k) **Mon frère et moi** (GPron) avons construit **une** cabane dans **un** arbre. l) J'adore jouer au **football** avec **Paul** et **Olivier**. m) **Juliette** a mis **une** longue robe rose pour fêter **la** Saint-Valentin. n) **Ma** matière préférée est le **français**. o) **Mes** parents ont beaucoup voyagé quand ils étaient plus jeunes. p) Lorsqu'il y a **une** panne d'électricité, j'allume **ma** lampe de poche. q) **Le** bébé pleure parce qu'il a faim. r) **Le** soleil s'est levé à 8 h 32 **ce** matin. s) **Élisa** et **Mathieu** creusent **un** trou dans **le** jardin pour planter **de** petites graines de haricots.

Verbe : reconnaître le verbe
Page 14

1. a) mangerons, futur simple b) aiment, indicatif présent c) est brisée, indicatif présent d) fait, indicatif présent e) as couru, passé composé f) rejoindrai, futur simple g) ai vu, passé composé h) dîneras, futur simple i) ai oublié, passé composé j) rapporterons, futur simple k) dansaient, imparfait l) a fait, passé composé m) a augmenté, passé composé n) veut, indicatif présent o) irai, futur simple p) passerons, futur simple q) s'est cassé, passé composé r) migrent, indicatif présent s) a acheté, passé composé t) apportera, futur simple u) riaient, imparfait v) boit, indicatif présent

Verbe : conjugaison au présent
Page 15

1. a) Je suis, tu es, il/elle/on est, nous sommes, vous êtes, ils/elles sont. b) J'ai, tu as, il/elle/on a, nous avons, vous avez, ils/elles ont. c) Je crée, tu crées, il/elle/on crée, nous créons, vous créez, ils/elles créent. d) Je lis, tu lis, il/elle/on lit, nous lisons, vous lisez, ils/elles lisent. e) Je connais, tu connais, il/elle/on connaît (ou connait*), nous connaissons, vous connaissez, ils/elles connaissent. f) Je sens, tu sens, il/elle/on sent, nous sentons, vous sentez, ils/elles sentent. g) Je reçois, tu reçois, il/elle/on reçoit, nous recevons, vous recevez, ils/elles reçoivent. h) Je vois, tu vois, il/elle/on voit, nous voyons, vous voyez, ils/elles voient. i) Je dis, tu dis, il/elle/on dit, nous disons, vous dites, ils/elles disent.

Page 16

2. Le soleil **perce** à travers les rideaux de ma chambre. J'**ouvre** les yeux, je **regarde** mon réveil. Zut, déjà 8 h 30 ! Je **sors** de mon lit en maugréant. Dans la maison, un silence anormal **règne**. Je **crie** : « Maman ! Papa ! Vous **êtes** là ? » Personne ne me **répond**. Je **demande** à nouveau : « Maman ! Tu **es** là ? » Comme seule réponse, j'**entends** des bruits étranges, qui **semblent** venir de la cuisine. Je **mets** mes pantoufles pour me réchauffer les pieds, et je me **dirige** lentement vers la cuisine. Ces bruits **sont** anormaux. Ils me **font** penser à des bruits de mastication. En fait, c'**est** comme si on avait placé un micro dans la bouche de quelqu'un qui mangerait des carottes et qu'on avait mis le son au maximum. J'**imagine** un instant qu'un monstre géant se **trouve** dans ma cuisine et qu'il **vient** d'avaler mes parents. À cette pensée, je **réussis** difficilement à retenir un petit frisson de frayeur. Je **traverse** lentement le corridor qui **mène** à la cuisine. Arrivé au bout du couloir, je **vois** une ombre bouger. Craintivement, je **continue** mon avancée, malgré les bruits qui **persistent**. Je **retiens** mon souffle et **pénètre** dans la cuisine. Mon cœur se **met** à battre à deux cents coups la minute quand j'**aperçois** une horrible créature dont je ne **peux** voir que le dos voûté. Elle **a** des cheveux gris et de gigantesques mains poilues et tordues. Je **recule** d'un pas. « C'est toi, Bastien ? » **articule** le monstre d'une voix rauque. L'être qui a pris la place de mes parents se **retourne** alors. « Eh bien, tu en **fais** une tête, mon garçon ! » s'**exclame**-t-il. Je **reconnais** alors mon voisin, monsieur Léveillée, et **découvre** qu'il **est** occupé à classer les morceaux d'une énorme boîte de Lego. « Puisque je **dois** te garder aujourd'hui, j'ai pensé que mes vieux Lego t'amuseraient ! Tu **viens** construire un monstre avec moi ? Je **suis** capable de faire d'immondes créatures ! » Tout à coup soulagé, je me **mets** à rire et monsieur Léveillée, même s'il ne **comprend** pas ce qu'il y **a** de drôle à la situation, **rit** avec moi.

Verbe : conjugaison au passé composé
Page 17

1. a) J'ai été, tu as été, il/elle/on a été, nous avons été, vous avez été, ils/elles ont été. b) J'ai eu, tu as eu, il/elle/on a eu, nous avons eu, vous avez eu, ils/elles ont eu. c) J'ai acheté, tu as acheté, il/elle/on a acheté, nous avons acheté, vous avez acheté, ils/elles ont acheté. d) J'ai couru, tu as couru, il/elle/on a couru, nous avons couru, vous avez couru, ils/elles ont couru. e) J'ai créé, tu as créé, il/elle/on a créé, nous avons créé, vous avez créé, ils/elles ont créé. f) J'ai rendu, tu as rendu, il/elle/on a rendu, nous avons rendu, vous avez rendu, ils/elles ont rendu. g) J'ai pris, tu as pris, il/elle/on a pris, nous avons pris, vous avez pris, ils/elles ont pris. h) J'ai dû, tu as dû, il/elle/on a dû, nous avons dû, vous avez dû, ils/elles ont dû. i) Je suis resté(e), tu es resté(e), il/elle/on est resté(e), nous sommes resté(e)s, vous êtes resté(e)s, ils/elles sont resté(e)s.

Page 18

2. a) ai aimé, ai lu b) avons branché c) a mouillé d) as improvisé e) ont continué f) a joué g) a cuit h) a plu i) ont mûri (ou muri*) j) ai voulu k) ont entendu, ont fui l) a conclu m) as mis n) ont reçu o) a vaincu p) n'avez pas pu q) a eu r) ont chassé s) ai reçu

Verbe : conjugaison à l'imparfait
Page 19

1. a) J'étais, tu étais, il/elle/on était, nous étions, vous étiez, ils/elles étaient. b) J'avais, tu avais, il/elle/on avait, nous avions, vous aviez, ils/elles avaient. c) Je chantais, tu chantais, il/elle/on chantait, nous chantions, vous chantiez, ils/elles chantaient. d) Je riais, tu riais, il/elle/on riait, nous riions, vous riiez, ils/elles riaient. e) J'appelais, tu appelais, il/elle/on appelait, nous appelions, vous appeliez, ils/elles appelaient. f) Je devenais, tu devenais, il/elle/on devenait, nous devenions, vous deveniez, ils/elles devenaient. g) Je faisais, tu faisais, il/elle/on faisait, nous faisions, vous faisiez, ils/elles faisaient. h) Je recevais, tu recevais, il/elle/on recevait, nous recevions, vous receviez, ils/elles recevaient. i) J'apprenais, tu apprenais, il/elle/on apprenait, nous apprenions, vous appreniez, ils/elles apprenaient.

Page 20

2. Il y **avait** en Westphalie, dans le château de monsieur le baron de Thunder-ten-tronckh, un jeune garçon à qui la nature avait donné les mœurs les plus douces. Sa physionomie **annonçait** son âme. Il **avait** le jugement assez droit, avec l'esprit le plus simple ; c'est, je crois, pour cette raison qu'on le **nommait** Candide. Les anciens domestiques de la maison **soupçonnaient** qu'il **était** fils de la sœur de monsieur le baron et d'un bon et honnête gentilhomme du voisinage, que cette demoiselle ne voulut jamais épouser parce qu'il n'avait pu prouver que soixante et onze quartiers, et que le reste de son arbre généalogique avait été perdu par l'injure du temps.

Monsieur le baron **était** un des plus puissants seigneurs de la Westphalie, car son château **avait** une porte et des fenêtres. Sa grande salle même était ornée d'une tapisserie. Tous les chiens de ses basses-cours composaient une meute dans le besoin; ses palefreniers étaient ses piqueurs; le vicaire du village était son grand-aumônier. Ils l'appelaient tous monseigneur, et ils riaient quand il faisait des contes.

Madame la baronne, qui pesait environ trois cent cinquante livres, s'attirait par là une très grande considération, et faisait les honneurs de la maison avec une dignité qui la rendait encore plus respectable. Sa fille Cunégonde, âgée de dix-sept ans, était haute en couleur, fraîche, grasse, appétissante. Le fils du baron paraissait en tout digne de son père. Le précepteur Pangloss était l'oracle de la maison, et le petit Candide écoutait ses leçons avec toute la bonne foi de son âge et de son caractère.

Pangloss enseignait la métaphysico-théologo-cosmolonigologie. Il prouvait admirablement qu'il n'y a point d'effet sans cause, et que, dans ce meilleur des mondes possibles, le château de monseigneur le baron était le plus beau des châteaux, et madame, la meilleure des baronnes possibles.

« Il est démontré, disait-il, que les choses ne peuvent être autrement; car tout étant fait pour une fin, tout est nécessairement pour la meilleure fin. Remarquez bien que les nez ont été faits pour porter des lunettes; aussi avons-nous des lunettes. Les jambes sont visiblement instituées pour être chaussées, et nous avons des chausses. Les pierres ont été formées pour être taillées et pour en faire des châteaux; aussi monseigneur a un très beau château: le plus grand baron de la province doit être le mieux logé; et les cochons étant faits pour être mangés, nous mangeons du porc toute l'année: par conséquent, ceux qui ont avancé que tout est bien ont dit une sottise; il fallait dire que tout est au mieux. »

Candide écoutait attentivement, et croyait innocemment; car il trouvait mademoiselle Cunégonde extrêmement belle, quoiqu'il ne prît jamais la hardiesse de le lui dire. Il concluait qu'après le bonheur d'être né baron de Thunder-ten-tronckh, le second degré de bonheur était d'être mademoiselle Cunégonde; le troisième, de la voir tous les jours; et le quatrième, d'entendre maître Pangloss, le plus grand philosophe de la province, et par conséquent de toute la terre.

Verbe: conjugaison au futur simple
Page 21

1. a) Je serai, tu seras, il/elle/on sera, nous serons, vous serez, ils/elles seront.
b) J'aurai, tu auras, il/elle/on aura, nous aurons, vous aurez, ils/elles auront.
c) Je broierai, tu broieras, il/elle/on broiera, nous broierons, vous broierez, ils/elles broieront.
d) Je partirai, tu partiras, il/elle/on partira, nous partirons, vous partirez, ils/elles partiront.
e) Je naîtrai, tu naîtras, il/elle/on naîtra, nous naîtrons, vous naîtrez, ils/elles naîtront (ou Je naitrai, tu naitras, il/elle/on naitra, nous naitrons, vous naitrez, ils/elles naitront*).
f) J'enverrai, tu enverras, il/elle/on enverra, nous enverrons, vous enverrez, ils/elles enverront.
g) Je sentirai, tu sentiras, il/elle/on sentira, nous sentirons, vous sentirez, ils/elles sentiront.
h) J'acquerrai, tu acquerras, il/elle/on acquerra, nous acquerrons, vous acquerrez, ils/elles acquerront.
i) Je joindrai, tu joindras, il/elle/on joindra, nous joindrons, vous joindrez, ils/elles joindront.

Page 22

2. L'année prochaine, Léa **commencera** le secondaire, mais elle ne sait pas encore quelle école elle **choisira**. Ses amies Alix et Éden **iront** dans une école privée, tandis que Lena, sa voisine, **suivra** son frère et **prendra** le chemin de l'école internationale. Qui Léa **accompagnera-t-elle**? Il ne lui reste que deux semaines pour se décider. Après, il **sera** trop tard, puisque les inscriptions **seront** terminées. Elle n'**aura** alors plus le choix: elle **devra** aller à la polyvalente. Il est si difficile de se décider! Cependant, Léa a une certitude: quelle que soit la décision qu'elle **prendra**, elle **deviendra** pompière quand elle **atteindra** l'âge adulte.

3. **Demain** matin, j'**irai** au zoo avec mes grands-parents. Il y **aura** beaucoup de monde, puisque ce **sera** le début des vacances et qu'il **fera** très beau. Mon grand-père **voudra** visiter le coin des animaux d'Amérique du Sud et il **observera** longtemps le paresseux, son animal préféré. Comme à chaque visite, ma grand-mère se **moquera** gentiment de lui en laissant entendre que les paresseux et Papi se ressemblent beaucoup. Mon grand-père n'est pas susceptible et il **rira** un bon coup. Quand nous **arriverons** dans la zone africaine, cependant, il me **dira** en regardant les lionnes: « Et voilà les cousines de ta Mamie! » Ma grand-mère **imitera** alors le rugissement de la lionne avec tant de réalisme qu'un petit garçon se **mettra** à pleurer.

Si l'ensemble du texte peut être appréhendé, la réaction du petit garçon, ou même sa présence, est impossible à prédire.

Verbe: conjugaison au conditionnel présent
Page 23

1. a) Je serais, tu serais, il/elle/on serait, nous serions, vous seriez, ils/elles seraient.
b) J'aurais, tu aurais, il/elle/on aurait, nous aurions, vous auriez, ils/elles auraient.
c) Je pleurerais, tu pleurerais, il/elle/on pleurerait, nous pleurerions, vous pleureriez, ils/elles pleureraient.
d) Je vaudrais, tu vaudrais, il/elle/on vaudrait, nous vaudrions, vous vaudriez, ils/elles vaudraient.
e) J'appellerais, tu appellerais, il/elle/on appellerait, nous appellerions, vous appelleriez, ils/elles appelleraient.
f) Je voudrais, tu voudrais, il/elle/on voudrait, nous voudrions, vous voudriez, ils/elles voudraient.
g) J'apprécierais, tu apprécierais, il/elle/on apprécierait, nous apprécierions, vous apprécieriez, ils/elles apprécieraient.
h) Je recevrais, tu recevrais, il/elle/on recevrait, nous recevrions, vous recevriez, ils/elles recevraient.
i) Je verrais, tu verrais, il/elle/on verrait, nous verrions, vous verriez, ils/elles verraient.

Page 24

2. Souvent, je rêve que je suis un superhéros.

Si j'avais des pouvoirs surnaturels, je pourrais sans doute soulever des objets très lourds et je serais capable de courir aussi vite qu'un couguar. Je volerais dans les airs et partirais faire le tour du monde. Le matin, je me lèverais au Québec, je déjeunerais à Paris, je prendrais un casse-croûte le midi à côté de la muraille de Chine et je souperais au milieu des kangourous australiens. Et puisque j'aurais des pouvoirs surhumains, je ne serais même pas fatigué après tous ces voyages! Au lieu de dormir, je construirais des puits et des écoles pour aider les enfants des pays en développement. Je me servirais de mes pouvoirs pour aider tous ceux qui en auraient besoin.

Hélas, puisque je ne suis pas un super-héros, je dois arrêter de rêver... et finir mes devoirs, comme dirait ma mère.

3. a) aimerais b) voudraient c) assisterait
d) serions e) assoiraient f) voudrais
g) mangeraient h) appellerais

4. Réponses variées.

Verbe: conjugaison au subjonctif présent
Page 25

1. a) Que je sois, que tu sois, qu'il/elle/on soit, que nous soyons, que vous soyez, qu'ils/elles soient.
b) Que j'aie, que tu aies, qu'il/elle/on ait, que nous ayons, que vous ayez, qu'ils/elles aient.

c) Que j'aide, que tu aides, qu'il/elle/on aide, que nous aidions, que vous aidiez, qu'ils/elles aident. d) Que j'asseye, que tu asseyes, qu'il/elle/on asseye, que nous asseyions, que vous asseyiez, qu'ils/elles asseyent. e) Que je raccroche, que tu raccroches, qu'il/elle/on raccroche, que nous raccrochions, que vous raccrochiez, qu'ils/elles raccrochent. f) Que j'émeuve, que tu émeuves, qu'il/elle/on émeuve, que nous émouvions, que vous émouviez, qu'ils/elles émeuvent. g) Que je juge, que tu juges, qu'il/elle/on juge, que nous jugions, que vous jugiez, qu'ils/elles jugent. h) Que j'enlève, que tu enlèves, qu'il/elle/on enlève, que nous enlevions, que vous enleviez, qu'ils/elles enlèvent. i) Que je fuie, que tu fuies, qu'il/elle/on fuie, que nous fuyions, que vous fuyiez, qu'ils/elles fuient.

Page 26

2. Réponses variées.

3. a) pleuve, neige b) localises c) refusent d) allions e) passe f) mangent

4. a) veuilles b) soyez c) soient, jouent, dérangent

5. Si nous voulons éviter les conflits, il faut vraiment que nous <u>apprenions</u> à mieux nous écouter, que nous ne <u>parlions</u> pas en même temps et que nous <u>cessions</u> de chercher constamment des sujets de discorde. De toute manière, à quoi bon les querelles, puisque, que nous le <u>voulions</u> ou non, nous allons nous voir tous les jours pendant encore bien des années, cher frère.

Verbe : conjugaison à l'impératif présent et au participe présent
Page 27

1. a) Sois, soyons, soyez. b) Aie, ayons, ayez. c) Apporte, apportons, apportez. d) Vois, voyons, voyez. e) Prends, prenons, prenez. f) Va, allons, allez.

2. a) étant b) ayant c) s'envolant d) reconnaissant e) patinant f) chérissant g) graissant h) ternissant i) toussant

3. En [allant] à la pharmacie tout à l'heure, j'ai croisé une vieille dame qui criait à son chien : « <u>Allez</u>, vilaine bête ! <u>Reste</u> calme ! Ne <u>bouge</u> plus ! » Distrait par cette femme colérique, ne [prenant] pas garde à l'endroit où je mettais les pieds, je me suis alors enfargé sur le trottoir et j'ai bousculé un passant. « <u>Fais</u> attention, jeune homme ! <u>Regarde</u> où tu vas », a-t-il roupété. Je suis entré dans la pharmacie en [balbutiant]

des excuses. En [sortant], j'ai recroisé la vieille dame, qui disait maintenant à son pauvre molosse : « <u>Avance</u>, espèce de tête de mule ! <u>Bouge</u> ! <u>Partons</u> d'ici, <u>rentrons</u> chez nous ! » [Tirant] le chien par la laisse, le [forçant] à la suivre malgré lui, la femme a réussi à obtenir de peine et de misère ce qu'elle aurait sans doute eu facilement avec un peu de tendresse.

Verbe : le conditionnel présent, le subjonctif présent, l'impératif présent
Page 28

1. a) *cuire*, subjonctif présent b) *rendre*, conditionnel présent c) *écouter*, impératif présent d) *lâcher*, conditionnel présent e) *sentir*, impératif présent f) *rendre*, subjonctif présent g) *fuir*, subjonctif présent h) *assiéger*, conditionnel présent i) *magasiner*, conditionnel présent j) *aimer*, subjonctif présent k) *vouloir*, conditionnel présent l) *être*, subjonctif présent m) *dormir*, impératif présent n) *crier*, impératif présent o) *penser*, conditionnel présent p) *finir*, subjonctif présent

2. **Subjonctif** : précédé de *que*. **Impératif** : pas de pronom. **Conditionnel** : on place mentalement un *si* après le verbe.

Les pronoms
Page 29

1. Dans la boutique de jouets, une grande fille observe avec beaucoup d'attention une petite poupée toute rose. Elle regarde à droite, à gauche, s'assurant que personne ne se trouve autour. Puis, elle s'empare de la poupée comme si elle était la sienne et se met à la bercer. Pendant quelques secondes, la jeune fille rêve d'avoir encore cinq ans, d'être encore celle à qui l'on offrait des poupées, et non des épais livres de français ou de mathématiques qu'on lui demande d'étudier tous les soirs. Ses parents sont impitoyables : après le souper, ils l'empêchent de jouer, sous prétexte qu'elle n'obtient pas d'assez bons résultats scolaires. Ils lui répètent soir après soir : « Tu joueras quand tu auras fini tes devoirs. » Mais ceux-ci sont si difficiles, et si longs ! Elle ne parvient jamais à les finir. Oh, si elle pouvait encore avoir cinq ans et

jouer avec une poupée comme celle-ci ! La grande fille dépose en soupirant le jouet. « Bah, se dit-elle, au moins maintenant, je sais lire ! » Elle attrape le roman qu'elle avait choisi plus tôt et se dirige joyeusement vers la caisse.

2. a) Ils b) Vous c) Elles d) Ils (ce) e) Nous f) Ils

Page 30

3. a) le tien b) le nôtre c) les miens d) La mienne

4. a) Celui-ci, celui-là b) celui-ci c) ceux d) celles e) ceux, ceux

5. Marion déteste aller chez le glacier du coin, qui fait pourtant les meilleures crèmes glacées qu'**elle** (pronom personnel) ait mangées au cours de sa longue vie de fillette de douze ans. **Celles-ci** (pronom démonstratif) sont si bonnes qu'à chaque visite, Marion souhaite que le commerce devienne un jour **le sien** (pronom possessif). Alors, pourquoi n'aime-t-**elle** (pronom personnel) pas visiter cet endroit ? C'est simple : chaque fois qu'elle y met les pieds, sa mère **lui** (pronom personnel) dit de se dépêcher. « Allez, Marion, **nous** (pronom personnel) n'allons pas traîner ici toute la journée. Choisis une saveur et prends ton cornet. **Le mien** (pronom possessif) a déjà commencé à fondre », ronchonne-t-**elle** (pronom personnel). Quand Marion finit par se décider, elle regrette aussitôt son choix en regardant les cornets des autres clients. **les leurs** (pronom possessif) semblent toujours plus gros et meilleurs que **le sien** (pronom possessif). Décidément, les sorties chez le glacier sont toujours un peu frustrantes !

Pronom ou déterminant
Page 31

1. Le lendemain, Sophie peigna et habilla sa poupée, parce que ses amies devaient venir. En l' (pronom, remplace *poupée*) habillant, **elle** (pronom, remplace *Sophie*) **la** (pronom, remplace *poupée*) trouva pâle. « Peut-être, dit-**elle** (pronom, remplace *Sophie*), a-t-**elle** (pronom, remplace *poupée*) froid, ses pieds sont glacés. Je vais **la** (pronom, remplace *poupée*) mettre un peu au soleil pour que mes amies voient que j'en ai bien soin et que je **la** (pronom, remplace *poupée*) tiens bien chaudement. » Sophie alla porter **la** (déterminant) poupée au soleil sur **la** (déterminant) fenêtre du salon. « Que fais-tu à la fenêtre, Sophie ? » lui demanda sa maman.

SOPHIE — Je veux réchauffer ma poupée, maman ; **elle** (pronom, remplace *poupée*) a très froid.

LA MAMAN — Prends garde, tu vas **la** (pronom, remplace *poupée*) faire fondre.
SOPHIE — Oh non! maman, il n'y a pas de danger: **elle** (pronom, remplace *poupée*) est dure comme du bois.
LA MAMAN — Mais **la** (déterminant) chaleur **la** (pronom, remplace *poupée*) rendra molle.

2. a) pronom b) déterminant c) pronom d) pronom e) déterminant f) pronom g) pronom h) déterminant

Le groupe du verbe
Page 32

1. a) Le guitariste joue un air langoureux. b) Le gros casque du joueur de football lui donne un air de dur à cuire. c) Le coq zélé a chanté toute la nuit. d) Les roses du fleuriste ont de belles teintes variées.

2. a) La poupée de porcelaine de la petite fille s'est brutalement écrasée contre le sol. b) Patrice et moi, nous avons rencontré plusieurs habitants du village. c) À la maison, tout le monde mange avec des fourchettes bleues. d) De l'espace, la Terre ressemble à une grosse bille bleue.

3. a) Je ne crois pas aux sorcières (CI). b) Peux-tu apporter le calendrier (CD)? c) Marie a besoin de son frère (CI) pour transporter l'échelle. d) Le jeune homme se (CD) réveille avec un mal de tête insupportable.

4. Les enfants devaient avoir été bien gentils et bien sages pendant l'année entière, car jamais leurs cadeaux n'avaient été aussi magnifiques que cette fois. Le grand pin au milieu de la table portait une foule de pommes d'or et d'argent; des pralines et des bonbons de toutes sortes en représentaient les boutons et les fleurs, et de beaux et nombreux jouets étaient suspendus à toutes les branches. Mais ce qu'il y avait de plus beau dans l'arbre merveilleux, c'était une centaine de petites bougies, qui brillaient comme des étoiles dans son sombre feuillage, et tandis qu'il semblait avec ses lumières, au-dedans et au-dehors, inviter les enfants à cueillir ses fleurs et ses fruits. […] Que de belles choses se trouvaient là, et qui pourrait essayer de les décrire?

Le groupe sujet
Page 33

1. a) Je (pronom personnel) vais acheter du bois pour le feu. (*Qui est-ce qui?*) b) Le soleil (déterminant, nom commun) chatouille ma peau et me fait sourire. (*Qu'est-ce qui?*) c) Annick et Jules (nom propre, conjonction, nom propre) ont construit une cabane avec des boîtes. (*Qui est-ce qui?*) d) Je (pronom personnel) te souhaite un joyeux anniversaire. (*Qui est-ce qui?*) e) Pensez-vous (pronom personnel) aller au chalet durant la semaine de relâche? (*Qui est-ce qui?*) f) Les oiseaux (déterminant, nom commun) saluent le printemps de leurs gazouillis joyeux. (*Qu'est-ce qui?*) g) Jamais tu (pronom personnel) n'aurais cru possible qu'un troupeau d'éléphants (déterminant, nom commun, préposition, nom commun) se déplace sans bruit. (*Qui est-ce qui?, qu'est-ce qui?*) h) Raphaël (nom propre) adore les concombres, mais sa sœur Cassandre (déterminant, nom commun, nom propre) préfère les haricots verts. (*Qui est-ce qui?, qui est-ce qui?*) i) Le soir, à la maison, tous les membres de la famille (déterminant, déterminant, nom commun, préposition, déterminant, nom commun) se retrouvent autour d'un bon repas. (*Qui est-ce qui?*) j) Malgré la tempête de neige, Mélanie et Jason (nom propre, conjonction, nom propre) sont arrivés à temps pour le spectacle. (*Qui est-ce qui?*)

2. a) Juliette paraît **plus vieille** avec ce chandail noir. b) L'enfant n'est plus **malade**. c) Cette gigantesque villa semble **prétentieuse** à côté des autres maisons.

Page 34

3. a) Samuel (nom) [GS] a acheté un cartable bleu [GV]. b) Laetitia (nom) [GS] adore les boucles [GV] d'oreille en coquillage. c) Plusieurs élèves de la classe [GS] (déterminant, nom, préposition, déterminant, nom) ont des intolérances alimentaires [GV]. d) Il [GS] (pronom) n'y aura pas d'élections [GV] cet automne. e) Vanessa [GS] (nom) enfile son manteau [GV]. f) Ils [GS] (pronom) étaient très fatigués [GV] après la partie de soccer. g) Le concierge [GS] (déterminant, nom) a nettoyé tout l'immeuble [GV]. h) Les parents d'Olivier [GS] (déterminant, nom, préposition, nom) sont dans les Caraïbes [GV]. i) Le camion de pompiers [GS] (déterminant, nom, préposition, nom) est passé à toute vitesse [GV]. j) La brebis [GS] (déterminant, nom) a mis au monde cinq jolis petits agneaux [GV]. k) Croyez-vous [GV] (pronom) vraiment qu'il [GS] (pronom) pleuvra demain [GV]? l) Après une heure d'attente, Lise [GS] (nom) a rencontré le médecin [GV].

Classes des mots
Page 35

1. **Noms communs**: adoption, bénéfice, communisme, dépanneur, embarras, foie, guitare, hindouisme, histoire, infirmerie, isolation, lessiveuse, main, martyr, nationalité, passage, piège, remboursement, réveil, seuil. **Noms propres**: Amsterdam, Cuba, Guinée-Bissau, Pérou, Sacha, Vietnam. **Verbes**: acquitter, bercer, coucher, dénouer, divertir, gratter, heurter, infliger, luire, maigrir, nasiller, persuader, prévenir, ramper, remercier, sourire, travailler, vider, volatiliser. **Adjectifs**: âcre, aisé, brouillonne, compréhensive, ensorcelé, grasse, hilarant, irréel, majestueux, narquois, planétaire, sulfureux, vieil. **Déterminants**: aux, ces, la, le, nos, tes. **Mots invariables**: dans, de, hier, infiniment, lourdement, quand, rétrospectivement, si, sic, très.

Page 36

2. **Noms**: région, Mauritanie, marché, Gorée, transit, pays, tensions, Spirou. **Déterminants**: Au, la, des, une, ces, Cette, sa. **Adjectifs**: subsaharienne, officielle, traditionnels, anglophone, géographique, naturel, célèbre. **Verbes**: appelle, longe, peut, voyage, a occasionnée, déroulent. **Adverbes**: surtout, aussi, très, majoritairement. **Prépositions**: à, à, Pendant, vers, de, de, par. **Pronoms**: il, on, celle-ci, y, qui, c'.

349

Classes des mots : nature et fonction

Page 37

1. a) déterminant, verbe b) adverbe, nom commun c) adjectif, nom commun d) préposition, nom commun e) déterminant, adverbe
2. Réponses variées.
3. a) **Nature** : déterminant, nom **Fonction** : complément direct b) **Nature** : déterminant, nom **Fonction** : sujet c) **Nature** : préposition, déterminant, nom **Fonction** : complément indirect d) **Nature** : préposition, nom, conjonction, nom **Fonction** : complément de phrase.

Les compléments direct et indirect

Page 38

1. a) Florence aime le café au lait. b) De la fenêtre de l'aéroport, les visiteurs voient les avions. c) Émilie a deux cousins et une seule cousine. d) Le jeune Brésilien cherche son habit de carnaval. e) Miranda veut encore des épis de maïs. f) La pâtissière mélange les ingrédients du gâteau. g) Julien aime les voitures sport. h) Rosalie et sa famille écoutent un film. i) La pharmacie contient des centaines de médicaments. j) Des écureuils se joignent aux pigeons affamés pour manger les miettes de pain.
2. Réponses variées.
3. Réponses variées.

Page 39

4. a) Les ratons laveurs trempent leur nourriture dans la rivière. b) Le train émet un grand bruit avant d'arriver. c) Les enfants sortent par la porte arrière. d) Les chevaliers faisaient d'impressionnants mouvements d'épée. e) Joël part en vacances avec ses grands-parents.
5. Dimanche dernier, en allant visiter son amie Mia en Estrie, Violaine a découvert un ruisseau rempli de têtards. Son amie lui a expliqué qu'ils venaient tout juste de naître et qu'ils allaient bientôt devenir de jolies petites grenouilles. Les deux filles ont passé une partie de l'après-midi à attraper des têtards, qu'elles ont ensuite placés dans un aquarium pour mieux les observer. Quand la mère de Mia a découvert ce qui gardait les enfants si tranquilles, elle s'est écriée : « Ah non ! Pas de têtards dans ma maison ! Vous imaginez ce qui arrivera quand ils deviendront adultes ? La maison se remplira de grenouilles visqueuses qui sauteront partout sur le plancher. » Avec regret, Mia et Violaine ont rapporté leurs bébés dans le ruisseau. À la prochaine visite, cependant, elles se sont promis de capturer quelques grenouilles.
6. a) Hugues met ses bottes de caoutchouc les jours de pluie. b) Avant de partir, j'ai éteint la lumière. c) Ce matin, Charlotte a mangé des céréales.

Le complément de phrase

Page 40

1. a) Ce matin, Marianne se lève tôt. b) Marianne se lève tôt. c) Réponses variées.

   a) Mon petit frère prend un verre de lait tous les soirs avant d'aller dormir. b) Avant d'aller dormir, tous les soirs, mon petit frère prend un verre de lait. c) Mon frère prend un verre de lait.
2. Les compléments de phrase sont *déplaçables*, *effaçables*.
3. Réponses variées.

L'accord du participe passé : auxiliaire *être*

Page 41

1. a) occupées b) chamaillés c) embuées d) lavé e) lavées f) venue g) rentrés h) allée i) sauvées j) choyées, entourées
2. b) et f)
3. a) rencontrées (ou rencontrés, si Claude est un garçon) b) venus ou venues c) absorbé ou absorbée d) chassés e) éloignés

L'accord du participe passé : auxiliaire *avoir*

Page 42

1. a) apprises b) passées c) vus
2. a) accordé b) achetées c) bien accordé d) premier PP : bien accordé, deuxième PP : donné e) bien accordé

3. a) regardés b) parlé

L'attribut du sujet

Page 43

1. a) Ce garçon est bien plus grand que les autres. b) Ton manteau semble encore un peu humide. c) La nuit est parfaite pour voir les étoiles.
2. a) participe passé b) attribut c) participe passé d) participe passé e) attribut f) attribut g) participe passé
3. Réponses variées.
4. Réponses variées.

Les adjectifs

Page 44

1. Le fils tant désiré rentra dans la maison paternelle. M. et Mme Renault, qui vinrent le chercher à la gare, le trouvèrent grandi, grossi et embelli de tout point. À dire vrai, ce n'était pas un garçon remarquable, mais une bonne et sympathique figure. Léon Renault représentait un homme moyen, blond, rondelet et bien pris. Ses grands yeux bleus, sa voix douce et sa barbe soyeuse indiquaient une nature plus délicate que puissante. Un cou très blanc, très rond et presque féminin tranchait singulièrement avec son visage roussi par le hâle. Ses dents étaient belles, très mignonnes, un peu rentrantes, nullement aiguës. Lorsqu'il ôta ses gants, il découvrit deux petites mains carrées, assez fermes, assez douces, ni chaudes, ni froides, ni sèches ni humides, mais agréables au toucher et soignées dans la perfection. Tel qu'il était, son père et sa mère ne l'auraient pas échangé contre l'Apollon du Belvédère. On l'embrassa, Dieu sait ! en l'accablant de mille questions auxquelles il oubliait de répondre. Quelques vieux amis de la maison, un médecin, un architecte, un notaire étaient accourus à la gare avec les bons parents : chacun d'eux eut son tour, chacun lui donna l'accolade, chacun lui demanda s'il se portait bien, s'il avait fait bon voyage. Il écouta patiemment et même avec joie cette mélodie banale dont les paroles ne signifiaient pas grand-chose, mais dont la musique allait au cœur, parce qu'elle venait du cœur.

2. a) La renarde rousse a fui à l'approche des chasseurs attentifs. b) La fillette gourmande avait soudain très faim quand elle admirait les brioches appétissantes. c) Ces moules fraîches (ou fraiches*) goûtent la mer salée. d) Les chauds chandails de laine sont en solde, mais les tenues légères d'été sont au prix régulier.

Page 45

3. a) rapide, rapide b) beau, belle
c) nouveau, nouvelle d) gracieux, gracieuse e) habituel, habituelle
f) spontané, spontanée g) subtil, subtile

4. a) ancienne b) nouvelle c) vieil, vieille
d) indiscrète e) naïves f) grecque
g) épaisse, légère h) nouveaux
i) théâtraux j) complète k) affamés
l) chères m) satisfaits n) vert foncé
o) brodés p) blanches q) désertes

Page 46

5. Antonia avait dix-sept ans à peine; elle était de taille **moyenne**, plutôt **grande** que **petite**, mais si <u>mince</u> sans maigreur, si <u>flexible</u> sans faiblesse, que toutes les comparaisons de lis se balançant sur leur tige, de palmier se courbant au vent, eussent été **insuffisantes** pour peindre cette morbidezza **italienne**, seul mot de la langue exprimant à peu près l'idée de **douce** langueur qui s'éveillait à son aspect. Sa mère était, comme Juliette, une des plus **belles** fleurs du printemps de Vérone, et l'on retrouvait dans Antonia, non pas fondues, mais heurtées, et c'est ce qui faisait le charme de cette **jeune** fille, les beautés des deux races qui se disputent la palme de la beauté. Ainsi, avec la finesse de peau des femmes du Nord, elle avait la matité de peaux des femmes du Midi; ainsi ses cheveux **blonds**, <u>épais</u> et **légers** à la fois, flottant au moindre vent, comme une vapeur **dorée**, ombrageaient des yeux et des sourcils de velours **noir**. Puis, chose <u>singulière</u> encore, c'était dans sa voix surtout que le mélange <u>harmonieux</u> des deux langues était **sensible**. Aussi, lorsque Antonia parlait allemand, la douceur de la **belle** langue où, comme dit Dante, résonne le si, venait adoucir la rudesse de l'accent <u>germanique</u>, tandis qu'au contraire, quand elle parlait italien, la langue un peu trop **molle** de Métastase et de Goldoni prenait une fermeté qui lui donnait la **puissante** accentuation de la langue de Schiller et de Goethe.

6. a) Ces femmes ont invité leurs sœurs à manger des crêpes. b) Les voleuses ont attaqué les propriétaires de ces maisons.

La ponctuation

Page 47

1. a) 2) Aujourd'hui, Catherine et ses sœurs, Maude et Rosalie, sont allées aux glissades d'eau. b) 3) Au fond de ton sac à dos, il y a un cahier froissé, des crayons multicolores, une paire de ciseaux et une vieille pomme toute ratatinée. c) 2) Christopher m'a avoué: «C'est moi qui ai barbouillé dans ton cahier neuf.»

2. a) Marque une courte pause à l'intérieur d'une phrase. b) Marque une pause plus longue, la fin d'une phrase autonome. c) Marque la fin d'une phrase autonome dans laquelle on a exprimé une émotion. d) Marque la fin d'une phrase autonome dans laquelle on a posé une question. e) Introduisent un élément explicatif dans une phrase. f) Introduit une énumération, un discours direct, un exemple, une explication. g) Marquent une pensée non achevée, une hésitation.

3. Quoi? Que me racontes-tu là? Tu dis que tu as vu un vaisseau spatial dans le ciel? Voyons, c'est impossible! Si les extraterrestres existaient, nous le saurions depuis bien longtemps! Non, vraiment, je crois que tu te moques de moi ou que tu as vraiment besoin d'une bonne paire de lunettes!

Page 48

4. a) Le squash est un sport d'intérieur. On le pratique en toute saison. b) J'ai acheté des ballons, des chandelles et des fleurs. c) Je me demande comment tu vas. d) Pendant le tournage, le metteur en scène exige le silence et l'attention. e) Eh bien, comme c'est curieux! f) «Je crois que tu as raison», m'a-t-elle dit. g) J'ai vu, en allant au marché, des fleurs, des fruits, etc. h) Je veux assister à ce concert, car le chanteur est mon ami. i) Le souper est prêt, et Julien n'est pas encore là. j) Le groupe nous sensibilise à l'usage du vélo par diverses manifestations. k) Moi, je trouve qu'elle a bien fait. l) La fille, celle que j'ai vue hier, est absente aujourd'hui. m) Thomas, m'écoutes-tu? n) Les bananes que j'ai achetées hier sont mauvaises. o) Le chat est un animal indépendant.

5. Ce matin, pour l'anniversaire de ma mère, j'ai voulu faire des profiteroles, profitant du moment où maman allait prendre sa douche. **J**'ai appelé ma petite sœur, Daphnée: «**V**iens vite! **N**ous allons faire des profiteroles.» «**D**es quoi?» a demandé ma sœur. «Laisse faire. Suis mes instructions», ai-je ordonné, impatiente. **N**ous avons mélangé les ingrédients et avons déposé la pâte, un peu trop molle à mon goût, dans le four. «Ça sent bon!» s'est exclamée maman en sortant de la salle de bain. «**Q**u'est-ce que vous avez préparé?» **J**'ai voulu lui montrer ce qui cuisait dans le four. Catastrophe! Il n'y avait qu'une pâte plate à la place des profiteroles! «Oh non!» me suis-je écriée. «**J**e voulais faire des profiteroles!» Devant mon air consterné, maman a dit: «**T**ant pis, j'adore les crêpes!»

Les majuscules

Page 49

1. a) **l**arme b) **L**esage c) **L**isbonne d) **l**ustre
e) **L**ouisiane f) **L**afontaine g) **l**exique
h) **l**ézard i) **l**ithographie j) **l**uciole
k) **L**udovic l) **l**aboratoire

2. **L**e comte de **F**ontaine, chef de l'une des plus anciennes familles du **P**oitou, avait servi la cause des **B**ourbons avec intelligence et courage pendant la guerre que les **V**endéens firent à la **R**épublique. **A**près avoir échappé à tous les dangers qui menacèrent les chefs royalistes durant cette orageuse époque de l'histoire contemporaine, il disait gaiement: «**J**e suis un de ceux qui se sont fait tuer sur les marches du trône!» **C**ette plaisanterie n'était pas sans quelque vérité pour un homme laissé parmi les morts à la sanglante journée des **Q**uatre-**C**hemins. **Q**uoique ruiné par des confiscations, ce fidèle **V**endéen refusa constamment les places lucratives que lui fit offrir l'empereur **N**apoléon. **I**nvariable dans sa religion aristocratique, il en avait aveuglément suivi les maximes quand il jugea convenable de se choisir une compagne. **M**algré les séductions d'un riche parvenu révolutionnaire qui mettait cette alliance à haut prix, il épousa une demoiselle de **K**ergarouët sans fortune, mais dont la famille est une des plus vieilles de la **B**retagne.

Page 50

3. a) Le père de mon ami Hussein est pakistanais. b) Dans cette ville cosmopolite, Jonathan a croisé des Italiens, des Grecs, des Turcs et des Marocains qui parlaient couramment l'anglais ou le français. c) Cet immigrant mexicain a dû apprendre le français et parle maintenant comme un Montréalais. d) Tu es anglaise, mais tu n'as plus d'accent anglais. e) Mon chien Cléo croque des os.

4. a) prénoms b) noms de lieux (pays, villes)
c) noms de famille d) noms de peuples
e) noms d'astres et les points cardinaux (utilisés sans complément)

5. a) Québécois: nom de peuple, québécois: adjectif qualificatif b) Terre: nom d'astre, terre: nom commun

Le genre et le nombre

Page 51

1. a) masc. b) masc. c) masc. d) masc.
e) masc. f) masc. ou fém. g) fém.
h) masc. i) fém. j) fém. k) masc. l) masc.
m) fém. ou masc. n) masc. o) fém.

2. a) benjamine b) politicienne
c) réceptionniste d) princesse e) femme
f) rousse g) vieille h) Grecque i) captive

3. a) brebis b) poule c) vache d) madame
e) guenon f) laie g) jument h) chèvre
i) sœur

Le féminin de ces mots est complètement différent du masculin.

4. a) hiboux b) trous c) choux d) genoux
e) coucous f) cailloux g) bijoux h) bisous
i) joujoux j) kangourous k) clous l) poux

Tous les mots en *ou* prennent un *s* au pluriel, à part les exceptions suivantes : *hibou, chou, genou, caillou, bijou, joujou, pou.*

5. Ma tante possède trois poules et deux brebis.

Page 52

6. a) candidate, marchande, étudiante, gamine, intéressante, inconnue, voisine, amie, contente. En règle générale, pour former le féminin des mots, on ajoute un *e* à la fin. b) muette, violette, discrète. Pour former le féminin des mots se terminant en *et*, on remplace *et* par *ette* ou par *ète*. c) actrice, factrice, directrice, chasseuse, chanteuse, médiatrice. Pour former le féminin des mots se terminant en *eur*, on remplace *eur* par *rice* ou *euse*. d) électricienne, mécanicienne, musicienne, canadienne, européenne. Pour former le féminin des mots se terminant en *en*, on double la consonne finale et on ajoute un *e*. e) championne, patronne, lionne, luronne, vigneronne, bûcheronne (ou bucheronne*). Pour former le féminin des mots se terminant en *on*, on double la consonne finale et on ajoute un *e*. f) criminelle, habituelle, actuelle. Pour former le féminin des mots se terminant en *el*, on double la consonne finale et on ajoute un *e*. g) boulangère, bergère, policière, fermière, bouchère, étrangère. Pour former le féminin des mots se terminant en *er*, on remplace *er* par *ère*.

Page 53

7. a) moines, oranges, achats, étrangers, barrières, passions. En règle générale, pour former le pluriel, on ajoute un *s* à la fin. b) tapis, croix, gaz, choix, corps, nez. Les mots qui se terminent par *x, z* ou *s* ne changent pas de forme au pluriel. c) journaux, orignaux, animaux, amiraux, hôpitaux, traîneaux (ou traineaux*), eaux, manteaux, gâteaux. Pour former le pluriel des mots se terminant en *al*, on remplace le *al* par *aux*. Pour former le pluriel des mots se terminant en *au, eau* et *eu*, on ajoute un *x*.

8. a) des porte-clés (ou porteclés*)
b) des coupe-papier (ou coupe-papiers*)
c) des grille-pain (ou grille-pains*)
d) des enfants nouveau-nés e) des mots sous-entendus f) les avant-derniers voyages g) des pare-brise (ou parebrises*)
h) des chefs tout-puissants
i) des amuse-gueule (ou amuse-gueules*)
j) des casse-croûte (ou casse-croutes*)
k) des gratte-ciel (ou gratte-ciels*)

Pour mettre au pluriel les noms composés, il faut d'abord faire appel à la **logique** et au **sens des mots**, et seuls les adjectifs et les noms prennent parfois la marque du pluriel.

Page 54

9. **Féminin** : allure, apparence, arène, arête, auberge, avant-midi (aussi masc.), écurie, enseigne, épice, équation, escompte, étrenne, extase, hache, herbe, histoire, odeur, offrande, oreille. **Masculin** : ananas, appel, aréna, arrêt, automne, avant-midi (aussi fém.), cantaloup, édifice, équilibre, été, hamac, héron, hiver, odorat, pétale.

10. a) âne, ânesse b) porc, truie c) singe, guenon d) cerf, biche

11. a) chauve-souris (ou chauvesouris*)
b) barbes à papa c) melons d'eau

Page 55

12. a) aspects b) feux c) cieux d) festivals
e) carrosses f) choux-fleurs g) journaux
h) sarraus i) vitraux j) portefeuilles
k) lingots l) arcs-en-ciel m) chevaux
n) pneus o) héros p) pommiers q) yeux
r) gâteaux s) bals t) tabous u) poux

13. 1) grands-parents 2) journaux
3) principaux 4) Cet été 5) festivals
6) chevaux 7) un autobus 8) un petit aéroport 9) un avion 10) arcs-en-ciel
11) bocaux 12) la moustiquaire (Selon la nouvelle orthographe *casse-croûte* s'écrit *casse-croutes* au pluriel.)

14. a) Cet automne, Catherine et Marc ont assisté à d'excellents récitals. b) Jamais ces matous n'auraient pu te donner des poux. c) Nous sommes à des années-lumière de ces galaxies.

La phrase

Page 56

1. a) **Phrase positive** : Je connais le nom de famille de tous les élèves de ma classe. **Phrase négative** : Je ne connais pas le nom de famille de tous les élèves de ma classe. b) **Phrase positive** : Julie a une sœur. **Phrase négative** : Julie n'a pas de sœur. c) **Phrase positive** : Le petit chien blanc est le nôtre. **Phrase négative** : Le petit chien blanc n'est pas le nôtre. d) **Phrase positive** : Le parc aquatique sera ouvert cet été. **Phrase négative** : Le parc aquatique ne sera pas ouvert cet été. e) **Phrase positive** : Les hippopotames sont des animaux en voie d'extinction. **Phrase négative** : Les hippopotames ne sont pas des animaux en voie d'extinction. f) **Phrase positive** : Je savais que plusieurs Argentins sont de descendance européenne. **Phrase négative** : Je ne savais pas que plusieurs Argentins sont de descendance européenne.

2. a) positive, déclarative b) négative, impérative c) négative, déclarative
d) positive, interrogative e) négative, exclamative f) positive, interrogative

Page 57

3. a) J'ai réussi mon examen. b) Pascal ne suspend pas des décorations de Noël.
c) Vous n'aimez pas le ski nautique.
d) Pensez-vous qu'il a raison ? e) Maude n'est-elle pas absente ? f) Avons-nous toujours tenu parole ? g) Quelle tristesse de le rencontrer ! h) Comme je n'aime pas ce petit chien ! i) Que cet homme n'est pas étonnant ! j) Ne prends pas ton bain. k) Allons dans le bois. l) Ne parle pas plus fort.

4. a) et d)

5. a) négative b) positive c) négative
d) positive e) négative f) négative

Page 58

6. a) Vous pensez pouvoir être à l'heure au rendez-vous. b) Tu as vraiment réussi à faire seul ce délicieux souper. c) Nous irons ensemble à la cabane à sucre samedi prochain. d) Vous saviez qu'on fabriquait du tissu avec des fibres de bambou. e) Ils ont vraiment compris ce que tu leur demandais. f) Les fleurs donnent toutes des fruits. g) Les voitures hybrides remplaceront un jour les voitures à essence. h) Tu es toujours dans la lune.
i) J'ai encore oublié mes clés à la maison.
j) Le Mexique fait partie de l'Amérique du Nord.

Page 59

7. a) Ne touche pas au four quand il est ouvert. b) Lucas, arrête de faire le clown.
c) Allez à la piscine cet après-midi.
d) Mangeons ces pâtes avec appétit.
e) Pressons-nous pour attraper l'autobus à temps. f) Partage les biscuits avec ton frère. g) Ne courez pas dans la rue.
h) Ne bavarde pas quand je parle.
i) Va dans ta chambre.

8. a) Comme tu es beau ! b) Laetitia est contente. c) Est-ce que tu vas mieux ?
d) Quelle chance nous avons d'être ici !
e) C'est extraordinaire ! f) Que fais-tu ici ?
g) Maman est fâchée.

9. a) Tu vas prendre ton bain tout de suite.
b) Nous sommes à l'écoute des autres.
c) Vous n'avez pas peur de ce chien.

Page 60

10. a) Place-les dans le réfrigérateur, s'il te plaît. Impérative. b) Croyez-vous vraiment que je n'ai pas compris votre petit jeu ? Interrogative. c) Quel temps maussade ! Exclamative. d) Prends-le plus lentement. Impérative. e) J'ai tellement hâte de revoir Alix ! Exclamative.

11. a) Catherine n'a jamais mis sa plante devant la fenêtre du salon. b) Les camionneurs ne conduisent pas rapidement sur les routes cahoteuses. c) Je n'ai aucunement l'intention de visiter mon oncle Arthur.

12. a) Jouez-vous chaque semaine au bingo? b) Es-tu mauvais perdant? c) A-t-il arrêté de croire au père Noël depuis longtemps?

13. a) Nettoie la litière du chat. b) Dormez sur le divan du salon. c) Allons cueillir des morilles dans le verger.

Page 61

14. Réponses variées.

15. a) **As-tu** croisé un monstre sur ton chemin? Positive, interrogative. b) **Ma mère et mon père** nourrissent les chats à la maison. Positive, déclarative. c) **Je** n'aime pas les épinards frits. Négative, déclarative. d) **Marion** raconte toujours des histoires abracadabrantes. Positive, déclarative. e) Tous les matins, **les poules** pondent un œuf. Positive, déclarative. f) Malheureusement, **ma mère** n'a pas apporté ma boîte à lunch. Négative, déclarative. g) Depuis toujours, **Érika** est ma meilleure amie. (*ma meilleure amie* : attribut) Positive, déclarative. h) **Les voleurs** ont même emporté le vieux vase du salon. Positive, déclarative. i) **Mon équipe** n'a pas gagné cette partie de hockey. Négative, déclarative. j) (sujet : *tu*, sous-entendu) Prends tes affaires et (sujet : *tu*, sous-entendu) disparais! Positive, impérative. k) **Léa et Mathilde** passeront de belles vacances. Positive, déclarative. l) Ce matin, **Agathe** a-t-elle vraiment perdu sa barrette rouge? Positive, interrogative. m) **Ce mauvais film** m'a fait perdre un temps fou! Positive, exclamative.

L'analyse de phrase
Page 62

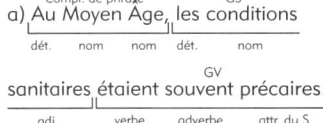

a) Au Moyen Âge (Compl. de phrase : dét. nom nom), les conditions (GS : dét. nom) sanitaires étaient souvent précaires (GV : adj. verbe adverbe attr. du S).

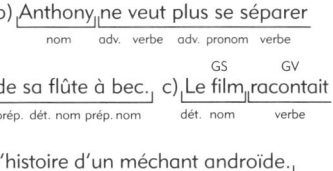

b) Anthony (GS : nom) ne veut plus se séparer de sa flûte à bec (GV : adv. verbe adv. pronom verbe prép. dét. nom prép. nom). c) Le film (GS : dét. nom) racontait (verbe) l'histoire d'un méchant androïde (dét. nom prép. dét. adj. nom). d) Je (GS : pronom) n'irai pas jouer dehors (GV : adv. verbe adv. verbe adv.) avec Ariane (Compl. de phrase : prép. nom). e) Ces spaghettis (GS : dét. nom) sentent vraiment très bon! (GV : verbe adv. adv. attr. du S) f) Le chasseur (GS : dét. nom) a attrapé un énorme chevreuil (GV : verbe dét. adj. nom). g) Le frère de Vincent (GS : dét. nom prép. nom) a les cheveux roux (GV : verbe dét. nom CD). h) L'écho (GS : dét. nom) résonne longtemps (GV : verbe adverbe). i) Pensez-vous (GV : verbe pronom) souvent aux vacances? (adverbe dét. nom)

Les mots invariables
Page 63

1. a) sous b) dans c) sur d) car, jamais (réponses variées) e) à, pour (ou *pendant*) f) trop g) contre h) chez, après (ou *avant*) i) mais j) sur (ou *sous*)

2. a) heureusement b) étrangement c) doucement d) tranquillement e) incontestablement f) joyeusement

Page 64

3. a) tellement b) car (ou *parce qu'*) c) dans d) Ensuite e) ou f) ni, ni g) à h) parce que (ou *car*) i) sans j) jamais (ou *parce que*) k) Comment, rapidement l) pour m) à n) de o) pour p) par q) et r) Avec

Page 65

4. a) heureusement b) constamment c) faussement d) ardemment e) consciemment f) réellement g) forcément h) décidément i) bravement j) présentement

5. **Adverbes** : plusieurs, jamais, si, particulièrement, joyeusement, pas, simplement, tard, plutôt. **Conjonctions** : lorsque, et, d'abord, en effet, quand. **Prépositions** : à, sur, entre, de.

Page 66

6. Réponses variées.

L'ordre alphabétique
Page 67

1. accrochage, apogée, arbitraire, asphalte, attaché-case, boîtier, bonasse, bouquiner, cachemire, câliner, canular, carrure, complimenter, craqueler, déborder, dépité, dessert, diluvien, distillerie, épuisement, extase, feignant, fioriture, fulgurant, gramophone, hispanique, inanimé, insulaire, jardin, kangourou, largeur, lointain, macédoine, méthode, mohair, nouvelliste, oppression, opprobre, papillote, pertinent, pleuvoir, prompt, quiconque, rallonge, réchaud, respect, sémiologie, souk, sucré, tenace, tragédie, tsar, unijambiste, vacherin, violent, volontiers, western, zézayer, zoologie

2. x, y : xylophone, yeux

3. Réponses variées.

Le dictionnaire
Page 68

Utiliser un dictionnaire pour la correction.

Page 69

1. Utiliser un dictionnaire pour la correction.

2. Utiliser un dictionnaire pour la correction.

Page 70

3. a) alphabet phonétique (pour la prononciation du mot) b) classe de mot et genre : nom masculin c) étymologie, origines du nom d) mot de la même famille e) littéralement, mot pour mot f) définition du mot g) exemple de l'utilisation du mot h) définition du mot i) exemple de l'utilisation du mot j) figuré : sens issu d'une image (valeur abstraite correspondant à un sens concret); vieux (mot, sens ou emploi de l'ancienne langue, incompréhensible ou peu compréhensible de nos jours et jamais employé, sauf par effet de style : archaïsme) k) autre définition du mot l) plaisant : emploi qui vise à être drôle, à amuser, mais sans ironie m) exemple de l'utilisation du mot n) définition du mot

4. a) hôpital : n. m. Établissement charitable, hospitalier, où l'on recevait les gens sans ressources, pour les entretenir, les soigner. b) hospitaliser : v. tr. Faire entrer, admettre (qqn) dans un établissement hospitalier. c) hospitalité : n. f. Charité qui consiste à recueillir, à loger et à nourrir gratuitement les indigents, les voyageurs dans un établissement prévu à cet effet. d) hôte : n. m. ou f. Personne qui donne l'hospitalité, qui reçoit qqn. e) hôtel : n. m. Établissement où on loge et où l'on trouve toutes les commodités du service (à la différence du meublé), pour un prix journalier.

Même étymologie, mêmes racines.

Dictées
Page 71

1. 1) mélodramatique 2) mélomane 3) polissage 4) poissonnière 5) quérir 6) renifler 7) souffler 8) envoûtement (ou envoutement*) 9) ophtalmologiste

353

10) poitrail 11) empreindre
12) compatriote 13) cueillir 14) cuillère
(ou cuiller) 15) desserrer 16) désopilant
17) empester 18) fécond 19) faussaire
20) flâner 21) rez-de-chaussée
22) harponner 23) harpiste
24) incontrôlable 25) jonquille
26) bouleverser 27) lave-vaisselle
28) nymphe 29) mangeoire
30) mendiant 31) moléculaire
32) spaghetti 33) phosphorescent
34) événement (ou évènement)
35) sifflet 36) supplice 37) tire-bouchon
(ou tirebouchon*) 38) transgression
39) yogourt 40) audition 41) auditorium
42) voilà

Page 72

3. Mots manquants : Babylone, fortifié, passions, faiblesse, railleries, rompus, médisances, téméraires, turlupinades, gonflé, piqûre (ou piqure*), ingrats, sciences, métaphysique, tous, trois cent soixante (ou trois-cent-soixante*), insultante, dédain.

Page 73

5. Mots manquants : hôte, cervelle, champ, grain, pays, hors, spacieux, quelques, certain, Huître, vaisseaux, closes, bâillant, grasse, épanouie, aperçois, mets, aujourd'hui, écaille, cou, coup, ignorance.

Page 74

6. Mots manquants : bordé, statues, monumentale, houleuse, quais, envahi, tumultueux, militarisme, infamie, broyait, révolutionnaires, marquaient, abords, avaient, pareil, réunis, glaive, désœuvrés, tout, inquiète, terrifiée, composée, toutes, suspendue, fiévreusement, toutefois, progrès, Michigan, vingt-cinquième.

Page 75

8. Les arts **martiaux** sont des sports qui, **quoique** violents en apparence, **reposent** sur une philosophie **plutôt** pacifique. Par exemple, chacun des mouvements du **taekwondo est basé** sur l'**autodéfense**, et non sur la violence gratuite. Rien à voir avec la violence qu'on peut voir dans les ligues de hockey **junior**, **où** les batailles paraissent parfois être non pas **accidentelles**, mais plutôt essentielles à la **partie**. Les joueurs ne **se** frappent pas alors pour **se** défendre, mais pour faire un spectacle des plus **ahurissants** : celui de **jeunes hommes orgueilleux** qui **cherchent** à s'affirmer par les **coups** de poing.

9. a) dyslexie b) cauchemar c) myrtille
   d) luthier e) jaguar f) évidemment
   g) jacuzzi h) attraper i) terrorisme
   j) incessamment k) térébenthine
   l) carambolage

10. a) Les voitures à **moteur puissant** produisent en général plus de **monoxyde** de carbone que les petits **véhicules**.
    b) Les **stratèges politiques** savent **élaborer** des **stratagèmes** d'une **complexité effarante**.

Page 76

11. L'année 1866 fut **marquée** par un événement **bizarre**, un phénomène inexpliqué et **inexplicable** que personne n'a sans doute **oublié**. Sans parler des rumeurs qui **agitaient** les populations des **ports** et **surexcitaient** l'esprit public, à l'intérieur des continents, les gens de mer **furent** particulièrement émus. Les **négociants**, armateurs, capitaines de navires, skippers et masters de l'Europe et de l'Amérique, officiers des marines militaires de tous pays, et, après eux, les gouvernements des divers États des deux continents, se **préoccupèrent** de ce fait au plus haut point. En effet, depuis **quelque** temps, plusieurs navires **s'étaient rencontrés** sur mer avec «une chose énorme», un objet long, fusiforme, parfois **phosphorescent**, **infiniment** plus vaste et plus rapide qu'une baleine. Les faits relatifs à cette apparition, **consignée aux** divers **livres** de bord, **s'accordaient assez** exactement sur la structure de l'objet **ou de l'être** en question, la vitesse **inouïe** de ses mouvements, la puissance surprenante de sa locomotion, la vie particulière dont il semblait **doué**. Si c'était un **cétacé**, il surpassait en volume **tous** ceux que la science avait **classés** jusqu'alors. Ni Cuvier, ni Lacépède, ni M. Dumeril, ni M. de Quatrefages n'eussent admis l'existence d'un **tel** monstre — à moins de l'avoir vu, ce qui s'appelle vu de **leurs** propres yeux de savants. À prendre la moyenne des observations faites à **diverses** reprises — en **rejetant** les évaluations timides qui **assignaient** à cet objet une longueur de deux **cents** (ou deux-cents*) pieds et en repoussant les opinions **exagérées** qui le **disaient** large d'un mille et long de trois —, on pouvait affirmer, cependant, que cet être phénoménal dépassait de beaucoup toutes les **dimensions** admises jusqu'à ce jour par les ichtyologistes — **s'il** existait toutefois. **Or**, il existait, le fait en lui-même n'était pas niable, et, avec **ce** penchant qui pousse au merveilleux la cervelle humaine, **on** comprendra l'émotion produite dans le monde entier par **cette** surnaturelle apparition. **Quant** à la rejeter au rang des fables, il fallait y renoncer.

Les synonymes

Page 77

1. a) brillant, radieux b) drastique, draconien c) blêmir, pâlir d) scène, décor e) extorquer, soutirer f) bohémien, gitan g) addition, complément
   h) éclatant, lumineux i) ration, portion
   j) immatériel, spirituel k) splendeur, somptuosité l) ennui, spleen m) vaste, spacieux n) indemne, sain o) adroit, débrouillard p) geignard, larmoyant
   q) vainqueur, lauréat r) réprimande, correction

2. a) candide, naïf b) chétif, frêle
   c) indifférent, insensible d) bouleversant, émouvant

3. a) zigzaguer, tituber b) gronder, réprimander c) guetter, surveiller
   d) accompagner, escorter

4. a) emprisonner b) incertain c) se détendre
   d) repu, contenté

Page 78

5. Plusieurs réponses possibles.
   a) petit b) exigeant c) futé d) précipité
   e) son travail f) créé g) son embonpoint
   h) fidèle i) obstinée j) accidentelle
   k) pillée l) bouffonne m) sensé n) blagues
   o) sympathies p) comique, gêné
   q) ingénieuse r) sale s) sécurité, brise
   t) bonnes rames

6. a) dévaliser b) périlleux

Page 79

7. Plusieurs réponses possibles.
   a) demeure b) tristesse c) accueillant
   d) mari e) fatigant f) déranger
   g) gardien h) enjoué i) appréhender
   j) semblable k) raisonnable l) gagner
   m) peur n) approuver o) court
   p) labyrinthe q) rompre r) grassouillet
   s) fourmiller t) plaisant u) inquiétant
   v) empressé w) étrange x) envie

8. a) chanson b) important c) occulte
   d) sauvage e) commun

9. gloire, popularité, célébrité/détérioration, dégradation, endommagement/réduire, amoindrir, restreindre/remède, antidote, médicament/augmenter, amplifier, accroître/compliqué, ardu, difficile/maîtrise, contrôle, sang-froid/rumeur, potin, ragot/rival, concurrent, adversaire/ruse, astuce, malice

Les antonymes

Page 80

1. Plusieurs réponses possibles.
   a) vivacité b) séparer c) activité
   d) adorable e) épais f) fermé
   g) peureux h) beaucoup i) inexact

2. a) **désennuyer** : ant. : ennuyer déf. : Faire naître l'ennui b) **déséquilibre** : ant. : équilibre déf. : Présence d'équilibre
   c) **désapprendre** : ant. : apprendre déf. : Se souvenir d) **désaveu** : ant. : aveu déf. : Parole ou acte par lequel on avoue quelque chose e) **désavantage** : ant. : avantage déf. : Condition de supériorité

f) **déshabiller** : ant. : habiller déf. : Mettre à quelqu'un ses vêtements g) **desserrer** : ant. : serrer déf. : Maintenir fermé h) **désordre** : ant. : ordre déf. : Présence d'une organisation i) **déstructurer** : ant. : structurer déf. : Faire apparaître la structure de quelque chose j) **désinfection** : ant. : infection déf. : Diffusion de germes infectieux se trouvant à la surface du corps

Page 81

3. a) impoliment b) détestent c) la paix d) difficile e) échoué à f) construire g) ardûment h) contents i) calme, tranquilles j) sa mort k) avec

4. amorphe/dynamique, tirer/pousser, félicitations/réprimandes, succinct/détaillé, bourru/cajoleur, ravi/navré, femme/homme, évidence/incertitude, remplir/vider, toujours/jamais, envoyer/attraper, complexité/simplicité

5. a) **laconique** : syn. : bref, schématique ant. : prolixe b) **élégance** : syn. : aisance, chic ant. : désinvolture c) **observer** : syn. : regarder, considérer ant. : ignorer d) **arranger** : syn. : organiser, préparer ant. : défaire e) **effrayant** : syn. : atroce, apeurant ant. : rassurant

Page 82

6.

7. a) hautain, modeste b) désastreux, avantageux c) manque, abondance d) rougir, blêmir e) cajoler, rudoyer

Les homophones
Page 83

1. a) Lucas a trouvé un **ver** de terre dans son jardin et l'a mis dans un **verre vert**. b) David se perd dans le **bois** et, à force de crier « À l'aide ! », il perd la **voix**. Heureusement, il retrouve sa **voie** quand il **voit** un chevreuil qui **boit** dans un ruisseau près du chemin. c) Le **sang** de cet homme est très vieux, puisqu'il aura **cent** ans cette année. Malgré son âge avancé, tous ses **sens** fonctionnent bien et il réussit à se débrouiller **sans** l'aide de personne. d) Ce n'est certainement pas un **péché** de **pêcher** près de ce beau **pêcher** rempli de fruits mûrs. e) Ces **mûres** qui poussent près du **mur** sont-elles bien **mûres** ? f) Le bras et le **sein** droit de ce petit **saint** de plâtre ne sont pas **sains** :

ils ont été endommagés par les pluies abondantes. g) J'ai parfois l'impression que ma **souris** s'amuse tant qu'elle **sourit**. h) La **clé** n'est plus **là** ! i) Mathieu n'a pas retrouvé **son** cousin et sa cousine à l'heure prévue et ces derniers **sont** donc partis sans lui. j) La **chair** de crabe coûte très **cher**. k) Tu **as** décidé de te rendre seul à la maison. l) **C'est** à cause de son imprudence qu'il **s'est** cassé la jambe, puisqu'il **s'est** bêtement placé sur la trajectoire d'une voiture.

Page 84

2. a) mets b) mes, mais c) m'est d) mes, mets, mais

3. a) ou b) où c) où, ou

4. a) mont b) m'ont c) mon d) m'ont, mon, mont

5. a) son, son b) sont c) son, son, sont

6. a) Ça, ça b) sa

Page 85

7. a) a, À 1. Verbe employé avec l'auxiliaire *avoir*, au passé composé, 3ᵉ personne du singulier. Pourrait être remplacé par *avait*. 2. Préposition. b) prêt, près 1. Adjectif qualificatif, masculin singulier. Si le sujet était féminin, on aurait *prête*. 2. Adverbe. c) sa, ça 1. Déterminant possessif, féminin singulier. 2. Pronom démonstratif (remplace *café*). d) qu'en, Quant, quand 1. Conjonction (qu') et pronom. On pourrait dire « ce **que** les autres **en** pensent ». 2. Locution prépositionnelle qui peut être remplacée par « pour ce qui est de ». 3. Adverbe.

8. a) emploie, emploi b) ennui, ennuie c) travailles, travail d) entretien, entretient

Les onomatopées et les interjections
Page 86

1. a) douleur b) déception c) tristesse d) joie e) hésitation f) gourmandise g) étonnement h) éclaboussure i) étonnement j) maladresse k) appel l) appel discret

2. a) coin b) atchoum c) tic tac (ou tictac*) d) zzzz e) meuh f) vroum g) miaou h) cocorico i) crac j) grrrr

3. Zzzzz, Vrrrrr, Aaaaah !, Chut !, Oups !, Ouaf !

Les rimes et la poésie
Page 87

1. Souvent, pour s'amuser, les hommes d'équipage/Prennent des albatros, vastes oiseaux des **mers**,/Qui suivent, indolents compagnons de **voyage**/Le navire glissant sur les gouffres amers.

À peine les ont-ils déposés sur les **planches**,/Que ces rois de l'azur, maladroits et **honteux**,/Laissent piteusement leurs grandes ailes blanches/ Comme des avirons traîner à côté d'eux.

Ce voyageur ailé, comme il est gauche et veule !/Lui, naguère si beau, qu'il est comique et **laid** !/L'un agace son bec avec un **brûle-gueule**,/L'autre mime, en boitant, l'infirme qui volait !

Le Poète est semblable au prince des **nuées**/Qui hante la tempête et se rit de l'**archer**/Exilé sur le sol au milieu des huées,/Ses ailes de géant l'empêchent de **marcher**.

2. Réponses variées.

Page 88

Réponses variées.

Les rimes
Page 89

1. a) marin b) mystère c) Pérou d) chatouilles

2. Réponses variées.

3. Réponses variées.

4. Réponses variées.

5. L'autre jour au **dépanneur**/Les bras chargés de **douceurs**/Je suis tombé sur ma **sœur**/Et j'ai eu soudain très **peur**

Car mes parents ne veulent **pas**/Que je m'empiffre de **bonbons**/Ils disent toujours : « Mon **garçon**/Mange plutôt un bon **repas**. »

Mais moi j'aime les **caramels**/Les jujubes, le **chocolat**/Ils ont des couleurs si **belles**/Qu'ils soient bons ou pas pour **moi**

Ma sœur, c'est une autre **histoire**/Elle raffole des pommes, des **poires**/Elle aime même le **brocoli**/M'a-t-elle vu ? Vite, je m'**enfuis** !

Les chiffres et les nombres
Page 90

1. a) 48 b) 37 c) 51 d) 300 e) 303 f) 1002 g) 840 h) 20 000 i) 180

2. a) quarante-sept b) vingt-trois c) soixante-deux d) trente-trois e) cinquante-huit f) soixante-treize g) cent trente-deux (ou cent-trente-deux*) h) deux cent quarante-trois (ou deux-cent-quarante-trois*) i) trois cent quarante-cinq (ou trois-cent-quarante-cinq*) j) cent mille quatre cent quatre-vingts (ou cent-mille-quatre-cent-quatre-vingts*)

3. a) huit b) six c) deux d) trois e) sept f) cinq g) quatre h) dix i) neuf

4. Loïc, champion de marathon, a **dix-neuf** ans. Il est né le **vingt-deux** mars **mille neuf cent quatre-vingt-neuf** (ou mille-neuf-cent-quatre-vingt-neuf*) à **huit** heures **trente et une**. Il a fait son premier marathon

à l'âge de **douze** ans. Hélas, le jeune garçon était mal entraîné, et il a dû arrêter de courir après **vingt-neuf** kilomètres seulement. La fois suivante, cependant, il s'était bien préparé et a parcouru sans grande difficulté les **quarante-deux** kilomètres qui l'ont mené à la première d'une longue série de victoires. Pour se maintenir en forme, Loïc s'entraîne de façon quotidienne. L'été, il court au moins **quatorze** kilomètres dans la clairière près de chez lui. L'hiver, il fait six fois le tour d'une piste intérieure de deux kilomètres. Chaque semaine, Loïc parcourt donc de **quatre-vingt-quatre** à **quatre-vingt-dix-huit** kilomètres, selon la saison. Si sa moyenne hebdomadaire est de **quatre-vingt-onze** kilomètres, il aura couru **quatre mille sept cent trente-deux** (ou quatre-mille-sept-cent-trente-deux*) kilomètres en une année ! Tout un exploit !

Les nombres
Page 91

1. a) Mon grand-père a **quatre-vingts** ans. Quand *vingt* est multiplié par *quatre*, et qu'il n'est pas suivi d'un autre chiffre, il prend la marque du pluriel. b) Le roman que je viens d'achever comptait **trois cent deux** (ou trois-cent-deux*) pages. *Cent* ne prend pas la marque du pluriel quand il est suivi d'un autre chiffre. c) Mon cousin Léandre a **vingt-six** ans. Les nombres de moins que cent sont unis par un trait d'union. d) Tu devrais arrêter de faire **les cent pas**. Expression signifiant faire chaque fois cent pas. e) Tu as **quatre-vingt-neuf** dollars dans ton compte bancaire. *Quatre-vingt* ne prend pas la marque du pluriel quand il est suivi d'un chiffre.

2. a) quatre-vingt b) quatre-vingt-dix c) soixante-dix

3. a) huit cent trente-quatre (ou huit-cent-trente-quatre*) b) six cent cinquante-quatre (ou six-cent-cinquante-quatre*) c) neuf cent vingt-trois (ou neuf-cent-vingt-trois*) d) deux cent dix-sept (ou deux-cent-dix-sept*) e) mille soixante-dix-huit (ou mille-soixante-dix-huit*) f) deux mille trois cent soixante-dix-sept (ou deux-mille-trois-cent-soixante-dix-sept*) g) vingt-quatre mille vingt-trois (ou vingt-quatre-mille-vingt-trois*) h) treize mille (ou treize-mille*)

4. milliardaire, mille-feuille, mille-pattes (ou millepatte*)

5. centimètre, centenaire, centuple

Les préfixes
Page 92

1. Plusieurs réponses possibles, dont celles-ci.
a) mégapole, mégalomane b) pancanadien, panthéon c) maximum, maximiser d) inconfort, insatisfaction e) surexposé, surabondance f) extérieur, excentrique g) rétrograde, rétroprojecteur h) unilatéral, unifier i) surpasser, surprenant j) précurseur, préadolescence k) disparition, distinction l) interlocuteur, interaction m) contredire, contradictoire

2. Depuis que mon cousin a commencé ses cours de médecine à l'université, il est complètement **métamorphosé** (changement) et n'est plus du tout le **sympathique** (gentil) jeune homme qui jouait avec moi. Quand il vient à la maison, il semble **absent** (loin de), **intraverti** (au-dedans de), et il ne parle que de ses cours, toujours le nez dans les manuels scolaires qu'il trimballe avec lui. **Biologie** (vie), **cardiologie** (cœur), **arithmétique** (nombre), voilà tout ce qui l'intéresse. Un vrai rat de **bibliothèque** (livre) **hypnotisé** (sommeil) par le savoir. Moi, je dis qu'il aurait dû devenir **agronome** (champ). Comme ça, au moins, nous jouerions encore ensemble dehors !

Le sens des mots
Page 93

1. ardent, fanatique, fervent, bouillant, exalté, enragé/méthodique, calculé, méticuleux, minutieux, réfléchi, systématique/sottise, bêtise, balourdise, maladresse, ânerie, bévue. Intrus : câlin, populaire.

2. arriver, accéder, approcher, atteindre, parvenir, aborder/réfléchir, penser, méditer, songer, ruminer, se recueillir/crier, hurler, vociférer, clamer, tonitruer, beugler. Intrus : lamentation, soupçon.

Les familles de mots
Page 94

1. a) acheter b) protéger c) restaurer d) balancer e) balbutier f) enrhumer g) bétonner h) tricoter i) compenser j) miroiter k) accéder l) pacifier m) armer n) travailler o) attrouper p) soulager q) souscrire r) gâcher s) ouïr t) voir u) coudre v) fréquenter w) attrister x) acclimater

2.
Nom	Verbe	Adjectif
embellissement/beauté	embellir	beau
ridicule	ridiculiser	ridicule
interrogation	interroger	interrogateur
pique	piquer	piquant
minceur	amincir	mince
lourdeur	alourdir	lourd
blague	blaguer	blagueur
fraîcheur	rafraîchir	frais
fragilité	fragiliser	fragile
spiritualité	spiritualiser	spirituel
convenance	convenir	convenable
coût	coûter	coûteux

Mot générique/mot spécifique
Page 95

1. a) saison b) légume-racine c) instrument à cordes d) volaille e) moyen de transport f) café g) maladie h) genre littéraire

2. Plusieurs réponses possibles, dont celles-ci : a) linguine, spaghetti, macaroni b) Mars, Vénus, Jupiter c) flûte, saxophone, clarinette d) patinage, basketball, escrime e) comédie dramatique, comédie, long métrage f) bœuf, porc, mouton g) serpent, lézard, crocodile

Le sens propre et le sens figuré
Page 96

1. a) Être très fort. Les chevaux sont des mammifères puissants. b) Aller trop vite, sauter des étapes. Tant que le chasseur n'a pas tué l'ours dont la peau lui rapportera de l'argent, il ne peut être sûr de rien. c) Avoir mauvais caractère. Les chiens peuvent grogner et japper quand les choses ne vont pas comme ils le voudraient. d) Sauter d'un sujet à un autre très différent, sans faire de lien logique. Il y a très peu de ressemblances entre le coq et l'âne. e) Avoir une vie difficile. Quand on n'a rien d'autre à manger que de la vache enragée, c'est que la misère est partout. f) Avoir froid ou peur. La chair de la poule ressemble à la peau de quelqu'un qui frissonne. g) Être très serrés. Dans leur petite boîte de conserve, les sardines sont alignées les unes contre les autres. h) Avoir peu de jugement. Les linottes sont de petits oiseaux et, comme tous les oiseaux, elles ne sont pas spécialement reconnues pour leur intelligence. i) Ne pas s'entendre. Les chiens et les chats sont ennemis depuis toujours. j) Suivre les autres partout. Un petit chien de poche suit son maître là où il va. k) S'exposer à un danger redoutable, comme on le ferait en courant vers les dents pointues d'un loup. l) Avoir très faim. Dans les histoires, le loup est toujours un animal qui mange les autres. m) Pleurer beaucoup. Les grands yeux du veau semblent propices à produire des larmes abondantes.

Page 97

2. a) Avoir une tête sur les **épaules** : savoir ce que l'on fait b) Avoir une **dent** contre quelqu'un : en vouloir à quelqu'un c) Avoir l'estomac dans les **talons** : avoir très faim d) **Œil** pour œil, dent pour dent : vouloir se venger e) Avoir des **doigts** de fée : être très habile f) Se mordre les **doigts** : regretter quelque chose g) Avoir bon **dos** : être tolérant, supporter les critiques h) Faire froid dans le **dos** : faire peur i) Avoir un visage à deux **faces** : être hypocrite j) Coûter la peau des **fesses** : coûter très cher

k) Avoir le couteau sous la **gorge** : être très mal pris l) Prendre ses jambes à son **cou** : s'enfuir m) Verser des **larmes** de crocodile : avoir un faux chagrin, manipuler par les sentiments n) Avoir un poil dans la **main** : être paresseux, ne rien faire o) Avoir la puce à l'**oreille** : se douter de quelque chose

Page 98

3. a) Occupe-toi de tes oignons. b) Elias passe du coq à l'âne. c) Maman en a vu de toutes les couleurs. d) Tu es dans la lune. e) Jean n'a pas froid aux yeux. f) Je donne ma langue au chat. g) Tu te fais du mauvais sang. h) L'enseignante s'arrache les cheveux. i) Mon frère est dans de beaux draps. j) Il pleut des cordes. k) Je me suis mis les pieds dans les plats. l) Papi a le cœur sur la main. m) Jonathan se jette dans la gueule du loup. n) Ces gamins ont du plomb dans la tête. o) Tu as la tête dans les nuages. p) J'ai l'eau à la bouche. q) Il n'est pas dans son assiette. r) Tu vois la vie en rose. s) Elle est têtue comme une mule.

Les proverbes
Page 99

1. a) Il faut se méfier de ceux qui cachent leurs véritables intentions derrière des paroles doucereuses. b) Il vaut mieux ne pas reporter ce qu'on peut faire maintenant. c) Quand les gens partent loin, on oublie les sentiments qu'on avait pour eux. d) Il faut toujours chercher la source du problème et aller voir derrière les évidences. e) Les choses qui se produisent plus d'une fois risquent de se répéter encore. f) Quand une situation est si compliquée qu'on n'y voit plus rien, aucune solution ne se démarque. g) Les jeunes n'ont pas la sagesse de l'expérience, les vieillards n'ont pas les capacités physiques de la jeunesse. h) Un temps bien organisé est profitable. i) Il est des choses qu'il vaut mieux ne pas dire, même si elles sont vraies.

2. a) 5 b) 7 c) 3 d) 2 e) 1 f) 4 g) 6

Le vocabulaire
Page 100

1. a) secours b) provisoire c) satyre d) saroual e) fricassée f) décortiquer g) décorum h) bonze i) hippisme j) olfactif k) rictus l) sérénade m) pollinisation n) trémolo

Page 101

2. a) gazelle, gazon, gazouiller, gazeux, gaz
   b) pluriel, plume, plumeau, pluie
   c) Halloween, halal, haltère, hâle

Page 102

3. a) La fin de semaine dernière, je suis allée à la cabane à sucre, et j'ai mangé de succulentes **fèves** au sirop d'érable. b) Patrick a **postulé** pour un nouvel emploi. c) Nathalie a **annulé** son rendez-vous chez le dentiste. d) Je n'ai pas de **monnaie** pour le parcomètre. e) Johanne demande à Lucia quel est l'**emplacement** de son nouveau chalet. f) Mon père est parti **poster** une lettre pour son frère. g) Nous avons un **rendez-vous** chez le médecin le même jour. h) Quand j'étais petite, ma **chanson** préférée était *Frère Jacques*. i) La **camionnette** rouge est passée à toute allure devant l'école. j) Je crois que la **fermeture éclair** de ton chandail est brisée. k) Il serait grand temps que mon frère se trouve un **emploi**. l) Le bureau de l'ostéopathe se trouve au quatrième **étage**. m) Pendant la conférence, l'animateur a mis l'**accent** sur les mesures de sécurité à suivre.

Page 103

4. a) mouiller : pleuvoir b) baveux : espiègles, coquins c) tannée : fatiguée d) pogné : attrapé e) chars : voitures f) plate : ennuyeux g) tripe : est amoureuse de, aime h) écœurant : fantastique i) chialer : bougonner j) full : très k) kétaine : démodé

5. a) J'ai toujours été **captivé** par les pirates. Ce gentil vieillard a **capturé** une souris. b) Le jour où certaines îles du Pacifique disparaîtront semble **imminent**. Le premier ministre a rencontré un **éminent** représentant de la diaspora haïtienne. c) Quoi qu'il en dise, Thomas n'est pas **habilité** à conduire une mobylette. Sarah a une **habileté** remarquable pour la peinture à numéros. d) Je voulais dire *habilité* et non *habileté* : je n'ai pas utilisé le bon **terme**. Le **thème** principal de ce film est l'amour.

Page 104

6. a) chaleureuses b) divertissants c) anecdotique d) millénaire e) colérique f) apeurant g) autocollant

7. a) skié b) apprenons c) cueilli d) dramatise e) nage

8. a) Si je veux entrer au collège privé, je dois **obtenir** de bonnes notes. b) Les parents de Gabrielle **possèdent** un chalet dans les Laurentides. c) Il faut **atteindre** la majorité pour acheter de l'alcool. d) Justin **porte** un manteau rouge. e) Mon père **détient** un baccalauréat en ingénierie civile. f) **J'éprouve** une douleur à l'épaule gauche.

9. a) Zachary se **rend compte** qu'il est trop petit pour devenir hockeyeur professionnel. b) En ce qui **a trait** à l'école, je trouve qu'il faudrait revoir les cours de français. c) Nous nous faisons croire **que nous nous voyons** pour la première fois.

Communication orale
Pages 105 à 109
Réponses variées.

Situation d'écriture
Pages 110 à 117
Réponses variées.

Jeux de mots
Page 118

1. a) veau, rien : vaurien b) boy, cot, thé : boycotter c) hein, génie, heure : ingénieur d) a, Paris, si, on : apparition

2. Bistouri, stéthoscope, seringue, pansement, garrot, désinfectant, gants

Page 119

3.
	1	2	3	4	5	6	7
A	M	A	L	A	D	E	S
B		A	M	A	S		A
C		C	R	I	S	E	E
D		C	E		P	T	E
E		H		S	O	U	S
F		E	T	U	I		S
G		R	E	N	E	E	

4.
1	A	V	I	O	N		
2	E	X	P	R	E	S	S
3	R	O	U	L	E	R	
4	O	I	S	E	A	U	
5		P	I	S	T	E	
6	O	N	T	A	R	I	O
7	R	E	T	A	R	D	
8	T	R	A	N	S	P	O	R	T

Compréhension de lecture
Page 123

2. Utiliser un dictionnaire pour corriger les réponses.

3. a) Joli, gracieux, plein d'esprit, intelligence d'un âne. b) Des légumes, du beurre, des œufs, du fromage, des fruits et d'autres choses excellentes. c) Tous les œufs des poules, tout le beurre et les fromages du lait des vaches, tous les légumes et fruits qui mûrissaient dans la semaine. d) Tous les mardis. e) Une lieue (quatre kilomètres). f) Mariette. g) En lui tapant dessus à coups de gourdin. h) Parce que même quand il avance le plus rapidement possible, elle continue à le battre. i) Un panier de salades et de choux.

Page 124

j) Elle l'accable d'injures et elle le bat. k) Pour se venger des coups et des injures qu'ils reçoivent. l) Des paysans : une femme, son mari et leur petit garçon de deux ans. m) Ils sont gentils, le petit enfant le caresse et voudrait le garder. n) Parce qu'il appartient aux fermiers, qui l'ont acheté. o) Le fils des fermiers.

p) Il ne veut pas perdre l'argent qu'a coûté l'âne. q) Dans la forêt de Saint-Evroult. r) Il mange de l'herbe tendre, il boit de l'eau d'une fontaine, il se couche sur la mousse pour dormir.

4. Réponses variées.

5. Réponses variées.

Page 128

2. Utiliser un dictionnaire pour corriger les réponses.

Page 129

3. a) Au XIXe siècle. b) Comme des êtres inférieurs et gentils (en supposant qu'ils existaient). c) Dans le but de faire la conquête du monde. d) Deux cent vingt-cinq millions de kilomètres. e) De l'air et de l'eau. f) Le refroidissement de la planète. g) Stimuler leurs intelligences, développer leurs facultés et endurcir leurs cœurs. h) Elle se trouve plus près du soleil et la vie y est encore possible pour longtemps. i) Oui, autant les Martiens sont prêts à anéantir les humains, autant ces derniers ont exterminé sans vergogne des races animales, mais aussi d'autres peuples humains. j) Planète rouge, étoile de la guerre. k) La fonte d'un canon utilisé pour bombarder la Terre. l) Six ans plus tôt, un jet de feu s'est avancé vers la Terre. C'était apparemment le début de la guerre entre les Martiens et les Terriens. m) Ils n'en parlèrent à peu près pas. n) À une petite planète brillante et tranquille entourée de bandes et légèrement aplatie.

Page 130

4. Réponses variées.
5. Réponses variées.

Mathématique

Le sens et l'écriture des nombres naturels inférieurs à 1 000 000

Page 132

1. a) 8 b) 359 c) 60 455 d) 7918 e) 37 f) 18 533 g) 469 h) 505 050

2. a) 473 051 b) 807 060 c) 388 692 d) 171 039 e) 790 465 f) 917 375 g) 222 023 h) 444 999 i) 500 116

3. a) $\overline{\text{VII}}$DLXXXIV b) $\overline{\text{VIII}}$CDXXXVII c) $\overline{\text{VI}}$CMXLIII d) $\overline{\text{IX}}$XLVI e) $\overline{\text{XII}}$DCCXCII f) $\overline{\text{XXV}}$CCLXI g) $\overline{\text{XXVIII}}$CDLXXIX h) $\overline{\text{XVII}}$XCVIII i) $\overline{\text{XXIII}}$DCLXXV

Page 133

4.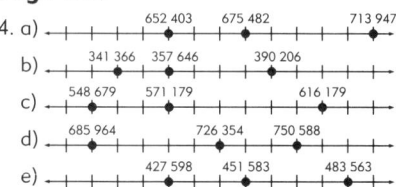

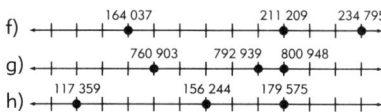

Page 134

5.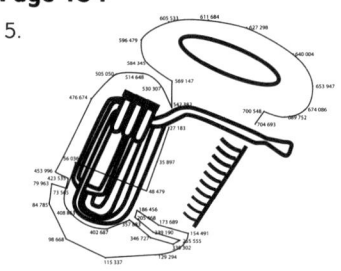

William a choisi d'apprendre à jouer du tuba.

Page 135

6. a) Colorier en bleu l'urne qui contient le nombre 502 936.
b) Colorier en jaune l'urne qui contient le nombre 433 518.
c) Colorier en rouge l'urne qui contient le nombre 751 968.
d) Colorier en mauve l'urne qui contient le nombre 348 907.
e) Colorier en vert l'urne qui contient le nombre 985 164.
f) Colorier en orangé l'urne qui contient le nombre 374 348.
g) Colorier en rose l'urne qui contient le nombre 582 975.
h) Colorier en brun l'urne qui contient le nombre 637 829.
i) Faire un ✗ sur les urnes qui contiennent les nombres suivants : 595 253, 569 311, 637 829, 348 907, 753 789, 582 975, 351 643, 348 949, 456 655.
j) Ordre décroissant : 985 164, 985 092, 983 996, 813 796, 800 000, 751 968, 728 384, 502 936, 499 210, 496 524, 433 518, 374 348.

Page 136

7.

Nombre	Centaine près	Dizaine de mille près	Nombre	Unité de mille près	Dizaine près
643 947	643 900	640 000	811 000	811 000	810 640
286 558	286 600	290 000	198 596	199 000	198 600
408 294	408 300	410 000	921 052	921 000	921 050
704 683	704 700	700 000	407 907	408 000	407 910
364 376	364 400	360 000	783 483	783 000	783 480
512 085	512 100	510 000	469 238	469 000	469 240
657 147	657 100	660 000	752 814	753 000	752 810
934 673	934 700	930 000	635 379	635 000	635 380
873 486	873 500	870 000	474 721	475 000	474 720
468 524	468 500	470 000	546 165	546 000	546 170
313 623	313 600	310 000	839 062	839 000	839 060
657 148	657 100	660 000	228 579	229 000	228 580

8.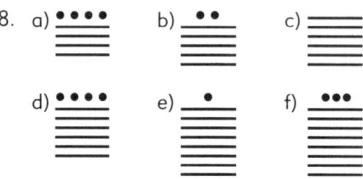

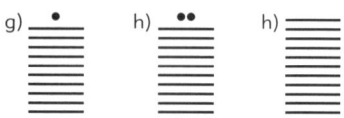

Page 137

9. a) 2401 < 3125 b) 216 < 256 c) 64 = 64 d) 729 < 1296 e) 343 < 625 f) 6561 = 6561 g) 2048 > 512 h) 2187 > 512 i) 16 807 > 729 j) 7776 < 16 384 k) 78 125 > 19 683 l) 10 000 > 1024

10. a) quatre cent cinq mille huit cent quatre-vingt-onze (ou quatre-cent-cinq-mille-huit-cent-quatre-vingt-onze*)
b) huit cent trente-sept mille quatre cent vingt-neuf (ou huit-cent-trente-sept-mille-quatre-cent-vingt-neuf*)
c) six cent soixante-dix mille trois cent quarante-trois (ou six-cent-soixante-dix-mille-trois-cent-quarante-trois*)
d) deux cent cinquante-six mille quatre-vingt-huit (ou deux-cent-cinquante-six-mille-quatre-vingt-huit*)
e) cinq cent quatre-vingt-treize mille cent deux (ou cinq-cent-quatre-vingt-treize-mille-cent-deux*)
f) neuf cent quatre mille sept cent soixante-dix-sept (ou neuf-cent-quatre-mille-sept-cent-soixante-dix-sept*)
g) trois cent quarante mille cinq (ou trois-cent-quarante-mille-cinq*)
h) cent vingt-huit mille six cent cinquante-quatre (ou cent-vingt-huit-mille-six-cent-cinquante-quatre*)
i) sept cent quinze mille seize (ou sept-cent-quinze-mille-seize*)
j) neuf cent quatre-vingt-dix-huit mille huit cent quatre-vingt-dix-sept (ou neuf-cent-quatre-vingt-dix-huit-mille-huit-cent-quatre-vingt-dix-sept*)

11. a) Encercler 364 879 et faire un ✗ sur 983 746.
b) Encercler 240 865 et faire un ✗ sur 856 042.
c) Encercler 153 497 et faire un ✗ sur 973 154.
d) Encercler 246 889 et faire un ✗ sur 984 286.

Page 138

12. a) 342 628 b) 754 944 c) 470 289 d) 509 311 e) 168 156 f) 692 825 g) 200 087 h) 934 743 i) 811 999 j) 360 036 k) 563 829 l) 138 302

13. Encercler les nombres suivants : 7^3, 9^2, 10^3, 6^3, 4^5, 5^4, 3^6 et 35^2.

14. a) 348 557, 348 078, 347 599, 347 120, 346 641
b) 711 370, 712 056, 712 742, 713 428, 714 114
c) 482 711, 480 177, 477 643, 475 109, 472 575

d) 298 101, 297 538, 298 330, 297 767, 298 559
e) 836 394, 836 468, 836 370, 836 444, 836 346
f) 500 304, 500 027, 500 331, 500 054, 500 358
g) 660 922, 661 355, 663 300, 663 733, 665 678
h) 929 453, 926 602, 926 047, 923 196, 922 641

Les additions sur les nombres naturels

Page 139

1. a) 18 344 b) 13 813 c) 46 737
   d) 73 086 e) 108 682 f) 117 714
   g) 96 461 h) 140 318 i) 79 199
   j) 126 354 k) 152 314 l) 199 215
   m) 275 454 n) 333 089 o) 382 437
   p) 367 961 q) 446 104 r) 629 898
   s) 745 043 t) 581 950

Page 140

2. a) 125 + 81 + 64 = 270
   b) 243 + 36 + 256 = 535
   c) 64 + 729 + 343 = 1136
   d) 256 + 625 + 1024 = 1905
   e) 2401 + 81 + 1296 = 3778
   f) 6561 + 1000 + 512 = 8073
   g) 1728 + 128 + 4096 = 5952
   h) 16 807 + 256 + 243 = 17 306
   i) 1 + 32 768 + 81 = 32 850
   j) 64 + 729 + 4096 = 4889
   k) 10 000 + 1024 + 343 = 11 367
   l) 576 + 5832 + 3125 = 9533

3. a) 468 < 1424 b) 793 = 793
   c) 689 < 2644 d) 472 > 130
   e) 793 < 797 f) 1547 < 8510
   g) 4176 > 1424 h) 640 < 1216
   i) 3919 < 5021 j) 2582 > 800

Les soustractions sur les nombres naturels

Page 141

1. a) 2713 b) 3909 c) 2178 d) 3465
   e) 16 968 f) 25 543 g) 38 437
   h) 47 439 i) 56 256 j) 37 158
   k) 53 686 l) 20 716 m) 44 829
   n) 186 436 o) 154 522 p) 88 242
   q) 267 023 r) 15 282 s) 444 444
   t) 302 557 u) 487 845 v) 765 199
   w) 663 855 x) 353 455

Les multiplications sur les nombres naturels

Page 142

1. a) 24 013 b) 17 184 c) 40 152
   d) 10 440 e) 51 912 f) 12 672
   g) 50 908 h) 51 040 i) 17 296
   j) 37 937 k) 17 316 l) 48 212
   m) 53 360 n) 53 497 o) 42 120
   p) 9882 q) 55 608 r) 55 594
   s) 22 980 t) 22 610 u) 18 642
   v) 23 268 w) 39 072 x) 65 992

Page 143

2. a) 8658, 11 466, 12 636
   b) 22 188, 28 896, 39 732
   c) 10 332, 12 546, 16 605
   d) 38 808, 23 760, 74 448
   e) 18 993, 25 324, 19 967
   f) 69 008, 42 676, 77 180
   g) 30 130, 57 640, 22 270
   h) 26 180, 37 026, 17 952
   i) 82 119, 50 331, 54 746
   j) 22 365, 34 506, 17 253

Les divisions sur les nombres naturels

Page 144

1. a) 133,571 b) 165,2 c) 82,667
   d) 113,833 e) 31,143 f) 33,278
   g) 25,8 h) 33,667 i) 25,767
   j) 59,375 k) 30,815 l) 17,344
   m) 29,235 n) 16,438 o) 41,783
   p) 31,579 q) 70,636 r) 43,25
   s) 19,5 t) 19,841 u) 30,261
   v) 13,972 w) 34,308 x) 30,273

Page 145

2. a) Colorier la case 39. b) Colorier la case 85. c) Colorier la case 68.
   d) Colorier la case 68. e) Colorier la case 99. f) Colorier la case 86.
   g) Colorier la case 65. h) Colorier la case 57. i) Colorier la case 58.
   j) Colorier la case 94.

Les opérations sur les nombres naturels

Page 146

1. a) 756 × 48 = 36 288
   b) 65 893 + 74 995 = 140 888
   c) 4005 ÷ 89 = 45
   d) 76 401 − 37 683 = 38 718
   e) 942 × 55 = 51 810
   f) 58 447 + 49 364 = 107 811
   g) 4964 ÷ 73 = 68
   h) 80 060 − 63 875 = 16 185
   i) 653 × 46 = 30 038
   j) 38 927 + 44 295 = 83 222
   k) 2772 ÷ 36 = 77
   l) 51 326 − 27 438 = 23 888
   m) 507 × 74 = 37 518
   n) 236 894 + 95 539 = 332 433
   o) 5655 ÷ 65 = 87
   p) 100 000 − 76 543 = 23 457
   q) 633 × 58 = 36 714
   r) 359 475 + 264 773 = 624 248
   s) 2108 ÷ 34 = 62
   t) 452 254 − 198 765 = 253 489

Page 147

2. 330 012 personnes ne venant ni d'Europe, ni d'Amérique du Nord, ni d'Asie visitent le musée du Louvre en 6 mois.

3. La population de la ville de Montréal vers 1830 était de 27 300 habitants.

4. La distance entre deux fuseaux horaires à l'équateur de Pluton serait de 301,33 km.

5. On obtiendrait une longueur de 20 260 km en mettant ces quatre fleuves bout à bout.

Page 148

6. a) 13 122 b) 3404 c) 1408 d) 4409
   e) 6355 f) 50 g) 3668 h) 36 864
   i) 3194 j) 27

7. a) 768 < 2644 b) 7648 > 604
   c) 5184 > 3375 d) 64 = 64
   e) 262 > 89 f) 144 < 243
   g) 316 < 2145 h) 32 < 567

La distributivité sur les nombres naturels

Page 149

1. a) 6146 b) 358 c) 4949 d) 2768 e) 22
   f) 42 g) 7241 h) 1586 i) 3164 j) 53
   k) 11 484 l) 357

2. a) 552 b) 2736 c) 290 d) 2783 e) 846
   f) 296 g) 4224 h) 2419 i) 11 914
   j) 644 k) 4800 l) 11 616

La priorité des opérations sur les nombres naturels

Page 150

1. a) 10 006 b) 752 c) 164 d) 607 e) 3498
   f) 601 g) 2148 h) 794 i) 85 653 j) 3904
   k) 3451 l) 3434 m) 0 n) 116 o) 688
   p) 3820 q) 7132 r) 3343

La décomposition en facteurs premiers

Page 151

1. a) $3^2 \times 7^3$ b) $3^3 \times 5^3$ c) $2^6 \times 3^4$ d) $2^2 \times 11^3$
   e) $2^5 \times 13^2$ f) $5^3 \times 7^2$ g) $3^1 \times 7^4$

Page 152

2. a) 54 b) 63 c) 64 d) 72 e) 75

Le sens et l'écriture des fractions

Page 153

1. a) Colorier 2 rectangles complets et 28 cases.
   b) Colorier 3 rectangles complets et 27 cases.
   c) Colorier 2 rectangles complets et 6 cases.
   d) Colorier 1 rectangle complet et 21 cases.

2. a) Colorier 4 autres cases.
   b) Colorier 6 autres cases.
   c) Colorier 14 autres cases.
   d) Colorier 16 autres cases.
   e) Colorier 20 autres cases.
   f) Colorier 13 autres cases.

3. Droite numérique avec les points : 0, $\frac{1}{4}$, $\frac{11}{36}$, $\frac{4}{9}$, $\frac{1}{2}$, $\frac{7}{12}$, $\frac{2}{3}$, $\frac{13}{18}$, $\frac{19}{24}$, $\frac{5}{6}$, $\frac{7}{8}$, 1

Page 154

4. Ordre décroissant : $\frac{5}{6}$, $\frac{25}{32}$, $\frac{3}{4}$, $\frac{17}{24}$, $\frac{29}{48}$, $\frac{1}{2}$, $\frac{5}{12}$, $\frac{3}{8}$, $\frac{1}{3}$, $\frac{3}{16}$

5. a) 8,1 b) 10,08 c) 14,72 d) 19,72
   e) 26,25 f) 43,16 g) 57,42 h) 67,5

6. a) $\frac{27}{48} < \frac{28}{48}$ b) $\frac{12}{16} < \frac{13}{16}$
   c) $\frac{5}{24} > \frac{4}{24}$ d) $\frac{20}{48} > \frac{18}{48}$

Les fractions équivalentes et la réduction de fractions

Page 155

1. Plusieurs réponses possibles, dont celles-ci :
   a) $\frac{14}{16}$, $\frac{21}{24}$, $\frac{28}{32}$, $\frac{35}{40}$ b) $\frac{10}{12}$, $\frac{15}{18}$, $\frac{20}{24}$, $\frac{25}{30}$
   c) $\frac{4}{10}$, $\frac{6}{15}$, $\frac{8}{20}$, $\frac{10}{25}$ d) $\frac{8}{14}$, $\frac{12}{21}$, $\frac{16}{28}$, $\frac{20}{35}$
   e) $\frac{10}{18}$, $\frac{15}{27}$, $\frac{20}{36}$, $\frac{25}{45}$ f) $\frac{26}{28}$, $\frac{39}{42}$, $\frac{52}{56}$, $\frac{65}{70}$
   g) $\frac{18}{32}$, $\frac{27}{48}$, $\frac{36}{64}$, $\frac{45}{80}$ h) $\frac{24}{34}$, $\frac{36}{51}$, $\frac{48}{68}$, $\frac{60}{85}$
   i) $\frac{30}{42}$, $\frac{45}{63}$, $\frac{60}{84}$, $\frac{75}{105}$ j) $\frac{12}{50}$, $\frac{18}{75}$, $\frac{24}{100}$, $\frac{30}{125}$
   k) $\frac{34}{64}$, $\frac{51}{96}$, $\frac{68}{128}$, $\frac{85}{160}$
   l) $\frac{46}{100}$, $\frac{69}{150}$, $\frac{92}{200}$, $\frac{115}{250}$

2. a) $5\frac{4}{7}$ b) $4\frac{3}{5}$ c) $4\frac{5}{9}$ d) $7\frac{5}{6}$ e) $8\frac{1}{4}$
   f) $6\frac{5}{8}$ g) $5\frac{2}{3}$ h) $4\frac{7}{12}$ i) $6\frac{11}{16}$

3. a) $\frac{4}{7}$ b) $\frac{3}{7}$ c) $\frac{3}{4}$ d) $\frac{7}{9}$ e) $\frac{4}{5}$ f) $\frac{4}{5}$
   g) $\frac{3}{5}$ h) $\frac{9}{16}$ i) $\frac{4}{7}$ j) $\frac{2}{3}$ k) $\frac{5}{7}$ l) $\frac{5}{6}$
   m) $\frac{2}{3}$ n) $\frac{3}{4}$ o) $\frac{2}{9}$

4. Encerclier les fractions suivantes :
   $\frac{6}{23}$, $\frac{12}{25}$, $\frac{19}{36}$, $\frac{13}{40}$, $\frac{24}{41}$, $\frac{34}{45}$, $\frac{25}{48}$, $\frac{39}{50}$, $\frac{48}{53}$
   et $\frac{59}{90}$.

Page 156

5. a) $\frac{9}{50}$ b) $\frac{9}{20}$ c) $\frac{3}{10}$ d) $\frac{3}{25}$ e) $\frac{7}{25}$ f) $\frac{13}{20}$
   g) $\frac{2}{5}$ h) $\frac{12}{25}$ i) $\frac{24}{25}$ j) $\frac{39}{50}$ k) $\frac{8}{25}$ l) $\frac{11}{20}$

6. a) $\frac{42}{56}$ b) $\frac{72}{90}$ c) $\frac{60}{84}$ d) $\frac{32}{72}$ e) $\frac{49}{84}$ f) $\frac{40}{75}$

7. a) 16,7 % b) 28,6 % c) 76,9 %
   d) 27,8 % e) 53,3 % f) 77,8 %
   g) 37,5 % h) 65,6 % i) 94,3 %

8. a) $\frac{59}{8}$ b) $\frac{34}{7}$ c) $\frac{27}{5}$ d) $\frac{74}{9}$ e) $\frac{41}{6}$
   f) $\frac{85}{9}$ g) $\frac{77}{20}$ h) $\frac{41}{16}$ i) $\frac{189}{25}$

Les additions sur les fractions

Page 157

1. a) $1\frac{8}{35}$ b) $1\frac{13}{24}$ c) $\frac{11}{12}$ d) $1\frac{13}{45}$
   e) $\frac{19}{30}$ f) $\frac{11}{14}$ g) $\frac{17}{36}$ h) $1\frac{17}{60}$ i) $1\frac{5}{24}$
   j) $1\frac{5}{24}$ k) $\frac{11}{18}$ l) $\frac{19}{28}$ m) $1\frac{4}{15}$

Page 158

2. a) $\frac{2}{18} + \frac{5}{18} + \frac{6}{18} = \frac{13}{18}$
   b) $\frac{2}{10} + \frac{3}{10} + \frac{5}{10} = \frac{10}{10}$ ou 1
   c) $\frac{1}{16} + \frac{4}{16} + \frac{6}{16} = \frac{11}{16}$
   d) $\frac{7}{21} + \frac{4}{21} + \frac{6}{21} = \frac{17}{21}$
   e) $\frac{1}{24} + \frac{15}{24} + \frac{4}{24} = \frac{20}{24}$
   f) $\frac{2}{20} + \frac{5}{20} + \frac{7}{20} = \frac{14}{20}$
   g) $\frac{10}{24} + \frac{3}{24} + \frac{5}{24} = \frac{18}{24}$
   h) $\frac{6}{15} + \frac{5}{15} + \frac{2}{15} = \frac{13}{15}$

Les soustractions sur les fractions

Page 159

1. a) $\frac{21}{28} - \frac{16}{28} = \frac{5}{28}$ b) $\frac{25}{30} - \frac{18}{30} = \frac{7}{30}$
   c) $\frac{9}{24} - \frac{4}{24} = \frac{5}{24}$ d) $\frac{28}{36} - \frac{9}{36} = \frac{19}{36}$
   e) $\frac{28}{35} - \frac{15}{35} = \frac{13}{35}$
   f) $\frac{18}{24} - \frac{8}{24} = \frac{10}{24}$ (ou $\frac{5}{12}$)
   g) $\frac{26}{36} - \frac{6}{36} = \frac{20}{36}$ (ou $\frac{5}{9}$)
   h) $\frac{20}{30} - \frac{6}{30} = \frac{14}{30}$ (ou $\frac{7}{15}$)

Page 160

2. a) $\frac{24}{30} - \frac{4}{30} - \frac{7}{30} = \frac{13}{30}$
   b) $\frac{25}{27} - \frac{9}{27} - \frac{15}{27} = \frac{1}{27}$
   c) $\frac{63}{72} - \frac{47}{72} - \frac{9}{72} = \frac{7}{72}$
   d) $\frac{8}{12} - \frac{1}{12} - \frac{2}{12} = \frac{5}{12}$
   e) $\frac{28}{36} - \frac{15}{36} - \frac{9}{36} = \frac{4}{36} = \frac{1}{9}$
   f) $\frac{19}{21} - \frac{7}{21} - \frac{9}{21} = \frac{3}{21} = \frac{1}{7}$
   g) $\frac{8}{10} - \frac{5}{10} - \frac{3}{10} = 0$
   h) $\frac{37}{48} - \frac{4}{48} - \frac{30}{48} = \frac{3}{48} = \frac{1}{16}$
   i) $\frac{21}{35} - \frac{5}{35} - \frac{4}{35} = \frac{12}{35}$
   j) $\frac{90}{100} - \frac{52}{100} - \frac{12}{100} = \frac{26}{100} = \frac{13}{50}$
   k) $\frac{21}{28} - \frac{9}{28} - \frac{4}{28} = \frac{8}{28} = \frac{2}{7}$
   l) $\frac{9}{18} - \frac{1}{18} - \frac{3}{18} = \frac{5}{18}$
   m) $\frac{57}{72} - \frac{5}{72} - \frac{24}{72} = \frac{28}{72} = \frac{7}{18}$

La multiplication des fractions par des nombres naturels

Page 161

1. a) $6\frac{4}{6}$ ou $6\frac{2}{3}$ b) $3\frac{3}{9}$ ou $3\frac{1}{3}$ c) $6\frac{3}{10}$
   d) $3\frac{3}{8}$ e) $2\frac{1}{12}$ f) $3\frac{3}{7}$ g) $8\frac{1}{4}$

Page 162

2. a) $\frac{18}{7} = 2\frac{4}{7}$ b) $\frac{36}{5} = 7\frac{1}{5}$
   c) $\frac{24}{10} = 2\frac{4}{10} = 2\frac{2}{5}$ d) $\frac{63}{8} = 7\frac{7}{8}$
   e) $\frac{75}{6} = 12\frac{3}{6} = 12\frac{1}{2}$ f) $\frac{15}{7} = 2\frac{1}{7}$
   g) $\frac{96}{9} = 10\frac{6}{9} = 10\frac{2}{3}$
   h) $\frac{30}{4} = 7\frac{2}{4} = 7\frac{1}{2}$ i) $\frac{13}{2} = 6\frac{1}{2}$
   j) $\frac{35}{12} = 2\frac{11}{12}$ k) $\frac{18}{6} = 3$ l) $\frac{64}{7} = 9\frac{1}{7}$
   m) $\frac{14}{3} = 4\frac{2}{3}$ n) $\frac{24}{5} = 4\frac{4}{5}$
   o) $\frac{40}{9} = 4\frac{4}{9}$ p) $\frac{35}{14} = 2\frac{7}{14} = 2\frac{1}{2}$
   q) $\frac{54}{15} = 3\frac{9}{15} = 3\frac{3}{5}$
   r) $\frac{15}{12} = 1\frac{3}{12} = 1\frac{1}{4}$ s) $\frac{105}{21} = 5$
   t) $\frac{27}{3} = 9$ u) $\frac{48}{9} = 5\frac{3}{9} = 5\frac{1}{3}$
   v) $\frac{39}{16} = 2\frac{7}{16}$ w) $\frac{27}{4} = 6\frac{3}{4}$ x) $\frac{60}{5} = 12$

3. a) $7 \times \frac{7}{12} = 4\frac{1}{12}$ b) $8 \times \frac{5}{9} = 4\frac{4}{9}$
   c) $5 \times \frac{3}{8} = 1\frac{7}{8}$ d) $\frac{5}{6} \times 8 = 6\frac{2}{3}$
   e) $\frac{7}{12} \times 6 = 3\frac{1}{2}$ f) $\frac{2}{3} \times 9 = 6$
   g) $4 \times \frac{6}{7} = 3\frac{3}{7}$ h) $12 \times \frac{3}{5} = 7\frac{1}{5}$
   i) $6 \times \frac{5}{9} = 3\frac{1}{3}$ j) $\frac{8}{15} \times 6 = 3\frac{1}{5}$
   k) $\frac{7}{10} \times 8 = 5\frac{3}{5}$ l) $\frac{3}{4} \times 9 = 6\frac{3}{4}$

Les opérations sur les fractions

Page 163

1. a) $\frac{14}{8} + \frac{25}{6} = \frac{42}{24} + \frac{100}{24} = \frac{142}{24} = 5\frac{22}{24}$
   ou $5\frac{11}{12}$

   b) $\frac{12}{3} - \frac{12}{7} = \frac{84}{21} - \frac{36}{21} = \frac{48}{21} = 2\frac{6}{21}$
   ou $2\frac{2}{7}$

   c) $\frac{8}{5} + \frac{15}{6} = \frac{48}{30} + \frac{75}{30} = \frac{123}{30} = 4\frac{3}{30}$
   ou $4\frac{1}{10}$

   d) $\frac{40}{9} - \frac{15}{6} = \frac{160}{36} - \frac{90}{36} = \frac{70}{36} = 1\frac{34}{36}$
   ou $1\frac{17}{18}$

Page 164

2. a) $11\frac{3}{7}$ b) $1\frac{50}{60}$ ou $1\frac{5}{6}$ c) $9\frac{5}{9}$
   d) $4\frac{2}{12}$ ou $4\frac{1}{6}$

3. On compte 30 élèves du préscolaire dans cette école, soit le $\frac{1}{8}$.

4. On compte 87 astéroïdes dont la taille dépasse 100 m dans ce quadrant, soit les $\frac{29}{72}$.

Le sens et l'écriture des nombres décimaux jusqu'à l'ordre des millièmes

Page 165

1. a) 590 048,076 b) 315 822,74
   c) 93 191,6 d) 277 918,05 e) 66 402,008
   f) 786 051,31 g) 43 680,092 h) 20 577,3
   i) 933 339,013 j) 15 870,267
   k) 404 044,040 l) 40 404,44

2. a) < b) > c) > d) < e) = f) > g) >
   h) < i) < j) >

Page 166

3. a) 700 000 + 20 000 + 1000 + 600 + 40 + 4 + 0,09 + 0,005 ou 7 c de m + 2 d de m + 1 u de m + 6 c + 4 d + 4 u + $\frac{9}{100}$ + $\frac{5}{1000}$

   b) 500 000 + 3000 + 60 + 9 + 0,003 ou 5 c de m + 3 u de m + 6 d + 9 u + $\frac{3}{1000}$

   c) 90 000 + 8000 + 500 + 70 + 2 + 0,6 + 0,04 ou 9 d de m + 8 u de m + 5 c + 7 d + 2 u + $\frac{6}{10}$ + $\frac{4}{100}$

   d) 400 000 + 50 000 + 6000 + 900 + 80 + 1 + 0,5 ou 4 c de m + 5 d de m + 6 u de m + 9 c + 8 d + 1 u + $\frac{5}{10}$

   e) 30 000 + 4000 + 400 + 80 + 6 + 0,5 + 0,009 ou 3 d de m + 4 u de m + 4 c + 8 d + 6 u + $\frac{5}{10}$ + $\frac{9}{1000}$

   f) 800 000 + 70 000 + 6000 + 500 + 40 + 3 + 0,2 ou 8 c de m + 7 d de m + 6 u de m + 5 c + 4 d + 3 u + $\frac{2}{10}$

   g) 6000 + 900 + 60 + 3 + 0,5 + 0,04 + 0,007 ou 6 u de m + 9 c + 6 d + 3 u + $\frac{5}{10}$ + $\frac{4}{100}$ + $\frac{7}{1000}$

   h) 200 000 + 50 000 + 7000 + 400 + 60 + 9 + 0,8 + 0,04 + 0,001 ou 2 c de m + 5 d de m + 7 u de m + 4 c + 6 d + 9 u + $\frac{8}{10}$ + $\frac{4}{100}$ + $\frac{1}{1000}$

   i) 700 000 + 80 000 + 6000 + 400 + 0,08 ou 7 c de m + 8 d de m + 6 u de m + 4 c + $\frac{8}{100}$

   j) 6000 + 500 + 30 + 0,7 + 0,07 + 0,003 ou 6 u de m + 5 c + 3 d + $\frac{7}{10}$ + $\frac{7}{100}$ + $\frac{3}{1000}$

   k) 800 000 + 4000 + 70 + 0,2 + 0,005 ou 8 c de m + 4 u de m + 7 d + $\frac{2}{10}$ + $\frac{5}{1000}$

   l) 90 000 + 6000 + 300 + 40 + 4 + 0,6 + 0,07 ou 9 d de m + 6 u de m + 3 c + 4 d + 4 u + $\frac{6}{10}$ + $\frac{7}{100}$

Page 167

4. 4987,653 – 5783,649 – 5873,964 – 8653,749 – 9487,653 – 9756,843 – 47 963,58 – 49 865,37 – 63 587,94 – 65 438,79 – 78 539,46 – 97 684,53 – 369 454,7 – 389 476,5 – 396 874,5 – 458 637,9 – 735 984,6 – 768 349,5

5. a) 70 000 ou 7 d de m b) 0,2 ou $\frac{2}{10}$
   c) 0,05 ou $\frac{5}{100}$ d) 600 000 ou 6 c de m
   e) 4800 ou 48 c f) 7,49 ou $\frac{749}{100}$
   g) 64,05 ou $\frac{6405}{100}$ h) 0,046 ou $\frac{46}{1000}$
   i) 52 680 ou 5268 d
   j) 470 000 ou 47 d de m
   k) 953,7 ou $\frac{9537}{10}$ l) 542,82 ou $542\frac{82}{100}$

6. a) 79 653,4 – 67 543,9 – 57 496,3 – 36 974,5 – 9374,65 – 3475,96 – 697,354 – 543,697
   b) 80 426,5 – 68 405,2 – 65 240,8 – 45 082,6 – 5802,46 – 2084,56 – 856,024 – 285,406
   c) 37 991,6 – 13 679,9 – 9976,13 – 9761,93 – 7193,96 – 939,617 – 693,971 – 397,169

Page 168

7. a) 937 458,247 b) 607 539,458
   c) 471 629,381 d) 720 098,046
   e) 236 780,409 f) 408 360,056

8. a) trois cent quarante-cinq mille six cent trente-sept et neuf cent soixante-douze millièmes (ou trois-cent-quarante-cinq-mille-six-cent-trente-sept-et-neuf-cent-soixante-douze-millièmes*)

   b) deux cent neuf mille soixante et huit cent cinq millièmes (ou deux-cent-neuf-mille-soixante-et-huit-cent-cinq-millièmes*)

   c) neuf cent quatre-vingt-sept mille trois cent cinquante et un et quatre-vingt-seize millièmes (ou neuf-cent-quatre-vingt-sept-mille-trois-cent-cinquante-et-un-et-quatre-vingt-seize-millièmes*)

   d) sept cent soixante mille cinq cent quatre-vingt-dix-huit et quatre millièmes (ou sept-cent-soixante-mille-cinq-cent-quatre-vingt-dix-huit-et-quatre-millièmes*)

   e) cinq cent dix-neuf mille quatre cent et trois cent onze millièmes (ou cinq-cent-dix-neuf-mille-quatre-cent-et-trois-cent-onze-millièmes*)

   f) six cent quatre-vingt-dix-neuf mille neuf cent quatre-vingt-quinze et soixante-treize centièmes (ou six-cent-quatre-vingt-dix-neuf-mille-neuf-cent-quatre-vingt-quinze-et-soixante-treize-centièmes)

9. a) Encercler 358,974 et faire un ✗ sur 8735,49.
   b) Encercler 152,607 et faire un ✗ sur 7526,01.
   c) Encercler 479,868 et faire un ✗ sur 9788,46.

Page 169

10. a) 8 h 48 ou 8,8 b) 15 h 27 ou 15,45
    c) 10 h 15 ou 10,25 d) 13 h 42 ou 13,7
    e) 22 h 54 ou 22,9 f) 6 h 33 ou 6,55
    g) 21 h 57 ou 21,95 h) 4 h 21 ou 4,35
    i) 11 h 09 ou 11,15 j) 2 h 39 ou 2,65
    k) 17 h 12 ou 17,2 l) 19 h 45 ou 19,75

Page 170

11. a) Colorier en bleu le calepin qui contient le nombre 75 234,62.
    b) Colorier en jaune le calepin qui contient le nombre 4095,57.
    c) Colorier en rouge le calepin qui contient le nombre 19 345,86.
    d) Colorier en mauve le calepin qui contient le nombre 5700,951.
    e) Colorier en vert le calepin qui contient le nombre 297,984.
    f) Colorier en orangé le calepin qui contient le nombre 56 540,7.
    g) Colorier en rose le calepin qui contient le nombre 7609,006.

h) Colorier en brun le calepin qui contient le nombre 63 425,9.
i) Faire un ✗ sur les calepins qui contiennent les nombres suivants :
72 497,6 – 57 127,653 – 4319,036 – 8184,39 – 42 968,4 – 457,638 – 36 047,294 – 12 673,5 – 10 734,23 – 297,984 – 63 425,9.
j) 75 234,62 – 72 497,6 – 63 425,9 – 57 127,653 – 56 540,7 – 53 804,052 – 42 968,4 – 37 652,38 – 36 047,294 – 33 333,33 – 19 345,86 – 12 673,5 – 10 734,23

Page 171

12.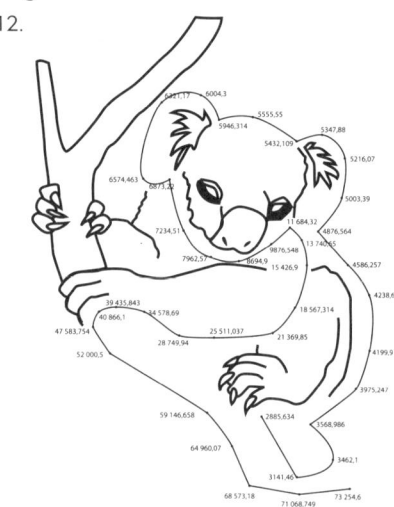

Le marsupial arboricole qui ne boit aucune goutte d'eau pendant sa vie est le koala.

Page 172

13. Légende : B = bleu ; R = rouge ; J = jaune ; V = vert ; O = orangé ; Bl = Blanc ; N = noir

a) Le Mali
| V | J | R |

b) Le Gabon
| V |
| J |
| B |

c) L'Irlande
| V | Bl | O |

d) L'Allemagne
| N |
| R |
| J |

e) Le Nigeria
| V | Bl | V |

f) La Bulgarie
| Bl |
| V |
| R |

g) La France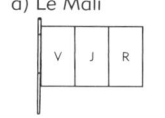

h) La Bolivie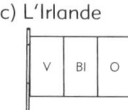

i) La Belgique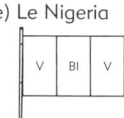

j) L'Estonie
| B |
| N |
| Bl |

k) L'Italie
| V | Bl | R |

l) Le Luxembourg
| R |
| Bl |
| B |

Les additions sur les nombres décimaux

Page 173

1. a) 122,734 b) 120,743 c) 372,14
d) 281,986 e) 1172,176 f) 1251,887
g) 1024,531 h) 1016,15 i) 3324,798
j) 4429,84 k) 5172,375 l) 6333,277
m) 9524,47 n) 12 259,053
o) 14 941,665 p) 8513,65
q) 61 730,3 r) 86 374,15
s) 96 218,141 t) 117 071,931
u) 316 620,18 v) 438 599,221
w) 763 250,269 x) 838 237,147

Page 174

2. a) 110,019 ml b) 407,29 ml
c) 196,465 ml d) 342,89 ml
e) 161,139 ml f) 313,543 ml
g) 322,174 ml h) 359,83 ml
i) 337,161 ml

Les soustractions sur les nombres décimaux

Page 175

1. a) 90,924 b) 359,21 c) 430,733
d) 165,375 e) 1799,1 f) 3237,36
g) 3317,568 h) 5384,432 i) 4081,07
j) 2362,26 k) 5286,947 l) 1683,57
m) 478,238 n) 3243,762 o) 5445,015
p) 2737,23 q) 12 313,66 r) 13 361,92
s) 16 724,31 t) 15 244,04
u) 421 441,24 v) 542 086,781
w) 662 208,635 x) 871 556,308

Page 176

2. a) 196,187 g b) 1310,08 g
c) 147,851 g d) 21,979 g
e) 1791,1 g f) 639,217 g

Les multiplications sur les nombres décimaux

Page 177

1. a) 26 781,33 b) 34 469,52
c) 28 367,68 d) 36 444,12
e) 52 246,35 f) 56 933,28
g) 59 383,2 h) 19 715,76

Page 178

2. a) 5092,68 b) 2216,73 c) 3372,6
d) 4237,92 e) 10 592,19 f) 60 122,52
g) 21 936,98 h) 44 595,46 i) 188 330,4
j) 439 280,1 k) 347 185,3 l) 368 759
m) 22 298,22 n) 33 208,65 o) 34 148,56
p) 61 836,94 q) 77 826,05 r) 31 342,72
s) 18 333,15 t) 62 329,92 u) 6421,05
v) 2463,92 w) 1863,54 x) 2392,02

Page 179

3. a) 46,8 km b) 252 km
c) 156,27 km d) 245,7 km
e) 209,28 km f) 296,04 km
g) 110,11 km h) 439,02 km
i) 128,57 km j) 276,12 km

Les divisions sur les nombres décimaux

Page 180

1. a) 7,73 b) 15,68 c) 4,41 d) 15,87
e) 74,6 f) 245,9 g) 127,3 h) 296,3
i) 96,4 j) 54,4 k) 63,47 l) 87,8
m) 45,69 n) 36,29 o) 99,99 p) 72,14
q) 345,782 r) 945,63 s) 3461,89
t) 546,93 u) 1336,75 v) 888,33
w) 1710,935 x) 595,465

Page 181

2. a) 76,19 m b) 26,88 m c) 33,71 m
d) 28,03 m e) 13,67 m f) 11,61 m
g) 18,17 m h) 10,47 m i) 33,19 m
j) 64,79 m

Page 182

3. La surface de l'enclos allouée pour chaque couple d'alpagas sera de 349,83 m².
4. Chaque jour, les automobilistes ont inséré en moyenne 64,89 $ dans les parcmètres du quartier.
5. Il est tombé 184,88 cm de neige dans la région d'Ottawa au cours de l'hiver.
6. La hauteur de ce gratte-ciel de Dubaï serait de 1995,17 m.

Les opérations sur les nombres décimaux

Page 183

1.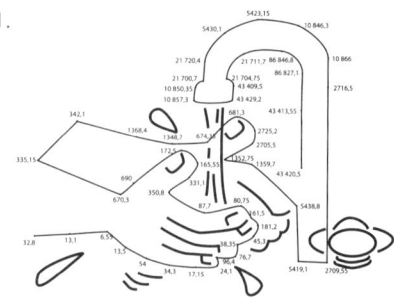

Lorsqu'elle rend visite à sa sœur à l'hôpital, Jasmine doit se laver les mains.

Page 184

2. a) 1694,818 b) 3519,972 c) 94,65
   d) 638,65 e) 4223,161 f) 6872,18
   g) 2954,7 h) 3389,97

Page 185

3. Un édifice dont la hauteur rejoindrait celle du séquoia géant compterait 26 étages.

4. Le guépard peut courir à une vitesse de 139,92 km/h.

5. La hauteur de la falaise que l'alpiniste a escaladée est de 1569,17 dm.

Le passage d'une écriture à une autre

Page 186

1.

	⊙	⊙	🪙	🪙	🪙	🪙	🪙
$\frac{3}{7}$	0,43 $	0,86 $	2,14 $	4,29 $	8,57 $	21,43 $	42,86 $
$\frac{5}{9}$	0,56 $	1,11 $	2,78 $	5,56 $	11,11 $	27,78 $	55,56 $
$\frac{3}{4}$	0,75 $	1,50 $	3,75 $	7,50 $	15,00 $	37,50 $	75,00 $
$\frac{1}{6}$	0,17 $	0,33 $	0,83 $	1,67 $	3,33 $	8,33 $	16,67 $
$\frac{7}{8}$	0,88 $	1,75 $	4,38 $	8,75 $	17,50 $	43,75 $	87,50 $
$\frac{2}{3}$	0,67 $	1,33 $	3,33 $	6,67 $	13,33 $	33,33 $	66,67 $
$\frac{5}{12}$	0,42 $	0,83 $	2,08 $	4,17 $	8,33 $	20,83 $	41,67 $
$\frac{8}{15}$	0,53 $	1,07 $	2,67 $	5,33 $	10,67 $	26,67 $	53,33 $
$\frac{17}{20}$	0,85 $	1,70 $	4,25 $	8,50 $	17,00 $	42,50 $	85,00 $
$\frac{13}{25}$	0,52 $	1,04 $	2,60 $	5,20 $	10,40 $	26,00 $	52,00 $

2. a) 83 % b) 33 % c) 38 % d) 57 %
   e) 22 % f) 69 % g) 58 % h) 93 % i) 72 %
   j) 24 % k) 38 % l) 30 % m) 23 %
   n) 78 % o) 47 % p) 8 % q) 36 % r) 90 %

Page 187

3. a) $5\frac{7}{8}$ b) $4\frac{31}{40}$ c) $6\frac{3}{20}$ d) $9\frac{12}{25}$ e) $8\frac{7}{40}$
   f) $7\frac{3}{8}$ g) $3\frac{9}{20}$ h) $6\frac{1}{5}$ i) $2\frac{9}{25}$ j) $9\frac{4}{5}$
   k) $4\frac{3}{25}$ l) $5\frac{1}{4}$ m) $8\frac{6}{25}$ n) $3\frac{1}{8}$ o) $9\frac{22}{25}$
   p) $5\frac{5}{8}$ q) $2\frac{7}{20}$ r) $8\frac{11}{20}$

4. a) $\frac{3}{10}$ b) $\frac{9}{50}$ c) $\frac{13}{25}$ d) $\frac{16}{25}$ e) $\frac{19}{25}$ f) $\frac{6}{25}$
   g) $\frac{24}{25}$ h) $\frac{13}{50}$ i) $\frac{22}{25}$ j) $\frac{7}{50}$ k) $\frac{12}{25}$ l) $\frac{13}{25}$
   m) $\frac{17}{20}$ n) $\frac{7}{20}$ o) $\frac{3}{25}$ p) $\frac{11}{25}$ q) $\frac{11}{50}$ r) $\frac{39}{50}$

5. a) 0,494 b) 0,065 c) 0,253 d) 0,7
   e) 0,87 f) 0,405 g) 0,23 h) 0,09
   i) 0,058 j) 0,769 k) 0,004 l) 0,66
   m) 0,5 n) 0,31 o) 0,07 p) 0,852
   q) 0,14 r) 0,096

Le sens et l'écriture des nombres entiers

Page 188

1.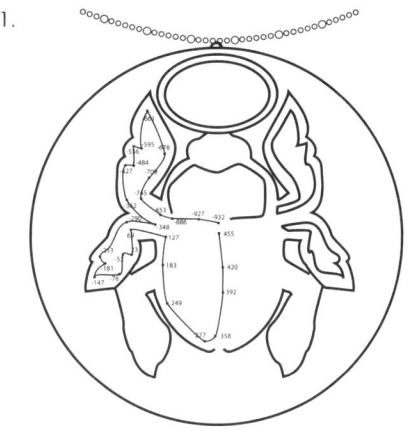

L'amulette représente un scarabée.

2. Réponses variées, dont :
   a) $-226 + 98 = -128$
      $67 - 195 = -128$
      $-203 + 75 = -128$
      $84 - 212 = -128$
   b) $-408 + 93 = -315$
      $59 - 374 = -315$
      $-382 + 67 = -315$
      $76 - 391 = -315$
   c) $-530 + 89 = -441$
      $60 - 501 = -441$
      $-518 + 77 = -441$
      $53 - 494 = -441$
   d) $-668 + 68 = -600$
      $55 - 655 = -600$
      $-681 + 81 = -600$
      $79 - 679 = -600$

Page 189

3. a) –3 b) –1 c) 1 d) –5 e) 2 f) –10 g) –10

Page 190

4. a) A: –24 B: –20 C: –11 D: 4 E: 14
   b) A: 18 B: –10 C: 28 D: –6 E: 3
   c) A: –21 B: 4 C: –30 D: –34 E: –6
   d) A: 6 B: 2 C: –8 D: 29 E: 16
   e) A: –27 B: –17 C: –4 D: –31 E: –41
   f) A: –27 B: –3 C: –17 D: 10 E: –13

L'espace : l'axe et le plan cartésien

Page 191

1. a) (1,–1) b) (–9,–11) c) (6,6)
   d) (–4,–4) e) (–8,0) f) (2,–10)
   g) (9,–13) h) (0,5) i) (6,–1)
   j) (–12,–11) k) (10,–7) l) (–5,–2)

Page 192

2. a) –16 b) –28 c) –4 d) –21 e) –13
   f) –22 g) –5 h) 10 i) –16 j) –40
   k) 6 l) –32 m) –25 n) –12 o) –16
   p) –8 q) –5 r) 19 s) 14

Page 193

3.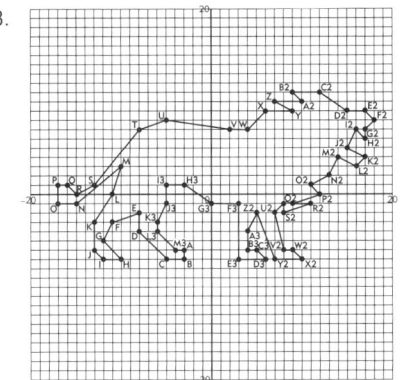

L'animal emblématique de la Grande-Bretagne est le lion.

Page 194

4.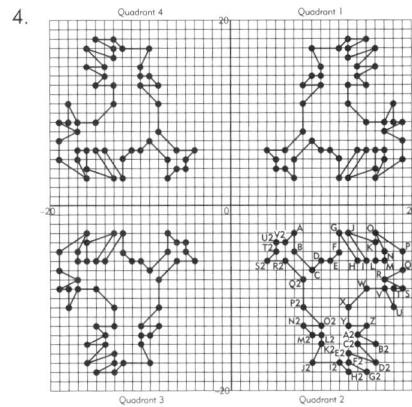

Quadrant 1 :
A : (7,3)	B : (7,5)	C : (9,7)
D : (10,6)	E : (11,6)	F : (12,5)
G : (12,3)	H : (14,6)	I : (15,6)
J : (13,3)	K : (16,4)	L : (16,6)
M : (17,6)	N : (17,5)	O : (16,3)
P : (19,5)	Q : (19,7)	R : (17,8)
S : (19,9)	T : (18,9)	U : (18,11)
V : (17,9)	W : (15,9)	X : (13,11)
Y : (13,13)	Z : (15,13)	A2 : (14,14)
B2 : (16,15)	C2 : (14,15)	D2 : (16,17)
E2 : (13,16)	F2 : (13,17)	G2 : (15,18)
H2 : (13,18)	I2 : (12,17)	J2 : (9,17)
K2 : (10,15)	L2 : (10,14)	M2 : (9,14)
N2 : (8,13)	O2 : (10,13)	P2 : (8,11)
Q2 : (8,8)	R2 : (6,6)	S2 : (4,6)
T2 : (5,5)	U2 : (5,4)	V2 : (6,4)

Quadrant 3 :
A : (−7,−3)   B : (−7,−5)   C : (−9,−7)
D : (−10,−6)   E : (−11,−6)   F (−12,−5)
G : (−12,−3)   H : (−14,−6)   I : (−15,−6)
J : (−13,−3)   K : (−16,−4)   L : (−16,−6)
M : (−17,−6)   N : (−17,−5)   O : (−16,−3)
P : (−19,−5)   Q : (−19,−7)   R : (−17,−8)
S : (−19,−9)   T : (−18,−9)   U : (−18,−11)
V : (−17,−9)   W : (−15,−9)   X : (−13,−11)
Y : (−13,−13)   Z : (−15,−13)   A2 : (−14,−14)
B2 : (−16,−15)   C2 : (−14,−15)   D2 : (−16,−17)
E2 : (−13,−16)   F2 : (−13,−17)   G2 : (−15,−18)
H2 : (−13,−18)   I2 : (−12,−17)   J2 : (−9,−17)
K2 : (−10,−15)   L2 : (−10,−14)   M2 : (−9,−14)
N2 : (−8,−13)   O2 : (−10,−13)   P2 : (−8,−11)
Q2 : (−8,−8)   R2 : (−6,−6)   S2 : (−4,−6)
T2 : (−5,−5)   U2 : (−5,−4)   V2 : (−6,−4)

Quadrant 4 :
A : (−7,3)   B : (−7,5)   C : (−9,7)
D : (−10,6)   E : (−11,6)   F : (−12,5)
G : (−12,3)   H : (−14,6)   I : (−15,6)
J : (−13,3)   K : (−16,4)   L : (−16,6)
M : (−17,6)   N : (−17,5)   O : (−16,3)
P : (−19,5)   Q : (−19,7)   R : (−17,8)
S : (−19,9)   T : (−18,9)   U : (−18,11)
V : (−17,9)   W : (−15,9)   X : (−13,11)
Y : (−13,13)   Z : (−15,13)   A2 : (−14,14)
B2 : (−16,15)   C2 : (−14,15)   D2 : (−16,17)
E2 : (−13,16)   F2 : (−13,17)   G2 : (−15,18)
H2 : (−13,18)   I2 : (−12,17)   J2 : (−9,17)
K2 : (−10,15)   L2 : (−10,14)   M2 : (−9,14)
N2 : (−8,13)   O2 : (−10,13)   P2 : (−8,11)
Q2 : (−8,8)   R2 : (−6,6)   S2 : (−4,6)
T2 : (−5,5)   U2 : (−5,4)   V2 : (−6,4)

Page 195

5. A : (11,13)   B : (13,13)   C : (15,11)
D : (12,8)   E : (9,6)   F : (8,4)
G : (8,1)   H : (7,−1)   I : (3,−3)
J : (0,−3)   K : (−2,−5)   L : (−4,−5)
M : (−2,−7)   N : (−4,−12)   O : (−4,−13)
P : (−5,−14)   Q : (−7,−12)   R : (−6,−12)
S : (−5,−13)   T : (−5,−12)   U : (−6,−11)
V : (−5,−11)   W : (−4,−8)   X : (−6,−7)
Y : (−8,−9)   Z : (−8,−10)   A2 : (−9,−9)
B2 : (−9,−11)   C2 : (−10,−10)   D2 : (−10,−8)
E2 : (−9,−8)   F2 : (−8,−7)   G2 : (−9,−6)
H2 : (−10,−6)   I2 : (−11,−7)   J2 : (−11,−8)
K2 : (−13,−8)   L2 : (−13,−7)   M2 : (−14,−7)
N2 : (−15,−5)   O2 : (−14,−3)   P2 : (−12,−3)
Q2 : (−11,−4)   R2 : (−10,−2)   S2 : (−10,−1)
T2 : (−11,0)   U2 : (−10,1)   V2 : (−3,4)
W2 : (−1,2)   X2 : (−3,1)   Y2 : (−2,0)
Z2 : (−1,1)   A3 : (2,0)   B3 : (2,1)
C3 : (3,4)   D3 : (2,6)   E3 : (3,8)
F3 : (3,14)   G3 : (5,14)   H3 : (6,13)
I3 : (6,10)   J3 : (5,7)   K3 : (4,4)
L3 : (5,0)   M3 : (7,4)   N3 : (6,6)
O3 : (9,7)

Les solides

Page 196

1. Plusieurs possibilités. S'assurer que le nombre de figures est le même :

a)    b)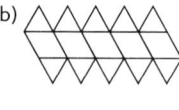

c)    d)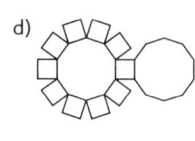

e) 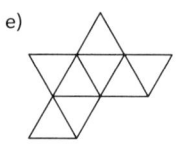   f)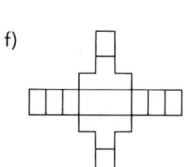

Page 197

2.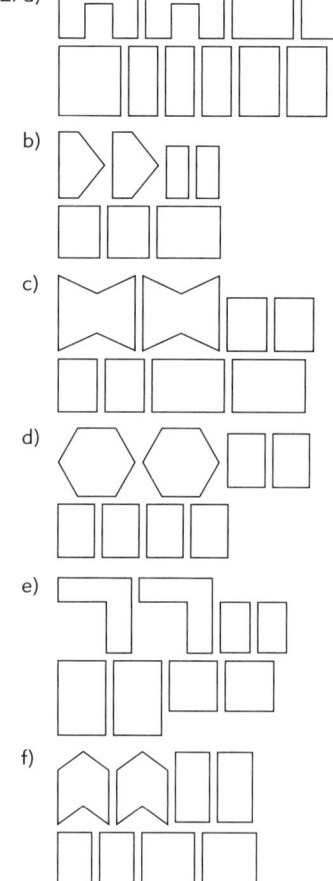

Page 198

3. a) 12 arêtes et 8 sommets
b) 30 arêtes et 12 sommets
c) 12 arêtes et 7 sommets
d) 18 arêtes et 12 sommets
e) 33 arêtes et 22 sommets
f) 12 arêtes et 8 sommets
g) 15 arêtes et 10 sommets
h) 24 arêtes et 16 sommets
i) 18 arêtes et 8 sommets
j) 9 arêtes et 6 sommets
k) 36 arêtes et 24 sommets
l) 30 arêtes et 20 sommets
m) 21 arêtes et 14 sommets
n) 15 arêtes et 10 sommets
o) 12 arêtes et 8 sommets
p) 18 arêtes et 12 sommets

Page 199

4.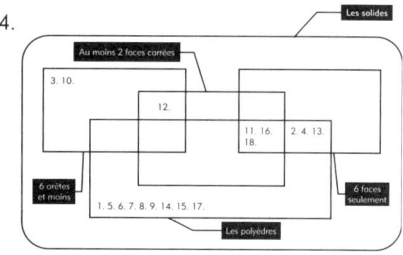

Page 200

5. a) 10 sommets − 15 arêtes + 7 faces = 2
b) 12 arêtes + 2 = 8 sommets + 6 faces
c) 10 sommets − 2 = 15 arêtes − 7 faces
d) 10 sommets − 15 arêtes + 7 faces = 2
e) 24 arêtes + 2 = 16 sommets + 10 faces
f) 14 sommets − 2 = 21 arêtes − 9 faces
g) 16 sommets − 24 arêtes + 10 faces = 2
h) 18 arêtes + 2 = 12 sommets + 8 faces
i) 14 sommets − 2 = 21 arêtes − 9 faces
j) 16 sommets − 24 arêtes + 10 faces = 2

Page 201

6. Dessiner 6 carrés, 8 hexagones et 24 rectangles.

7. La fusée comporte 39 faces, 49 sommets et 76 arêtes en tout.

8. Concept A : 539 $, Concept B : 1054 $, Concept C : 1086 $

Page 202

9. a) 9 faces, 16 arêtes et 9 sommets
b) 8 faces, 18 arêtes et 12 sommets
c) 14 faces, 36 arêtes et 24 sommets
d) 6 faces, 12 arêtes et 8 sommets
e) 6 faces, 11 arêtes et 7 sommets
f) 9 faces, 21 arêtes et 14 sommets
g) 10 faces, 24 arêtes et 16 sommets
h) 14 faces, 36 arêtes et 24 sommets

10. a) 6 faces + 8 sommets = 12 arêtes + 2
b) 10 faces + 16 sommets = 24 arêtes + 2
c) 10 faces + 16 sommets = 24 arêtes + 2
d) 7 faces + 10 sommets = 15 arêtes + 2
e) 8 faces + 12 sommets = 18 arêtes + 2

Les figures planes

Page 203

1. Légende : R = rouge ; B = bleu ;
   V = vert ; M = mauve

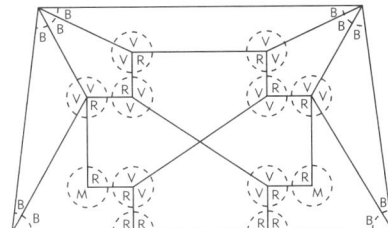

2. Triangles isocèles : 1 et 5
   Triangles équilatéraux : 7 et 8
   Triangles rectangles : 2 et 3
   Triangles scalènes : 4 et 6

Page 204

3. a) internes
   b) adjacents et supplémentaires
   c) congruents et opposés par le sommet
   d) parallèles
   e) alternes internes
   f) alternes
   g) perpendiculaires
   h) correspondants
   i) alternes externes
   j) adjacents, congruents et supplémentaires
   k) externes
   l) congruents et opposés par le sommet

Page 205

4. a) Diamètre : 2,7 cm ; Rayon : 135 mm ;
      Circonférence : 8,48 cm
   b) Diamètre : 1,8 cm ; Rayon : 0,9 cm ;
      Circonférence : 5,65 cm
   c) Diamètre : 4,4 cm ; Rayon : 0,022 m ;
      Circonférence : 13,82 cm
   d) Diamètre : 2,3 cm ; Rayon : 0,115 dm ;
      Circonférence : 7,22 cm
   e) Diamètre : 4 cm ; Rayon : 20 mm ;
      Circonférence : 12,56 cm
   f) Diamètre : 3,6 cm ; Rayon : 1,8 cm ;
      Circonférence : 11,3 cm

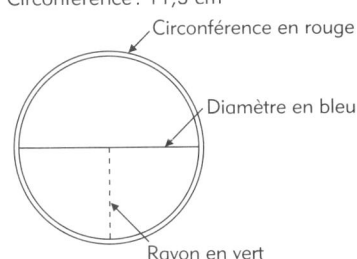

Page 206

5. a) ∠ formé par rayons A et B = 120°
      ∠ formé par rayons B et C = 120°
      ∠ formé par rayons C et D = 50°
      ∠ formé par rayons D et A = 70°
   b) ∠ formé par rayons A et B = 90°
      ∠ formé par rayons B et C = 30°
      ∠ formé par rayons C et D = 135°
      ∠ formé par rayons D et A = 105°
   c) ∠ formé par rayons A et B = 35°
      ∠ formé par rayons B et C = 60°
      ∠ formé par rayons C et D = 150°
      ∠ formé par rayons D et A = 115°
   d) ∠ formé par rayons A et B = 120°
      ∠ formé par rayons B et C = 125°
      ∠ formé par rayons C et D = 55°
      ∠ formé par rayons D et A = 60°
   e) ∠ formé par rayons A et B = 275°
      ∠ formé par rayons B et C = 35°
      ∠ formé par rayons C et D = 20°
      ∠ formé par rayons D et A = 30°
   f) ∠ formé par rayons A et B = 145°
      ∠ formé par rayons B et C = 65°
      ∠ formé par rayons C et D = 90°
      ∠ formé par rayons D et A = 60°

Page 207

6. a) ∠ C = 55°
   b) ∠ A = 58°
   c) ∠ B = 53°
   d) ∠ A = 42° ; ∠ B = 54° ; ∠ C = 84°
   e) ∠ A = 27° ; ∠ B = 72° ; ∠ C = 81°
   f) ∠ A = 32° ; ∠ B = 32° ; ∠ C = 116°

7. a) Les angles du triangle mesurent 108°, 36° et 36°. Explications :

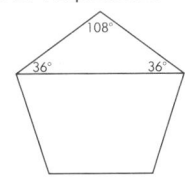

   b) Les angles du triangle mesurent 60°, 60° et 60°. Explications :

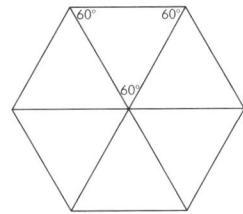

Page 208

8. a) b)

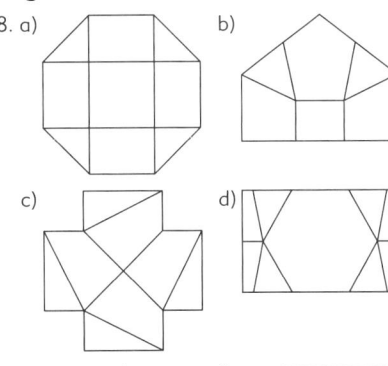

   c) d)

   e) f)

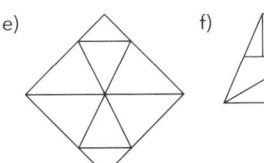

Page 209

9. Le diamètre du cadran est de 37,12 cm ; l'angle tracé par l'aiguille des minutes après 38 minutes est de 228° ; l'angle tracé par l'aiguille des heures après 5 heures est de 150°.

10. Le rayon du cerceau de Mathilde mesure 82,6 cm.

11. Le nom précis de la figure est triangle équilatéral et ses angles mesurent chacun 60°.

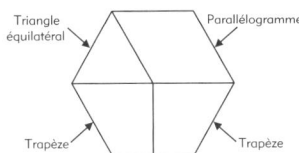

Les frises et les dallages

Page 210

1. a) b)
   c) d)

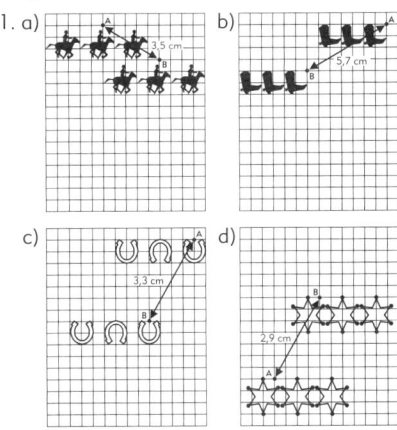

Page 211

2. a) b)
   c) d)

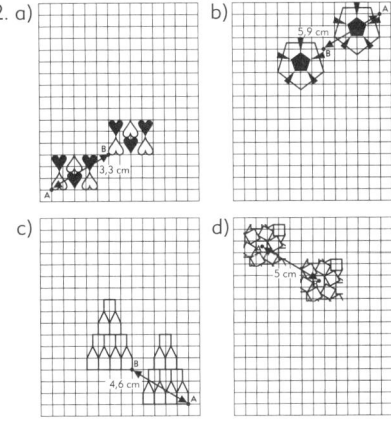

Page 212

3. a) 7,5 cm vers le sud-sud-ouest.
   b) 4 cm vers l'est-nord-est.
   c) 4 cm vers le sud-sud-est.
   d) 8,4 cm vers l'est.
   e) 4,7 cm vers le nord-nord-ouest.
   f) 3 cm vers le sud.

Page 213

4.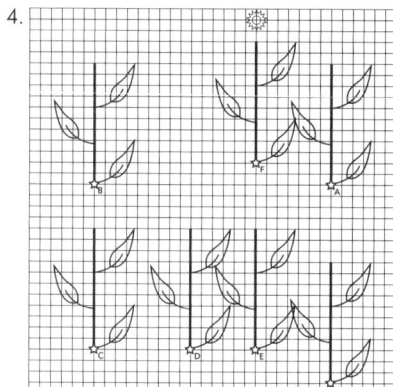

La mesure des longueurs
Page 214

1. a) = b) > c) < d) < e) = f) < g) > h) > i) > j) = k) < l) =

2. a) 12,47 dm b) 54,5 cm c) 4,707 m d) 1438 mm e) 1155 mm f) 19 cm g) 290 cm h) 3,57 dm i) 94,33 dm j) 2250 mm k) 295,6 cm l) 14,3 m

3. a) 13,8 cm b) 1,88 dm c) 150 mm d) 0,264 m

Page 215

4. a) 1,2 dm b) 22,5 cm c) 0,285 m d) 81 mm e) 0,195 m f) 2,64 dm g) 34,2 cm h) 255 mm i) 27,9 cm

Page 216

5. Chaque cabine franchit 45,3 kilomètres par jour.

6. Justin aura besoin de 800 blocs de pierre pour entourer son terrain.

7. Si l'on déroulait le fil de soie, celui-ci mesurerait 59 976 centimètres.

8. La troisième voiture a parcouru une distance de 67 km après 45 minutes.

Page 217

9. Étape 1 : Avancer de 1,5 cm vers l'ouest.
Étape 2 : Avancer de 2,6 cm vers le nord.
Étape 3 : Avancer de 3 cm vers le sud-ouest.
Étape 4 : Avancer de 4 cm vers le nord-nord-ouest.
Étape 5 : Avancer de 1,9 cm vers l'ouest.
Étape 6 : Avancer de 4,5 cm vers le sud-sud-est.
Étape 7 : Avancer de 2,4 cm vers l'est-sud-est.

La mesure des angles
Page 218

1. a) ∠ A = 65° ∠ B = 60° ∠ C = 55°
b) ∠ A = 70° ∠ B = 90° ∠ C = 20°
c) ∠ A = 75° ∠ B = 30° ∠ C = 75°
d) ∠ A = 115° ∠ B = 65° ∠ C = 65° ∠ D = 115°
e) ∠ A = 135° ∠ B = 135° ∠ C = 45° ∠ D = 45°
f) ∠ A = 35° ∠ B = 100° ∠ C = 160° ∠ D = 65°
g) ∠ A = 105° ∠ B = 120° ∠ C = 90° ∠ D = 120° ∠ E = 105°
h) ∠ A = 90° ∠ B = 125° ∠ C = 125° ∠ D = 90° ∠ E = 110°
i) ∠ A = 100° ∠ B = 310° ∠ C = 25° ∠ D = 60° ∠ E = 45°

Page 219

2. a) 99° b) 155° c) 55° d) 144° e) 140° f) 150°

3.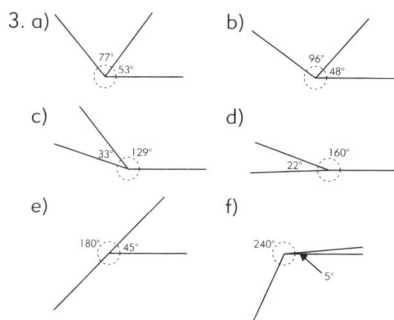

Page 220

4. a) 56° b) 78° c) 133° d) 78° e) 38° f) 137° g) 222° h) 74° i) 146° j) 27° k) 44° l) 22°

Page 221

5. a) ∠ balançoire = 56°;
∠ complémentaire = 34°;
∠ supplémentaire = 124°
b) ∠ balançoire = 13°;
∠ complémentaire = 77°;
∠ supplémentaire = 167°
c) ∠ balançoire = 72°;
∠ complémentaire = 18°;
∠ supplémentaire = 108°
d) ∠ balançoire = 49°;
∠ complémentaire = 41°;
∠ supplémentaire = 131°
e) ∠ balançoire = 35°;
∠ complémentaire = 55°;
∠ supplémentaire = 145°
f) ∠ balançoire = 22°;
∠ complémentaire = 68°;
∠ supplémentaire = 158°
g) ∠ balançoire = 68°;
∠ complémentaire = 22°;
∠ supplémentaire = 112°
h) ∠ balançoire = 89°;
∠ complémentaire = 1°;
∠ supplémentaire = 91°

La mesure des surfaces
Page 222

1. a) 1368 dm² b) 10,44 m² c) 2412 dm² d) 1062 dm² e) 39,42 m² f) 25,92 m² g) 1980 dm² h) 144 m² i) 28 800 dm²

Page 223

2. a) 39,15 m² b) 1926 dm² c) 3893,76 dm² d) 2281,5 dm² e) 37 m² f) 1281,64 dm² g) 3784 dm² h) 29,94 m²

Page 224

3. a) 308,16 m² b) 360,72 m² c) 264 dm × 272 dm d) 660 dm e) 7200 cm f) 217,63 m g) 2305,28 m²

La mesure des volumes
Page 225

1. a) 284,08 dm³ b) 49 590 cm³ c) 876 000 cm³ d) 0,14 m³ e) 0,153 m³ f) 288,36 dm³ g) 133,3 dm³ h) 72 765 cm³

Page 226

2. L'édifice qui abrite la caserne a un volume de 3032,17 m³.

3. La largeur de la huche est de 53 cm.

4. La différence de volume entre les deux paniers à linge est de 1690 cm³.

5. Le volume de l'igloo construit par Amélie et ses amies est de 8828,75 dm³.

Page 227

6. a) 96 cm b) 5,6 dm² c) 19 040 cm³ d) 11 dm e) 700 cm² f) 18,2 dm³ g) 0,92 m h) 5,2 dm² i) 24 440 cm³ j) 1,3 m k) 900 cm² l) 15,3 dm³ m) 308 cm n) 26,8 dm² o) 76,98 dm³

La mesure des capacités
Page 228

1. a) 4090 ml b) 5,535 l c) 270 ml d) 2,86 l e) 2885 ml f) 1,55 l g) 6645 ml h) 1,4 l

Page 229

2. a) 0,281 l b) 0,344 l c) 0,115 l d) 0,229 l

3. L'acériculteur pourra produire 159,8 litres de sirop.

4. Mathilde aurait besoin de 2291,7 litres d'eau.

La mesure des masses
Page 230

1. a) 1,36 kg b) 240 g c) 139,68 kg d) 9360 g e) 62,8 kg f) 960 g g) 0,04 kg h) 1560 g i) 5,44 kg j) 104 760 g

Page 231

2. a) 68 678 g b) 133,967 kg c) 106,776 kg d) 97 140 g e) 90 720 g f) 113,236 kg

La mesure du temps
Page 232
1. Édouard est sorti du ventre de sa mère depuis 676 semaines.
2. Patricia a entendu le vrombissement de moteur des autobus 3528 fois.
3. Le paresseux dort pendant 580 heures au cours de ce mois.
4. Geneviève a pensé à Dominique à 900 reprises.

La mesure des températures
Page 233
1. a) 68 °F b) 41 °F c) 95 °F d) 104 °F
   e) 72 °F f) 64 °F
2. La température moyenne pour les 8 mois les plus froids à Madrid est de 10,3 °C.

Les statistiques
Page 234
1. a) 274 représentants b) 349 représentants
   c) 94 représentants d) 277 représentants
   e) 193 représentants f) 415 représentants
   g) 17 % h) Dans le village A

Page 235
2. Acérola : 150 clients – colorier 10 pointes sur 36 en rose (27,78 %)
   Carambole : 135 clients – colorier 9 pointes sur 36 en jaune (25 %)
   Combawa : 15 clients – colorier 1 pointe sur 36 en vert (2,78 %)
   Kumquat : 45 clients – colorier 3 pointes sur 36 en orangé (8,33 %)
   Litchi : 60 clients – colorier 4 pointes sur 36 en mauve (11,11 %)
   Mangoustan : 15 clients – colorier 1 pointe sur 36 en bleu (2,78 %)
   Potimarron : 30 clients – colorier 2 pointes sur 36 en brun (5,56 %)
   Ramboutan : 90 clients – colorier 6 pointes sur 36 en rouge (16,67 %)
   En moyenne, 68 clients ont préféré chaque saveur de sorbet.

Page 236
3.

Espèces animales	Nombre d'individus
Belette	700
Bœuf musqué	650
Caribou	280
Lemming	378
Lièvre arctique	392
Loup arctique	420
Narval	360
Ours polaire	672
Phoque	432
Pingouin	756

a) 930 b) $\frac{1}{12}$ c) le caribou d) $\frac{3}{20}$
e) le pingouin f) 4368

Page 237
4. a) 4285 papillons b) 483 papillons
   c) le satyre d) 603 papillons
   e) 1617 monarques f) 430 vulcains
   g) 4219 papillons h) 477 apollons
   i) 21 534 papillons

Page 238
5.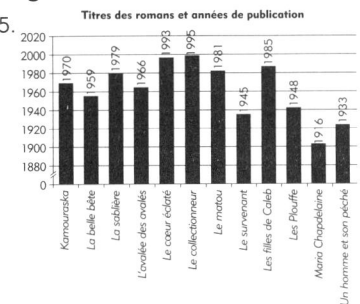

Page 239
6. a) 1090 personnes b) 1320 personnes
   c) 689 personnes d) 230 personnes
   e) 746 personnes f) 115 personnes
   g) 402 personnes

Les probabilités
Page 240
1. Légende : C = chevreuil ; O = orignal ;
   K = kangourou ; V = vache

   COKV COVK CKOV CKVO CVOK
   CVKO OCKV OCVK OKCV OKVC
   OVCK OVKC KCOV KCVO KOCV
   KOVC KVCO KVOC VCOK VCKO
   VOCK VOKC VKCO VKOC

Page 241
2. Marc-André a 10 chances sur 32 de voir les circuits de 3 de ses 5 appareils grillés par la foudre.

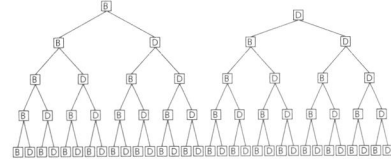

3. La probabilité qu'un joueur obtienne ce résultat est de 20 chances sur 64.

Page 242
4. a)

Salade	Potage	Rouleaux	Gâteau
Baguettes	Couteau	Cuillère	Fourchette
Baguettes	Couteau	Fourchette	Cuillère
Baguettes	Cuillère	Couteau	Fourchette
Baguettes	Cuillère	Fourchette	Couteau
Baguettes	Fourchette	Couteau	Cuillère
Baguettes	Fourchette	Cuillère	Couteau
Couteau	Baguettes	Cuillère	Fourchette
Couteau	Baguettes	Fourchette	Cuillère
Couteau	Cuillère	Baguettes	Fourchette
Couteau	Cuillère	Fourchette	Baguettes
Couteau	Fourchette	Baguettes	Cuillère
Couteau	Fourchette	Cuillère	Baguettes
Cuillère	Baguettes	Couteau	Fourchette
Cuillère	Baguettes	Fourchette	Couteau
Cuillère	Couteau	Baguettes	Fourchette
Cuillère	Couteau	Fourchette	Baguettes
Cuillère	Fourchette	Baguettes	Couteau
Cuillère	Fourchette	Couteau	Baguettes
Fourchette	Baguettes	Couteau	Cuillère
Fourchette	Baguettes	Cuillère	Couteau
Fourchette	Couteau	Baguettes	Cuillère
Fourchette	Couteau	Cuillère	Baguettes
Fourchette	Cuillère	Baguettes	Couteau
Fourchette	Cuillère	Couteau	Baguettes

b) La probabilité est de 6 chances sur 24.
c) La probabilité est de 18 chances sur 24.
d) La probabilité est de 2 chances sur 24.

Page 243
5. Réponses variées en fonction des pays traversés. Ex. : Maroc-Algérie-Niger-Nigeria-Cameroun-République centrafricaine-République démocratique du Congo-Zambie-Zimbabwe-Botswana ou Maroc-Algérie-Lybie-Tchad-République centrafricaine-Rwanda-Ouganda-Kenya-Tanzanie-Malawi-Zambie-Namibie-Botswana

Page 244
6. a)

	De 0 à 10 ans	De 11 à 18 ans	De 19 à 35 ans	De 36 à 50 ans	De 51 à 70 ans	71 ans et plus
	Corinne	Hubert	Laurent	Isaac	Mélanie	Séverine
	Corinne	Hubert	Laurent	Isaac	Séverine	Mélanie
	Corinne	Hubert	Laurent	Mélanie	Isaac	Séverine
	Corinne	Hubert	Laurent	Mélanie	Séverine	Isaac
	Corinne	Hubert	Laurent	Séverine	Isaac	Mélanie
	Corinne	Hubert	Laurent	Séverine	Mélanie	Isaac
	Corinne	Isaac	Laurent	Hubert	Mélanie	Séverine
	Corinne	Isaac	Laurent	Hubert	Séverine	Mélanie
	Corinne	Isaac	Laurent	Mélanie	Hubert	Séverine
	Corinne	Isaac	Laurent	Mélanie	Séverine	Hubert
	Corinne	Isaac	Laurent	Séverine	Hubert	Mélanie
	Corinne	Isaac	Laurent	Séverine	Mélanie	Hubert
	Corinne	Mélanie	Laurent	Isaac	Hubert	Séverine
	Corinne	Mélanie	Laurent	Isaac	Séverine	Hubert
	Corinne	Mélanie	Laurent	Hubert	Isaac	Séverine
	Corinne	Mélanie	Laurent	Hubert	Séverine	Isaac
	Corinne	Mélanie	Laurent	Séverine	Hubert	Isaac
	Corinne	Mélanie	Laurent	Séverine	Isaac	Hubert
	Corinne	Séverine	Laurent	Isaac	Hubert	Mélanie
	Corinne	Séverine	Laurent	Isaac	Mélanie	Hubert
	Corinne	Séverine	Laurent	Hubert	Isaac	Mélanie
	Corinne	Séverine	Laurent	Hubert	Mélanie	Isaac
	Corinne	Séverine	Laurent	Mélanie	Hubert	Isaac
	Corinne	Séverine	Laurent	Mélanie	Isaac	Hubert

b) La probabilité est de 18 chances sur 72.
c) La probabilité est de 12 chances sur 24.
d) La probabilité est de 6 chances sur 48.

La résolution de problèmes

Note : En résolution de problèmes, les réponses varient grandement en fonction des choix effectués par l'enfant. Des pistes de solutions sont données dans la majorité des cas, et la plupart des solutions énumérées dans le corrigé ne sont que des exemples.

Page 245

1. Réponses variées, pourvu que le même nombre ne se répète pas. Les nombres divisibles par 2 sont ceux qui se terminent par 0, 2, 4, 6 ou 8. Les nombres divisibles par 3 sont ceux dont la somme des chiffres donne un multiple de 3. Les nombres divisibles par 5 sont ceux qui se terminent par 0 ou 5. Pour l'ordre croissant, commencer par le plus petit nombre et terminer par le plus grand nombre.

2. Réponses variées en fonction des nombres choisis au numéro précédent. Pour l'écriture des chiffres romains, voir les explications à la page 132.

Page 246

3. Réponses variées en fonction des nombres sélectionnés. Demander à un adulte de vérifier la justesse des résultats ou utiliser une calculatrice.

4. Réponses variées en fonction des nombres sélectionnés, dont celles-ci :
   47 + (65 × 53) − (42 ÷ 3) + 82 = 3560
   33 + (40 × 44) − (48 ÷ 3) + 50 = 1827
   55 + (55 × 62) − (72 ÷ 3) + 42 = 3483
   61 + (70 × 80) − (84 ÷ 3) + 68 = 5701
   79 + (65 × 71) − (36 ÷ 3) + 76 = 4758

Page 247

5. Réponses variées en fonction des fractions coloriées, dont celles-ci :
   a) $\frac{7}{48} = 0{,}146 = 14{,}6\,\%$
   b) $\frac{8}{48} = 0{,}167 = 16{,}7\,\%$
   c) $\frac{9}{48} = 0{,}188 = 18{,}8\,\%$
   d) $\frac{11}{48} = 0{,}229 = 22{,}9\,\%$
   e) $\frac{13}{48} = 0{,}271 = 27{,}1\,\%$
   f) $\frac{22}{48} = 0{,}458 = 45{,}8\,\%$
   g) $\frac{19}{48} = 0{,}396 = 39{,}6\,\%$
   Demander à un adulte de vérifier les résultats.

Page 248

6. Réponses variées en fonction des nombres sélectionnés. Demander à un adulte de vérifier la justesse des résultats ou utiliser une calculatrice.

Page 249

7. Réponses variées en fonction des nombres naturels sélectionnés.
   1ᵉʳ nombre : 17 (2856), 19 (3192), 23 (3864) ou 29 (4872)
   Ex. : $5396 = 2^3 \times 3^1 \times 7^1 \times 19^1$
   2ᵉ nombre : 15 (2520) ou 26 (4368)
   Ex. : $4368 = 2^4 \times 3^1 \times 7^1 \times 13^1$
   3ᵉ nombre : 15 (2520), 17 (2856), 19 (3192), 21 (3528), 23 (3864), 25 (4200), 27 (4536) ou 29 (4872)
   Ex. : $3528 = 2^3 \times 3^2 \times 7^2$
   4ᵉ nombre : 17 (2856) ou 26 (4368)
   Ex. : $2856 = 2^3 \times 3^1 \times 7^1 \times 17^1$
   5ᵉ nombre : 16 (2688) ou 25 (4200)
   Ex. : $4200 = 2^3 \times 3^1 \times 5^2 \times 7^1$
   6ᵉ nombre : 15 (2520), 16 (2688), 18 (3024), 20 (3360), 21 (3528), 22 (3696), 24 (4032), 25 (4200), 26 (4368), 27 (4536) et 28 (4704)
   Ex. : $3360 = 2^5 \times 3^1 \times 5^1 \times 7^1$

Page 250

8. Réponses variées en fonction des nombres décimaux sélectionnés. Demander à un adulte de vérifier la justesse des résultats ou utiliser une calculatrice.

Page 251

9. a) Plusieurs réponses possibles.
   Ex. : $\frac{8}{40}$ ou $\frac{1}{5}$
   $\frac{1}{5} + \frac{7}{8} = \frac{8}{40} + \frac{35}{40} = \frac{43}{40}$ ou $1\frac{3}{40}$
   b) Plusieurs réponses possibles.
   Ex. : $\frac{9}{40}$
   $\frac{9}{40} - \frac{3}{20} = \frac{9}{40} - \frac{6}{40} = \frac{3}{40}$
   c) Plusieurs réponses possibles.
   Ex. : $\frac{16}{40}$ ou $\frac{2}{5}$
   $\frac{2}{5} \times \frac{6}{1} = \frac{24}{10} = \frac{12}{5}$ ou $2\frac{2}{5}$
   d) Plusieurs réponses possibles.
   Ex. : $\frac{21}{40}$
   $\frac{21}{40} + \frac{2}{5} = \frac{21}{40} + \frac{16}{40} = \frac{27}{40}$
   e) Plusieurs réponses possibles.
   Ex. : $\frac{10}{40}$ ou $\frac{1}{4}$
   $\frac{1}{4} - \frac{1}{8} = \frac{2}{8} - \frac{1}{8} = \frac{1}{8}$

Page 252

10. Réponses variées en fonction de l'étoile tracée et de ses dimensions. Demander à un adulte de vérifier l'exactitude des 4 figures reproduites par translation en direction des 4 points cardinaux mentionnés.

Page 253

11. Réponses variées en fonction des quadrilatères irréguliers qui ont été tracés. La mesure de chacun des quatre côtés des quadrilatères à la base du prisme doit servir à établir la largeur de chacun des quatre quadrilatères complétant le prisme.

12. Réponses variées en fonction des heures choisies sur chaque horloge. Demander à un adulte de vérifier la mesure de chacun des trois angles de chaque triangle (la somme devrait donner 180°).

Page 254

13. Réponses variées en fonction de la représentation cubiste de l'objet ou du personnage. Demander à un adulte de vérifier la justesse des coordonnées en fonction des points utilisés pour dessiner l'objet ou le personnage.

Anglais
The Secret of Success
Page 256

Good students: 1, 4, 5, 6, 9, 10, 11, 14, 15
Poor students: 2, 3, 7, 8, 12, 13

To Be (Present Tense)
Page 257

1. Is Julien sleeping on his desk?
2. She is in the school.
3. Anita and Caroline are not sisters.
4. Are they sitting on a bench?
5. It is on the table.
6. I am not sorry.
7. Are we taking guitar lessons at school?
8. You are doing your homework.
9. Our school is not big.
10. Is he drawing a picture?

Present Tense
Action Verbs and the Verb *to Have*
Page 258

1. Does he have a blue pen?
2. Philippe doesn't like to read books.

3. Hélène speaks English.
4. Do Isabelle and Danni have two cats?
5. It doesn't sleep on the floor.
6. They eat breakfast.
7. Do you study for your tests?
8. We don't have a new student in our class.
9. I agree with you.
10. Does the bell ring at nine o'clock?

Is / Are / Do / Does

Page 259

1. is 2. do 3. Are 4. Does 5. do 6. are
7. Do 8. does 9. is 10. are 11. Does 12. is

Unexpected Guests

Page 260

A. Order of the sentences: 9 1 6 2 3 7 5 8 4

B. 1. Nine o'clock
   2. Miss Jones
   3. A loud barking noise
   4. Back down the hallway towards the school entrance.

To Be (Simple Past Tense)

Page 261

1. was 2. were 3. was 4. were 5. was
6. was 7. were 8. Were 9. Was
10. wasn't 11. weren't

Action Verbs / To Have (Simple Past Tense)

Page 262

1. played 2. looked 3. drank 4. ate 5. wrote
6. wanted 7. had 8. read 9. answered

Page 263

1. Did they go to the washroom?
2. She didn't want to borrow my pencil.
3. He liked the show.
4. Did Trevor give Julie a present?
5. I didn't play basketball on Wednesday.
6. We looked at the answers.
7. Did you walk to school yesterday?
8. Patrick and Simon didn't ask a lot of questions.
9. It had four legs.
10. Did Tammy drink a glass of milk?

Future Tense

Page 264

1. Will John be home in two weeks?
2. Marie and Jean will not eat lunch at school today.
3. Tim will have a party next week.
4. Will they listen to the radio?
5. She won't be absent tomorrow.
6. I will go to my piano practice on Monday.
7. Will it be very interesting?
8. You will not go skiing in January.
9. He will play chess with me.

Verb Tenses

Page 265

1. Present 2. Past 3. Past 4. Future
5. Present 6. Present 7. Past 8. Past
9. Future 10. Present 11. Future 12. Past
13. Future 14. Past 15. Present 16. Past
17. Past 18. Present 19. Future 20. Past

Whose or Who's?

Page 266

1. Whose 2. Who's 3. Who's 4. whose
5. who's 6. who's 7. who's 8. Whose
9. Who's 10. Whose

Question Words

Page 267

1. What 2. When 3. Why 4. How
5. Whose 6. Where 7. Who 8. When
9. Why 10. What 11. Where 12. Whose
13. How 14. When 15. Who

Routines

Page 268

1. S 2. E 3. E 4. S 5. S 6. E 7. E
8. S 9. E 10. S 11. E 12. S

Money

Page 269

A. 1. C 2. D 3. A 4. B

B. 1. 62 dollars and 40 cents.
   2. 21 dollars and 50 cents.
   3. 2 dollars and 26 cents.
   4. 1 dollar and 47 cents.

Simon's Family

Page 270

1. Simon is 47 years old.
2. David and Julie are Simon's parents.
3. Simon's wife's name is Mary.
4. They have two children.
5. Janette's cousin is Betty.
6. Alain's aunt is Danielle.
7. Yes, Simon.
8. Mary is 39 years old.
9. David is the oldest.
10. Alain is the youngest.
11. Julie's husband's name is David.
12. Mary's daughter is Janette.

Feelings

Page 271

These answers are subjective.

Opposites

Page 272

1. D 2. E 3. L 4. G 5. H 6. A 7. B 8. J
9. F 10. C 11. K 12. I

Mistakes

Page 273

1. is, is 2. How, am 3. Does 4. What
5. is, is 6. your, is 7. How 8. Whose
9. How 10. Why 11. How 12. are, are
13. Do, listen 14. her

Jobs

Page 274

A. 1. a nurse 2. a hairdresser
   3. a waiter 4. a teacher 5. a librarian
   6. a financial planner

Clothes

Page 275

A. 1. overalls 2. jacket 3. tie 4. cap
   5. scarf 6. sandals 7. gloves

B. 1. overalls 2. Hakim 3. gloves 4. Fred
   5. some coffee 6. Martine

Lost Dog

Page 276

1. In the park.
2. Barnie
3. Because it was chasing a cat.
4. The florist.
5. Early in the morning.
6. He said it was a small, black-and-white, four-legged dog with a red collar.
7. The mechanic.
8. Answers will vary.

A Hockey Hero

Page 277

1. Thurso, Québec.
2. On September 20, 1951.
3. The Québec Remparts.
4. The Flower.
5. So he wouldn't waste any time dressing.
6. Five Stanley Cups.
7. In 1988.

A Talented Diver
Page 278
1. Eight years old.
2. Los Angeles.
3. The three-metre springboard diving event.
4. Asthma.
5. Three children.
6. Her husband.

The Tournament
Page 279
Order of the sentences: 9, 1, 7, 2, 3, 10, 4, 5, 8, 6

Science
Le mouvement chez les animaux
Page 282
1) vol 2) marche 3) nage 4) friction
5) vol 6) marche 7) marche 8) marche
9) vol 10) friction 11) friction 12) marche
13) vol 14) marche 15) reptation
16) marche 17) marche 18) reptation
19) reptation 20) marche

Le développement de l'embryon et du fœtus
Page 284
a) 4e mois b) 7e mois c) 1er mois
d) 9e mois e) 6e mois f) 2e mois
g) 5e mois h) 3e mois i) 8e mois

Mot mystère scientifique
Page 286
Savant

Les séismes ou tremblements de terre
Page 287
1. plaque nord-américaine 2. plaque sud-américaine 3. plaque africaine 4. plaque eurasienne 5. plaque indo-australienne
6. plaque antarctique 7. plaque pacifique
8. plaque arabique 9. plaque des Philippines
10. plaque de Nazca 11. plaque des Cocos

Les océans
Page 306
1. 97 %
2. l'océan Atlantique
3. cinq océans : l'océan Pacifique, l'océan Atlantique, l'océan Indien, l'océan Antarctique, l'océan Arctique.
4. l'océan Pacifique
5. l'océan Arctique
6. l'océan Indien
7. Fosse des Mariannes
8. *Challenger II*

Univers social
La société québécoise entre 1900 et 1980
Page 310
1. A. 1977 B. 1949 C. 1910 D. 1970
E. 1912 F. 1939 G. 1927 H. 1918
I. 1929 J. 1906 K. 1939 L. 1940
M. 1980 N. 1969 O. 1943 P. 1968
Q. 1945 R. 1914 S. 1978 T. 1917
U. 1948 V. 1976 W. 1965 X. 1912
Y. 1967 Z. 1979

Page 311
2. a) Nadia Comaneci b) Pierre Elliott Trudeau c) Charles de Gaulle
d) Jean Drapeau e) Paul-Émile Borduas
f) Lionel Groulx g) Maurice Richard
h) René Lévesque i) Claire Kirkland-Casgrain j) John G. Diefenbaker
k) Paul Gérin-Lajoie l) Lise Payette
m) Maurice Duplessis n) Lester B. Pearson

Page 312
3. Le territoire du Manitoba s'est agrandi, et ce, au détriment des Territoires du Nord-Ouest ; le district d'Ungava a été annexé au territoire du Québec et est devenu le Nouveau-Québec ; Terre-Neuve est devenue une province canadienne ; le Labrador a été annexé au territoire de Terre-Neuve ; les districts de Franklin, de Keewatin et de Mackenzie ont été fusionnés pour devenir les Territoires du Nord-Ouest.

4. La conscription, c'est l'enrôlement obligatoire des civils pour le service militaire. Les Québécois ont participé à des manifestations et des émeutes parfois violentes, et certains hommes sont devenus des déserteurs en se cachant dans les bois et les petits villages.

5. Colorier en rouge les pastilles des premiers ministres suivants : Simon-Napoléon Parent, Lomer Gouin, Louis-Alexandre Taschereau, Adélard Godbout et Robert Bourassa.
Colorier en vert les pastilles des premiers ministres suivants : Maurice Duplessis, Paul Sauvé, Antonio Barrette, Daniel Johnson et Jean-Jacques Bertrand.
Colorier en bleu la pastille du premier ministre suivant : René Lévesque.

Page 313
6. Des banques font faillite ; des gens fortunés sont dépouillés de leur argent ; la production industrielle diminue ; des usines, des manufactures et d'autres entreprises ferment ; les ouvriers et les travailleurs se retrouvent au chômage ; le gouvernement préconise le retour à la terre pour la culture autosuffisante ; le gouvernement procède à la colonisation des terres situées en Abitibi, en Gaspésie et dans les Laurentides ; montée fulgurante du nationalisme (les Canadiens français sont plus gravement touchés par la pauvreté que les Canadiens anglais) ; les œuvres de charité et les soupes populaires n'arrivent pas à combler les besoins de la population.

7. Période pendant laquelle le gouvernement Duplessis, soutenu par le clergé, empêche toute évolution, toute progression et toute modernisation du Québec ; on prône le repli de la société québécoise sur elle-même, le retour à la terre, l'obéissance et le respect de l'autorité et des traditions ; Duplessis était un antisyndicaliste et réfuta toutes les revendications des travailleurs.

8. Ce sont des milliers d'enfants illégitimes ou abandonnés qui, malgré leur bonne santé mentale, sont internés dans des asiles et des instituts psychiatriques afin que ces derniers obtiennent des subventions gouvernementales du fédéral ; ces enfants furent victimes d'esclavage, de mauvais traitements et de sévices corporels et sexuels, et plusieurs en sont sortis avec des séquelles physiques et psychologiques.

9. Colorier en rouge les personnages suivants : bourgeois, membres du clergé et nobles.
Colorier en bleu les personnages suivants : hommes d'affaires, syndicalistes et intellectuels.

Page 314
10. a) Ouverture sur le monde lors de l'Exposition universelle de Montréal en 1967 avec le site appelé Terre des Hommes ; popularité des chansonniers ; création du ministère de la Culture.

b) Création de sociétés d'État dans le domaine des forêts, des mines et de la recherche pétrolière ; nationalisation de l'hydroélectricité (Hydro-Québec) ; construction de barrages hydroélectriques sur les rivières de la Côte-Nord et du Nouveau-Québec ; construction du métro de Montréal ; création de la Caisse de dépôt et placement du Québec ; révision complète du Code du travail.

c) Création du ministère de l'Éducation ; création des polyvalentes et des cégeps ; création d'un système scolaire public, gratuit et donc accessible à tous ; fréquentation obligatoire de l'école de 6 à 16 ans ; mise sur pied du réseau des Universités du Québec.

d) Montée du féminisme ; présence accrue des femmes sur le marché du travail ; baisse du taux de natalité (pilule contraceptive) ; augmentation du taux de séparations et de divorces.

e) Montée du nationalisme; les membres de la société québécoise ne s'affichent plus en tant que Canadiens français mais en tant que Québécois; certains partis politiques prônent l'indépendance du Québec; adoption de lois pour faire du français la langue officielle du Québec (loi 22 et loi 101).

f) Laïcisation de la société; baisse du nombre de fidèles à l'église; retrait du clergé dans la gestion des écoles et des hôpitaux; diminution du nombre de religieux dans les diverses communautés (manque de relève).

g) Création du ministère de la Santé; création de la Régie de l'assurance maladie; création de la Régie des rentes du Québec; création des centres locaux de services communautaires (CLSC).

11. b) La génération des *baby-boomers*.

Page 315

12. c) La population totale du Québec a quadruplé; celle du Canada a également quadruplé.

13. a) La Voie maritime du Saint-Laurent fut inaugurée en 1959 pour permettre aux navires transatlantiques de se rendre jusqu'aux Grands Lacs.

b) L'Aéroport international de Dorval vit le jour en 1941, et l'Aéroport international de Mirabel ouvrit ses portes en 1975.

c) L'autoroute des Laurentides, la première autoroute du Québec, fut mise en service en 1958, suivie de l'autoroute Décarie (1959), de l'autoroute des Cantons-de-l'Est (1964), de l'autoroute Félix-Leclerc (1966) et de l'autoroute Chomedey (1975); jusqu'en 1980, la plupart des autoroutes sont à péage.

d) Le métro de Montréal fut inauguré en 1966, juste à temps pour l'Exposition universelle de 1967.

14. d) La population anglophone quitte massivement le Québec à cause du nationalisme.

15. Plusieurs inventions possibles, dont celles-ci : téléphone, radio, télévision, appareil-photo, cinéma, ordinateur.

Page 316

16. Elle est enchâssée dans la Constitution canadienne (loi suprême au Canada), et toute loi qui n'est pas conforme aux règles énoncées dans la Constitution peut être invalidée par les tribunaux; tous les Canadiens, qu'ils soient citoyens, résidents permanents ou nouveaux venus, sont couverts par la Charte, sauf les jeunes âgés de moins de 18 ans.

17. La liberté d'expression, le droit d'élire un gouvernement démocratique, le droit de vivre et de chercher un emploi n'importe où au Canada, les droits juridiques accordés aux personnes accusées d'avoir commis un crime, les droits des autochtones, le droit à l'égalité (par exemple, entre hommes et femmes), le droit d'utiliser l'une des langues officielles (anglais ou français), le droit des minorités francophones et anglophones de recevoir une éducation dans leur langue, la protection du patrimoine culturel du Canada, le droit de choisir et de pratiquer une religion, le droit de se regrouper en associations, etc.

18. a) Informer les citoyens sur les droits et obligations découlant du bail afin d'éviter que des conflits ne se développent du seul fait de l'ignorance des dispositions de la loi et favoriser la conciliation des relations entre propriétaires et locataires. (www.rdl.gouv.qc.ca)

b) Protéger les consommateurs québécois en les informant, en représentant leurs intérêts, en encadrant les relations contractuelles entre les consommateurs et les entreprises ainsi que les pratiques du commerce et en appliquant les lois sous sa responsabilité. (www.opc.gouv.qc.ca)

c) Offrir une aide juridique aux citoyens à faible revenu pour les affaires familiales, la protection de la jeunesse, la représentation de jeunes contrevenants, les poursuites pour un acte criminel, les demandes relatives à des prestations de soutien du revenu, d'assurance automobile, d'assurance-emploi, d'accident de travail. (www.csj.qc.ca)

d) Veiller au respect des principes énoncés dans la Charte des droits et libertés de la personne, à la protection de l'intérêt de l'enfant et au respect des droits qui lui sont reconnus par la Loi sur la protection de la jeunesse et par la Loi sur le système de justice pénale pour les adolescents. (www.cdpdj.qc.ca)

e) Veiller au respect des droits des citoyens auprès des ministères, des organismes gouvernementaux et du réseau de la santé et des services sociaux afin qu'ils reçoivent des services de qualité auxquels ils ont droit, qu'ils soient adéquatement informés et traités, en toutes circonstances, avec respect et dignité. (www.protecteurducitoyen.qc.ca)

f) Appliquer la Loi sur les normes du travail et établir les conditions minimales de travail en l'absence de conditions prévues par une convention collective, un contrat de travail ou un décret. (www.cnt.gouv.qc.ca)

La société québécoise vers 1980

Page 317

1. A. 08 Plusieurs possibilités, dont Rouyn-Noranda et Val-d'Or.
   B. 01 Plusieurs possibilités, dont Rivière-du-Loup et Rimouski.
   C. 17 Plusieurs possibilités, dont Drummondville et Victoriaville.
   D. 12 Plusieurs possibilités, dont Lévis et Saint-Georges de Beauce.
   E. 09 Plusieurs possibilités, dont Baie-Comeau et Sept-Îles.
   F. 05 Plusieurs possibilités, dont Granby et Sherbrooke.
   G. 11 Plusieurs possibilités, dont Gaspé et Matane.
   H. 14 Plusieurs possibilités, dont Terrebonne et Repentigny.
   I. 15 Plusieurs possibilités, dont Saint-Jérôme et Blainville.
   J. 13
   K. 04 Plusieurs possibilités, dont Trois-Rivières et Shawinigan.
   L. 16 Plusieurs possibilités, dont Longueuil et Saint-Jean-sur-Richelieu.
   M. 06
   N. 10 Plusieurs possibilités, dont Chapais-Chibougamau et Lebel-sur-Quévillon.
   O. 07 Plusieurs possibilités, dont Gatineau et Val-des-Monts.
   P. 03 Plusieurs possibilités, dont Québec et Beauport.
   Q. 02 Plusieurs possibilités, dont Saguenay et Alma.

Page 318

2. **Appalaches** : montagnes, vallées, collines. **Basses terres du Saint-Laurent** : plaines, vallées, collines. **Basses terres de l'Hudson** : plaines, plateaux. **Bouclier canadien** : plateaux, rochers, collines.

3. **Forêt mixte** : chêne, pin, érable, mélèze, épinette. **Forêt boréale** : pin, mélèze, épinette. **Taïga ou forêt subarctique** : mélèze, épinette. **Toundra** : lichen.

Page 319

4. **Climat arctique** : étés frais et courts (2 mois) et hivers très longs et très froids (10 mois) avec peu de précipitations. **Climat subarctique** : étés frais et courts et hivers longs et froids avec peu de précipitations. **Climat continental humide** : étés chauds et humides et hivers longs et froids avec précipitations abondantes.

5. Colorier les images suivantes : industrie agroalimentaire, hydroélectricité, industrie forestière, industrie minière.

6. Nécessité de protéger les terres agricoles contre l'étalement urbain et le morcellement, de favoriser le développement des entreprises agricoles, et de protéger la faune et la flore de ces milieux.

Page 320

7.

Page 321

8. b) Le Québec comptait environ 6 568 000 habitants, dont 80 % de francophones.

9. b) Les Italiens.

10. a) **Avantages** : absence de pollution, intimité et tranquillité, présence de la nature. **Inconvénients** : moins de commerces et de services, aucun transport en commun.

    b) **Avantages** : proximité de la ville, transports en commun, maison avec terrain, intimité. **Inconvénients** : congestion routière, étalement, moins de commerces et de services.

    c) **Avantage** : présence de commerces et de services. **Inconvénients** : pollution, promiscuité, criminalité.

11. Gouvernement qui intervient dans les domaines social (par exemple, prestations d'assistance sociale), de la santé (par exemple, assurance maladie), artistique et culturel (par exemple, subventions), de l'éducation (par exemple, éducation publique gratuite) et économique (par exemple, soutien aux entreprises) pour garantir un minimum de bien-être en redistribuant les richesses dans un esprit d'égalité et de justice sociale.

Page 322

12. a) Michel Tremblay b) Clémence Desrochers c) Félix Leclerc d) Guy Lafleur e) Gilles Villeneuve f) Gilles Vigneault g) Luc Plamondon h) Yvon Deschamps i) Michel Chartrand j) Diane Dufresne k) Robert Charlebois l) Denise Bombardier m) Pierre Péladeau n) André Melançon

13. a) Armand Bombardier b) Jean Coutu c) Alphonse Desjardins d) Samuel Steinberg

Page 323

14. Les années 1960 et 1970 furent marquées par la montée du nationalisme. Lors de la campagne électorale provinciale qui se tint en 1976, René Lévesque, chef du Parti québécois, avait promis de tenir un référendum au cours du premier mandat de son gouvernement, ce qu'il fit en 1980. Pierre Elliott Trudeau, premier ministre du Canada, milita contre l'indépendance du Québec. Le référendum eut lieu le 20 mai 1980, et le camp du NON l'emporta avec plus de 59 % des voix contre moins de 41 % pour le camp du OUI. L'issue du référendum eut pour répercussion la division du peuple québécois.

15. d) Le rapatriement de la Constitution canadienne par le premier ministre du Canada et les premiers ministres provinciaux à l'insu du premier ministre du Québec.

16. a) Nombres impairs de 200 à 399.
    b) Nombres pairs de 200 à 399.
    c) Nombres impairs de 100 à 199.
    d) Nombres pairs de 100 à 199.
    e) Nombres impairs de 0 à 99 ou de 400 à 999.
    f) Nombres pairs de 0 à 99 ou de 400 à 999.

17. **Côte-Nord** : Manic-2, Outardes-2 et Sainte-Marguerite-2. **Mauricie** : Club des Alcaniens et Shawinigan-2. **Montérégie** : Beauharnois et Les Cèdres. **Nord-du-Québec** : La Grande-3 et Robert-Bourassa.

La société québécoise et une société non démocratique vers 1980

Page 324

1. Le gouvernement du peuple, par le peuple et pour le peuple ; régime politique où le peuple élit ses représentants au gouvernement pour voter des lois et prendre des décisions.

2. Colorier en bleu les étiquettes des pays suivants : Brésil, Danemark, États-Unis, Finlande, Guatemala, Honduras, Japon, Mexique, Norvège, Pologne, Turquie et Uruguay.
Colorier en rouge les étiquettes des pays suivants : Arabie saoudite, Corée du Nord, Iran, Koweït, Lybie, Qatar, Syrie et Vietnam.

3. Colorier en mauve la zone marquée de la lettre A.
Colorier en vert la zone marquée de la lettre F.

Page 325

4. b) L'Afrique du Sud a un vaste réseau hydrographique, composé de lacs et de rivières.

5. Colorier en mauve les animaux suivants : raton laveur, rat musqué, caribou et mouffette.
Colorier en vert les animaux suivants : phacochère, zèbre, hyène et rhinocéros.

6. c) Les Sud-Africains étaient surtout de religions hindouiste et musulmane.

7. Colorier en mauve les étiquettes des types de végétation suivants : forêt mixte, toundra, forêt boréale et taïga.
Colorier en vert les étiquettes des types de végétation suivants : savane, désert et prairie.

Page 326

8. Colorier les activités économiques suivantes : industrie métallurgique, industrie agroalimentaire, industrie chimique, industrie textile et industrie pétrolière.

9. a) Bloemfontein, Johannesburg, Le Cap et Pretoria.

10. Interdiction aux Noirs d'acquérir des terres situées en dehors des réserves ; interdiction aux Noirs de traverser les zones urbaines destinées aux Blancs ; interdiction des unions interraciales ; obligation pour les Noirs de porter sur eux en tout temps un laissez-passer nommé *pass book* ; interdiction aux Noirs de faire partie d'un syndicat ; interdiction aux Noirs d'accéder à des études supérieures et à la formation professionnelle ; établissement de lieux publics (écoles, transports en commun, toilettes publiques, piscines) réservés aux Blancs et d'autres aux Noirs ; interdiction de contacts physiques entre Noirs et Blancs.

11. Les colons néerlandais qui sont venus s'établir en Afrique du Sud tout en conservant les traditions de l'église hollandaise protestante (calvinisme), qui soutenait l'idéologie que Dieu aurait créé des élites pour diriger le monde et des non-élus pour leur obéir. En 1948, l'élection du Parti national vit l'adoption de lois et de règlements visant à défendre les intérêts de la minorité blanche au détriment de ceux de la majorité noire.

Page 327

12. a) Président du Congrès national africain qui lutta contre la domination politique de la minorité blanche ;

il fut emprisonné à plusieurs reprises, mais il devint le président de l'Afrique du Sud en 1994.
b) Archevêque anglican qui multiplia les messages de paix et de non-violence et dénonça le régime de l'Apartheid ; après l'abolition de l'Apartheid, il fit partie de la Commission de la vérité et de la réconciliation chargée de faire la lumière sur les crimes commis pendant le régime ségrégationniste.
c) Président de la République d'Afrique du Sud qui mena les réformes qui mirent fin au régime de l'Apartheid ; il légalisa le Congrès national africain et libéra son chef, Nelson Mandela, et aida à la mise en place du premier gouvernement multiracial d'Afrique du Sud.

13. Trois droits et libertés parmi les suivants : le gouvernement doit appartenir au peuple ; tous les groupes nationaux doivent avoir les mêmes droits ; le peuple doit partager les richesses du pays ; les terres doivent être réparties parmi les gens qui les occupent et les exploitent ; tous doivent être égaux aux yeux de la loi ; tous doivent jouir des mêmes droits ; tous doivent avoir accès au travail et à la sécurité ; les portes de l'éducation et de la culture doivent être ouvertes à tous ; tous doivent bénéficier d'un toit et d'un certain confort ; la paix et l'amitié doivent régner.

14. Quatre droits et libertés parmi les suivants : tout être humain a droit à la vie, ainsi qu'à la sûreté, à l'intégrité et à la liberté de sa personne ; tout être humain dont la vie est en péril a droit au secours ; toute personne est titulaire des libertés fondamentales telles la liberté de conscience, la liberté de religion, la liberté d'opinion, la liberté d'expression, la liberté de réunion pacifique et la liberté d'association ; toute personne a droit à la sauvegarde de sa dignité, de son honneur et de sa réputation ; toute personne a droit au respect de sa vie privée ; toute personne a droit à la jouissance paisible et à la libre disposition de ses biens, sauf dans la mesure prévue par la loi ; chacun a droit au respect du secret professionnel ; toute personne a droit à la reconnaissance et à l'exercice, en pleine égalité, des droits et libertés de la personne sans distinction, exclusion ou préférence fondée sur la race, la couleur, le sexe, la grossesse, l'orientation sexuelle, l'état civil, l'âge sauf dans la mesure prévue par la loi, la religion, les convictions politiques, la langue, l'origine ethnique ou nationale, la condition sociale, le handicap ou l'utilisation d'un moyen pour pallier ce handicap.

Page 328

15. a) Organisme non gouvernemental qui gère les programmes d'aide internationale dans les pays en voie de développement et qui souhaite réduire l'extrême pauvreté, la faim et la mortalité infantile, éliminer le paludisme, l'analphabétisme, promouvoir l'école primaire et assurer l'égalité des sexes. (www.acdi-cida.gc.ca)
b) Organisme non gouvernemental qui milite notamment pour la libération des prisonniers d'opinion, l'abolition de la peine de mort et de la torture et l'arrêt des crimes politiques. (www.amnistie.qc.ca)
c) Organisme non gouvernemental qui a pour mission de protéger la vie et la dignité des victimes de la guerre et de la violence interne, et de leur porter assistance, de diriger et coordonner les activités internationales de secours du Mouvement dans les situations de conflit, de prévenir la souffrance par la promotion et le renforcement du droit et des principes humanitaires universels. (www.cicr.org)
d) Organisme non gouvernemental qui appuie les actions des peuples du sud pour qu'ils puissent prendre leur destin en mains et qui sensibilise les Canadiens et les Canadiennes aux questions liées au déséquilibre nord-sud. (www.devp.org)
e) Organisme non gouvernemental qui apporte un soutien aux personnes handicapées lors de conflits armés en matière de réadaptation, de réinsertion, de prévention et de déminage. (www.handicap-international.ca)
f) Organisme non gouvernemental qui surveille les violations à la liberté d'expression et qui organise, fédère ou relaie les campagnes conjointes ou organisées par ses membres, pour la défense des journalistes, écrivains et d'autres personnes persécutées alors qu'elles exercent leur droit à la liberté d'expression.
g) Organisme non gouvernemental qui offre une assistance médicale d'urgence dans des cas comme les conflits armés, les catastrophes naturelles, les épidémies et les famines. (www.msf.org)
h) Organisme non gouvernemental qui lutte contre les détentions arbitraires, la torture, les exécutions sommaires et extrajudiciaires, les disparitions forcées et tout autre traitement cruel, inhumain ou dégradant. (www.omct.org)
i) Organisme non gouvernemental qui s'occupe de classifier les maladies, de mettre en place des mesures sanitaires pour stopper les épidémies, de vacciner les gens du tiers-monde contre certaines maladies et de les approvisionner en eau potable, d'effectuer des recherches pour vaincre le cancer et de lutter contre le SIDA. (www.who.int)
j) Organisme non gouvernemental qui veille à maintenir la paix et la sécurité dans le monde, à développer les relations amicales entre les nations, à réaliser la coopération internationale sur tous les sujets où elle peut être utile, à être un centre où s'harmonisent les efforts des nations dans des objectifs communs et à surveiller l'intangibilité des frontières. (www.un.org)

La société des Micmacs et la société inuite vers 1980

Page 329

1. b) La population micmaque compte environ 20 000 individus, et elle est concentrée sur la péninsule gaspésienne (3000) et dans les provinces maritimes (17 000).

2. a) La population inuite compte environ 10 000 individus, et elle est concentrée dans la région du Nord-du-Québec, aussi appelée Nunavik, et près de la baie James.

3. Colorier en orangé les pastilles des communautés suivantes : Gesgapegiag, Gespeg et Listuguj.
Colorier en bleu les pastilles des communautés suivantes : Inukjuak, Kangiqsujuaq, Kuujjuaq, Tasiujaq et Umiujaq.

4. **Territoire des Micmacs** : climat continental humide avec des étés chauds et humides et des hivers froids. **Territoire des Inuits** : climat subarctique et climat arctique avec des étés très courts et frais et des hivers très longs et rigoureux.

Page 330

5. **Territoire des Micmacs** : un paysage montagneux (les Appalaches) avec le fleuve ou le golfe du Saint-Laurent. **Territoire des Inuits** : un paysage plat et rocheux (le Bouclier canadien) avec quelques collines.

6. Colorier en orangé les animaux suivants : lynx, porc-épic, tamia, couguar, renard roux.
Colorier en bleu les animaux suivants : phoque, lagopède, lemming, renard arctique et béluga.
Colorier en vert l'animal suivant : caribou.

7. Colorier en orangé les éléments de végétation suivants : orme, érable,

sapin et pin.
Colorier en bleu les éléments de végétation suivants : lichen et mousse.

Page 331

8. a) PIARAQ b) NANUQ c) IQALUK
   d) ILLU e) INUKSUK f) TUPIQ
   g) TUKTU h) QAJAQ i) NATSIQ
   j) TIMMIAQ k) QAMUTIK l) QIMMIQ

9. La motoneige et le traîneau à chiens pour les courtes distances ; l'avion pour les longues distances.

Page 332

10. Colorier en orangé l'activité économique suivante : foresterie.
    Colorier en bleu les activités économiques suivantes : coopérative, piégeage et transport aérien.
    Colorier en vert les activités économiques suivantes : artisanat, tourisme, pêcheries et construction.

11. Le chômage, la pauvreté, le suicide et la toxicomanie.

12. Chant de gorge qui imite les bruits de l'environnement naturel ; les femmes le pratiquent en se plaçant face à face.

13. Le *pow-wow*, c'est un rassemblement traditionnel pendant lequel les Micmacs se rassemblent autour d'un grand feu, assistent au défilé des aînés vêtus de costumes traditionnels, exécutent des danses, récitent des contes, interprètent des chants accompagnés de percussions, mangent des mets traditionnels, etc.
    La fête de Sainte-Anne, c'est une célébration marquée par un pèlerinage marché et une vigile qui durent toute la nuit et qui sont accompagnés de prières et de chants ; cette fête est célébrée en mémoire du grand chef Mambertou, qui se serait converti au catholicisme et dont la patronne serait sainte Anne, la grand-mère de Jésus.

14. Jeu de saut qui consiste à donner un coup de pied à une cible suspendue et à retomber sur le même pied sans perdre l'équilibre. Cette cible peut être un morceau d'os ou de fourrure.

15. Ce sont des calendriers lunaires qui comportent chacun 13 mois de 28 jours.

Test final

Test de français

Page 335

1. a) nous finissions b) elles atteignaient
   c) vous trayiez

2. a) vous aviez pu b) j'aurais dû
   c) je suivais

3. a) vous envoyez b) nous asseyons

   c) tu irais

4. a) je saurais b) vous maltraiteriez
   c) nous surveillerions

5. a) vous jaunissiez b) il savait
   c) nous baignerons

6. a) que je suivrai b) que tu frappais
   c) que j'allais

7. b) pensant

Page 336

8. a) Maika et son petit frère n'ont pas réussi à trouver la farine pour faire leur gâteau. b) Le premier matin de l'année, nous aimons bien flâner. c) C'est le petit chien noir de ma voisine Gilberte. d) Heureusement, le petit chien noir de ma voisine Gilberte n'a pas fait de dégâts.

9. a) Il n'y a plus de neige dans la cour. b) Patrick et moi partirions bien vivre quelque temps en Sicile. c) Zoé, Mia et tous les autres enfants de la classe ont mangé leur collation sans bruit.

10. a) Je ne mangerai plus jamais de carottes. b) Leanne a oublié de se brosser les dents. c) Jour et nuit, Emma rêve à son ami Isaac. d) Je lui rendrai son chapeau demain.

11. a) Depuis une heure déjà, nous attendons pour entrer au cinéma. b) Tu as raison de mettre un manteau malgré la chaleur apparente. c) Il me semble que, matin après matin, mon journal est livré plus tardivement.

12. a) conjonction b) pronom personnel
    c) adjectif qualificatif d) nom commun
    e) verbe f) adverbe g) conjonction
    h) nom commun i) adverbe

13. « Qu'il fait beau aujourd'hui ! » s'écrient Jade, Adam et Noémie.

Page 337

14. a) Ne fait-il pas beau aujourd'hui ?
    b) Qu'il fait beau aujourd'hui !

15. a) inefficace b) décourager
    c) clarté

16. a) adroit b) chaos, désordre
    c) opprimer

17. a) passé composé
    b) déclarative, positive
    c) mes amis et moi
    d) avons décidé **de devenir des ornithologistes avertis.** CD
    e) Depuis l'arrivée du printemps et le retour des oiseaux migrateurs
    f) Depuis : préposition, l' : déterminant, arrivée : nom commun, du : déterminant, printemps : nom commun, et : conjonction, le : déterminant, retour : nom commun, des : déterminant, oiseaux : nom commun, migrateurs : adjectif, mes : déterminant, amis : nom commun, et : conjonction, moi : pronom personnel, avons décidé : verbe (auxiliaire, participe passé), de : préposition, devenir : verbe, des : déterminant, ornithologistes : nom commun, avertis : adjectif
    g) oiseau
    h) Depuis l'arrivée du printemps et le retour des oies migratrices, mes amies et moi avons décidé de devenir des ornithologistes averties.

18. Quand une situation compliquée finit par se replacer, par exemple quand on est passé avec succès à travers un livre d'exercices de français !

Page 338

19. a) masculin b) masculin c) féminin
    d) féminin e) masculin f) masculin

20. a) pneus b) messieurs c) trous
    d) bonshommes e) taureaux f) choux

21. a) faussement b) vitement
    c) présentement d) lentement
    e) joyeusement f) tardivement

22. a) **Ma** sœur **m'a** demandé la permission de jouer avec mon jeu.
    b) Elles **t'ont** demandé de montrer **ton** passeport.
    c) Bianca **a** fait un excellent voyage **à** Paris.

23. a) tricoter, tricotage, etc. b) beau, bellâtre, beauté, etc. c) rieur, riant, etc.
    d) fragilement, fragilité, fragiliser, etc.

24. a) Sens propre b) Sens figuré
    c) Sens figuré d) Sens propre

25. a) Quand une situation est si compliquée qu'on n'y voit plus rien, aucune solution ne se démarque.
    b) Lorsque la personne en charge de l'autorité est absente, ses subordonnés en profitent pour s'amuser.

Test de mathématique

Page 339

1. a) MMMXXXII b) MMDCCLXIX
   c) MDCCCLXXXVII d) MMMDCXV
   e) MMMCCCXXXIII f) MDXXIV
   g) MMCDXCI h) MMMCMVI

2.

	À la centaine de mille près	À la dizaine de mille près	À la centaine près	À la dizaine près
a) 374 692	400 000	370 000	374 700	374 690
b) 236 273	200 000	240 000	236 300	236 270
c) 582 439	600 000	580 000	582 400	582 440
d) 908 914	900 000	910 000	908 900	908 910
e) 775 527	800 000	780 000	775 500	775 530

3. a) 6561 b) 15 625 c) 32 768 d) 46 656
   e) 16 384 f) 10 000 g) 4096 h) 15 625

4. a) 101 271 b) 44 261 c) 68 817
   d) 21 807

5. a) 2237 b) 21 112 c) 745 d) 40 278

6. a) (6 × 9) − (6 × 4) = 54 − 24 = 30
   b) (9 × 3) + (9 × 8) = 27 + 72 = 99
   c) (8 × 34) − (8 × 19) = 272 − 152 = 120
   d) (3 × 44) + (3 × 37) = 132 + 111
      = 243
   e) (5 × 8) + (5 × 5) − (5 × 3)
      = 40 + 25 − 15 = 50

Page 340

7. a) (72 ÷ 3) − (4 × 5) = 24 − 20 = 4
   b) 37 + (56 ÷ 7) − 6 = 37 + 8 − 6 = 39
   c) (25 × 9 ÷ 3) + (4 × 7) − 8
      = 75 + 28 − 8 = 95
   d) 39 + (49 ÷ 7) + (7 × 4)
      = 39 + 7 + 28 = 74
   e) 112 − 76 + 13 − (6 × 6)
      = 49 − 36 = 13

8. $\frac{1}{8}$ de la production est réservé pour la confection de sacs à main et de bandeaux.

9. a) $\frac{3}{4}$ b) $2\frac{2}{5}$ c) $3\frac{8}{9}$

10. a) 8 sommets − 12 arêtes + 6 faces = 2
    b) 4 sommets − 6 arêtes + 4 faces = 2
    c) 10 sommets − 15 arêtes + 7 faces = 2
    d) 8 sommets − 12 arêtes + 6 faces = 2
    e) 6 sommets − 10 arêtes + 6 faces = 2

Page 341

11. a) ∠A = 70°
       ∠B = 40°
       ∠C = 70°
    b) ∠A = 55°
       ∠B = 90°
       ∠C = 35°
    c) ∠A = 80°
       ∠B = 50°
       ∠C = 50°
    d) ∠A = 25°
       ∠B = 125°
       ∠C = 30°

12.
a)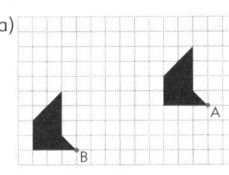

b)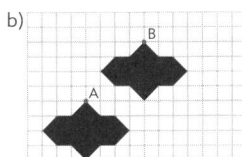

13. a) > b) < c) = d) > e) < f) < g) >
    h) > i) = j) > k) > l) <

14. 495 m²

Page 342

15. a) 17,5 m³ b) 12 750 dm³

16. La mère de Nathan doit préchauffer le four à 400 °C.

17.
| 5ᵉ étage : salle multimédia |
| 4ᵉ étage : archives |
| 3ᵉ étage : salle de conférence |
| 2ᵉ étage : cabinets de travail |
| 1ᵉʳ étage : administration |
| Rez-de-chaussée : cafétéria |
| Sous-sol 1 : réserve |
| Sous-sol 2 : conciergerie |
| Sous-sol 3 : chaufferie |

18. a) $5\frac{9}{20}$ b) $23\frac{3}{5}$ c) $9\frac{7}{8}$ d) $84\frac{2}{25}$ e) $370\frac{1}{2}$
    f) $71\frac{3}{20}$ g) $42\frac{1}{4}$ h) $6\frac{1}{25}$ i) $875\frac{3}{10}$

Test d'anglais
Page 343

1. a) They are really funny. b) Julien is my best friend. c) Carolyn and Brenda are sisters. d) We are part of the orchestra. e) I am your best friend. f) You are sorry for what you did to her. g) Our school is very big. h) He is the new principal.

2. a) is b) are c) is d) am

3. a) new and old b) nice and mean
   c) short and tall d) fat and thin

4. a) nurse b) hairdresser c) waiter
   d) teacher e) librarian
   f) financial planner

Test science et univers social
Page 344

1. Les fruits et légumes, les viandes et substituts, les produits laitiers, les produits céréaliers.

2. L'océan Pacifique, l'océan Atlantique, l'océan Indien, l'océan Antarctique, l'océan Arctique.

3. 1970

4. a) Nadia Comaneci b) Charles de Gaulle
   c) Maurice Richard

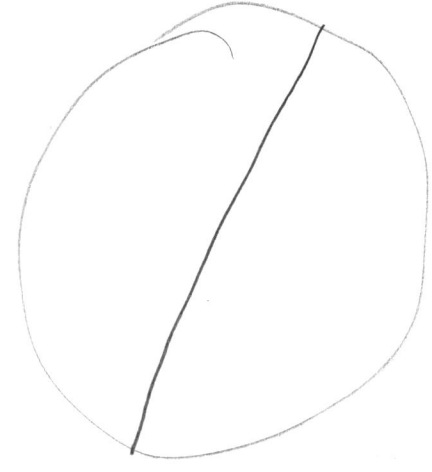

$2\pi^2 = d$